U0649599

全译本

WISDOM OF THE WEST

西方的智慧

——从苏格拉底到维特根斯坦

A HISTORICAL SURVEY OF
WESTERN PHILOSOPHY IN
ITS SOCIAL AND POLITICAL
SETTING

Bertrand Russell

［英］伯特兰·罗素 / 著

瞿铁鹏 殷晓蓉 王鉴平 俞吾金 / 译
瞿铁鹏 殷晓蓉 / 修订

上海人民出版社

目　录

    亚历山大的诗人卡利马科斯 (Callimachus) 说过:"大书是大难!"总的说来,我对这一观点颇有同感。不过,我胆敢将这本书呈现在读者面前,因为就"难"来说,本书是个小难。不管怎样,由于我以前写过一本同类主题的书,故对它需作一专门说明。《西方的智慧》是一本全新的著作,当然,倘若没有《西方哲学史》先行出版,就不会有《西方的智慧》的面世。

    本书试图概述从泰勒斯 (Thales) 到维特根斯坦 (Wittgenstein) 的西方哲学史,同时提示这一史话展开的历史环境。为有助于阐述,书中有人物、地点、文献的图片集,这些图片尽可能选自它们所涉及时期的原始资料。首先,只要行得通,都尽力把通常只用语词表达的哲学观念转换成图解,用几何隐喻的方式传递同样的信息。我在这方面得到的支持不多,因而效果并非都尽如人意。不过,这种叙述方法值得探索。只要行之有效,图像的说明具有更多的优势,即它不受任何特殊语言的束缚。

    至于再出版一部哲学史,有两件事应该作些偏袒的辩护。首先,简洁而又相当全面的叙述很少看到。确实,有许多范围广泛的哲学史,用更大篇幅对每一项都作了更为详细的讨论。显然,本书无意与这些著作竞争。那些对这一学科产生浓厚兴趣的读者,无疑会在适当的时候查阅这些著作,也许会进一步研读原著。其次,目前越发强烈的专门化倾向,使得人们忘记了他们在智识方面受惠于其祖先。这一研究旨在抵消这种健忘。在某种重要意义上说,所有的西方哲学史都是希腊哲学史;沉湎于哲学冥思而割断我们与过去伟大思想家的联系纽带,是徒劳无益的。人们过去一直以为,哲学家对任何事情都有点了解是恰当的,这也许是错的。哲学因其研究范围而需要各种知识,不管怎样,流行的观点即哲学家可以对任何事物一无所知,无疑是错的。认为哲学真正始于1921年或至少始于1921年前不久的那些人,没有看到当前的哲学问题绝非突然产生,凭空而起。因此,相对慷慨地对待希腊哲学,就不必再作辩解了。

    哲学史可以两种方式叙述,要么叙述都是纯粹说明性的,展示这个人说了什么,那个人所受影响有多大;要么叙述与某种程度的批判论说相结合,展示哲学讨论是如何进展的。本书采用第二种叙述方式。应该补充的是,这不至于误导读者以为,只要发现某一思想家的观点不够全面,便立刻将其打发了事。康德曾说,他最害怕的不是被反驳,而是被误解。在我们将某些哲学家置之一旁之前,应努力理解哲学家试图表达什么。同时,必须承认,有时所下功夫与达到的见识似乎不成比例。归根结蒂,这是每个人不得不自己解决的判断问题。

    本书主题的范围与论述和我先前的著作不同。新的材料主要归功于我的编辑保罗·福克斯 (Paul Foulkes) 博士,他帮助我正文的写作,并选择了许多插图,设计了大部分图解。本书的初衷是概观地提供哲学家们讨论的一些主要问题。如果读了这些内容后,读者产生兴趣去探索他也许不会那样考虑的主题,那么本书的主要目的便达到了。

Bertrand Russell

伯特兰·罗素

序

当哲学家工作的时候，他们究竟在干什么？这确实是一个古怪的问题，我们可以先陈述他们不干什么来努力回答这个问题。在我们周围的世界，有许多事物我们了解得非常透彻。例如，蒸汽机的运转，这属于力学和热力学的领域。另外，我们十分清楚人体构造和活动的方式，这些是解剖学和生理学研究的事项。最后，对于群星的运行，我们知之甚详。这属于天文学的范畴。所有这类非常确定的各种知识属于这门或那门科学。

但是，所有这些知识都与未知的周围领域毗连。当任何人进入并超越边缘区域时，他就从科学步入思辨的领域。思辨活动是一种探究，其中就有哲学活动。正如我们下文所述，在这个意义上，各门科学都始于哲学探究。一旦科学获得稳固的基础，它就或多或少相对独立地继续发展，只余下边界上的难题和方法的问题。但是，在某一方面探究的过程并非如上述那样进行，它只是继续下去并找到新的用途。

同时，我们必须将哲学同其他种类的思辨区别开来。哲学本身既不希冀消除我们的烦恼，也不企图拯救我们的灵魂。正如希腊人指出的那样，哲学是一种为自身而从事的游览冒险活动。因此，原则上不可能有教条、礼仪或任何神圣存在的问题，当然尽管个别哲学家可能最后成为固执的教条主义者。对于未知世界，确实可以采取两种态度。一种态度是接受一些人的见解，这些人自称基于书本，他们知道各种神秘的事物

科学研究已知的事实，哲学与思辨相关

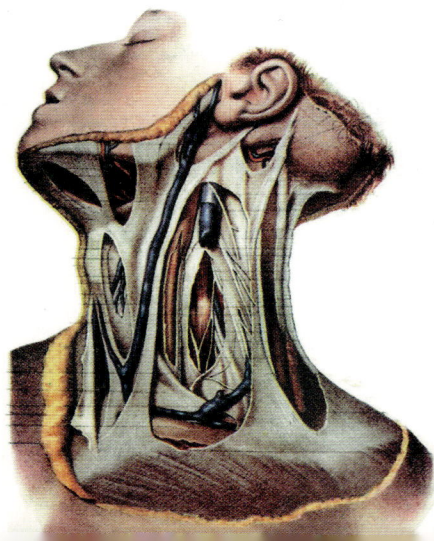

或其他灵感的来源。另一种态度是走出去自己探索，这是科学和哲学的方法。

最后，我们可以指出哲学的一个独有特征。如果有人询问什么是数学的问题，那么，我们可以给他一个词典的定义，比如，为了论辩，可以说数学是数字的科学。就其本身而言，这是一个无可争议的陈述，而且一个对数学无知的询问者很容易理解这一陈述。只要有确定的知识领域存在，都能以此方法给出定义。然而哲学却不能如此定义。任何定义都将引起争议，而且已表现出一种哲学态度。探明哲学为何物的唯一方法是从事哲学研究。本书的主要目的就是展示以往人们如何从事这种研究的。

勤于思考的人们某些时候确实向自己提出许多问题，这

7

8

些问题非科学所能回答。那些自己努力思索的人们，也决不会相信占卜者提供的现成答案。哲学的任务就是探索这些问题，并且有时解决这些问题。

因此，我们也许不禁问自己诸如此类的问题：什么是生命的意义，如果它确实有什么意义的话。世界究竟有无目的，历史的发展是否走向某处，或者说这些都是无意义的问题？

还有这样一些问题：自然界是否受规律支配，或者是否仅仅因为我们乐于看到秩序井然的事物，从而认为事实也是如此。另外，存在一个总的疑问，世界是不是分成精神和物质两个根本不同的部分，如果真是这样，它们又怎样结合在一起。

人类又怎样呢？是不是像天文学家所见的那样，人类只不过是在微小的无足轻重的行星上，四顾无援地爬行的些微尘埃？或者像化学家所认为的那样，人类只不过是一堆以某种奇怪方式组合起来的化学制品？最后，或者在哈姆雷特（Hamlet）眼里，人类在理性上是高贵的，在官能上是无限的？也许对于上述情况，人类是否兼而有之？

与之相应，存在着事关善恶的伦理问题。是否存在着一种善的生活方式，一种恶的生活方式，抑或无论我们如何生活都是无关紧要的？如果存在一种善的生活方式，那么它是怎样的生活方式，我们又何以能学会过这种生活？是否存在我们叫做智慧的重要东西，或者看起来那么重要的智慧仅仅是无实在意义的疯狂？

所有这些都是令人困惑的问题。人们不能通过实验室的试验来解决这些问题，具有独立思想的人们也不愿求助于普遍有效的灵丹妙药施与者的述说。哲学史给这些问题提供所能给出的回答。在研究这一困难学科时，我们学习别人在其他时代对这些问题所做的思考。这样，我们对他们开始了解得更深入了，因为他们处理哲学的方式是其生活方式的重要方面。最后，尽管我们知之不多，但这可以指引我们如何生活。

人是无助的小矮人，
还是地球的大笨蛋，
抑或如哈姆雷特看到的样子？

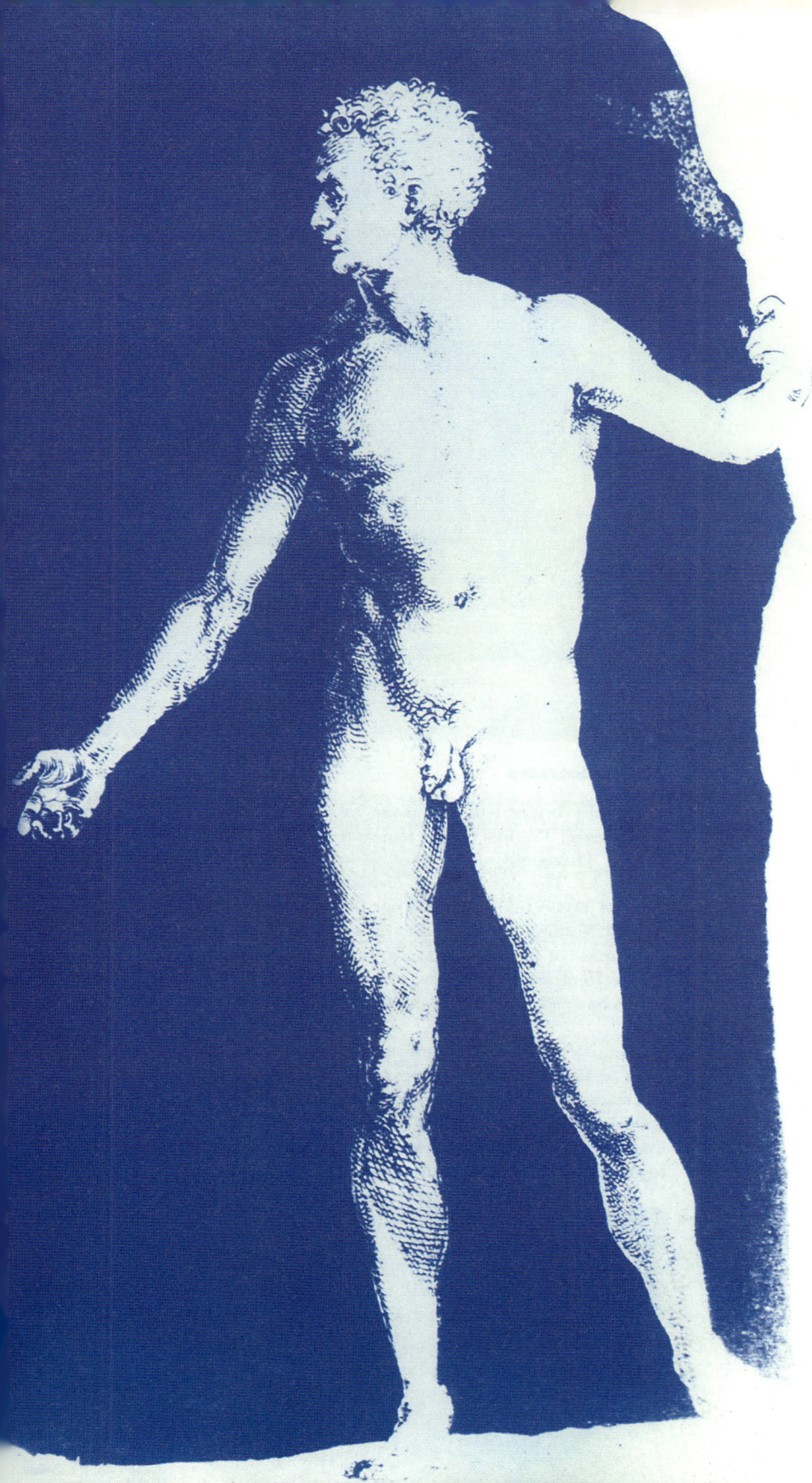

9

克里特（Crete）的克诺索斯宫殿，希腊文明的祖先

苏格拉底以前

　　当有人问一般的问题时，哲学就诞生了；对科学来说也是如此。最早表现出对一般问题好奇心的是希腊人。我们今天所知的哲学和科学是希腊人（Greek）的发明。希腊文明的产生，引起了思想活动的暴发，这是历史上最为壮观的事件；这是空前绝后的事件。在不长的两个世纪内，希腊人在艺术、文学、科学和哲学方面杰作迭出，令人惊叹，这些杰作为西方文明确立了一般的标准。

　　哲学和科学从公元前6世纪米利都（Miletus）的泰勒斯开始，在这之前什么事物的发展导致了希腊人天赋的骤然展露？不管要花多大力气，我们也必须尝试找到一个答案。自20世纪以来，考古学已大踏步地向前发展，我们借助其成果可以拼合出关于希腊人如何发展的相当完整的解释。

　　在世界诸多文明里，希腊人是后来者。埃及（Egypt）和美索不达米亚（Mesopotamia）的文明比希腊文明要早几千年。这些农业社会沿着大河两岸发展起来，这些社会的统治者是神圣的国王、军事贵族和掌握着多神教体系解释权的强有力的祭司阶级。大多数人口是从事农耕的农奴。

希腊人后来吸取了埃及人和巴比伦人 (Babylonia) 提供的某些知识。但是埃及人和巴比伦人却没有发展起科学和哲学。由于缺乏天赋的智慧，还是由于社会条件？在这里提这样的问题是无用的，因为两者无疑都起到自己的那部分作用。有意义的倒是，宗教的作用没有引起理智的冒险活动。

在埃及宗教更多地关心来世生活，金字塔是陵墓建筑。一些天文学知识保证了对尼罗河潮水的预测，作为管理者的祭司已发展出了象形文字。但是，几乎没有资料留存下来，供人们向其他方向发展。

在美索不达米亚，伟大的闪米特帝国 (Semitic) 取代了早先的苏美尔帝国 (Sumerians)，闪米特人采纳了楔形文字。就宗教方面而言，主要旨趣更倾向于此世的幸福。星辰运动的记录，巫术和占卜相关联的实践是以之为鹄的。

稍晚，贸易社团发展起来了。其中最重要的是克里特的居民，他们的文明直到现在才再一次显露出来。克里特人可能来自小亚细亚沿岸，很快便在爱琴海各个岛屿取得重要地位。公元前2500年左右的移民浪潮，导致克里特文化非同寻常的发展。在克诺索斯 (Cnossos) 和菲斯托斯 (Phaestos) 建立了宏伟的宫殿，地中海到处都是克里特人的船舶。

从公元前1700年以来，频繁的地震和火山爆发，使克里特人开始向邻近的希腊和小亚细亚移民。克里特的手艺人改变了大陆人民的文化。在希腊，显示这一点最有名的地点是阿哥利德 (Argolid) 的迈锡尼 (Mycenae)，阿伽门农 (Agamemnon) 的传说的故乡。荷马 (Homer) 史诗记载的正是迈锡尼时代的那些记忆。约公元前1400年，克里特发生了强烈的地震，克里特的霸权突然终结了。

迈锡尼的狮门，许多影响在此生根

已知最早的希腊语铭文，公元前8世纪刻在锡拉岛的石头上

到那时为止，希腊大陆已吸收了连续两次入侵者的浪潮。第一次大约在公元前2000年左右，是从北方来的爱奥尼亚人（Ionians），而且他们看来已逐渐地与当地人民融合在一起了。300年后，接踵而至的是亚该亚人（Achaean）的入侵，这一次产生了统治阶级。迈锡尼的统治者和荷马时代的希腊人，一般说来属于这个阶级。

克里特—亚该亚在地中海有着广泛的贸易联系。公元前1400年，克里特的大灾难并没有中断这种联系。公元前1200年左右，在那些威胁埃及人的"海洋民族"内，我们发现有克里特人，埃及人叫他们为"培力斯人"（Peliset）。这些人是最早的腓力斯丁人（Philistines），他们定居的地方巴勒斯坦（Palestine）就取名于腓力斯丁人。

大约公元前1100年，进一步的入侵取得了自然灾害所不能达到的成就。在多利安人（Dorian）入侵的影响下，整个希腊和爱琴海落入生机勃勃的、未开化的、东征西讨的游牧民族手里。亚该亚人早在公元前12世纪的特洛伊战争（Trojan War）中就已消耗殆尽，不可能阻止大屠杀。海上强权落入腓尼基人（Phoenicians）手中，希腊从此进入暗淡时期。正是在那个时期，希腊人从腓尼基商人那里吸取了闪语字母，他们补充了一些元音，使其完善。

希腊本土崎岖不平，气候多变。贫瘠的山脉把国土分割成片，从一个谷地到另一个谷地的陆路穿行是困难的。相互分离的群落在肥沃的平原上产生，当土地不再供养得起众多人口的时候，有些人开始跨过大海寻找殖民地。从公元前8世纪中叶到公元前6世纪中叶，西西里岛沿岸、意大利南部和黑海沿岸，希腊人的城市星罗棋布。随着殖民地的产生，贸易发展起来了，希腊人和东方人又恢复了接触。

从政治方面看，多利安人之后的希腊经历了从亲属关系开始的一系列有规则的变迁。权力逐渐掌握在贵族手里，接下来是非世袭的君主或僭主时期，最后，政治权力归于公民，"公民"这个词的字面含义是"民主"。从此以后，僭主政治和民主交替出现。只要全体公民可以被召集到市场，纯粹民主就可能行得通。在我们的时代，纯粹民主只在瑞士一些比较小的州内幸存下来。

狄奥尼索斯，色雷斯之神，神秘和狂热的象征

希腊世界最早的和最伟大的文学丰碑是荷马的作品。关于荷马，我们不知道任何确切的东西。有人甚至认为，存在的只是后来以这个名字命名的诗歌。不管怎么说，两部伟大的荷马诗歌——《伊利亚特》(Iliad) 和《奥德赛》(Odyssey)，大约在公元前800年已经写出来了。诗歌叙事的中心是在公元前1200年之后不久发生的特洛伊战争，由此我们看到后多利安人对前多利安人事件的叙述，因而诗歌有某种程度的不连贯。就现在的诗歌形式看，它可以追溯到公元前6世纪雅典 (Athens) 僭主庇西特拉图 (Peisistratus) 退位时。先前时代的暴行在荷马时代已经缓和了，尽管它的痕迹仍然留存下来。诗歌确实反映了无束缚的统治阶级的理性态度。在迈锡尼时代，尸体不是像我们所知的那样被埋葬，而是被焚化。在奥林匹亚的万神庙 (Olympic Pantheon) 内，艰难地讨生活的主人们熙熙攘攘。宗教几乎不存在，而古老的习俗，如热情对待异乡人，则强劲有力。比较原始的因素，例如，以处死囚犯的方式做活人献祭，虽时有突破，但非常罕见。总的说来，气氛是紧张的。

从某种角度说，这象征着希腊精神的张力。一边是秩序和理性，另一边是放荡不羁和本能冲动。前者产生了哲学、艺术和科学，后者产生于跟丰收仪式相关的比较原始的宗教。在荷马时代这种因素得到较好的控制，后来，特别是与东方有了重新接触之时，它又一次处于显赫的位置上。它与狄奥尼索斯 (Dionysus) 或酒神巴克斯 (Bacchus) 崇拜有关联，狄奥尼索斯原先是色雷斯 (Thrace) 的神祇。对这种远古野性的革新式的影响，在俄耳浦斯 (Orpheus) 这个传奇形象中产生了，据说俄耳浦斯是被过酒神节 (Dionysian) 的狂女们肢解的。俄耳浦斯教的教义有禁欲主义倾向，而且强调精神的狂喜状态。这种教义希望人们获得"神灵感应"或与神统一的状态，由此获得神秘的知识，否则就不能得到这种知识。俄耳浦斯教以这种精致的形式对希腊哲学产生了深刻的影响。它最初表现在毕达哥拉斯 (Pythagoras) 那里，他使其适合他自己的神秘主义。就它不是纯粹的科学因素而言，它的各种因素是从毕达哥拉斯那里进入柏拉图 (Plato) 和大多数古希腊哲学中的。

但是更多原始的因素，甚至也在俄耳浦斯教的传统中幸存下来。它们确实是古希腊悲剧的来源。在古希腊悲剧里，

阿波罗，奥林匹亚之神，光明和理性的象征

同情心总是偏向那些受狂热情感和激情困扰的人那边。亚里士多德 (Aristotle) 恰如其分地说,悲剧是对性情的陶冶或情感的净化。归根结底,正是希腊人性格的双重性,使它能够彻底地改变世界。尼采 (Nietzsche) 称这两种因素为阿波罗因素和狄奥尼索斯因素。单独一个因素不可能导致希腊文化非同寻常的发展。在东方,神秘主义因素具有至高无上的地位。爱奥尼亚科学学派的产生,把希腊人从这种单一的迷惑中拯救出来。但是,宁静就其本身来说,如神秘主义一样,不可能引起思想革命。所需要的是对真和美的热情探究。看来俄耳浦斯的影响提供的正是那种观念。对苏格拉底 (Socrates) 来说,哲学是一种生活方式。值得指出的是,在希腊词汇中,"理论"一词起初有某种"观光"(sight-seeing) 的意味。希罗多德 (Herodotus) 正是在这个意义上使用"理论"这个词。充满活力的好奇心,热衷于对不偏不倚探究的爱好,这赋予希腊人在历史上独一无二的地位。

　　发源于古希腊的西方文明,其基础肇始于2500年前米利都的哲学和科学的传统。正是由于这种传统,它不同于世界上其他的伟大文明。贯穿于整个希腊哲学的主导概念是逻各斯 (logos)。我们除去这个术语的其他方面不说,它包含有"语词"和"量度"的意思,因此,哲学论说与科学探究是密切相关的。从这种关联中产生的伦理学说,在知识中看到了善,这是不偏不倚探究的结果。

　　如上所述,提出一般性问题是哲学的开端。那么,这种问题是以什么形式提出的呢? 广义说来,它们在寻找一种秩序,这在寻找因果关系的观察者看来,就像在杂乱无章的、偶然的事件中发现线索一样。最初提出秩序概念是出于什么原因,这是令人感兴趣的问题。根据亚里士多德的观点,人是政治动物,人不是孤立地生活的;恰恰相反,他是在社会中生活的。即使在最原始的水平上,这种生活也包含着某种组织,秩序概念正是发源于这种组织。秩序最初是社会秩序。自然界中一些有规则的变化,诸如日夜交替、四季循环,无疑很早以前就为人所知。但是,正是借助于人的解释,这些变化才被人们理解。天体是神,自然神灵的力量,这是人在自身的想象中创造的。

　　生存问题首先意味着人必须使自然力服从他自己的意

哲学家思考有关事物秩序的一般问题

志。在用我们现在所谓的科学方法做到这一点之前，人们利用巫术做到这一点。在这两种情况里，作为基础的一般概念是相同的。因为巫术是人们在某种严格规定的仪式的基础上，力求达到特定结果的一种尝试。它的基础在于承认因果原则，即承认若给出同样的前提条件，同样的结果就会随之发生。因此，巫术是原始科学。另一方面，宗教产生于不同的根源。在这里，有一种违背或不顾有规则序列以求达到结果的企图。它在超自然的领域内起作用，具有摒弃因果关系的含义。因此，两种思维方式是完全不同的，尽管我们在原始思维中常常看到它们混合在一起。

我们称为语言的交往手段，是从各种群体参与的共同活动中发展起来的。基本的目的是使人们能够致力于达到共同的意图。因此，在这方面基本的概念是"同意"。同样，我们很可能把这种概念看作是逻辑的出发点。这种概念产生于下述事实，在交往中人们最终达到一致，即使他们不过是各自保留不同的意见。当我们的祖先陷于僵局，为了解决问题，他们

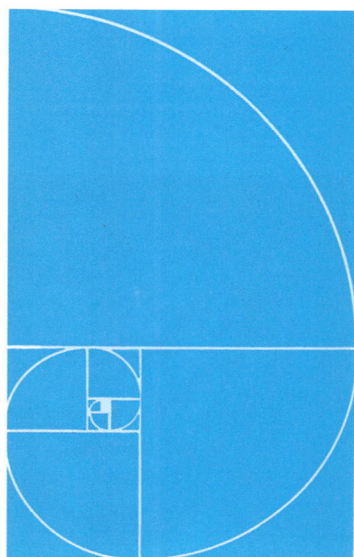

宇宙是简单的还是复杂的，有序的还是混沌的

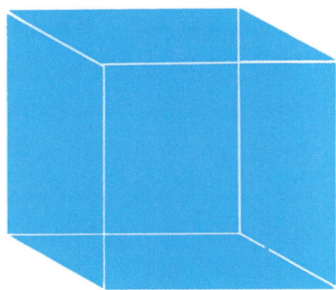

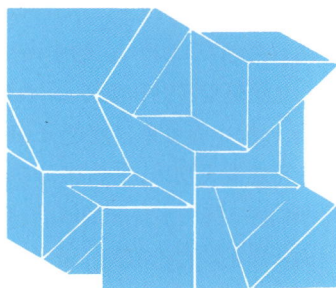

会诉诸武力。一旦对手被杀死，他就不再反驳你了。有时可替代的方法是通过讨论来探究问题，如果问题归根到底是可以探究的话。这是科学和哲学的方法。读者自己可以判断一下，自史前时代以来，我们在这方面有多大进步。

希腊哲学显示了各种二元论对其各个阶段的普遍影响。这些二元论在这种或那种形式上，一直是哲学家撰述或争论的题目。它们的基础全在于真与假的区别。在希腊人的思想中，和真与假紧密相关的是善与恶、和谐与冲突的二元论。因此，现象与实在的二元论今天仍然有活力。除此之外，还有心与物、自由与必然的问题。进一步说，还有关于事物是一还是多、简单还是复杂的宇宙论问题。最后，还有混沌与秩序、无限与有限的二元论。

早期哲学家们解决这些问题的方式是有教益的。一个学派可以攻击二元论的一个方面，后来的另一学派则会提出批判并采纳对立一面的观点。最后，第三个学派会向前进一步，形成某种妥协，取代前面两种观点。黑格尔 (Hegel) 正是在前苏格拉底哲学家中看到各种相互对立的学说的拉锯战，因而，他着手提出他自己的辩证法概念。

各种二元论以某种方式相互联系着。然而我们可以用一种粗略的且便捷的方式，使它们相互分离开来，表明哲学一直在探讨的不同类型的问题是怎么样的。真与假的问题在逻辑中讨论。从表面上看，善与恶、和谐与冲突属于伦理学的问题。现象与实在、心与物的问题，可以被确定为知识论或认识论的传统问题。余下的二元论或多或少属于本体论，即存在论。当然，这些划分绝不是固定不变的。事实上，希腊哲学某些比较鲜明的特征正是由于这些界限被打破的方式。

第一个科学的哲学学派在米利都出现。米利都城坐落在爱奥尼亚海岸，它是繁荣的贸易通商口岸。它的东南是塞浦路斯 (Cyprus)、腓尼基和埃及；北面是爱琴海和黑海，向西跨过大海是希腊大陆和克里特岛。米利都东面紧靠吕底亚 (Lydia)，它与美索不达米亚帝国接壤。从吕底亚人那里，米利都人学会了打制金币，以作货币之用。米利都港口挤满了各国的帆船，货栈里堆满了世界各地的货物。因为货币是贮存价值的一般手段，人们可以借助它用一种商品交换另一种商品，因此，当人们发现米利都的

米利都的泰勒斯

逻辑发展渗透于米利都人的唯物主义。泰勒斯说，万物都是由水构成的，但没有解释为什么

哲学家提出事物是由什么构成的问题时,就不会觉得惊奇了。

"万物都是由水构成的",据说米利都的泰勒斯已说出这个命题。哲学和科学因此从他开始。希腊传统把泰勒斯算作七贤之一。我们从希罗多德那里得知,他预见过一次日蚀。经天文学家推算,这次日蚀发生在公元前585年,因此这一年算作他的鼎盛期 (floruit) *。泰勒斯未必具备日蚀理论,但他必定熟悉巴比伦人对这些现象的记录,因而知道什么时候会发生这些现象。虽然他幸运地知道它,但这在米利都是可见的现象,这对编年学来说是一桩好事,而且无疑也为他赢得了声誉。同样,他是否已在几何学中确立了三角形相似性定理,也很不确定。然而,他确实运用埃及人测量金字塔高度的纯经验方法,测量海上船只离岸的距离,也测量过其他人所测不到的对象。因此,他具有某种概念,即几何学原理具有一般的范围。这种一般性概念是首创的,而且是希腊人的首创。

据说泰勒斯也说过,磁石有灵魂,因为它可以移动铁。进一步的陈述是万物充满着灵魂,则较有异议。虽然这或许是人们以前人的说法为依据而附会于他的,但是这种陈述看起来是多

---

* "鼎盛期"是古希腊历史学家的术语,用来概括生卒年月不明的古人的生活时代。一般认为,"鼎盛期"指一个人40岁左右。——译者注

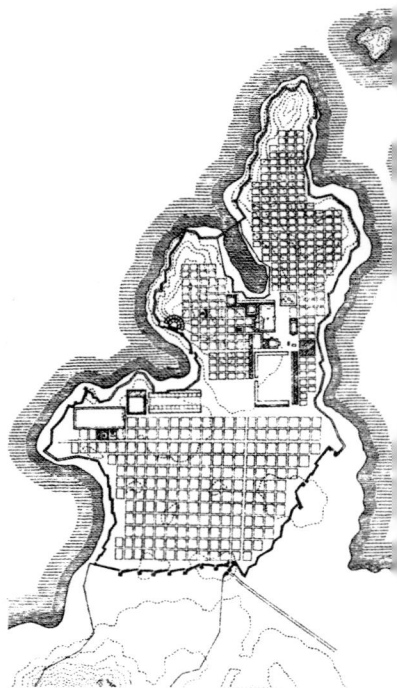

余的。说磁石有灵魂，只有在其他东西都没有灵魂时才有意义。

跟泰勒斯有联系的许多故事流传下来，有些故事可能是真实的。据说，有一次，他受到挑战，他通过垄断橄榄油市场显示了其实际天赋。他精通天文学，预先知道来年大丰收。因此，他租了他能够租到的全部榨油器；等机会到来，他以自己的价格租出去。他因此赚了一大笔钱，并向嘲弄者表明，哲学家如果愿意赚钱的话，他们可以赚大钱。

泰勒斯最重要的观点是声称世界生于水。从表面看起来，这种陈述不是那么牵强附会，也不是脱离观察的纯粹想象的臆测。在我们的时代，人们已坚持认为，氢，生成水的元素，是全部其他元素可以从中合成的化学元素。万物是一，这种观点是非常值得尊重的科学假说。从观察的角度言之，离海近，使人们觉得这一点似乎是在理的，人们想必注意到太阳使水蒸发，雾从海面上产生形成云，又以雨的形式消解。如此看来，大地是浓缩了的水的形式。虽然各种细节可能是如此充分地想象出来的，但它依然是一种了不起的功绩，因为人们已经发现，实体在不同的聚合状态中仍然是相同的。

米利都学派的第二位哲学家是阿那克西曼德（Anaximander），他大约出生于公元前610年。他同泰勒斯一样，也是发明家和精通实际事务的人。他是第一位绘制地图的人，而且他是在黑海沿岸的一个米利都殖民地的领袖。

阿那克西曼德批评他前辈的宇宙论。确实，为什么一定要选择水呢？构成万物的元素不可能是元素本身的特定形式之一。因此，它必定是某种不同于全部这些特定形式的更为基本的东西。因为物质的许多形式，诸如热与冷、湿与干，一直是彼此对立的。这些形式不断地相互侵犯，或"不服从正义"，在希腊人看来，这意味着缺乏平衡。如果这些形式的某一个是始基的话，那么长久以来它会克服另外一些形式。最初的物质是亚里士多德所谓的物质因。阿那克西曼德称之为"无限者"，物质向各种方向扩展的无边无际的源泉。世界从它产生，最后又复归于它。

阿那克西曼德认为，地球是自由浮动的圆柱体，我们自己在其一端的表面上。而且他假定，我们的世界是由无数其他世界包围着的，其中一个是我们现在称为银河的世界。每个世界

阿那克西曼德试图说明万物是怎样构成的："无限"是始基；强调由于某种未知的原因起源于它，它引起湿与干、热与冷分离开来。它们的混合物形成万物，变化是对立面的冲突

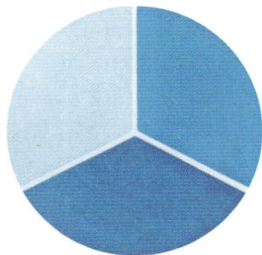

阿那克西美尼把变化看作是物质的凝聚和稀薄化之永恒力量的运作。因而，任何物质形式都可以作为基本因素。他选中气

的内部功能受控于把地球引向中心的旋涡运动。天体都是被空气隐蔽起来的火轮，只在一个点是例外。我们不妨把它们看作自行车轮胎，不被隐蔽的一个点便是气门。当然要记住，在当时的希腊人看来，空气是能使万物变得看不见的某种东西。

关于人的起源，阿那克西曼德有一个极为"现代"的观点。他观察到幼小的人需要长时间的照料和看护，由此得出的结论是：如果人从来就是现在这个样子，就不可能生存下来。因此，人必定一度不同于现在，即一定是从一种能够很快地独立生活的动物进化而来。这种论证的方法称为归谬法。你从所作假设推断出一些明显错误的东西，如这里所说的人没有生存下来。因此，这个假设必须排除。如果这个论证是正确的——按照人从来就是现在这个样子的假设，便知道人不可能生存下来，正如我就觉得想必为此，那么不用再费口舌，确实发生了某种进化过程的论证便成立了。但是阿那克西曼德并不满足于这个论证，他进而宣称人从海鱼演化而来，并用对化石遗体和鲨鱼如何哺育下一代的观察所得作为他的论据。无疑，阿那克西曼德因此告诫我们不要吃鱼。至于居住在深海的同胞们对我们是否抱有同样细腻的感情，就无记录可查了。

阿那克西曼德

爱琴海各地

大希腊

米利都学派的第三位著名思想家是阿那克西美尼 (Anaximenes)。我们除了知道他是三人中最年轻的一位这一事实外,不知道他生卒的确切年代。从某种角度讲,他的理论步其前辈的后尘,尽管他的思想不够大胆,但他的观点总的说来比较经得起时间考验。他像阿那克西曼德一样坚持认为,基质存在,不过他在特殊的实体气中发现了这种基质。我们周围不同形式的物质,是气通过凝聚和稀薄化过程而产生的。因为这等于说全部差异是量的差异,因此,完全有理由把一种特殊的实体看作是基本的实体。气构成灵魂,就如它使我们活着那样,它也使世界活着。这种观点后来被毕达哥拉斯学派采纳。在宇宙论方面,阿那克西美尼误入歧途。所幸的是,在这方面毕达哥拉斯学派追随阿那克西曼德。至于其他方面,他们倒是更倾向于从阿那克西美尼那里借用,这在某种意义上说是正确的。他是米利都学派的最后一位代表,而且继承了这个学派的整个传统。正是他的聚散理论,真正完成了米利都学派的世界观。

米利都的哲学家们是具有独特气质的人,他们不同于今天有专家称号的那些人。他们从事城邦的各种实际事务,因而能够应付各种突发事件。已经有人表明,阿那克西曼德的理论曾在一篇地理学论文中得到广义的阐述。早期的论文现已散失,幸存下来的标题是"对事物物理性质的描述"。因此,课题的范围是广泛的,而论述不可能很深刻。赫拉克利特 (Heraclitus) 后来反对的,无疑正是这种"关于许多事物的知识"。

19

就哲学而言，重要的事情不在于给出答案，而在于提出问题。从这个角度说，米利都学派称得上是哲学学派。这并不出人意料，已经产生了荷马的爱奥尼亚，也应当是科学和哲学的摇篮。就我们所知，荷马作品中的宗教，其特征是奥林匹亚式的，而且它一直具有这种特征。在那里，神秘主义没有对社会产生巨大冲击，科学思辨很可能正在发展中。尽管后来希腊哲学的许多流派都分享了神秘主义，但我们必须牢记，它们都受惠于米利都学派。

米利都学派与宗教运动没有任何联系。实际上，前苏格拉底学派的一个显著特征，就是它们都与流行的宗教传统有分歧。甚至像毕达哥拉斯学派那样，本身并不与宗教对立，也与流行的宗教传统有差异。希腊的宗教实践大体说来，与不同城邦已确立的习惯相关联。当哲学家们独树一帜的时候，即不出人意料，他们必定会同其城邦的国教相冲突，在任何时代和任何地方，命运往往突然降临于有独立见解的人。

距爱奥尼亚海岸一箭之遥的是萨摩斯岛 (Samos)。尽管自然环境相近，然而诸岛的传统在某些重要方面比大陆城市的传统更为保守。在这里，过去的爱琴文明的进一步延续，看来已保留下来了，下面我们要充分考虑这种差异。荷马时代的爱奥尼亚和早期的米利都学派，大体说来不倾向于认真地接受宗教；岛屿世界则从一开始就较多地受到俄耳浦斯教的影响，这种影响慢慢地嫁接到从克里特—爱琴海时代流传下来的那些信念中。

奥林匹亚崇拜是没有严格宗教教义的极其理性的信仰。另一方面，俄耳浦斯教则有神圣的文本，而且它通过共享信念这种纽带，把其追随者团结在一起。哲学在这种背景里成为一种生活方式，这是苏格拉底后来采纳的一种观点。

这种新精神在哲学方面的先驱是萨摩斯本地人毕达哥拉斯。我们几乎不知道他的生平和生活细节。据说他的鼎盛期在公元前532年，即波吕克拉底 (Polycrates) 僭主统治时期。萨摩斯城是米利都的竞争者，在公元前544年波斯人 (Persians) 占领了萨狄斯 (Sardis) 之后，其他的大陆城市已落入波斯人手中，而萨摩斯的船只还往返于整个地中海。波吕克拉底有一段时间与埃及国王阿玛西斯 (Amasis) 结成紧密的同盟。这很可能引出这种故事，毕达哥拉斯曾游历埃及，而且因此取得了

在公元前4世纪雅典的钱币上，毕达哥拉斯。反面，猫头鹰，智慧和雅典的象征

21

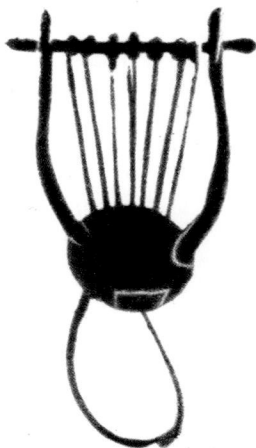

整根弦发主音。在3/4处夹住,它发比较高的4度音。这一缩短的弦在其2/3处夹住,就发更高的5度音。最后一段是最早段的1/2,发高于它的8度音

数学知识。因为他不能忍受波吕克拉底的暴虐统治,最后还是离开了萨摩斯。他在意大利南部的希腊城克罗顿 (Croton) 定居,建立了自己的社团。他在克罗顿生活了20年,直到公元前510年。在反对学派的造反发生之后,他搬到了梅达彭提翁 (Metapontion) 定居,直至去世。

我们知道,对米利都人来说,哲学是紧张的实践事务,哲学家们可能是而且曾经是行动着的人。但是,在毕达哥拉斯传统里,相反的观念出现了。哲学成了超然于世界的思辨。这与体现在毕达哥拉斯学派生活态度中俄耳浦斯教的影响有关。我们看到,人有三种生活方式之分,就如参加奥林匹克运动会的人分三种那样,在社会里也有三类人。在最低层次是那些从事买卖的人,其次是参加竞赛的那些人,最后是来观看的那些人,即从字面意义上说的理论家。最后层次的那些人与哲学家相应。哲学家的生活方式是独一无二的,这种生活方式坚持某种希望:超越实存之偶然性,它提供一种轮回的出路。因为按照毕达哥拉斯学派的观点,灵魂顺从于一连串轮回。

传统的这一方面与一些原始的禁忌和禁欲原则相关。在柏拉图的《国家篇》中,我们会再一次看到这种生活方式的三分法,如同确实存在于毕达哥拉斯学派和其他前苏格拉底学派中的其他要素那样。可以说,柏拉图对早期哲学家的学说之争作了一种综合。

另一方面,毕达哥拉斯学派产生了科学的传统,或更确切地说,产生了数学的传统。毕达哥拉斯学派的真正继承者正是那些数学家们。尽管从俄耳浦斯教的复兴中产生了神秘主义的因素,但这个学派的科学方面确实没有被宗教观念歪曲。即使对科学的生活方式的追求具有宗教的意义,但科学本身并没有成为宗教。

在这种生活方式中,起净化作用的一种强有力的动因是音乐。毕达哥拉斯对音乐的兴趣很可能在这种影响下产生的。不管这种影响怎么样,毕达哥拉斯确实发现了音乐中所谓音程的简单的数字关系。一根调和弦如其长度平分,那么它就发8度音。相似地,如果长度减短到3/4就发一个4度音,如果减到2/3就发一个5度音。4度和5度音一起构成一个8度音,即 $3/4 \times 2/3 = 1/2$。因此,这些音程符合2:4/3:1的和谐的相继

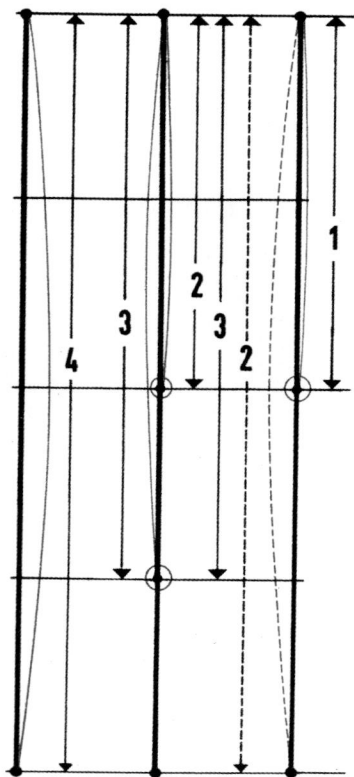

行进中的比例。已经有人提出，调和弦的三个音程可以与三种生活方式相类比。虽然这种类比肯定是一种思辨，但有一点则是确实的，调和弦因此在希腊哲学思想中起了主要作用。在平衡的含义上，和谐概念就如高与低这样的对立面，通过准确的、协调的调适和组合，伦理学中的中庸或中道概念，以及四种气质学说，所有这些发现归根到底都可以追溯到毕达哥拉斯的发现。在柏拉图那里，我们会再次发现其中的许多含义。

音乐中的这些发现很有可能导致全部事物是数的观念。因此，若要理解我们周围的世界，我们必须发现在事物中的数。一旦我们掌握了数字结构，我们就能支配世界。这确实是重要的观念。尽管在希腊化时代之后，它的意义暂时黯然失色，但是当文艺复兴引起人们对古代的原始资料发生了新的兴趣的时候，它的意义再次得到人们的承认。它是近代科学最明显的特征。通过毕达哥拉斯，我们也第一次发现，对数学的兴趣最初不是由实践的需要支配的。尽管埃及人具有某种数学知识，但是他们不过是需要这些知识来建筑金字塔或测量土地。希腊人是"为了探究"而开始研究数学问题，用希罗多德的话说，毕达哥拉斯是从事这类研究者中最重要的人物。

他已经提出一种用点或卵石的配置来描述数的方法。这确实是一种计算方法，长期以来这种方法以这种或那种方式幸存下来。拉丁语"计算"（calculation）一词意指"摆弄卵石"。

与此相关的是研究某些算术级数。如果把石子排成每行比上行多一个，从一开始，我们就将得到一个"三角形"数。尤其是 $1 + 2 + 3 + 4 = 10$，这个4行三角形数特别重要。同样，连续的奇数之和得出"正方形"数，连续的偶数之和得出"长方形"数。

在几何学里，毕达哥拉斯发现了著名的定理，弦的平方等于两边平方之和，尽管我们不知道他给的是什么证据。在这方面，我们又一次看到与单凭经验的方法相对立的一般方法和证明的实例。然而，这种定理的发现引致了学派中的极大丑闻。因为它的一种推论是，一个正方形的对角线的平方等于边的二次方。但是，"正方形"数不可能分解为两个相同的平方数。因此，不可能借助我们所谓的有理数来解决这个问题。对角线是与两边不相称的。要解决这个难题，我们需要由后来的毕达

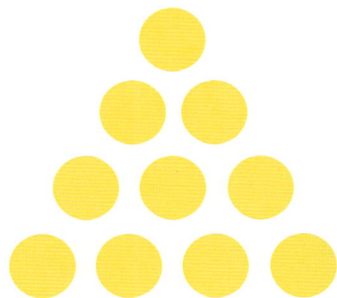

四元体，4行"三角形"数，毕达哥拉斯借以发誓的象征

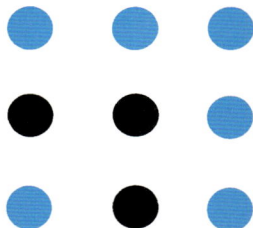

"正方形"数，连续奇数之和

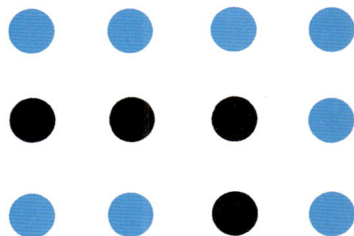

"长方形"数，连续偶数之和

著名的毕达哥拉斯定理。他有什么证据，没有人知道

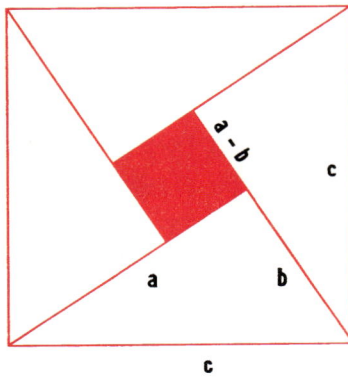

$$c^2 = (a-b)^2 + 4 \times \tfrac{1}{2}ab$$
$$= a^2 + b^2$$

毕达哥拉斯

边为1的等腰直角三角形的一条弦，不可表示为有理数

哥拉斯的信徒们提出的无理数理论。在这种语境里的"无理数"这个名称，显然可以追溯到早期的数学丑闻。据说，一个弟兄由于泄露了秘密，被沉到海底淹死了。

在宇宙论方面，毕达哥拉斯直接以米利都学派的理论为基础，而且他把这种理论与他自己关于数的理论结合起来。先前提到的数的配置称为"界石"，无疑因为这种概念可追溯到土地测量或在字面意义上的"几何学"。我们的拉丁词"term"（界石）有同样的字面含义。按照毕达哥拉斯的观点，无限的气使基数保持独特性，而基数则给予无限者以尺度。进一步说，无限与黑暗同一，而有限与火同一。这显然是由于天空和星星而产生的观念。像米利都学派的学者那样，毕达哥拉斯认为，存在着许多世界，尽管按照他的数的观点，他不可能认为世界是无数的。毕达哥拉斯发展了阿那克西曼德的观点，他坚持认为大地是球形的，而且他抛弃了米利都学派的地心说。然而，这留待其他人，后来萨摩斯的本地人把日心说推向前进。

正是毕达哥拉斯全神贯注于数学，才产生了我们后面将讨论的理念论，或共相论。当数学家证明三角形定理的时候，这个定理不关涉他正在谈论的在某个地方画出的任何图形；相反，它关涉到他心目中看到的某种东西。因此，就有了可理喻的东西与可感知的东西的区别。而且已确立的定理毫无保留是真的，并且永远是真的。只有从这一步出发，才达到这种观点：只有可理喻的东西是真实的、完善的、永恒的，而可感知的东西是皮相的、有缺陷的、易逝的。这些是毕达哥拉斯主义直接的逻辑上必然的结果，从那时起它一直支配着哲学和神学的思想。

我们亦须记住，毕达哥拉斯的信徒们的主神是阿波罗，尽

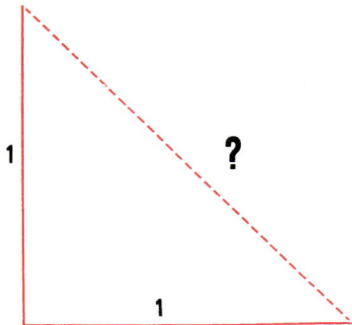

管在他们的信念里有俄耳浦斯的因素。正是阿波罗倾向，使欧洲的理性主义区别于东方的神秘主义。

在早期毕达哥拉斯学派的影响下，新的宗教观念发展起来了，旧的奥林匹亚宗教因之被取代了。色诺芬尼 (Xenophanes) 对传统的诸神以更加致命的打击。他可能在公元前565年出生于爱奥尼亚，当波斯人在公元前540年入侵时，他逃到西西里岛 (Sicily)。他的宗旨看来像是要根除奥林匹亚万神庙中根据人的形象塑造的诸神。同样，他反对俄耳浦斯教义的复兴，并取笑毕达哥拉斯。在一脉相承的哲学传统中的下一位哲学家，是另一个爱奥尼亚人，爱菲斯 (Ephesus，也译"以弗所") 的赫拉克利特，他的鼎盛期大约在公元前6世纪末。至于他的生平，除了他出生于贵族家庭外，我们一概不知。然而，他的一些著作残篇幸存下来。我们从这些残篇中容易理解，为什么人们认为他是晦涩的，他的言论有预言的味道。残篇简洁优雅，富有生动的隐喻，说到永恒的生死轮回，他说："时间是一个玩骰子的儿童，儿童掌握着王权。"在他轻蔑地嘲弄感觉迟钝的人时，他用尖刻的话显现极其藐视之能事："蠢人充耳不闻，当他们在场时犹如不在场。"又说："如果人们有灵魂却不理解语言的话，那么眼睛和耳朵对他们乃是坏的见证。"

为了提醒人们，有价值的成就要花费许多劳动和努力，他说："找金子的人挖掘了许多土，才找到一点点金子。"觉得这个任务太困难的人不予考虑，就像"驴子宁要草料，不要黄金"。他甚至还预示了苏格拉底后来在著名的格言中表述的思想，我们不应为我们已知的东西得意扬扬："在神看来人是幼稚的，就像在成人看来儿童是幼稚的一样。"

稍微细致地研究赫拉克利特的理论，有助于我们更加明了他的一些格言。尽管赫拉克利特并没有他的爱奥尼亚先辈的那种科学兴趣，但是他的理论是以爱奥尼亚学派和毕达哥拉斯的教谕为基础的。阿那克西曼德已经说过，相互冲突的对立面转化为无限，要以相互侵犯来回报。从毕达哥拉斯那里产生了和谐概念，赫拉克利特从这些材料中发展出新的理论，而且这是他在哲学方面唯一的发现和贡献：实在世界在于互相对立的倾向之平衡调适。在对立面冲突的背后，依各种

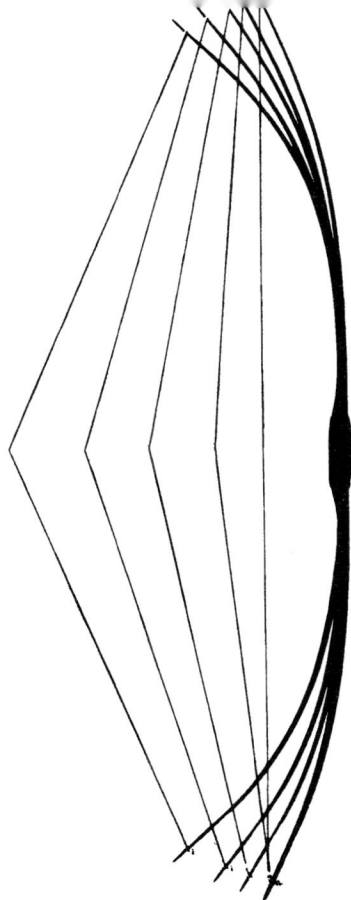

阿那克西曼德的对立面与毕达哥拉斯的和谐的弦，引致赫拉克利特的观点：和谐来自对立面的紧张，就如一张弓所示

尺度,存在着世界的和谐或协调。

一般的概念通常是不显露的,因为"自然喜欢躲藏起来"。看来他确实坚持这种观点,在某种意义上说,协调必定不是某种立即引人注目的东西。"看不见的和谐比看得见的和谐更好。"其实,和谐的存在经常被人们忽视。"他们不了解如何相反却相成:对立造成和谐,如弓与六弦琴。"

因此,冲突是保持世界充满生气的动力原则。"荷马说:'但愿诸神和人之间的斗争消失!'他说错了。他没有认识到他正在祈祷宇宙的毁灭,因为如果他的祈祷被听到,全部事物将会消失。"我们必须在这种逻辑的意义上,而不是在军事准则的意义上理解他的这种论断:"战争是万物之父。"他的观点要求一种强调活动重要性的新的基质。他选择了火,这在原则上而不是细节方面追随米利都学派。"一切事物都换成火,火也换成一切事物,正像货物换成黄金,黄金换成货物一样。"这种商人的微笑证明了理论的观点。油灯的火焰看起来像是某种固定的对象,然而,在整个过程中油被吸收,燃料转换为火焰,由于它的燃烧烟灰掉下来。因此,世界上发生的任何事物都是这类交换过程,无物常住。"人不能两次踏进同一条河流,因为你经常遇到新水流。"正是因为这种解释,后来的作家把"万物流变"的著名格言归于赫拉克利特。苏格拉底用"流动者"的诨名说起赫拉克利特。

重要的是,把赫拉克利特的这种片断与另一种片断相比较:"我们既踏入又不踏入同样的河流;我们既存在又不存在。"乍看起来,这可能不符合前面的论述。然而,这里的这种说法属于理论的不同方面,线索在后面部分。我们既存在又不存在,是含义有点模糊的一种说法,即我们实存的统一性在于不断地变化,或者用柏拉图后来创造的语言表达,我们的存在在于不断地形成。河流的例子也是如此。如果我们今天踏入泰晤士河,明天又踏入,我们踏入的是同一条河;然而我们踏入的水是不同的。我想,这种观点是十分清楚的,尽管我不会建议读者去做这种尝试。另一种有关这种观点的论述是这样说的:"上升的路和下降的路是同一条路。"我们在火的例子里已经审视过这种情况:油升起,烟灰降下,两者都是燃烧过程的一部分。很可能是这种情况,这种论述必须逐字地加以理解。

赫拉克利特,在公元4世纪他的出生地爱菲斯城的钱币上

有坡度的路既向上也向下延伸，这取决于你走的方向。因此，赫拉克利特的对立面理论提醒我们，看起来相互冲突着的特征实际上是处境中的基本成分。在"善和恶是一"这种陈述里，这种观点得到最为鲜明的表达。显然这并不意味着善和恶是一回事。相反，正如没有下降的路，我们就不可能设想有上升的路；同样，在没有理解恶的时候，我们也不可能理解善。打个比方说，如果你通过推平土坡把上升的路毁了，那么你也把下降的路毁了；善和恶的情况也是如此。

就任何事物是流变的理论而言，其实并不是新东西。阿那克西曼德坚持的正好是相似的观点。但是在对事物为什么保持同一的解释方面，则优于米利都学派。最初的限度概念是从毕达哥拉斯那里产生的。正是由于保持适当的限度，不断的变化才使事物成为它们所是的那样。这一点对人和世界都是适用的。

事物本质上是按其限度转变的，同样，在人的灵魂中也存在干燥和湿润的变化。湿的灵魂，如果任其发展不受到火的阻碍，那么它就会堕落，而且有崩溃的危险。这对醉酒者来说，并非一种完全错误的观察。另一方面，"干燥的灵魂是最智慧的、最优秀的灵魂"，尽管我们也不能在卓越之处有错误，因为过多的火会扼杀灵魂，就如淫湿无度一样。然而，因火而灭看起来可算作比较荣耀的结局，因为"比较伟大的死赢得比较伟大的奖赏"。其缘由大概在于，火是永恒的实体："这个世界对一切存在都是同一的，它不是任何神所创造的，也不是任何人所创造的；它过去、现在和未来永远是一团永恒的活火，在一定的分寸上燃烧，在一定的分寸上熄灭。"

至于自然的各种过程，它们都符合其分寸。就如阿那克西曼德坚持的，不公正不是在对立面的冲突中寻找，而是在对限度的漠视中寻找。"太阳不越出它的限度；否则那些爱林尼神（Erinyes）——正义之神的女使——就会把它找出来。"但是限度不是绝对固定的，以它们不越出界限为条件。事实上它们可以在某种范围内摆动，而且这说明了周期现象，诸如自然中的日夜、人的醒睡和类似变化的原因。把摆动的限度概念与毕达哥拉斯学派用连分数解释无理数的方法相联系，是相当诱人的，因为在毕达哥拉斯学派的解释里，连续的近似值有时超过、有时不到精确值。然而，我们不知道早期毕达哥拉斯学派是否确实已发展出这种方法，尽管在柏拉图时代这肯定是众所周知的方法，

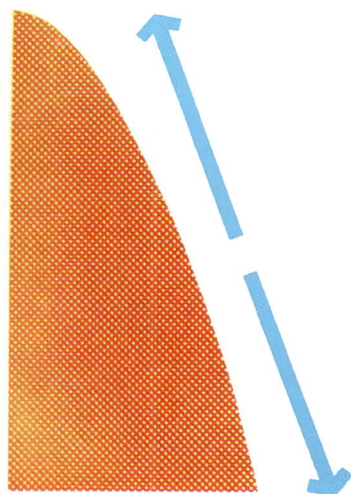

上升的路和下降的路是同一条路，你去除一条路，也就去除了两条路

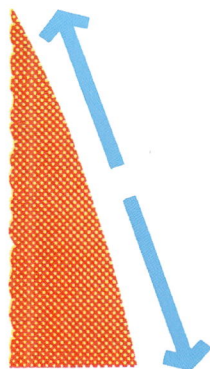

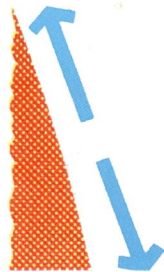

爱菲斯遗址景观

但我们不能非常确切地把这种知识归功于赫拉克利特。

和色诺芬尼一样，赫拉克利特也痛诋他那时的宗教，不管是奥林匹亚的宗教还是俄耳浦斯的宗教。人不是通过仪式和牺牲变为善的，他清楚地认识到仪式实践的、肤浅的和原始的特征。"他们用血涂抹自己以使自己纯洁，是徒然的，这正像一个人掉进污泥坑却想用污泥来洗净自己一样。任何人见到别人这样做，都会把他当作疯子。"善不可能从这方面产生。

然而，存在着一条通达智慧的途径，而且这是通过掌握事物的基本原则达到的。这种公式是对立面的和谐，但是人们没有认识到它，尽管它处处表现出来。"这个逻各斯，虽然永恒地存在着，但是人们在听到它以前，以及在初次听到它以后，都不能了解它。虽然万物都根据这个'逻各斯'而产生，但是，即使在人们体会那些我说明的话语和事情时，我根据其种类区分每一事物并表明其实质，他们对它都毫无经验。"如果我们不认识"逻各斯"，那么我们学到的许多东西都毫无用处。"学会许多东西并不意味着理解。"在黑格尔那里，我们会再次看到这种观点，其根源在赫拉克利特这里。

于是，智慧在于掌握对于任何事物都是共同的公式。我们必须遵循这一点，就如一个城市要遵守其法律一样。确实，我们必须更严格地做到它，因为共同的公式是普遍的，即使不

27

同的城市的法律是不同的。赫拉克利特因此坚持共相的绝对特征，以反对在那个时代以不同民族的不同习惯相互对照为基础的相对主义观点。赫拉克利特的学说与诡辩派的实用主义观点相对立，后来普罗泰戈拉 (Protagoras) 在"人是万物的尺度"的陈述中，表达了这种相对主义观点。

但是，尽管在任何地方都可发现普遍的公式或逻各斯，但许多人对此茫然无知，而且每个人的行为仿佛都有自己私人的智慧。因此，共同的公式绝不是公众的意见。由于这种盲目，赫拉克利特藐视大众。他是个贵族论者，从这个词的字面意义上说，即赞成最优秀的人掌握权力。"如果爱菲斯的成年人都吊死，把他们的城邦让给未成年的少年去管理，那就对了。因为他们放逐了赫尔谟多罗 (Hermodorus)，放逐了他们中间那个最优秀的人，并且说：'我们中间不要最优秀的人，要是有的话，就让他上别处去，和别人在一起吧。'"

赫拉克利特无疑自视颇高，因此他可能会得到人们的原谅。把这种个人的奇想撇在一边不说，他是作为一个有影响的思想家出现的，他把他前辈的主要观点综合在一起，而且对柏拉图产生了决定性的影响。

赫拉克利特的流变学说使人们注意到这种事实，任何事物都以某种运动演化。希腊哲学的下一个转折点把我们领到天平的另一端，彻底否定运动。

到此为止，我评论的全部理论中有一个共同特征，即每一种学说都以单一的原则解释世界。一个学派提出的个别结论不同于另一个学派，但是其中每一个结论都提出关于事物是怎样构成的基本原则。然而，到此为止没有一个人批判地审视这种一般的观点。承担这一任务的批评家是巴门尼德 (Parmenides)。

关于他的生平，就如其他许多人一样，令我们感兴趣的东西很少。他是南意大利爱利亚 (Elea) 人。他以这个城镇的名字创立了一个学派，即爱利亚学派。他的鼎盛期在公元前 5 世纪上半叶。如果我们打算相信柏拉图，那么他及其追随者芝诺 (Zeno) 一同访问过雅典，两人在大约公元前 450 年的某一时刻遇到苏格拉底。在全部希腊哲学家中，巴门尼德和恩培多克勒 (Empedocles) 是仅有的以诗歌形式提出其理论的人。巴门

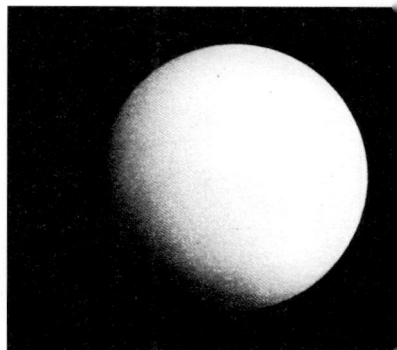

巴门尼德的"存在者，存在"成了固体的球形世界，它是坚固的、匀质的和不动的

尼德的诗歌标题是《论自然》(*On Nature*)，就如其他许多古代哲学家的作品以此命名的那样。诗歌分为两个部分，第一部分"真理之道"，包括他的逻辑学说，我们的主要兴趣在这方面。第二部分"意见之道"，在这部分他提出了本质上是毕达哥拉斯学派的宇宙论，但是他非常明确地说，我们必须把这些全部看作是虚幻的。他曾是毕达哥拉斯学派学说的追随者，但是当他开始阐明他的一般批判的时候，他抛弃了这种学说。因此，诗歌的这部分成为他已经摆脱了的各种错误的目录。

巴门尼德的批判是从其先辈理论共有的弱点开始的。他发现这种弱点在于，全部事物由某种基质构成的观点与同时谈论虚空之间有不一致之处。我们可以描述物质的东西说"它存在"，我们可以描述空间说"它不存在"。但是全部先前的哲学家在这点上犯了错误，他们说不存在者时仿佛它曾存在那样。人们甚至可以把赫拉克利特描述成这样，他说它既存在又不存在。巴门尼德反对全部这类观点，他直截了当地说"它存在"。这种观点在于，不存在者甚至不可能被思维，因为我们不可能思维无。不可思维者不可能存在，因此可存在者可以被思维。这是巴门尼德论点的一般倾向。

由此一些推论马上产生。"它存在"意味着世界在任何地方都充满物质。虚空不管是在内部还是外部，都不存在。而且在一个地方如同在另一地方一样，必定存在一样多的物质，因为若不是如此，那么我们该说到更小密度的地方，即它以某种方式不存在，而这是不可能的。"它"必须在任何方面是相同的，而且不可能从某种东西中产生，因为没有任何东西与它在一起。因此，我们得到的世界图像是固定的、有限的、一致的、物质的球体，不存在时间、运动或变化。这确实是对常识的可怕的一击，但这是彻头彻尾的物质一元论的逻辑结论。如果这冒犯了我们的感官，对它们来说是完全错误的，那么我们必须把感性经验当作幻觉取消，而且这恰好是巴门尼德所做的事情。他通过一元论的理论工作达到极端，迫使后来的思想家不得不准备新的出发点。巴门尼德的球体说明了赫拉克利特的格言指明的，要是斗争终止了，那么世界也就终结了。

值得指出的是，巴门尼德的批判没有触及被正确地理解的赫拉克利特的理论。因为事物是由火构成的观点不是他的

爱利亚遗址，6世纪福凯亚(Phocaean)的殖民地，巴门尼德的出生地

理论实质。它的功能是隐喻的,即火焰以丰富多彩的方式阐明了这种重要的观点,没有东西永远是静止的,任何事物都是过程。在赫拉克利特那里,类似"存在而又不存在"的陈述必须怎样解释,前面已经说明过了。事实上,赫拉克利特的学说已包含对巴门尼德语言的、形而上学的、隐晦的批判。

在其语言形式上,巴门尼德的理论只达到这一点:当你思维和说话时,你思维到或说到某种东西。因此,必定存在思维到或谈论到的、独立的、永恒的事物。你可以在许多不同的场合做到这一点,因此思维或谈论的对象必定永远存在。如果在任何时刻它们都不能不存在,那么变异必定是不可能的。按照他的观点,巴门尼德忽视的正是他绝不可能否定任何东西,因为在说不存在者时,这包括他自己在内。但是,果真如此的话,他们也绝不可能断定任何东西,而且,因此任何言谈、任何语言、任何思维将是不可能的。除了"存在"这个同一性的空洞公式之外,没有任何东西幸存。

但是,这种理论产生了一个重要的观点,如果我们可理喻地使用一个词语,那么它必须具有某种意义,而且它所意指的东西必定在这种或那种含义上存在。如果我们记住赫拉克利特所说的,那么悖谬就消失了。当问题充分地弄明白时,我们就会发现没有人曾经真正地说不存在。因此,如果我说"青草不是红的",那么我不是在说青草不存在,而是说其他事物所是的某种性质之不存在。于是,如果我提供不出所是红的其他东西,例如汽车,那么我确实不能说这一点。赫拉克利特的观点在于,现在是红的东西明天可能是绿的,你可以为红的车子穿上绿衣。

这就提出了一般的问题,词语在什么条件下是有意义的,由于这个问题太大了,我们不可能在这里讨论。然而,巴门尼德对变化的否定成了后来的全部唯物主义理论的发源地。他赋之实存的"它"后来被唯物主义者称为实体,当作不可变的,而且不可毁灭的质料,唯物主义者认为,全部事物是由质料构成的。

巴门尼德和赫拉克利特构成前苏格拉底时代的思想家中两种极端的对立面。值得注意的是,除柏拉图外,原子论者对两种对立的观点作了一种综合。他们从巴门尼德那里借用了不变的基本粒子，而从赫拉克利特那里借用了不停息地运动的概念。这是黑格尔的辩证法首次提出的经典例子之一。这确实符合思想进步的情况，思想的进步产生于这类综合，即对两种极端的论点不懈地阐发而必然出现的结果。

巴门尼德的批评要求对世界由什么构成的问题作新的研究，这种研究是阿克拉噶斯 (Acragas) 的恩培多克勒做出的。我们对他的生平也不甚了了。他大约活跃于公元前5世纪上半叶。在政治方面，他的立场在大多数人一方。按传统说法，他是民主派的领袖。然而，在他身上有一种神秘的色彩，这似乎与毕达哥拉斯学派的俄耳浦斯教的影响有关。他似乎和巴门尼德一样，迷恋毕达哥拉斯的教谕；尔后又像巴门尼德一样，与它决裂。流传下来的有关他的一些传说，是不可思议的。据说他可以影响气候。很可能由于他的医术，他成功地控制了塞利努斯 (Selinus) 的疟疾流行，后来人们为表示感激之情，把他铭刻在该城打制的硬币上。据说，他自命为神，而且当他死的时候想必已升天了。又有人说，他跳入爱特纳 (Etna) 的火山口，尽管这看起来完全不可置信，因为没有一个称职的政治家会跳进火山。

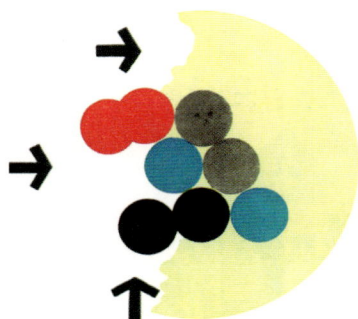

当斗争排除爱，四种元素分离开来

为了使爱利亚学派的学说与感官的普通证据妥协，恩培多克勒采纳了到目前为止人们尝试作为基础的全部项目，并把它们增加到四个。他把这些项目称为事物之“根”，亚里士多德后来称它们为元素。这是著名的水、气、火和土四元素理论，这种理论几乎支配了化学科学约两千年之久，它的痕迹甚至在现在的日常语言中还保存着，就如我们说到狂风暴雨*时那样。这种理论其实是两种对立面——湿与干、热与冷——的实体。

我们可以指出，欲对付巴门尼德的批判，只是增加被看作是最基本的实体的种类是不够的。另外，必定有某种东西以不同方式引起基质混合。恩培多克勒用爱和斗争的活动原则补充之。它们唯一的功能是统一和分裂，尽管非实体的作用概念在那时还没有发展起来，它们还不得不被看作是实体。因此，它们本身被看作是物质的或实体的，而且与其他四种实体算在一起，成为六种实体。因此，当四种实体分离开来的时

---

* 原文 the fury of the elements 直译为“诸元素的暴怒”。——译者注

候，斗争占据了它们的空间；当它们统一的时候，爱把它们黏合在一起。顺便指出，这里存在着对动因必定是物质的这种观点的某种证明。尽管这种观点有某种局限，但它依然是近代科学的观点，即一种作用必定在某个地方有实体的根源，纵然这种根源不是在它起作用的地方。

阿那克西曼德已经把气看作是实体的，尽管我们不知道他以什么为根据。恩培多克勒的根据不同，因为他发现气是物质的这个事实。他通过水钟的实验发现这一点。因而值得指出的是，他的前辈说到气的地方，他称这种实体为"以太"(aether)，这两个词都是希腊语。后一个词在19世纪下半叶，当电磁理论为波的传播要求某种媒介的时候，又获得了新的科学地位。

恩培多克勒在做出这些革新时，保留了爱利亚学派理论中的大多数东西。因此，基质是永恒的、不改变的，而且本身不可能进一步得到解释。即使科学的解释原则经常没有得到明确陈述，但这一点仍然是重要的。如果举一个例子类比，我们借助原子解释化学的事实，这些原子本身必须是不加解释的。为了说明它们，我们不得不把它们看作是由更小的粒子构成的，而这些更小的粒子也是没有解释的。

那么，如前所述，存在者存在，任何东西不可能从不存在者产生，任何东西也不可能消失于它。全部这类观点是完全彻底的爱利亚学派的唯物主义。在此，我们可以指出一种一般的观点。恩培多克勒利用这种观点，修正唯物主义的学说，不能对付巴门尼德的批判。这种观点是这样的，只要人们承认变化，就不可能不承认虚空。因为如果变化是可能的，那么在特定的空间中，一定量的物质可能消失到没有任何东西留存下来，而这在原则上是可能的。仅仅增加物质的数量是没有用的。因此，当巴门尼德否定变化的可能性时，他就已经否定了虚空的可能性，这是完全正确的；而恩培多克勒并没有真正有助于克服这种困难。我们在后面将看到，原子论者是如何解决这个难题的。

恩培多克勒知道，光使时间流逝，月亮光是间接的，尽管我们说不出他以什么为根据推演出这种知识。他的宇宙论的基础是引发宇宙成为球体的一系列循环，球体具有外部的斗争和把其他诸元素聚合在一起的内部的爱。然而，斗争排除

塞利努斯的钱币，纪念恩培多克勒控制住流行病

武士，出自斯巴达，以军事压力对付经济压力

爱，直到把各种元素完全分离，而且不存在爱。尔后，反面的过程发生，直到我们又一次达到起点。他的生命理论与这种循环联系在一起。在循环的最后阶段，当爱侵入到球体，各种各样动物的基本要素独自地形成了。下一步，当斗争又一次完全不存在时，我们服从适者生存的任意性组合。当斗争再次进入时，分化过程开始了。我们自己的世界是这种过程的发达阶段，它又一次受适者生存的进化原则支配。

最后，我们必须特别提到恩培多克勒对医学和生理学的兴趣。他从克罗顿 (Croton) 的医生阿尔克迈翁 (Alcmaeon)，一位毕达哥拉斯的信徒那里吸取了这种理论，健康是对立面的组成部分的正确平衡。如果任何部分颠倒错乱，疾病就会发生。同样，他采纳了气孔或气道理论，整个身体通过气孔或气道呼吸。尤其是他的视觉理论，长期以来一直具有影响，从被看到的物体中的流射与从眼中产生的一线光芒汇合，就产生了视觉。

他的宗教观点属于俄耳浦斯教的传统，这些观点完全与他的哲学观点背离，而且我们不须在此逗留。然而令人有点兴趣的是，在他的宗教作品里，他似乎坚持那种不可能与其宇宙论相调和的观点。这种不一致是极为普通的事情，对那些对自己的信念不给予批判检查的人来说，尤其如此。在同一时刻抱有这种相互对立的观点确实是不能的，但是人们乐于现在相信某个事情的这一面，而在明天相信对立的一面，不怀疑可能存在的不一致。

现在我们的叙述把读者带到公元前5世纪。在前苏格拉底哲学的标题下，必须讨论的大多数东西，其实与苏格拉底是同时代的。要避免一部分相互交叉经常是不可能的。为了叙述相互关联的解释，我们必须超越单纯的编年史的界限。这是困扰全部历史研究的一种难题。历史几乎不顾编年史家的方便。

稍后，我们将比较专门地与雅典打交道。现在我们必须对公元前5世纪希腊的社会和政治环境有个概览。

尽管波斯战争已经使希腊人对他们的语言、文化和种族的共同联系，有了更为深刻的理解，但是，城邦国家在很大程度上仍然是利益的中心，除了属于操希腊语的全部人口的传统之外，每一城邦的地方习俗使他们自己的生气勃勃的生活延续下去，而且维持他们的一致性。荷马确实可能是他们的共同遗产，但是斯巴达(Sparta)之不同于雅典，就如监狱不同于操场一样，而且它也不同于科林斯(Corinth)和底比斯(Thebes)。

斯巴达的发展已经达到了自己的特殊的转折点。由于人口的增长，斯巴达人不得不征服邻近的迈锡尼人的部落，使他们降为受奴役的种族。结果，斯巴达国家逐渐转化为军营。

由大众集会选举长老议事会并任命两个执政官或监管人，由此组成政府。同时有两个国王，每一个都来自贵族家庭，但是有效的权力在执政官手里。教育的全部目的在于培养严守纪律的士兵。斯巴达人的穷兵黩武在整个希腊是闻名的，而且它确实代表了一种令人生畏的力量。列奥尼达斯(Leonidas)和他的300名士兵在温泉关(Thermopylae)抵抗薛西斯(Xerxes)统帅下的波斯人的军队，必须看作是最值得纪念的历史功绩的实例。斯巴达人不是在情感方面病态的民族。纪律是严酷的，私人的感情得到克制。畸形婴儿差不多都被遗弃，以防降低种族的活力。年轻人在早期阶段就离开父母，集中到像军营一样的机构里培养，总的说来女孩与对待男孩的方式一样，妇女的社会地位与男子大致是平等的。柏拉图的理想国的大部分，受到斯巴达的例子的鼓舞。

科林斯城坐落在地峡之中，占据着贸易和商业的统治地位，它由一个寡头统治，而且加入了由斯巴达领导的伯罗奔尼撒(Peloponnesian)联盟。虽然科林斯人偶然地加入波斯战争，但是他们没有掌握过领导权。他们的利益主要在商业方面，而且科林斯不是以政治家和思想家的摇篮闻名于世的；相反，它以娱乐场所而著名。它也有全希腊一个最大的殖民地大都会，西西里岛的锡腊库萨(Syracuse)。在两个城市之间，以及与一般所说的大希腊之间，沿着科林斯海湾受到保护的航路，有活跃的贸易往来。

在西西里岛，希腊人是强大的迦太基(Carthage)的腓尼基城的近邻。与萨西斯入侵希腊的同时，迦太基也在公元前480年试图侵扰该岛。锡腊库萨的丰富资源和杰拉(Gela)的僭主领导挫败了这种企图，就如本土的希腊人完全抵挡了被薛西斯大王征服的危险一样。

在公元前5世纪的历史进程中，雅典逐渐取代了科林斯，

33

这无疑有助于发动伯罗奔尼撒战争。正是灾难性的锡腊库萨战役，雅典最后战败。

在雅典西北部的玻俄提亚 (Boeotian) 平原上有古城底比斯，这座古城与著名的俄耳浦斯传奇有联系。在公元前5世纪，底比斯也在贵族寡头统治之下。在波斯战争期间，它的作用还完全不值得称赞。一个底比斯人的背叛使列奥尼达斯战败了，但是在萨西斯侵扰该国后，底比斯人与波斯人一起同普拉太亚 (Plataea) 作战。由于这种背叛，雅典人惩罚了底比斯，剥夺了他在玻俄提亚的领导地位。从那时起，雅典人对底比斯人稍有藐视之意。但是，当雅典的力量增长的时候，斯巴达与底比斯站在一起，以抵消这种力量的增长。在伯罗奔尼撒战争中，尽管底比斯周围的乡村都遭蹂躏，但底比斯坚持反对雅典。然而，当斯巴达人获得胜利时，底比斯又转而支持雅典。

来自科林斯的商船，他们在贸易中看到希望

大多数城邦国家控制着它们邻近的地域。生活在农村的人耕种土地，政治权力则集中在城市。就如在民主国家中那样，公民都有机会参与公共事务的管理，而且参与意识相当普遍。人们鄙视对政治没有兴趣的人，而且贬称他们为"白痴"，这个词在希腊语里意味着"只顾私人利益"。

希腊的土地不适宜大规模耕种，因此，当人口增长的时候，就有必要从其他地方进口谷物。供给的主要来源是邻近黑海沿岸的土地，在那里数世纪以来，希腊人已建立了许多殖民地。作为回报，希腊人出口橄榄油和陶器。

希腊人强烈的个人主义特征表现在他们对法律的态度上。在这方面，他们是完全独立的，而且完全不同于他们亚洲的同时代人。在亚洲，人们认为统治者的权威受到神授的法律的支持；希腊人则认为法律是人制定的，而且是为人服务的。如果法律不再符合时代，那么可以通过人们的一致同意而改变它。但是只要它具有支持它的共同力量，那么人们就必须遵守它。苏格拉底拒绝逃避雅典法庭的死刑判决，是法律方面的经典例子。

同样，这意味着不同的城邦有不同的法律，因此，没有权威可以用和平的方法解决他们之间的争端。

因此，内部的好忌妒和破坏性的个人主义，使希腊内部分歧太大，一直没有达到民族的稳定。它落入亚历山大

橄榄丰收，橄榄是希腊的主要出口物

(Alexander) 之手,后来又落入罗马人之手。然而,有一些共同的制度和理想,使它作为一个文化单元幸存下来。上面已提到过民族的史诗,但还有其他共同的纽带。全希腊人都敬畏在科林斯海湾北面山上的德尔菲 (Delphi) 神庙,而且在某种程度上他们尊重德尔菲的神谕 (Delphic Orade)。

德尔菲是阿波罗神崇拜的中心,阿波罗代表光明和理性的力量。古代传奇说,他杀死了皮同 (Python),象征黑暗的神秘的爬行动物,由于这一功绩,人们在德尔菲建立了神殿。因此,阿波罗的作用在于保护希腊精神的各种成就。与此相关,阿波罗崇拜包含着一种伦理倾向,这种倾向与道德净化仪式有关。神自身不得不为他战胜皮同的瘴气赎罪,而且现在对已经用血玷污自身的其他人提供希望。然而,这一点没有例外:弑母者不可饶恕。这是雅典人自信心增长的引人注目的征兆,我们可以在埃斯库罗斯 (Aeschylus) 悲剧中发现,奥列斯特 (Orestes) 正是犯了这种罪行,最终被雅典娜 (Athena) 和有点时代错误的阿埃罗帕戈斯 (Aeropagus) 判为无罪。阿波罗的另一主要的神殿矗立于提洛岛 (Delos),这里已是爱奥尼亚部落的宗教集会地点,而且有一段时期是提洛联盟 (Delian league) 的库藏所在地。

另一个伟大的泛希腊精神的制度是在西伯罗奔尼撒的奥林匹克 (Olympia) 运动会。运动会每隔四年定期举行,而且比任何事务包括战争,都具有优先地位。没有比获得奥林匹克运动会的胜利更伟大的荣誉了。胜利者戴上桂冠,而且他的城市会在自己的奥林匹亚神殿中建立雕像,以纪念这件事。第一次竞赛在公元前776年举行,而且自那以后,希腊人用奥林匹克运动会间隔的四年期纪时。

奥林匹克运动会是希腊人赋予身体的活生生的价值符号。这又是特别强调和谐的典范。人之有身体犹如他有心灵,而且两者都必须得到训练。我们也必须记住,希腊思想家不是我们现代世界的、从中世纪继承了学究传统的象牙塔式的知识分子。

最后,我们必须谈谈奴隶制。人们经常说,希腊人作为实验者是无能的,因为实验意味着弄脏双手,这是为奴隶严格保存的娱乐。没有比类似概括的结论更引人误解的了。事实显

德尔菲的雅典娜神庙,神谕所,泛希腊的圣坛

35

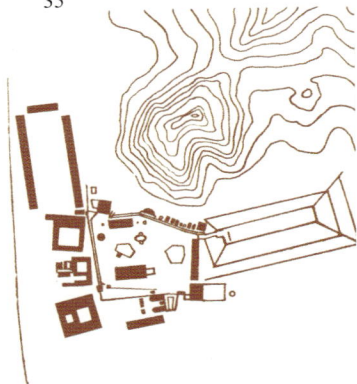

然表明,完全不是那么一回事,例如,有关他们科学成就的许多记录以及他们的各种雕塑和建筑遗迹,就足以表明这一点。在任何情况里,奴隶的作用不必估计过高,即使有强烈的势利感,有教养的人确实不动双手。那些在劳林山(Laurion)银矿劳动的人,确实忍受着非人的命运。但总的说来,城市的奴隶人口没有受到故意的虐待。举个例子来说,奴隶太有价值了,尤其是如果他在某种技艺上有专长的话。许多奴隶后来成了自由人。大规模的奴隶制是公元前5世纪的希腊以后的事情。

公元前5世纪最令人惊叹的事情,可能是知识的实验和发明的激增。在艺术和哲学方面也是如此,前一个世纪的雕塑依然保留着埃及原型的生硬形式,现在它突然步入生活。在文学方面,旧时的形式主义惯例转变为雅典式戏剧比

奥林匹克景观,每隔四年全希腊运动会的现场

较柔和的类型。任何事情都在扩展着，没有一个目标看来超出人所能及的范围。这种自信的强烈感情在索福克勒斯(Sophodes)的《安提戈涅》(Antigon)这一著名歌剧中表露得最为彻底："尽管许多强有力的动物生存着，但人是最强有力的。"纵然这种情感在后来的时代失落了，但在近代文艺复兴又恢复了。在意大利人文主义者阿尔伯蒂(Alberti)的作品中，我们可以看到关于人的地位极为相似的观点。这种生气勃勃的时代并没有审视自身。但是自信易于导致傲慢，在这个世纪的后来阶段，正是苏格拉底使人们想起善的形式。

当时，这是导致希腊文明达到其不可比拟的高度的背景。它以和谐原则为基础，内在的冲突又撕裂它，这一切归根到底可能已高扬了它的伟岸性。因为尽管它不可能逐渐发展起切实可行的泛希腊化国家，但是它征服了任何征服了希腊国土的人们，而且直到今天，它仍然是西方文明的构架。

第一位开始生活在雅典的哲学家是阿那克萨哥拉(Anaxagora)，他在那里度过大约30年，从波斯战争结束到那个世纪中叶。就出身而言，他是克拉佐墨奈(Clazomenae)的爱奥尼亚人的后裔；就兴趣而言，他是米利都的爱奥尼亚学派的继承人。在爱奥尼亚人造反的时候，他的家乡被波斯人占领，他似乎是随波斯军队一起进入雅典的。有记载说，他成为一名教师，而且是伯里克利(Pericles)的朋友。甚至有人说，欧里庇得斯(Euripides)曾是他的学生。

阿那克萨哥拉的旨趣主要在科学和宇宙论问题。我们至少可以知道他作为敏锐观察家的一条证据。在公元前468年至前467年，相当大的陨石坠落在埃果斯波达莫斯河(Anaxagoras)，阿那克萨哥拉无疑在一定程度上以这种报道为根据，提出了星星是由流动的热石头构成的观点。

尽管他在雅典有些有权势的朋友，但阿那克萨哥拉还是引起比较狭隘的雅典人保守主义的敌意。独立不倚而不落俗套的思想，在最有利的情况下也是危险的事情，当它遇到那些想象自己是最有智慧之人的虔诚偏见时，它可能对非循规蹈矩者构成现实的危险。阿那克萨哥拉年轻时曾是波斯人的同情者，这就使情况变得更为复杂了。看来，这种模式仿佛还没有很大的改变，这类情况延续了2500年。不管怎么说，阿那克

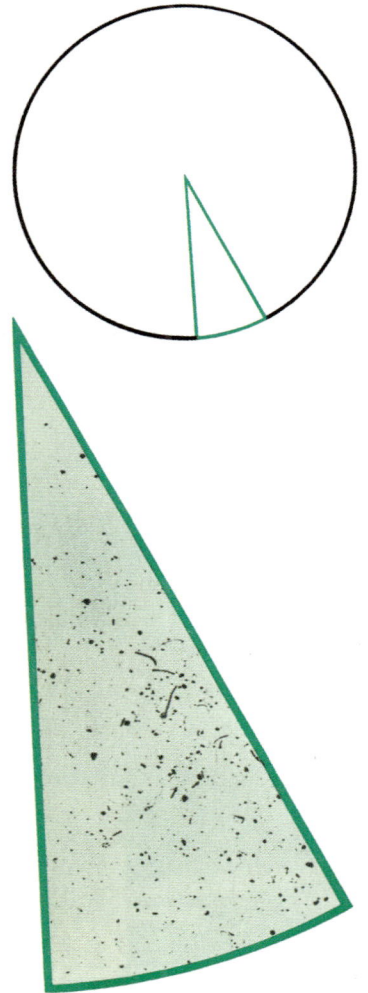

所有事物都包含每一件事物的一部分，看起来白的东西，凑近看其中也有黑点

萨哥拉被控渎神和与米底人 (Medism) 私通而受审。对他处以什么惩罚以及他是怎样逃过惩罚的，则不是很确定。他的朋友伯里克利从监狱里把他救出，并让他逃走。之后，他定居在兰萨库斯 (Lampsacus)，并在那里讲学，一直到去世。非常令人称道的是，该城的公民对他的活动采取了比较宽容的态度。阿那克萨哥拉肯定是历史上唯一的，每年由学校假日纪念其逝世的哲学家。阿那克萨哥拉的教谕记载在书本上，他的某些残篇已经在其他一些资料中保留了下来。后来，也被控有类似渎神罪而受审判的苏格拉底，法官判决说，人们指控他真正坚持的正是那些违背习惯的阿那克萨哥拉的观点。任何人用一枚古希腊银币，都可以买到阿那克萨哥拉的书。

阿那克萨哥拉的理论就像他之前的恩培多克勒的理论一样，是吸收了巴门尼德批判的新尝试。恩培多克勒已经想到各对立面的每一个部分，热与冷、干与湿是基质；相反，阿那克萨哥拉则认为，每一部分在不同的量中都包含在每一点物质的碎屑里，不管这一点是多么小。为了证明他的观点，他求助于物质的无限可分性。因此，他会说，单纯地把事物分割为更小的部分，最终不会使我们得到不同的东西，因为巴门尼德已经表明，存在者不管怎样都不会不存在，或成为非存在者。物质无限可分的假定是饶有趣味的，这是它第一次表现的形式。它的错误在此无关紧要，它所凸显的是不适用于空间的无限分割概念。看来，我们在此有了一个出发点，后来的原子论者从中发展出虚空概念。不管这种观点怎么样，如果我们同意这种假定，那么阿那克萨哥拉对恩培多克勒的批判是非常合理的。

事物间的差异是由于这一或那一对立面占了比较大的优势。因此，阿那克萨哥拉会说，在某种程度上雪是黑的，如果白不占优势的话。赫拉克利特以某种方式涉及这种观点。对立面结合在一起，任何事物都可能转化为其他事物。阿那克萨哥拉说："世界中的事物并不是彼此孤立的，也不是刀斧砍下来的。"又说："在每一件事物中，都包含着每一件事物的一部分，只是不包含奴斯 (Nous) 的一部分，但是有些事物也包含奴斯。"

这里提到的奴斯或理智，是取代恩培多克勒的爱与斗争

37

的活动原则。但是它仍然被看作是实体,尽管是非常稀薄和非常细微的实体。奴斯不同于其他实体,就在于它是纯粹的,而且不是混合的。正是奴斯,使万物运动。进一步说,是否具有奴斯,使有生命的东西和无生命的东西区别开来。

他提出了我们的世界起源的观点,从某种角度看这种观点类似于对这一课题的更为现代的思辨。奴斯在某处发起涡流运动,而且当这种运动凝聚力量时,各种各样的事物按照它们多量还是少量分化出来。沉重的石块由地的旋转抛出来,比其他对象抛得远。因为它们运动得如此迅速,以致它们开始发光,而且这解释了星星的性质。像爱奥尼亚人一样,他认为存在着许多世界。

关于知觉,他提出了独创性的生物学原则,感觉以比较为基础。因此,视力是借助对立面的黑暗而打开的,非常强烈的感觉引起痛苦和不适,这些观点在生理学中仍然是流行的见解。

因此,从某种方面说,阿那克萨哥拉提出了比他前辈更加精致的理论。至少存在一些暗示,他试图通过努力达到虚空概念。但是尽管在那时,他想使奴斯成为没有实体性质的动因,看来也并没有完全成功。因此,就如恩培多克勒那样,他没有触及巴门尼德的基本批判。然而,无限可分的建议同时标志着在说明世界是怎样构成的方面是一种新进步。认识到可分割性属于空间还有一步之遥,而这一步是为原子论者留下的。

阿那克萨哥拉,出自他的出生地爱奥尼亚市克拉佐墨奈的钱币

设想阿那克萨哥拉是无神论者是错误的,不过,他关于神的观念是哲学的,而且不符合雅典的国教。正是因为他的非正统的观点,他被指控为渎神。因为他把神与成为全部运动根源的活动原则——奴斯相提并论。这种观点必定引起政府不讨人喜欢的关注,因为它当然对既定的仪式表演的价值提出质疑,就这方面而言,它触及了国家的权威。

为什么毕达哥拉斯及其学派在公元前510年被驱逐出克罗顿,我们可能永远不会知道。但是,要知道这个学派为何与正直的公民发生冲突则并不太难。因为我们记得,毕达哥拉斯学派确实干预政治,就如同希腊哲学家习惯于这样做。尽管人们对哲学家大体说来有一种宽容的淡漠的态度;但值得注意的是,当他们提出批评意见时,却能够成功地搅起职业政

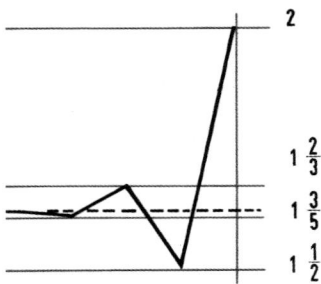

$$1+\frac{1}{1}=2$$

$$1+\cfrac{1}{1+\cfrac{1}{1}}=1\frac{1}{2}$$

$$1+\cfrac{1}{1+\cfrac{1}{1+\cfrac{1}{1}}}=1\frac{2}{3}$$

$$1+\cfrac{1}{1+\cfrac{1}{1+\cfrac{1}{1+\cfrac{1}{1}}}}=1\frac{3}{5}$$

$$1+\cfrac{1}{1+\cfrac{1}{1+\cfrac{1}{1+\cfrac{1}{1+\cfrac{1}{1+\cdots}}}}}=\frac{1+\sqrt{5}}{2}$$

39

治的混浊之水。没有任何东西比下述意见更令那些统治者烦恼的了，即他们毕竟不可能如他们自己设想的那般聪明。克罗顿人肯定以诸如此类的根据，焚毁了毕达哥拉斯学派的学校。但事实证明，焚烧学校，甚至烧死人，对消除异端毫无作用。结果，导致推倒原先学校的灾难性后果，由于向东返回希腊的幸存成员的活动，它的观点比过去更广为人知了。

我们看到，爱利亚学派的创立者最初是毕达哥拉斯的追随者。从爱利亚哲学家芝诺那里，毕达哥拉斯学派的数论在稍后遭到了破坏性的攻击。因此，有必要了解这种理论是如何发展的。

数被看作是由诸单位组成的，而诸单位是由点表现的，被看作具有空间向度。就这种观点来说，一个点是具有位置的单位，即它具有某种维度，不管它是什么。这种数论对处理有理数是完全充分的。人们总有可能以某种方式把一个有理数选择为单位，任何一个有理数是这个单位的整倍数。但是这种解释在我们遇到无理数时，就令人沮丧了。它们不能以这种方式测量。值得指出的是，无理数中希腊语对"无理"的翻译，意味着不可测量，而不是没有理由，至少对毕达哥拉斯来说是如此。为了克服这种困难，毕达哥拉斯学派借助近似值序列，发明了一种方法，发现这些不可捉摸的数。这就是前面提到的连分数的构造。在这种序列里，连续梯级交替超出且缺乏递减量的标记。但是这个过程基本上是无限的。运用的点是我们能接近于达到的有理数的近似值，就如我们想要逼近极限那样。这种特征就如近代极限概念的含义一样。

因此，可以沿着这些路径做出数论。不管怎么样，单位的概念隐蔽了离散的数与持续的量之间基本的混淆，而且只要毕达哥拉斯学派的理论应用于几何学，这就显现出来了。我们在讨论芝诺的批判时，将会看到这是什么样的难题。

毕达哥拉斯学派数学的其他主要遗产，是苏格拉底采纳并进一步发展的理念论，这种理论也受到爱利亚学派的有效批判，如果柏拉图是一个可靠的引领者。我们已经提示了这种理论的数学来源。我们以毕达哥拉斯定理为例，画出直角三角形极为精确的图形，并在其各边画出正方形，尔后开始测量它们的面积，那是徒劳无益的。不管画得如何精确，它仍然是不完全精确的；事实上，它绝不可能是精确的。给予定理证明的不是诸如此类的图形，因为我们需要的是可以想象的那类完美的图表，而不是画出来的图表。实际上任何必要的图画必须或多或少是精神意象的副本，这是理念论的要点，是后来毕达哥拉斯学派学说众所周知的组成部分。

我们知道，毕达哥拉斯已经从他对调和弦的发现中发展了和谐原则，发源于这种原则的医学理论，把健康看作是某种对立面的平衡。晚期毕达哥拉斯学派进一步推进这一阶段，把和谐概念运用于灵魂。按照这种观点，灵魂对身体起协调作用，因此，灵魂成为身体的良序状况的功能。当身体组织崩溃时，身体分解了，灵魂也因此瓦解了。我们可以把灵魂看作是乐器张开的弦，把身体看作是张开的弦绷在其上的构架。倘若构架摧毁了，那么弦就松弛了，并失去其协调作用。这种观点与早期毕达哥拉斯学派有关这个课题的观点有很大差异。看来，毕达哥拉斯相信灵魂的轮回，关于这一点比较现代的观点则是，灵魂之死犹如身体之死。

在天文学里，晚期毕达哥拉斯学派提出了非常大胆的假说。按照这种假说，宇宙的中心不是地球而是中心的火，地球是围绕着这种火旋转的行星，但我们看不到这种火，因为地球上的我们这一边总是偏离这个中心。太阳也被看作是行星，从中心的火的反射中获得光芒。这对后来由亚里斯塔克斯（Aristarchus）提出的日心说而言，是漫长的一步。但是，就毕达哥拉斯学派已经发展了的形式而言，他们的理论留下太多的难题，以致亚里士多德恢复了扁平的地球观。因为他在其他问题上更大的权威，而不是因为观点正确，当原始资料被人们忘却时，它在后来的时代逐渐占据统治地位。

就事物构成理论的成长而言，毕达哥拉斯学派承认被以前许多思想家忽视或误解的一个特征。这就是真空概念。没有它，对运动的令人满意的解释是不可能的。在这方面，亚里士多德的学说后来也回到自然憎恶真空的落后观点。对原子论来说，我们必须寻找物理理论发展的真实线索。

同时，毕达哥拉斯学派试图纳恩培多克勒取得的进步。他们的数学观点自然不会使他们认为这些元素是终极的，相反，他们提出一种妥协，为物质构造奠定了数学理论的基础。

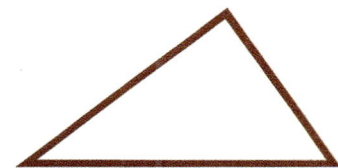

无法画出完美的三角形，它是用心灵之眼看到的

现在元素被看作是由规则立体形式的粒子构成的。在柏拉图的《蒂迈欧篇》(*Timaeus*)，这种理论进一步发展了。"元素"这个词本身，看来已经由这些晚期毕达哥拉斯学派的思想家们创造出来了。

从这一点看，唯物主义者对付巴门尼德批判的尝试，没有一个是令人满意的。不管爱利亚学派的理论本身有多少弱点，事实仍然在于，基本实体的单纯增多不可能提供一个解答。巴门尼德的追随者提出的一系列论证，非常有力地证明了这一点。其中最重要的一位是爱利亚的芝诺，巴门尼德的同乡和信徒。芝诺大约出生于公元前490年。他除了对政治事务感兴趣外，我们所知有关他的一桩重要事情是，他和巴门尼德在雅典遇到苏格拉底。这是柏拉图转述的，我们没有理由不相信他。

如上所述，爱利亚学派的学说导致非常惊人的结论。由于这个原因，人们作出许多尝试来补缀唯物主义学说。芝诺试图证明的是，如果爱利亚学派不被常识接受，那么与之对立的理论声称，克服这种僵局就会陷入更加不可思议的困难。因此，他不直接捍卫巴门尼德，而是在自己的立场上处理命题。从一种对立的假说出发，他借助演绎论证表明，这包含着不可能的结论。因此，最初的假说不可能被接纳，而且事实上被摧毁了。

这种论证与上面阿那克西曼德在进化理论中讨论的归谬论证相似。在普通归谬法里，人们论证了结论事实上是错误的，因此，事实上前提之一是错误的。

另一方面，芝诺试图表明，从某种假说出发，人们可以推演出两种矛盾的结论。这意味着，实际上这些结论不仅在事实上不正确，而且是不可能的。因此，他进而论证结论由之得出的前提本身是不可能的。在进行这种论证的过程中，没有任何结论与事实之间的比较。正是在此含义上，它纯粹是辩证的，即在问答领域之内。芝诺第一次系统地提出辩证的论证。在哲学中它具有非常重要的作用。苏格拉底和柏拉图从爱利亚学派吸取了它，而且他们以自己的方式发展了它，自那时以来，它在哲学中已具有显赫地位。

芝诺的论证大体上是对毕达哥拉斯学派的单位概念的攻

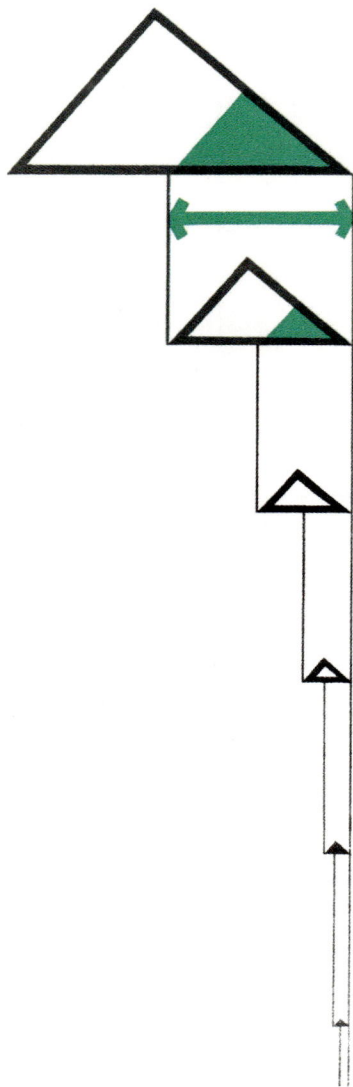

图形是无限可分的，没有最后的单位，无论是有限的还是无大小的

击。与此相关的是,反对虚空和反对运动之可能的某种论证。

让我们首先考虑揭示单位概念不合理的论证。芝诺是这样论证的,任何存在者必定具有某种量,如果它根本没有量,它就不存在。因此,我们理所当然地可以说到每一部分,它也必然具有某种量。他继续论证道,说它曾经存在与说它永远存在是一回事,这是提出无限可分性的简洁的方法,任何部分都不可以被说成是最小的部分。因此,如果事物是多,那么它们将不得不同时既是小的又是大的。确实,它们必定是如此之小以至没有尺寸,因为无限可分性表明,部分之数目是无限的,这需要没有量的单位,因此,任何这些部分之总和也没有量。同时,单位肯定具有某种量,因而事物是无限大。

这种论证的重要性在于,证明了毕达哥拉斯学派的数论在几何学中的失败。如果我们审视一条直线,那么根据毕达哥拉斯的见解,我们应当能够说许多单位是怎样在它之中存在的。显然,如果我们假定无限可分性,那么数论马上就崩溃了。同时,把握这一点是重要的,即这并不证明毕达哥拉斯是错误的。它所证明的是,不可能同时采纳单位和无限可分性理论;或者换句话说,它们是不相容的。不是这一方面就是那一方面必须被抛弃。数学需要无限可分性,因此,毕达哥拉斯学派的单位必须被抛弃。值得进一步指出的观点涉及归谬推理本身。有意义的单一命题不能有不相容的直接推论,只是当其他命题与它相结合时,即在两个不同的证明中,在一个证明中的附加命题与第二个证明中的附加命题不相容时,矛盾才产生。因此,在现在这种情况里,我们有两个证明:第一,事物是多,而且单位没有大小,因此事物没有尺寸;第二,事物是多,而且单位有尺寸,因此事物在尺寸上是无限的。两个不相容的附加前提是,单位没有尺寸和单位具有尺寸。就任何一方来说,结论显然是荒谬的。因此,每一个论证中的前提有错。错误在于毕达哥拉斯的单位概念。

为了维护巴门尼德反对真空的观点,芝诺提出了新的论证。倘若空间存在,那么它必定包含在某种事物之中,而这只可能存在更多的空间,如此等等不确定。芝诺不愿意承认这种倒退,他得出结论说,空间不存在。这实质上否定了空间是空虚的容器的观点。因此,按照芝诺的观点,我们不必区别物

41

芝诺否认无限空间,因为如果地球包含在空间之内,那么反过来它被什么包含呢

体与它存在于其中的空间。不难看出，容器理论可以转过来反对巴门尼德的球体。因为要是说世界是有限的球体世界，那么在这种情况里，它存在于虚空之中。芝诺在这方面试图维护他的师长的理论，但是，即便这样提起有限的球体，若超出无存在的范围，这是否有意义则是令人怀疑的。

人们可以一次又一次重复的这类证明称为无限的回归。这并不总是导致矛盾。今天人们确实不会反对这种任何空间是更大的空间的一部分的观点。对芝诺来说，矛盾之所以产生，正是因为他理所当然地认为"存在者"是有限的。他因此面临所谓的恶无限的回归。

恶性的回归证明其实是归谬法的形式，它们揭示的是，论证的基础与某种假定是真的其他命题不相容。

芝诺最著名的论证是关于运动的四个悖论，四个论证中最著名的是阿基里斯和乌龟的故事（Achilles and the tortoise）。再一次，捍卫巴门尼德的理论是间接的。为了提出某种更好的东西，他们把过失归之于毕达哥拉斯学派，因为他们自己的理论也不可能解释运动。所证明的是，如果阿基里斯和乌龟进行让步赛跑，那么阿基里斯绝不可能战胜他的对手。假定乌龟在跑道的一定距离起跑，那么当阿基里斯跑到乌龟的出发点时，乌龟已经向前跑了一段了；而当阿基里斯跑到这个新的位置的时候，乌龟又稍微向前跑了一点。每一次当阿基里斯迫近乌龟先前的位置，这个讨厌的动物又跑开了。当然，阿基里斯的确越来越逼近乌龟，但他绝不会追上它。

我们必须记住，论证是针对毕达哥拉斯学派的。因此，他们的假说被采纳，而且跑道被看作是由单位或点组成的。因此，换一种说法的结论是，不管乌龟跑得多慢，它在赛跑开始之前会跑出无限的距离。于是，在这方面论点的另一种形式是，事物在尺寸上是无限的。

尽管人们不难证明结论错在什么地方，但这一点肯定是十分明白的，作为毕达哥拉斯单元学说的对立面，论证是无瑕疵的；只有在抛弃这种单位理论的时候，我们才能提出无限系列的理论，证明结论的错误所在。例如，如果系列是以常数比例递减项目组成的，在赛程中的连续阶段也是如此，那么我们可以算出阿基里斯在什么地方追上乌龟。这种系列的总和

阿基里斯和乌龟

被定义为数，因此，任何项目数的总和，不管怎么大，绝不会超过它；但是，足够大的项目数总和，如我们所愿的那样逼近于它。有这样一种数，而且仅有一种，对给定的系列来说，必定不加证明地被陈述出来。包含在赛跑中的那种系列称为几何学系列。今天任何熟悉基础数学的人都能妥善地处理它，但是我们不要忘记，恰恰是芝诺的批判性工作，使人们有可能提出这些以它为基础的充分的连续量理论。我们现在看来，这就如同儿童游戏。

另一个悖论有时称为跑道辩，说出了辩证攻击的另一半。论证是这样的，一个人绝不可能从跑道的这一边跑到另一边，因为这将意味着，我们必须在有限的时间内穿过无穷的点。因此，人们绝不可能起跑。这与阿基里斯和乌龟的故事一起表明，在提出跑道是由无限多单位构成的假定时，已经起跑的人绝不可能停止。

芝诺给出的另外两个悖论表明，我们不能通过假定一条线上只存在有限单位数来弥补这种情况。首先，让我们取三根相等的平行线段，都由同样有限单位数构成。让其中一根静止不动，而让另外两根以相同的速度向相反方向运动，当运动的线穿过停留的线时，它们都将相互并排处于某种状态。两根运动的线的相对速度，是其中一根停留的线的相对速度的两倍。这个论证依赖进一步的假定，即有时间单位和空间单位。因此，速度是由在特定时刻数中运动过的一定点的点数测定的。当一根运动的线穿过静止线的长度一半时，它穿过另一根运动的线的整个长度。因此，后者的时间是前者的一倍。但是要达到它们相互并列的位置，两根运动的线要花同样的时间。因此，运动的线比它们的运动速度快两倍。这个论证有点复杂，因为我们通常借助距离思考不同于借助时刻思考，但是，它对单位理论的批判是完全合理的。

最后是有关飞矢的悖论。在任何时刻，飞矢占有的空间与其本身的空间一样，因而飞矢不动。所以它总是静止的。这表明运动不可能开始，而上面的悖论表明，运动总是比它所运动得快。芝诺由此推翻了毕达哥拉斯的非连续量理论，他已为连续量理论奠立了基础。而且，这正是捍卫巴门尼德连续的球体理论所需的。

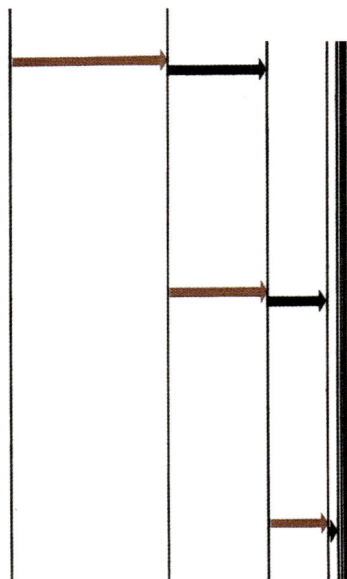

当阿基里斯进行让步赛跑时，乌龟已向前跑了一段距离，如此以至无穷

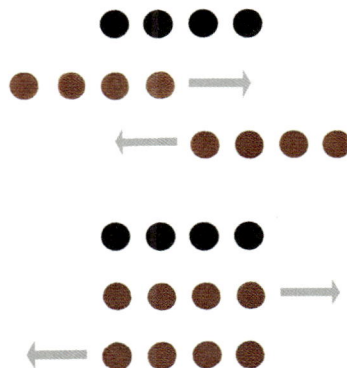

如果距离和时间由单位构成，那么中间一排同时以两种不同的速度运动

另一个爱利亚学派著名的哲学家是萨摩斯的麦里梭(Melissus)，芝诺的同时代人。关于他的生平，我们只知道在萨摩斯造反时期他是将军，而且在公元前441年击败了雅典的舰队。麦里梭在一个重要的方面修正了巴门尼德的理论。他已经看到，芝诺不得不重申对真空的否定。不过，人们不可能说存在者是有限的球体。因为这表明某种东西（即虚空）外在于它存在。当真空被排除时，我们就不得不把物质的宇宙看作在任何方向都是无限的，这就是麦里梭的结论。

　　在麦里梭捍卫爱利亚学派的"太一"(One)时，他几乎预见了原子理论。他论证道，如果事物是多，那么其中每一个自身必定是像巴门尼德的"太一"。因为没有东西将存在或消失。因此这是唯一站得住脚的理论，多的存在是通过把巴门尼德的球体分解为一点一点的球体才达到的。这就是原子论者后来继续做的工作。

　　芝诺的辩证法主要是对毕达哥拉斯学派的观点进行了摧毁性的攻击，同时它为苏格拉底的辩证法奠定了基础，特别是为我们后面将遇到的假说方法提供了基础。而且在这方面，我们第一次发现就一个专门的问题进行系统而严密的论证。爱利亚学派大概非常精通毕达哥拉斯学派的数学，而且正是在那个领域人们希望看到这种程序的应用。遗憾的是，关于希腊数学家完成分析的实际方法，几乎不为人知。然而，看来很明白，公元前5世纪后半叶，数学的快速发展与论证已确立准则的产生有某种程度的关系。

44　　我们怎样才能彻底说明我们周围变化的世界的原因呢？显然，它具有解释的真正性质，它的根据本身不应是变动不居的。第一个提出这个问题的是早期米利都学派，而且我们已经看到后来的学派如何逐渐地改造和提炼这个问题。最后，另一个米利都学派的思想家给予这个问题最终的答案。留基伯(Leucippus)是原子论之父，关于他，我们不知道任何其他闻名的事情。原子论是爱利亚学派的直接产物。麦里梭不过是偶然地发现它而已。

　　理论是一与多的和解。留基伯引进无数的成分粒子概念，每一个粒子和巴门尼德的球体一样，分享坚硬、固定和不可分割的特征。它们是原子，是不可分割的东西。它们在虚空中运动。原子在构造方面都被看作是相同的，但可能在形状方面不同。这些粒子的不可分割或"原子的"属性，在于它们不可能以物理方式粉碎。它们占有的空间，从数学方面看当然是无限可分的。人们之所以不可能以普通的方式看到原子，乃是因为它们是极小的。现在可以给变异或变化一种说明，世界不断变化的情形产生于原子的重新排列。

套用巴门尼德的话来说，原子论者或许会说，非存在者就如存在者一样实在。换言之，存在着诸如空间的东西。它是什么，人们难以说出。在这点上，我认为我们今天并不比古希腊人进步多少。在某种含义上说，虚空在几何学里是真实的。这确实就是人们可以自信地说出的全部东西。唯物主义早期的困难之所以产生，是由于坚持事物必定是有形体的。唯一清楚地注意到真空可能是什么的学者是巴门尼德，而他当然已经否定了其实存。同样值得记住的是，说非存在者在希腊语里并不等于术语中的矛盾。我们可以在下述事实里找到线索，在希腊语中有两个表达"不"的词。其中之一是无条件的，就如在"我不喜欢 X"这个陈述里那样。另一个是假设的，而且用在命令、希望等情况里。正是这种假设的"不"，在"非存在者"或"非存在"等短语中出现，就如爱利亚学派所用的那样。如果无条件的"不"在"非存在者存在"的短语中使用，它当然是莫名其妙的。在英语里没有这种区别，因此，这些离题话是不可免的。

人们经常问道，古希腊人的原子论是否以观察为基础，或者它是否纯粹在无知中的幸运猜测，除了哲学思辨之外没有其他基础。对这个问题的回答，根本不是如想象得那么简单。一方面，从上面所说的来看是很清楚的，原子论是常识与爱利亚学派之间唯一可行的和解。爱利亚学派的理论是对先前唯物主义学说合乎逻辑的批判。另一方面，留基伯是米利都人，而且谙熟其伟大同胞和先辈的学说。他自己的宇宙论证明了这一点，因为他回到了阿那克西曼德的早期观点，而不是追随毕达哥拉斯学派的观点。

从某种程度上说，阿那克西美尼的凝聚和稀薄理论，显然是以对诸如雾霭在平滑的表面上凝聚的现象的观察为基础。因此，问题在于把爱利亚学派的批判结合到粒子理论中去。

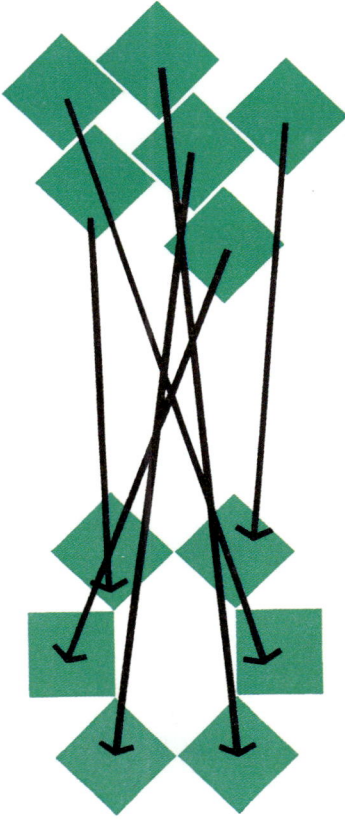

变化是原子的重新排列，原子本身保持不变

45

原子应当从属于永恒的运动的观点，很可能受到同样的观察的暗示，或者受到日光柱中灰尘的舞动的启发。总之，阿那克西美尼的理论并不真正起作用，除非我们想到或多或少密集地挤满一群粒子。因此，说古希腊原子论只是偶然的猜测，这肯定是不确切的。当道尔顿 (Dalton) 在近代使原子论再生的时候，他充分注意到古希腊人对这一课题的观点，他发现这是对他观察到的化合物化合有不变的比率的一种解释。

然而，为什么原子论不是偶然的发现，这有更为深刻的原因。这与解释本身的逻辑结构相关。给某种东西一种说明是为了什么？它正表明，所发生的东西怎样成为变化着的事物构形的结果。因此，如果我们希望解释物质对象中的变化，我们必须参照假说的构成部分的变化排列来做到这一点。只要原子本身不被研究，原子的解释力仍然是不受损害的。一旦开始研究原子，原子就成为经验探究的对象，而解释的实体成为逊原子微粒。这些逊原子微粒也是不加解释的。法国哲学家 E. 梅耶松 (E.Meyerson, 1859—1933) 已透彻讨论过原子论的这个方面。因此，原子论本身与因果解释的结构一致。

进一步发展原子论的是德谟克利特 (Democritus)，他是阿布德拉 (Abdera) 人，他的鼎盛期大约在公元前 420 年。他特别地按照事物实际上所是的那样，并按照它们在我们看来所是的那样继续区别事物。因此，按照原子论的观点，我们周围的世界实际上正是由运动中的原子构成的，因此，我们以不同的方式经验到它。这产生了后来所谓第一性质和第二性质的区分。一方面是形式、大小和质料，另一方面是颜色、声音、味道，等等。于是，后者根据前者得到解释，前者属于原子本身。

在我们的研究进程中，我们会再次碰到原子论。它的局限会是什么，我们会在适当的地方讨论。在此，我们只指出原子论不是幻想式的思辨的产物，而是对米利都学派的问题在酝酿了 150 年之后的严肃回答。

除了它对自然科学的重要性之外，原子论也产生了新的灵魂理论。就像其他东西一样，灵魂也是由原子组成的。灵魂的这些组成部分比其他原子更精致，而且被分配到整个身体。按照这种观点，死亡意味着溃散，个人不朽是不存在的。

阿布德拉的德谟克利特

这是后来的伊壁鸠鲁 (Epicurus) 和他的追随者得出的结论。幸福、生活的目的在于灵魂的平衡状态。

在公元前5世纪哲学学派发展的同时，产生了一批在准哲学含义上的一类人。人们一般称他们为智者派。苏格拉底轻蔑地说他们强词夺理。理解这种运动是如何发生的，以及它在古希腊社会中的作用，是很有必要的。

哲学争论不断地转换背景，这使人们难于看清真理在哪一边。如果从事实践的人没有时间过问一桩事，那么它依然是悬而未决的问题。对于那些只把做成的事当作有效的人来说，未解决的问题是令人讨厌的。总的说来，这正是智者们陷入的困境。哲学家们相互冲突的理论没有提供知识是完全有可能的。而且，与其他民族相接触而日益扩展着的经验已经表明，在不同的民族习俗间存在着不可逾越的鸿沟。希罗多德曾叙述过这类轶事。在亚历山大 (Alexander) 大帝的朝廷里，来自波斯帝国不同地域的各部落代表都到场。当每一个代表听到其他部落的丧葬习俗时，都惊骇万分。一部分人是焚化死尸，另一部分人则把它们吞食掉。希罗多德援引品得 (Pinda) 的话得出结论：习俗是万物之王。

因为智者们觉得人们不可能具有知识。他们因此声称知识是不可能的，关键的是有用的意见。当然，其中有某种真理成分。在指导实际事务时，成功确实是压倒一切需要考虑的事，苏格拉底的观点在这方面又是真正的对立面。智者们对可靠的实践感兴趣，苏格拉底则坚持认为这还不充分，即未经审视的生活其实是不值得过的。

在希腊很少有系统教育的时候，智者们所完成的正是这种教育任务。他们是巡游教师，在专业基础上授课或给予教诲。苏格拉底厌恶他们的一桩事情，是他们收取学费。人们很可能认为，苏格拉底在这方面是不公平的，因为即使是谈话者有时也必须吃饭。值得指出的是，学院的传统把薪水看作是一种聘用费，它应当能够使教授忘掉物质问题。

智者们在讲学时分别讨论不同的课题。最值得人们尊重的活动，就是他们提供文学教育。另有一些人传授较为直接的有实际效果的课题。公元前5世纪，随着民主制度的扩展，能够演说成为重要的事情了。修辞学教师迎合了这种需要。

智者们高价授课，培训以实际成功为目的

还有一些政治学教师，他们指导其信徒如何在集会中处理各种事务。最后，还有传授辩论或论辩术的教师，他们能使糟糕的事情看起来变得比较好。这种艺术显然在法庭中有用，在法庭上，被告必须为自己辩护，他的教师则告诉他怎样狡辩，并提出似非而是的论点。

把论辩术与辩证法区别开来是重要的。擅长论辩术的那些人为了取胜，辩证法家则试图发现真理。这实际上是辩论与讨论的区别。

尽管智者派在教育领域完成了有价值的工作，但是探究他们的哲学观点则无教益。因为他们是绝望的怀疑论者，对知识问题采取否定态度。概而言之，这种观点是普罗泰戈拉的教谕："人是万物的尺度，是存在事物存在的尺度，也是不存在事物不存在的尺度。"因此，每一个人的意见对他自己来说是真实的，人们之间的不一致不能根据真理来决断。于是，智者特拉西马库斯 (Thrasymachus) 把正义定义为强者的优点，就不足为奇了。

然而，尽管普罗泰戈拉放弃了对真理的追求，但是他似乎仍在实用的含义上承认，一种意见可能比另一种意见好。尽管这种观点容易受到针对实用主义的一般合乎逻辑的批判。因为如果我们问两个意见中哪一个更好，我们马上就被逼回到绝对真理的概念上。不管怎么说，普罗泰戈拉是实用主义的始祖。

一则有趣的笑话表明，人们会怎样看待智者们。普罗泰戈拉相信自己的授课是连傻子都懂的，他告诉一个穷学生用他第一次法庭诉讼的收入支付学费。年轻人受训后并不去开业，普罗泰戈拉告到法庭以便收取学费，他在法庭上争辩说，该学生必须支付学费。学生如果胜诉，就按原约付款；如果败诉，就按裁决付款。不料这位青出于蓝而胜于蓝的被告声称，如果他胜诉，按照判决就不用付款；如果败诉，按照原约也不用付款。

"智者"这个词本身意指有点像有智慧的人。既然苏格拉底也是教师，这就不令人奇怪了，在他的时代无识别力者称他为智者。我们已经表明，这种分类是错误的。然而，直到柏拉图时代，人们才正确地认识到区别。当然，在某种意义上讲，

苏格拉底不合常规授课，促使人们认识自己

哲学家和智者在大众中引起类似的反应。

对一般哲学来说，自远古以来，那些不具备哲学头脑的人已显示出有点古怪的和不一贯的态度。一方面，他们倾向于把那些有温和、仁慈、屈尊态度的哲学家看作是无害的傻瓜、疯子，他们有自己的头脑，在虚无缥缈中行走，提出傻问题，不接触人们实际关注的事情，没有关注明智的公民应当参加的那些事务。另一方面，哲学思辨可能对既定的惯常做法和习俗产生深层的扰乱性影响。现在人们带着怀疑的目光把哲学家看作是非循规蹈矩者，他们推翻传统和习惯，并且不无条件地赞同在其他人看来足够好的习俗和观点。由于他们对人们怀有的信念提出质疑，使那些不习惯于受如此对待的人感到不安，他们作出厌恶和敌对的反应。苏格拉底因此被指控犯有颠覆性说教罪，他的这种说教与一般智者派一样多，尤其是与辩论教师一样多。

雅典

　　希腊哲学中三个最伟大的人物都与雅典有关。苏格拉底和柏拉图出生于雅典,亚里士多德则在雅典学习,后来在这里讲学。因此,在我们讨论他们的著作之前,先了解一下他们生活的城市是有益的。公元前490年,在马拉松平原(Marathon)雅典人已独自打败了大流士(Darius)的野蛮入侵。10年之后,希腊人联合的力量粉碎了薛西斯的陆军和海军。在温泉关,斯巴达的卫士给波斯人极大的打击。后来,在萨拉米斯(Salamis),在雅典人领导下希腊舰队给敌舰致命的打击。随后一年,在普拉太亚(Plataea),波斯人终于被打败了。

　　但是,雅典荒芜了;她的人民已疏散了,波斯人焚毁了城市和神殿。伟大的重建工作开始了。过去雅典在战场上首当其冲,在战争中她是领袖。现在危险过去了,她成了和平时期的领袖。希腊大陆已得到拯救,下一步则是解放爱琴海诸岛。在这方面,斯巴达的军队不太管用,因此牵制波斯大帝的任务落在拥有海军的雅典身上。因此,雅典人逐渐掌握了爱琴海的制海权。以提洛同盟为始,同盟中心设在提洛岛,以雅典帝国为终,同时库藏也从提洛岛迁到雅典。

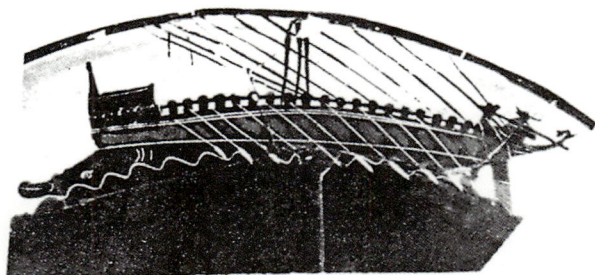

雅典已在共同抗敌的事业中遭到损失；现在她感到唯一正确的是，应当运用共同的资金重新修筑神殿；因此，新的卫城矗立起来了，"山巅上的城市"，有帕特农神庙 (Parthenon) 和其他建筑物，其遗迹今天仍然保存着。雅典成为希腊最宏伟的城市，艺术家和思想家聚会的场所，也是航运和贸易的中心。雕塑家菲狄亚斯 (Pheidias) 为新的神庙雕了许多塑像，特别是巨大的女神雅典娜的形象，高耸于卫城，俯瞰着大厅出入口。历史学家希罗多德从爱奥尼亚的哈利卡纳苏斯 (Halicarnassus) 迁到雅典生活，在这里撰写波斯战争史。希腊悲剧自埃斯库罗斯起进入繁盛期。参加过萨拉米战役的埃斯库罗斯，在《波斯人》(Persae) 一剧中描述了薛西斯的战败，第一次涉及不是从荷马史诗中引申的主题。悲剧作家索福克勒斯和欧里庇得斯有生之年目睹了雅典的衰落，喜剧诗人阿里斯托芬 (Aristophanes) 也生活在这一时期，他的尖刻的讽刺作品涉及各个方面。修昔底德 (Thucydides) 记载了斯巴达和雅典的伟大战争，他是第一位科学的历史学家。雅典在波斯战争和伯罗奔尼撒战争间隔的数十年内，在政治和文化方面达到了巅峰。这个时期以之命名的人物是伯里克利。

伯里克利出生于贵族，他的母亲是改革家克利斯提尼 (Cleisthenes) 的侄女。他致力于使雅典的政体更为民主。阿那克萨哥拉曾是伯里克利的老师，从这个哲学家那里，年轻的贵族学到了机械的宇宙论。伯里克利逐渐摆脱了那个时代流行的迷信，从性格上说，他沉默寡言、温文尔雅；总的说来，他有点鄙视大众。然而正是在他的领导下，雅典民主制才臻于成熟。雅典最高法院会议，一种上院，已丧失了大部分权力。除了审判杀人罪之外，其全部功能都由五百人会议、公民大会和陪审团取代。这些机构的全体成员成为由简单选举产生的受雇于国家的官员。新的社会服务系统在某种程度上改变了古老的和传统的美德。

但是，伯里克利具有领袖素质。公元前443年修昔底德被放逐之后，伯里克利连年被选为将军之一。作为极受人民爱戴的、能言善辩的演说家，强有力的政治家，他远远胜于他的同僚，他几乎像一个专制君主那样实施统治。后来，修昔底德在写到伯里克利的雅典时，说它口头上是民主制度，而实际上是在第

伯里克利，雅典的实际领袖，尽管没有头衔

从帕特农神庙看到的厄瑞克忒翁神庙，伯里克利时代建于雅典卫城

埃斯库罗斯

索福克勒斯

欧里庇得斯

一公民的统治之下。只有在伯罗奔尼撒战争发生前的那些年月里，民主派才开始要求更多的权力。那时，公民身份局限于雅典人，其雅典人的双亲要追溯到公元前441年。资金大量用于奢华的建筑项目，这造成的坏影响已开始显露出来。嫉妒雅典帝国的斯巴达人发起了战争，从公元前431年延续到公元前404年，以雅典的完全失败而告终。伯里克利本人在公元前429年战争开始不久去世，这是一年前瘟疫袭击雅典的后果。但是，作为文化中心的雅典度过了其政治的衰落期。今天，对我们的时代来说，她依然是在人类努力下的全部伟大和美丽的象征。

现在我们来谈谈雅典人苏格拉底。他是这样一个哲学家，他的名字几乎尽人皆知。关于他的生平，我们知之不多。他大约出生于公元前470年。他是雅典公民，几乎没有多少钱，但他并不致力于挣更多的钱。他最喜爱的消遣是与朋友和别人讨论问题，向年轻人传授哲学。但与智者们不同的是，他不收取学费。喜剧家阿里斯托芬在《云》(The Clouds) 一剧中嘲笑他，由此可以看出，他肯定是全城引人注目的人物。公元前399年，他因从事非雅典人的活动被判死罪，饮鸩而死。

就其他方面来说，我不得不依靠他的两个学生色诺芬 (Xenophon) 将军和哲学家柏拉图的作品，其中柏拉图的作品更为重要。在柏拉图的一些对话里，他向我们描述了苏格拉底的生活和言论。我们从《会饮篇》(Symposium) 知道，苏格拉底善于突然进入心不在焉的状态。他会突然在某个地方打住，想得出神，有时持续数小时。然而，他身体强壮。我们从他的兵役期知道，他比任何人都更能忍受热和冷的考验，而且不吃食物或不饮水的时间比其他人更长。我们也知道，他在战斗中英勇无畏。他曾冒着巨大的生命危险，抢救他的朋友阿尔西庇亚德 (Alcibiades) 的生命，当时他的朋友受伤了，已匍匐于地。不管是在战时还是在和平时期，苏格拉底是个毫不畏惧的人，而且直到去世前一刻，他仍然保持这种品质。他长相丑陋，而且不修边幅。他衣衫褴褛，总是赤着双脚。他对其所做的都有节制，而且他对身体有惊人的控制力。尽管他很少喝酒，但遇到机会，他可以把同伴全部灌醉，而自己不醉倒。

在苏格拉底身上，我们可以看到晚期希腊哲学的斯多葛学派 (Stoic) 和犬儒学派 (Cynic) 的先兆。他和犬儒学派一样，

52

苏格拉底

都不关注世俗的利益；他和斯多葛学派一样，对作为最大的善的德性有兴趣。他最大的兴趣是对善的兴趣。在柏拉图的早期对话里，苏格拉底的这一方面特别引人注目，我们看到他在寻找伦理学术语的定义。在《卡密德篇》(Charmides)，问题是什么是适度；在《法律篇》(Lysis)，问题是什么是友谊；在《拉黑斯篇》(Laches)，问题是什么是勇敢。对这些问题他没有给我们最终的答案，但是他向我们表明提出这些问题的重要性。

这显示了苏格拉底本人思想的脉络。尽管他总是说他一无所知，但是他并不认为知识是不可企及的。关键恰恰在于我们应当努力寻求知识。因为他坚持认为，一个人之所以愚蠢只是在于他缺乏知识。只要他去认识，他就不会愚蠢。恶的压倒一切的原因是无知。因此，要达到善，我们必须具有知识，因此善是知识。美与知识的关系是贯穿于希腊思想的一个标志。基督教的伦理学是与此对立的。在那里，重要的事情是纯洁的心灵，而这在无知的人中可能很容易地找到。

于是，苏格拉底试图通过讨论澄清伦理学的问题。这种通过问答发现事物的方法称为辩证法，苏格拉底精通这种方法，尽管他不是第一个使用这种方法的人。柏拉图的《巴门尼德篇》(Pamenides) 说到，青年苏格拉底遇到芝诺和巴门尼德，他们授以这种辩证的研讨法，后来他又传授给其他人。柏拉图的对话表明，苏格拉底极富幽默感，并具有深邃的智慧。他以反讽著名而又因反讽让人惧怕。"反讽"(irony) 是希腊语，它的字面意思有点像英语"克制的陈述"(undestatement) 一词 (尤指旨在取得更大的效果)。因此，当苏格拉底说他只知道他无知，他正在反讽；不过，严肃的观点总是暗中潜伏于最高级的玩笑之中。无疑，苏格拉底熟悉希腊的全部思想家、作家和艺术家的成就。但是我们知道的是很少的，而且与广袤无边的未知领域相比，等于一

酒杯，"会饮"希腊语为"酒会"

无所知。一旦我们明白这一点，就可以坦白地说，我们无知。

《申辩篇》(*Apology*) 是在积极活动中的苏格拉底最生动的图像，它向我们展示了对他的审判。它是他为自己辩护的言论，或确切地说是柏拉图后来回忆他所说的话。不是逐字逐句的报道，而是苏格拉底可能和或许已说过的话。这种"报道"并非与众不同，历史学家修昔底德直截了当地叙述它；因此《申辩篇》是一件历史作品。

苏格拉底被指控不信奉国教，教唆年轻人堕落。这仅仅是一种虚伪的控告。政府反对他，是因为他与贵族派的联系，他的大多数朋友和学生属于贵族派。但是，因为曾有过赦免，法庭不能以此罪名正式起诉。正式的起诉者是民主派政治家安尼托士 (Anytus)、悲剧诗人迈雷托士 (Meletus) 和修辞学教师吕康 (Lycon)。

一开始，苏格拉底就自由发挥其反讽。他如此说，他的原告犯了雄辩罪，而且花言巧语。他虽已年届七十，但还没有上过法庭，请求法官容忍他的非法的言谈方式。于是，苏格拉底

德尔菲的阿波罗，他的神谕告诉苏格拉底，他是最聪明的

荷马、赫西奥德、俄耳浦斯、穆西乌斯，苏格拉底死后可与他们相会

提到一类更年老,而且更加危险的起诉者,因为他们更加难于捉摸。他们经年累月游说,说苏格拉底是"有智慧的人,凡天上地下的一切无不钻研,辩才且能强词夺理"。他回答说,他不是科学家,也不是像智者那样为钱而教,他也不知道他们所知的东西。

那么,为什么人们称他有智慧? 原因在于德尔菲神谕(Delphic Oracle) 曾表示,没有人比苏格拉底更有智慧。他曾试图表明神谕是错误的。因此,他竭力找到那些被人们认为是有智慧的人,并向他们提问。他问过政治家、诗人、手艺人,他发现没有一个人能够解释他们正在干的事情,没有一个人是有智慧的。在揭示他们的无知时,他结下了许多死敌。他终于明白了神谕的意思是:只有上帝具有智慧。人的智慧是微不足道的,人们中最有智慧的,看起来像苏格拉底,他的智慧是没有价值的。因此,他一生揭露以智慧自居者。尽管这使他成为穷人,但是他必须实践神谕。

他质问原告迈雷托士,迫使他承认除了苏格拉底本人之外,国内的每一个人都使青年人学好。但是,生活在好人之中而不是在坏人之中更好。因此,他不会有意败坏雅典人。如果他无意地这样做了,那么迈雷托士应该纠正他而不是控告他。指控说苏格拉底造了一个新神,但迈雷托士责骂他是无神论者,这是明显的矛盾。

然后,苏格拉底告诉法庭,他的责任是执行上帝的命令,探究自己和其他人,甚至甘冒与国家冲突的风险。苏格拉底的这种态度提醒我们,分裂了的忠诚问题是希腊悲剧的一个主题。他继续说,他自己对国家来说只是一只牛虻,而且他提到永远指引他的内在的声音。它禁止但绝不命令他去做什么事情。正是这种声音阻止他投身于政治,在政治领域没有一个人能够持久地坦诚。原告已经提出,他先前的学生都不出庭。他不会把哭哭啼啼的孩子带来以要求仁慈,他必须使法官信服而不是乞求庇护。

在判定有罪后,苏格拉底发表了尖刻而辛辣的讲话,并认定支付30米尼罚金。这必定遭拒绝,死刑又一次被确定。在最后的话里,苏格拉底警告那些判决他的人,他们会因这种罪行而依次受到沉重的惩处。然后,他转向他的朋友,告诉他们

苏格拉底

已发生的一切不是坏事。不应当害怕死亡,这或者是无梦魇的睡眠,或者是在另一世界的生活。在那个世界里,他可以泰然自若地与俄耳浦斯、穆西乌斯 (Musaeus)、赫西奥德(Hesiod)和荷马相会,而且他们肯定不会因为提问题而杀一个人。

苏格拉底饮鸩之前在狱中度过一个月。由于一年一度去提洛岛宗教旅行的国船因风暴推迟返航,在国船回来之前不可以处决任何人。他拒绝逃跑,从《斐多篇》(Phaedo) 看,他与朋友和信徒们一起度过一生的最后时刻,和他们一起讨论不朽。

如果你读完本书,你会发现没有一个哲学家像柏拉图或亚里士多德那样占有那么多篇幅。考虑到他们在哲学史中独一无二的地位,我们应当如此安排。首先,他们作为前苏格拉底学派的继承人和集大成者出现,他们发展了已经流传给他们的思想,而且使在早期思想中还没有充分展露的许多观点变得明晰了。其次,多少年来他们一直对人们的想象力施加着极为重大的影响。尽管西方在思辨推理方面已得到充分的发展,但柏拉图和亚里士多德的影子还一直在其背景中徘徊。最后,他们比他们之前或之后的哲学家对哲学的贡献更具有实际意义。他们几乎对每一个哲学问题都说出过一些有价值的东西,任何人现在企图成为创造者,若是忽视了雅典的哲学,那会冒很大的风险。

柏拉图的一生经历了雅典的衰落和马其顿 (Macedonia)兴起的时期。他出生于公元前428年,伯里克利去世后的那年,因此他是在伯罗奔尼撒战争时期长大的。他于公元前348年去世,活了80岁。他出生于贵族家庭,因此他的教养是贵族式的。他的父亲阿里斯顿 (Ariston) 可追溯自己的祖先直到古老的雅典王族,而柏拉图的母亲伯里克蒂娥尼 (Perictione)出生于活跃在政治舞台的家族。阿里斯顿死的时候,柏拉图还是个孩子,伯里克蒂娥尼随后改嫁她的叔父毕利兰伯 (Pyrilampes),他是伯里克利的朋友和同党。看来,柏拉图在他的继父家里的那段时期正是他性格形成的时期。有这种背景,他坚定地坚持公民的政治责任的观点就不足为奇了。他不仅在著名的《国家篇》(Republic) 里提出这些观点,而且对此身体力行。他年轻的时候看来有望成为诗人,而他跻身于政

柏拉图

56

治舞台，人们也或多或少是可以理解的。但是，当苏格拉底被处决时，这种雄心突然泯灭了。政治的阴谋和险恶，这令人恐怖的一幕给年轻人的心灵留下了不可磨灭的印象。在党派政治结构里，没有人能长期维持其独立和尊严。正是从这个时候开始，柏拉图走向献身于哲学的生活。

苏格拉底是他家族的老朋友，柏拉图自童年起就熟识他。死刑执行之后，柏拉图和苏格拉底的其他追随者在梅加腊 (Megara) 避难，直到流言蜚语销声匿迹。之后，柏拉图似乎去各地游历了几年。在他的旅行计划里有西西里岛、意大利南部，甚至可能还有埃及，但我们对这一时期几乎一无所知。不管怎样，公元前387年他又在雅典了，这时，他创办了一所学校。这个学习的场所设在离城市西北部不远的小树林里。这块土地与传奇英雄阿卡德谟斯 (Academus) 的名字有关，因此该机构称为阿卡德米 (Academy) 学园。它的组织模仿意大利南部的毕达哥拉斯学派的学校，柏拉图在游历时曾与他们有过交往。学园是自中世纪以来发展起来的各类大学的前身。作为一所学校，它存在了900多年，比它之前和之后任何类似的机构都要长久。公元529年，它最终被查士丁尼大帝 (Emperor Justinian) 关闭，因为这种古典传统的存在冒犯了他的基督教原则。

学园的各种研究大致类似于毕达哥拉斯学派的学校传统课题。算术、平面几何和立体几何、天文学和声学或称为和声学，这些构成了学校全部课程的主要内容。或许如人们预料的那样，由于与毕达哥拉斯学派的紧密关系，学园极其重视数学。据说，学校入口处有一块碑刻，劝告厌恶这类研究的人免入。这些学科的训练要花十年功夫。

这种训导过程旨在使人们的思想从流变的经验世界转向在其背后不变的构架，用柏拉图的话说，使人们的思想从变异转向存在。

但是，这些学科没有一门是独立存在的。它们归根到底都对辩证法的原则负责，而对这些原则的研究正是教育的真正显著的特征。

在真正实际的含义上，甚至今天，这仍然是名副其实的教育的目的。填鸭式地向学生灌输，尽可能多地把知识挤进学

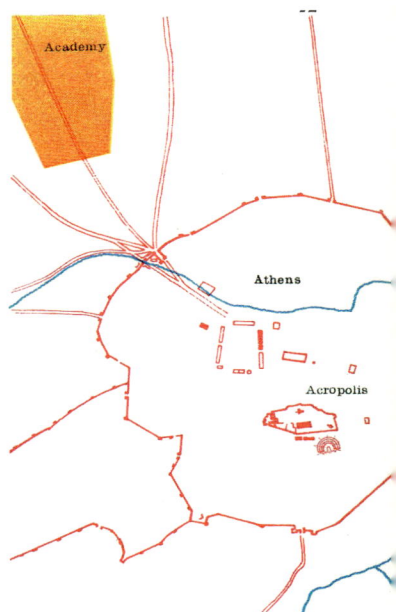

学园的林荫路，柏拉图学校遗址，距离镇1英里

亚里士多德，学园的学生

生的脑子里，这不是大学的作用。大学的真正任务是引导学生养成批判审视的习惯，并引导他们理解对任何课题都产生影响的原则和标准。

我们不可能了解学园如何组织起来的细节。但根据文献提示，我们可以推测，它肯定在许多方面类似于现代的高等学院。它备有科学设备和图书馆，有课堂讲授，也有讨论会。

由于这类学校提供教育，智者派的活动很快衰落了。那些入学的人肯定对房屋设备等的维修捐献点东西。但是钱的问题当时确实不是关键问题，这完全不是因为柏拉图富有，能足以忽略这类问题。重要的是学园的宗旨，它旨在训练人们的头脑借助理性独立思维。人们不面临任何当下的实际目标，这与智者派形成鲜明的对照，后者研究的一切不过是精通实际事务。

学园最早的学生之一，也是最著名的学生，亚里士多德年轻的时候去雅典上学，在学园里差不多度过20年，直至柏拉图去世。亚里士多德告诉我们，他的老师授课时没有预备好的笔记。从其他材料中我们得知，在讨论会或讨论群体中，会提出各种问题，让学生解答。各种对话就成了书面的哲学论文，这些论文与其说是针对学生的，还不如说是针对广大有教养的公众的。柏拉图从来没有写过一本教科书，而且一直拒绝把他的哲学当作一个体系。他似乎已经感到，广袤无边的世界太复杂了，以致不能把它强行纳入预先设想好的文字模型中去。

当柏拉图再次外出游历时，学园已创立20年了。公元前367年，锡腊库萨的统治者狄奥尼修一世（Dionysius I）去世，他的儿子和继承人狄奥尼修二世（Dionysius II）接替了他。30岁的年轻人尚不成熟，没有经验，没有能力掌握像锡腊库萨那么重要的国家组织的命运。实际权力落入年轻的狄奥尼修的姐夫狄奥（Dion）手里。狄奥是柏拉图热情的朋友和崇拜者，正是狄奥邀请柏拉图到锡腊库萨来，目的是教狄奥尼修履行自己的职责，并使他成为一个见识广博的人。尽管有成功地从事这种事业的可能性，在最有利的情况下也是微不足道的，但柏拉图答应试一试。无疑这部分是因为狄奥的友谊，也是因为这是对学园声誉的挑战。这确实也是柏拉图把自己对统

58

治者的教育理论付诸检验的时机。科学教育本身能否使从事政治事务的政治家成为比较聪明的思想家，当然是可质疑的，但柏拉图显然认为这是行得通的。如果西方的希腊准备坚持反对迦太基日益增长的力量，那么西西里岛强有力的统治者是必不可少的。而且，要是数学中的某种训练可以把狄奥尼修转变成这样一种人，那么收益就更多了；如果尝试失败，不管怎么说，没有任何损害。最初取得了一些进展，但并不长久。狄奥尼修没有精力去承受长期的教育程序，除此之外，就其本身的资质看，他是一个非常令人讨厌的阴谋家。由于妒忌自己的姐夫对锡腊库萨的影响以及他与柏拉图的友谊，狄奥尼修强行放逐了他。于是，柏拉图继续留下来也不能做任何事情了，他因此返回雅典和学园。他尽了自己最大的努力，试图从远处着手改进各种情况，但徒劳无功。公元前361年，他再次去锡腊库萨，试图尽最后一次努力，匡正各种事情。他几乎花了一年时间尝试制定出一些实际措施，试图使西西里岛的希腊人在面对迦太基的威胁时团结起来。结果保守派的敌意，证明这是一种不可逾越的障碍。在自己的生命首次不无招致某种危险的情况下，柏拉图终于设法在公元前360年回到雅典。之后，狄奥借助武力恢复了自己的地位，尽管有柏拉图的警告，他还是暴露了自己是个不高明的统治者，终于遭人谋杀。柏拉图仍然竭力劝说狄奥的追随者执行旧有的政策，但是没有人听从他的劝告。不出柏拉图所料，西西里岛最终没有逃脱被外来者征服的命运。

运动场入口，在锡腊库萨，柏拉图从事政治的地方

公元前360年他归来后，就回到学园讲学和写作，直到临终他一直是个积极的写作者。在所有古代哲学家中，柏拉图是仅有的其著作几乎全部流传下来的人。如上所述，他的对话不必看作是对哲学专题正式的和技术性的论述。柏拉图很清楚这种探究的各种困难，因此他决不会热衷建立一个体系，以取代任何体系，就像以后许多哲学家如此做的那样。他是举世无双的哲学家，不仅是伟大的思想家，而且也是伟大的作家。柏拉图的著作使他跻身世界文学中显赫人物之列。这种特性不幸已成了哲学中的例外。现在有大量的哲学作品是华而不实的，单调乏味和言过其实的。确实，在某些地方，这几乎已是一种传统，哲学著作为了深奥必定是晦涩的，而且

在文体方面是不流畅的。这是一种憾事，因为它吓退了对哲学感兴趣的俗人。当然，人们不必想象柏拉图时代有教养的雅典人可能阅读对话，而且初看一下就能欣赏它的哲学价值。这就等于期望一个不通数学的俗人阅读一本有关微分几何学的书，也能受益。然而，无论如何你能阅读柏拉图的书，他的书比可以说到的大多数哲学家的著作更有阅读价值。

除了对话之外，柏拉图的一些书信也流传下来，这些书信主要是写给他在锡腊库萨的朋友的。作为历史文献，这些书信是有价值的，但不具有专门的哲学趣味。

在此有必要谈一谈对话中的苏格拉底这一角色。苏格拉底本人从来没有写过任何东西，因此我们主要通过柏拉图，知道苏格拉底留下的哲学思想。然而，柏拉图的晚期著作发展了他自己的理论。因此，我们必须把对话中柏拉图的东西和苏格拉底的东西区别开来。这种任务有点棘手，但绝非不可能。举个例子说，在我们可以按独立的根据判定为晚期对话的作品里，柏拉图批判了由苏格拉底提出的一些早期理论。人们通常认为对话中的苏格拉底只是柏拉图的代言人，他借助这种文字技巧，在当时提出了碰巧贯彻他思想的各种观点。然而这种赞誉是违背事实的，且不再流行了。

柏拉图可能比任何其他人对哲学的影响更大。柏拉图处在哲学思想的核心位置，他是苏格拉底和前苏格拉底哲学的继承人，学园的创立者，亚里士多德的老师。兴许正是由于这一点，法国逻辑学家 E. 戈布洛（Goblot）写道，柏拉图的思想不是一般的形而上学，而是独一无二的形而上学。如果我们记住苏格拉底和柏拉图的区别，那么我们可以更准确地说，正是柏拉图的苏格拉底，其学说对哲学产生了主要的影响。柏拉图思想本身的复兴是比较现代的事情。在科学领域，它追溯到 17 世纪早期；就哲学本身而言，它属于我们这个时代。

在研究柏拉图的时候，关键是要记住数学的主要作用。这是把柏拉图与苏格拉底区别开来的一个标志，苏格拉底的兴趣很早就远离了科学和数学。随后的年月，由于不能敏锐地把握柏拉图的理论，人们把柏拉图的严肃的研究转变为数字的神秘而贩卖。不幸的是，这种畸变并不像人们希望的那样非同寻常。当然，数学仍然是逻辑学家具有专门兴趣的领

柏拉图

域。不过,我们必须着手审视对话中可探讨的一些问题。著作的文学特色可能不那么容易传达,而且这也不是我们主要关心的东西。但是,即使是翻译,特色还是充分地保存了下来,这说明哲学不必非得搞成不堪卒读,才算有意义。

一说到柏拉图,人们马上会提起理念论。这是苏格拉底在一些对话中提出的。它应归于苏格拉底还是柏拉图,一直是有争议的。在《巴门尼德篇》里,尽管这是晚期对话,描述了这样一幕,苏格拉底是年轻人,而柏拉图还没有出生,我们看到苏格拉底试图坚持用理念论反对芝诺和巴门尼德。在其他场合,我们发现苏格拉底正与一些人交谈,这些人理所当然地深谙理念论。它的源头在毕达哥拉斯学派那里。我们可以看看《国家篇》对它的解释。

没有哲学,我们就像影子,善的形式显示整个世界的外貌

让我们从下述问题开始:什么是哲学家?从字面上看,这个词意指爱智者。但并不是每一个对知识有好奇心的人都是哲学家。对这个定义必须加以限制:哲学家是热爱洞见真理的人。一个艺术收藏家喜欢美的事物,但这并不使他成为哲学家。哲学家爱"美"本身。热爱"美"的事物的人是在梦中,而热爱"美"本身的人是清醒的。热爱艺术者只具有意见,而热爱"美"本身者具有知识。然而,知识必须有一个对象,它必须是关于某种存在的东西,否则就什么也不是,就如巴门尼德所说的那样。知识是固定的和肯定的,它排除错误

的真理。相反,意见可能是错误的,但是因为意见既不是关于存在者的知识,也不是一无所有,因此它必定是关于既存在又不存在者的知识,就如赫拉克利特所说的那样。

因此,苏格拉底认为,我们可以通过感官把握的全部特殊的事物,具有对立面的特征。一个特殊的美丽的雕像也有某些丑陋的方面。一种特殊事物从某种角度看是大的,从另一种角度看是小的。全部这些东西是意见的对象。但是"美"本身和"大"本身并不是经由感官给予我们的,它们是不变的,并且是永恒的,它们是知识的对象。通过把巴门尼德和赫拉克利特结合在一起,苏格拉底创造出关于"理念"或"形式"的理论,这种理论是先前两位思想家所没有的某种新东西。希腊语"理念"指"图像"或"样式"。

61
这种理论既有逻辑的方面,也有形而上学的方面。就逻

辑方面而言，我们具有某种特殊对象与我们称呼它们的一般语词之别。因此，一般语词"马"指称的不是这匹马或那匹马，而是指称任何品种的马。它的含义独立于各种特殊的马以及它们的偶然属性，它不是在空间和时间中的，而是永恒的。就形而上学方面而言，它意味着在此地或彼地存在着"理想的"马，即马本身，它是独一无二的和不变的，而且这就是一般的语词"马"所指称的。特殊的马就它们归入"理想的"马或分有"理想的"马之一部分而言，是它们之所是。理念是完善的实在，特殊的东西是有缺陷的，而且仅仅是现象。

苏格拉底提出的著名的洞穴譬喻，有助于我们理解理念论。那些不具备哲学思维的人就像洞穴中的囚犯，他们被铁链锁住，不能转身。在他们背后燃烧着一堆火，在他们前面有一堵空白的墙，把洞穴在后面隔断。在这堵墙上就如在屏幕上，他们看到自己的影子，以及他们与火之间的东西的影子。因为他们不能看到任何其他东西，他们认为影子是实在的事物。最后，有一个人摆脱了枷锁，而且摸索出洞口。在那里，他第一次看到照耀在实在世界的真正事物之上的阳光。他返回洞穴，把他的发现告诉他的囚犯同伴，而且试图表明，那些东西不过是实在的模糊的反射，纯粹影子的世界。但是，看到太阳光之后，他的视力已被太阳的光芒弄得眩晕了，他发现现在更难辨明影子了。他试图告诉囚犯们通向光明的道路，但是在他们看来，他比逃出去以前更加愚蠢，因此要使他们信服是困难的事情。如果我们对哲学是外行，那么我们就像囚犯一样。我们只看到影子，即事物的现象。但是当我们成为哲学家时，我们就在理性和真理的阳光下看到外部事物，而且这是真实的。这种给予我们真理的光芒和认识的力量，代表善的理念。

这里提出的理论，大体说来是由毕达哥拉斯学派的观念激发的，就如前面所述的那样，这不是柏拉图自己的观点，至少不是他晚期或成熟期的观点。人们似乎很容易看到这种事实，在晚期对话里，理念论先是遭到破坏，后来就完全消失了。反驳理念论是《巴门尼德篇》的一个核心主题。巴门尼德和芝诺与苏格拉底相遇，是丝毫不用难以置信的，而且可以看作是历史事件。尽管在偶然情况中所说的当然不太可能在对话

形式（E）无法与特殊事例（A）连接，每种尝试都加大分歧

中转述。再说，全部说话者与角色相符，而且他们表达的观点跟我们从独立的材料中所知的他们的情况一致。我们知道，巴门尼德年轻时受到毕达哥拉斯学派的影响，后来又与他们的学说决裂。因此，理念论对他来说不是新东西，而且他发现很容易批判年轻的苏格拉底对理念论的阐述。

首先，巴门尼德指出，不存在任何可靠的理由说明，为什么苏格拉底承认数学对象与诸如善和美的概念为形式，而否认它们是诸要素和比较卑微的事情。这引出更为严重的问题。苏格拉底的形式论是形式与个别事物的联系。对形式来说是一，而对个别事物来说是多。苏格拉底在说明它们的联系时使用了分有的观点。但是想一想个别事物是如何分有形式的，就令人十分困惑。显然，整个形式不可能现存于每一个别事物之中，因为若是如此，它不会是一个形式。可供选择的办法是，每一个别事物包含形式的一部分，但若是这样，形式就不说明任何东西。

于是，错误就在这里出现了。为了解释形式与列在其下的个别事物，苏格拉底不得不提出分有，而这种分有本身，因在许多情况中作为例子，是一种形式。但是，我们因此必须马上提出这样的问题，这种形式怎样一方面与最初的形式相联系，另一方面又与个别事物相联系。看来，人们需要的不止两个形式，而且我们被引向恶性的无限回归。每一次，我们试图通过提出一个形式以弥合缺陷，但是第二个进一步的缺陷又出现了，因此弥合缺陷无异于赫拉克勒斯 (Herculean) 式劳役，却不能如赫拉克勒斯那样逃跑。这是著名的第三者的论证，它的得名是因为在它的一个特殊事例中，所讨论的形式是人的形式。苏格拉底试图回避困难，于是他提出形式是原型，并提出个别事物类似于它们。但这也成了第三个人论证的牺牲品。因此，苏格拉底不可能说明形式是如何与个别事物联系在一起的。但是这也可以直接指出。因为已经假定，诸形式是不可感知的，而是可理喻的。在它们自己的领域内，它们只可能在它们本身之内相关联，也与个别事物相关联。因此，形式看来是不可知的。倘若形式是不可知的，那么它们当然是虚幻的，而且又不能解释任何东西。因此，我们可以换一个角度提出问题：如果形式是自主的，不与我们的世界相关，那么它们是空洞的；

如果反过来它们是与我们的世界相关的，那么它们不可能属于它们自己的世界，因而形式的形而上学的学说是站不住脚的。

我们在后面会看到柏拉图自己是怎样解决共相的难题的。在这里我们只需指出，苏格拉底的学说并非经得起严格考证。在《巴门尼德篇》中，这个问题没有进一步追溯下去。巴门尼德转向不同的问题，揭示了即使在苏格拉底的形式领域，也不是令人十分满意的。芝诺式精致的辩证法揭示了苏格拉底的这种初衷不可靠，即诸种形式都是相互分离的，这为柏拉图对问题的解决奠定了基础。

然而，回到毕达哥拉斯的理念论的原题还有一种困难。我们在前面已经指出，理念论的另一方面是在说明数学中论证的对象时产生的。当数学家在建立三角定理的时候，他显然不关心人们可能实际画在纸上的任何图形。因为任何诸如此类的图形都有缺陷，不在数学考虑的范围之内。不管人们怎样艰难地尝试着画出一条精确的直线，它也绝不会是完全精确的。从这一点出发，我们得出完善的直线属于不同的世界。因此，我们就有这种观点，形式所属的存在序列不同于可感知对象的序列。

这种观点乍看起来有点含糊。例如，人们坚持两个可感知的对象几乎完全相等，但并不完全相等；它们可能趋向于相等，但绝不可能达到完全相等，这似乎是有理的。确定它们完全相等，如果不是不可能，至少是有困难的。另一方面，让我们以两个不相等的东西为例。这里我们通常是一目了然的，它们是不相等的，因此，不相等的形式在可感知的世界，似乎是完全清楚地显现出来的。我们不在形式的术语范围内说明这一点，而是回过头来看看，我们通常是怎样提出这类问题的。我们自然而然会说到两个事物，它们几乎相等但不是完全相等。但是人们没有充分的理由说到两个事物，它们几乎不相等，但不是完全不相等。这种批判直接揭穿了形式论。

人们或许会问，如果理念论在爱利亚学派那里已经遭到如此毁灭性的攻击，为什么苏格拉底还不加改变地坚持这种理论呢？因为他十分清楚这种攻击力。然而，看来更为关键的是转换这种问题的提法。在任何情形下，人之善完全不能像头发的颜色那样看得出来。可是甚至在这种领域，苏格拉

不相等是一种形式，然而我们在感性世界看到它

底最终也有点不满意分有理论，即使他从来没有提出其他理论。不管怎么说，这里有了一种暗示，即结论不必在事物中寻找，而是在我们可以谈论它们的范围内寻找。柏拉图正是沿着这个方向，继续其共相问题的研究。

在《斐多篇》苏格拉底顺便提到这个问题，尽管他并没有继续展开问题的这一方面。柏拉图在《泰阿泰德篇》(*Theaetelus*) 和《智者篇》(*Sophist*) 里再次提出这个问题。

《国家篇》可能是柏拉图最著名的对话。它包含了许多研究路线的先兆，直到我们时代，后来的许多思想家继续这类研究。其中讨论的理想国的建构，已赋予这篇对话的名称。我们下面将描述的正是这种政体。我们知道，希腊人把国家看作是一个城邦，希腊语"政体"一词表明这一点。希腊语"政体"一词大体指"城镇"，就这个词的含义来说，包括具有良性运行的城镇的整个社会网络。这个词是对话的希腊语标题。我们的"政治的"一词发源于它。

对柏拉图来说，理想国中的公民划分为三个阶级：卫国者、士兵和劳动者。卫国者是一小部分精英，只有他们实施政治权力。国家最初建立之时，法律制定者任命卫国者。随后，由他们自己的亲属继承他们。但是较低级的阶级中，出类拔萃的儿童可以被培养成为统治阶级，而他们自己无用的后代也可能被降到士兵或普通人群里去。卫国者的任务是监督制定法典者的意志的执行情况。为确保他们会做到这一点，柏拉图有一整套计划，包括他们如何培养和怎样生活。他们既要在心灵方面，也要在身体方面得到教育。就心灵方面而言，有"音乐"，即缪斯掌管的各门艺术。就身体方面而言，有"体操"，不需任何队组的运动。"音乐"或文化中的训练，旨在培养出有教养的人。英国人理解的"绅士"概念正是发源于柏拉图。年轻人必须被训导成这样的人，态度尊严，举止优雅，富有勇气。为达到这一目的，阅读的书籍要严格筛选。诗人的书必须禁止：荷马和赫西奥德表明，诸神像好争的无节制的人那样行动，这有害于对神的尊敬。神不应当被显示出是整个世界的创造者，只应当显示出是这个世界不邪恶的事物的创造者。进一步说，有些诗章可能激起人们对死亡的恐惧，或者对放荡举止的向往，或者引起这种疑虑，当善遭到损害，恶就可能

64

理想国，每个部分都起着恰当作用

滋蔓。全部这些都必须被禁止。在今天的狭隘意义上的音乐也要审查：只有增进勇气和培养自我克制的那些形式或韵律得到认可。他们必须靠清淡的伙食生活，那样他们将不需要医生。在他们年轻时必须戒绝庸俗的东西。但是在一定的年龄时，他们要对付各种恐惧和诱惑。要是他们能够抵挡这两者，他们就适合成为卫国者。

卫国者的社会和经济生活将是严格的共产主义。他们有自己的小房子，仅仅是他们个人生存所必需的。他们在群体中一起吃饭，供给简单的伙食。存在着完全的性平等，全部妇女是全部男子的共同的妻子。为了维持他们的人数，统治者在某种喜庆日将适当的男人和女人群体汇合在一起，据说通过抽签挑选，但实际上是按照生育出健康的后代的原则选择。孩子在出生之日便被带走，并放在一起养育，没有人知道谁是他们的生父或孩子是谁的。那些由未得到认可的联姻而出生的孩子

理想国的三个阶级：卫国者、士兵和劳动者

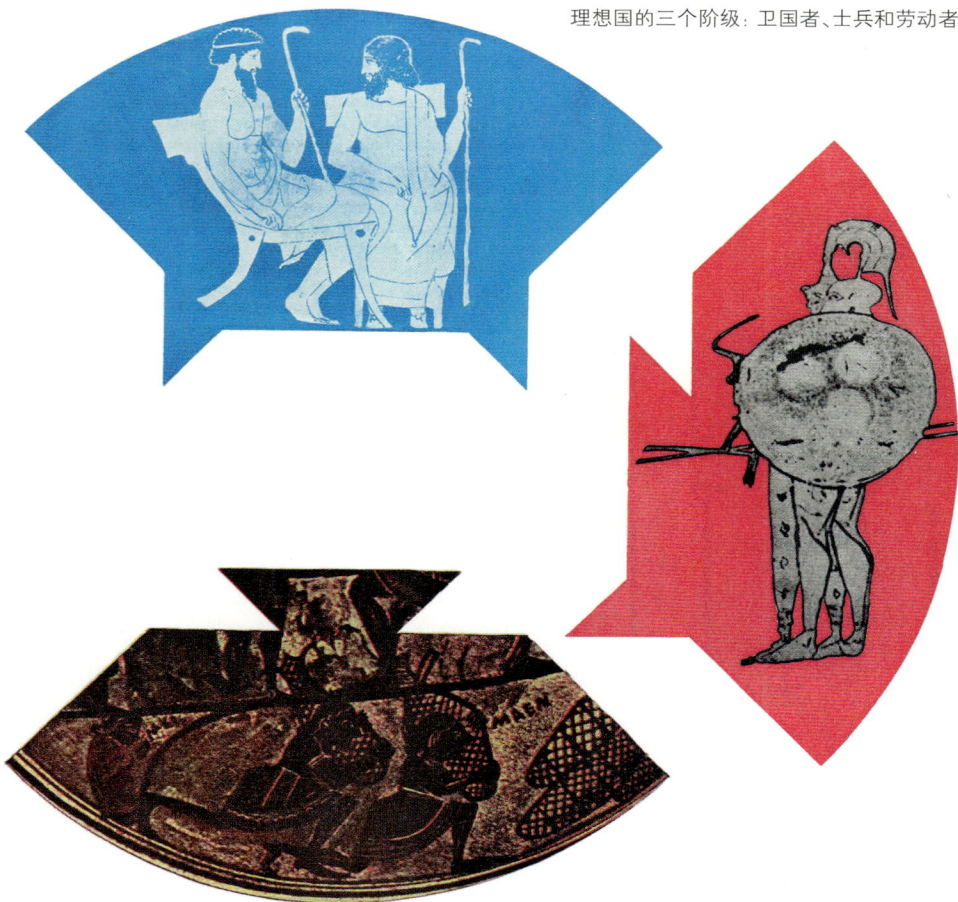

是不合法的，那些畸形的或低等种姓的孩子被抛弃。因此，私人的感情渐渐地削弱，而公共的精神越来越强。最优秀者被选出来在哲学方面加以训练。掌握哲学者最终适合于统治。

在公众利益需要的时候政府有权利撒谎。尤其是它将反复灌输"忠诚的谎言"，把这种勇敢的新世界描述成神授的。在两代人中，这会逐渐产生不容置辩的信念，至少在百姓中会产生这种信念。

最后我们来看正义的定义，这是整个讨论的序言，柏拉图之所以提出理想的城邦，是因为他感到有可能比较易于直接地广泛讨论正义。当每个人用头脑指导他自己的事务时，正义就盛行。每个人去做他自己分内的工作，而不干扰其他人的事务。因此，政治机体安然地和有效地产生功能。在希腊语的含义里，正义与和谐概念相联系，即整体通过每一部分的正确功能平稳地运作。

在这里，我们确实得到一幅恐怖的国家机器的图像，在这个图像里作为个体的人几乎消失了。在《国家篇》里所描述的乌托邦，是阿尔道斯·赫胥黎 (Aldous Huxley) 的《美丽的新世界》(*Brave New World*) 一系列类似幻想的开端。这无疑也给予处在某种地位上有权势的人以鼓舞，这些人能推动大的社会变迁，完全不顾人们将遭受的苦难。无论什么地方这种观点流行，就必定会发生这种情况，人们不得不适应预先设想好的体制。政府可能是其公民的仆人，而公民不是它的奴隶，甚至今天这在某些方面也被看作是遗产。平衡点恰好在哪里，这仍然是一个复杂的问题，在此它无关紧要。总而言之，《国家篇》中的理想国已经导致反对其原则的许多人，把各种可怕的标签贴在柏拉图身上。因此，我们必须审视它所发表的政治理论的准确含义是什么。

我们首先必须记住，柏拉图晚年在政治问题上的发展转向完全不同的方面。我们稍后审视这一点。《国家篇》的理想国与其说是柏拉图的，还不如说是苏格拉底的，而且它看来直接受到毕达哥拉斯学派的理想的鼓舞。这就把我们引向问题的关键点。理想国其实是用正确的方式管理国家的科学家的观点。作为一个科学家的模式，它很可能诱导社会工程师发起巨大的变革，他天真地相信他正在科学地从事这种变革。如

65

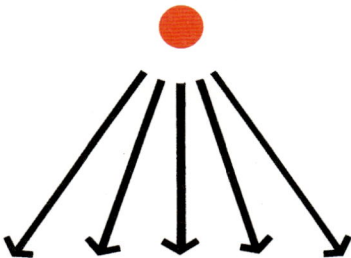

君主政体，一个人的统治；在法治条件下更受人们欢迎

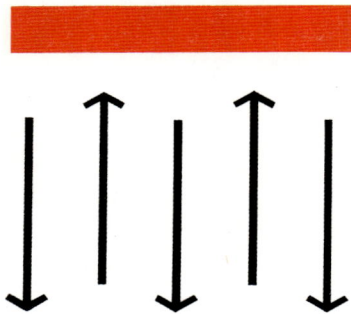

民主政体，多数人统治；在没有法律时最少邪恶

果技术专家们为所欲为,那么这是他们会做的一种事情。但这种认识从理想国的概念中得到许多启发。因为它归根到底只不过是为讨论和澄清问题而提出的一种模型。苏格拉底正是怀着这种意图提出这种模型的。这显然来自尘世的这种天堂里,可能会出现的某些更极端的措施。除此之外,我们必须考虑到某种程度的反讽。例如,没有一个人真正地想要禁止诗人。没有任何人确确实实地、冥思苦想地提出一个完全彻底的共产主义。理想国的某些特征自然是通过观察现实存在着的斯巴达而构想出来的。不管怎么说,模型毕竟是模型。人们并不把它看作是建立现实城邦的实际计划。当柏拉图后来卷入锡腊库萨的政治时,他并不试图按照这种模式建立理想国。如上所述,他的目的是比较谦和,而且比较实际的,旨在使被宠坏了的国王变成这样一个人,适合于指导一个已越来越引人注目的重要城邦的事务。柏拉图没有成功是另外一回事,这仅仅证明,教育不是人们通常想象的那样,是包医百病的良方。

在晚年对话里,柏拉图又一次回到政治问题的讨论。在《政治家》(Statesman) 中,我们发现对可能存在于城邦中不同政治组织的说明。不同的可能性依赖各种统治者以及他们实施统治的方式。我们可能有君主政体、寡头政体或民主政体,其中每一种政体或者可以按照法律原则,或者可以没有法律而起作用,这从属于全部六种不同的组合。如果没有法治,权力执掌在许多人手中,被认为只会出现最小的邪恶,因为这里将不存在统一的目的。另一方面,如果有法治,民主政治是最坏的政体,因为任何事情如果要取得成功就需要共同的目的。因此,人们更喜欢君主。

还有一种混合政体的可能性,这种政体吸取六种单一政体的某些要素。柏拉图在最后著作《法律篇》(Laws) 中最终判定,在我们这个世界里,哲学王看来找不到。我们在其中充其量可以做到的,是在法律原则指导下,把一个人的统治同许多人的统治结合起来。《法律篇》对这种体制如何组织以及如何选择官员,给予非常详尽的指示。关于教育问题,它对我们现在所谓的中等教育的时间安排和内容也作了详细的说明。在希腊化时代,文法学校在年轻人的教育中是稳定确立的阶段。这种制度的基础是在《法律篇》中奠定的。

67

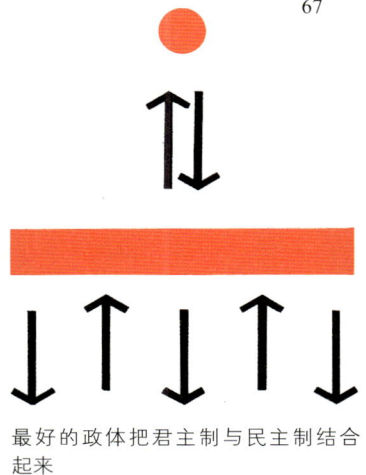

最好的政体把君主制与民主制结合起来

如上所述，《国家篇》的政治理想不是转变成事实的各种优点。在这方面，柏拉图的晚期思想是完全不同的。他的政治和教育的建议是极为实际的，而且是回到现实的。其中许多建议已被后来时代完全采纳了，而它们的源头很快被忘了。它与《国家篇》的体系不是一回事。作为一个体系，一般说来，它已被人们误解，它的引人注目的条款已不止一次找到热情的支持者，结果深受其害的是供实验用的豚鼠般的人。正是由于这种情况，柏拉图有时被人描述成这些人的先驱者，他们起初并不理解他，后来又凭借其力量仓促地做出错误行动。

尽管如此，我们必须承认，在政治思想方面连柏拉图也表现出某种局限性。在这一方面，他不免也有希腊人对野蛮人共同的距离感。我们难以确定，这是自我意识到的优越感，还是产生于未经查问的希腊文化至上的自然思维方式。不管怎么说，柏拉图在《法律篇》中仍然认为，在建立一个新的城邦时，人们必须选择远离大海的地方，以避免贸易和跟外国人接触的腐蚀性影响，这是以对话的人为借口。这当然引起一些困难，因为一定程度的贸易活动还得继续下去。对那些不具有独立财产的人来说，有必要以某种方式去讨生活。特别是当他谈到他计划中的文法学校的教师时，柏拉图说这些人必须付给费用，而且必须是外乡人。

政治问题上的这种孤立态度，归根到底是由于希腊世界没有能力得到规模更大的切实可行的组织。他们面对的政治生活是静态的，而他们周围的世界是急剧变化着的。这就是希腊政治思维中的主要弱点。罗马帝国最终将建立一个世界性国家。若是罗马人缺乏希腊人的独创性，他们也会摆脱城邦国家过分的个人主义。

于是，就政治理论情况看，一方面，我们可以把苏格拉底的理论与随后的柏拉图的发展区别开来；另一方面，这里存在着对他俩来说共同的一般社会理论的一些特征。这些特征反映在他们论教育的观点上。其实，他们的研究不过是弄清了希腊人研究传统的看法。我们回顾一下，科学和哲学是在学校或社团内进行的，在那里有教师与学生的紧密合作。看来已了解了重要真相，至少是含蓄地了解了真相，从一开始学习就不是发布信息的过程。这种信息有些是肯定存在的。但

68

是，教师的作用既不是唯一的，也不是最重要的。今天这一点确实比那个时代更加明显，因为那时书面记录比现在更罕见，而且更难找到。对我们来说，有理由坚持这一点，任何能阅读的人都可以从图书馆收集信息。比先前任何时候都更不应当要求教师单纯地传递信息。这愈加增添了希腊哲学家的光彩，他们可能已理解如何从事真正的教育。教师的作用是一种指导，引导学生自己去领会。

但是学会独立思考并不是一蹴而就的能力。这种能力必须靠个人的努力，并在能指导这些努力的导师帮助下取得。这是一种督导下的研究方法，就如我们今天在大学里看到的那种方法。可以说，学院机构若能实现其真正的功能，那它就培育了独立思维的习惯和摆脱了当下偏见与成见的研究精神。就今天的大学不能完成这种任务而言，它堕落到灌输的水平。同时，这种失败还有更加严重的后果。因为在独立思维消失的地方，不管是缺乏勇气还是没有纪律，宣传的毒草和威权主义的增长得不到纠正。因此，批判的窒息比许多人想象到的后果更加严重。它不是在社会中创造一种生动活泼的统一的目的，而是把一种毫无生气的、脆弱的一致强加于政治机体。遗憾的是，有权位和负有责任的人并不经常地意识到这一点。

因此，教育是在教师指导下学习自主的思考。其实，这种实践从爱奥尼亚学派就开始了，毕达哥拉斯学派则明确地承认了这种实践。法国哲学家 G. 索雷尔 (G.Sorel) 实际上已提出，哲学最初不是指爱智，而是"友智"，当然这里"友"的含义是毕达哥拉斯学派的兄弟关系。不管这种理解是否正确，它至少强调科学和哲学是作为一个传统成长起来的，并且不是孤立的个人的努力。同时我们也明白了，为什么苏格拉底和柏拉图非常激烈地反对智者派。因为这些人不过是提供有用知识的食品供应商，如果可以这样说的话，他们的教导是表面的。他们或许能够在某种程度上指导一个人在各种境遇里做出有效的反应，但是这种信息的累积是毫无根基的，经不起检验的。当然，这并不是说名副其实的教师不会偶然地碰到毫无希望的情况。其实，教育过程的独特特征必定是双方共同的努力。

在苏格拉底那里，这种教育理论与另一种观念相关，这种观念可以追溯到早期毕达哥拉斯学派。在《美诺篇》(Meno)

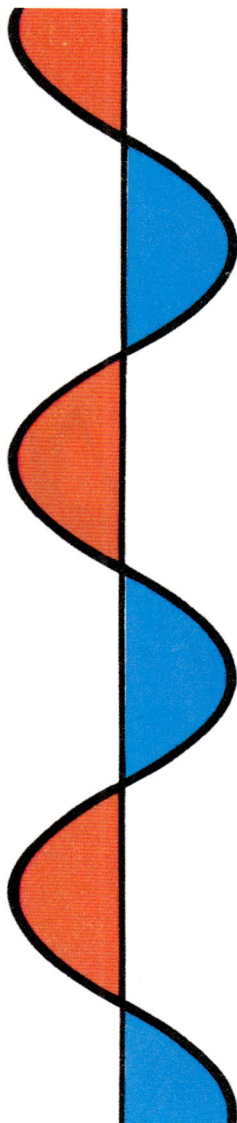

如果灵魂是身体内与身体外的生命交替，那么学习是回忆。因此，辩证法是重要的

里，学习过程称为对先前存在、后来忘记的已知事情的回忆。正是这个原因，需要上述共同的努力。至于回忆或回想概念，它是以下述观点为基础的，灵魂经历了进入肉体状态和脱离肉体的状态，这种观点显然与毕达哥拉斯坚持的灵魂转生论有联系。脱离肉体的灵魂仿佛沉睡着，这就是为什么当其苏醒并进入肉体状态时，在先前生存时学会的东西也必然被唤醒了。因此，通过向一个美诺的小奴隶提问题，苏格拉底试图证明这一点。除了了解日常的希腊语之外，这个孩子几乎没有受到任何我们所说的教育。然而苏格拉底只问一些简单的问题，就成功地诱导最年轻者构想出给定正方形的两倍的平方。我们必须承认，这种说明作为回忆论的证据并不是完全令人信服的。因为每当他误入歧途时，总是苏格拉底在沙盘上画出图形，并使小孩寻找他的错误。另一方面，这是对教育处境的恰当准确的描述。学生与教师正是以这种实例，用这种方式相互交流，才产生了名副其实的学习过程。正是在这种意义上，学习可以被描述为辩证的过程，在这方面这个词具有其原始的希腊语的含义。

饶有兴味的是，这里描述的教育理论已经在日常语言中，即在完全与学习或哲学分离的口语中留下了痕迹。因为我们通常说某人对一个课题的兴趣是被唤醒的或被唤起的。这是习语增长的普遍现象中的一个实例。日常语言是过去的点点滴滴的哲学思辨的安息地。如果这偶然地被那些倾向于崇拜日常语言的人回忆起来，仿佛它在某些方面超越研究的原则，那会是一大幸事。

就回忆论而言，苏格拉底利用它试图证明灵魂的不朽。《斐多篇》里叙述了这种观点，尽管人们可以评论说这不是成功的例子。不管怎么说，值得回顾一下晚期毕达哥拉斯学派不经意说出的灵魂转生论。如上所述，他们采纳了以和谐概念为基础的观点，这事实上导致对立的结果，即灵魂有死。就回忆过程的教育方面说，我们可以指出的是，心理疗法的实践恰好是以这种重新唤起过去记忆的观点为基础的。尽管它有比较多的神秘因素，但是心理分析比基于休谟（Hume）的联想主义心理学更准确地把握住教育与治疗之间的联系。广义说来，对苏格拉底而言，教育是灵魂疗法。

教育是引导到知识因而引导到善的过程。因此，无知可以被看作是自由途径中的某种东西，由知识和洞察力取得的自由的生活方式。我们可以在黑格尔哲学中发现类似的观点，在他的哲学里，自由意味着人们对必然性运作的理解。

或许还有另一个更加重要的问题在《美诺篇》中讨论，尽管对它的讨论在《游叙佛伦》(*Euthyphro*) 中更令人感兴趣。这是逻辑的定义问题。《游叙佛伦》中提出的问题是，什么是神圣，对话表明游叙佛伦试图给它一个定义。他的全部努力最终是徒劳无功的，这一点无关紧要。在讨论过程中，苏格拉底使他明白构成定义所需的东西，而且因此澄清了所谓"属"加"种差"下定义的形式逻辑的特征。

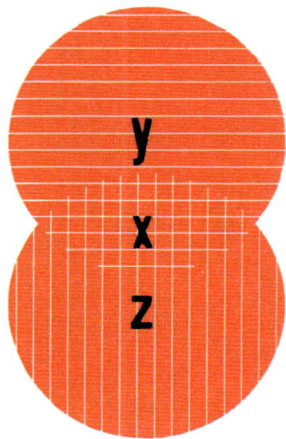

"属"加"种差"下定义：X 定义为 YZ

在现代读者看来，这种处理逻辑问题的方式有点稀奇古怪。今天我们习惯于枯燥的、笨拙的、亚里士多德式的、教科书式的解释。柏拉图发明的哲学对话作品有许多模仿者，但现在已不合时尚了。这或许是一种遗憾，因为我们不可以说，我们时代的哲学作品的风格是它所可能是的那类。对话要求作者的文字训练功夫比任何其他形式的作品来得深。在这方面，柏拉图的早期对话是无人与之匹敌的。我们必须记住，我们正在讨论的是苏格拉底死后不久写出的片断。在这个时候柏拉图自己的思想还在酝酿之中，而他作为戏剧艺术家的才能正达到最佳状态。所以这些对话，作为文学作品比晚期作品更易读。但它们的哲学内容更难探明。

在一些早期对话里，我们遇到一些谈话者，当他们被要求给出一个术语的定义时，犯了一种基本的错误，即使是普通的错误。他们不是给出定义，而是给出一些实例。人们和游叙佛伦一样，不善于回答"什么是神圣的"这个问题。游叙佛伦说，神圣即是告发亵慢宗教者。但其实这根本不是定义。陈述仅仅说告发亵慢者是一种神圣的行为，也可能存在其他行为。至于神圣性是什么，我们就和过去一样，仍然是茫然不知其所以然。就如当某人被问起什么是哲学家，他回答说苏格拉底是哲学家一样。如果我们回想一下对话的背景，那么这种境遇是令人快乐的反讽。苏格拉底去法庭，为了弄明白加之于他的控告性质，路上他遇见游叙佛伦，后者也正好有法律事务在身。他正控告自己的父亲为杀人犯，因疏忽而致一个奴隶死亡。游叙佛伦正做的行为是依照共同体特有的惯例和宗教仪轨，而且这表明如果品性正直与他们部落的正式习惯一致，那么那些不给予批判的人通常过分自信和自我肯定。因此，苏格拉底奉承他是一个专家，并假装向游叙佛伦讨教伦理学问题，后者当然肯定是这类问题的权威。

我们暂且把伦理问题搁在一边，我们发现苏格拉底成功地解释了逻辑方面所必须的东西。我们正要求神圣的"形式"，对神圣的陈述，使神圣的事物成为它们之所是。用人们比较熟悉的语言说，我们现在应当根据必要的和充分的条件陈述情况。因此，当且仅当一种动物是理性的，那么它就是人，或许不考虑学步的孩童，他完全与其他四足动物相似。按照图表，我们能用两个相交的圆表明这一点。人，将被定义的术语是两个圆的共同部分，两个圆则分别涵盖理性的和动物的。我们得到该术语的定义方法是取一个术语，在此情况里，动物用第二个术语"理性的"限定它。第一个术语称为"属"，第二个术语称为"种差"，于是从动物中挑出人类。如果你愿意这样理解，人是具有种差的动物，这个种差是理性。至少教科书是如此考虑的。如若慎重考虑之，人们便想知道，这种定义尽管形式上是正确的，但实质上是否可能是虔诚的错误。

在伦理方面，对话对雅典国教作了一些说明，而且也说明了苏格拉底的伦理为何不同于这种宗教。这是威权主义者的伦理学与原教旨主义伦理学之间的区别。当苏格拉底要求游叙佛伦澄清他提出的神圣是诸神一致赞同的定义时，他确实把问题引向关键点。苏格拉底想要知道，一桩事情是否因为诸神赞同，它就是神圣的。这实际上是对游叙佛伦对待问题明显所持态度的隐晦批判。对他来说，问题全在于诸神应当发布一道要做某事的命令。在存在国教的雅典的情况里，这实际上意味着公民大会的法令应当照此被服从。很奇怪的是，苏格拉底本人同意这是政治实践问题。但是他也感到不得不对国家本身的活动提出伦理质疑，这一做法是此时的这个世界上的"游叙佛伦们"不会想到，也不可能想到的一步。而且这立即把我们引向分裂的、忠诚的、古老的二律背反，如前所述，这是古希腊悲剧的一个伟大主题。这绝不是僵死的、隐蔽的问题，我们只要看一看法律和正义一直伴随着我们这

71

一事实，就会明白这一点。这两者的关系如何？在我们被要求服从我们发现不公正的法律时，我们将会做什么？当盲目地服从我们的政治主子要把整个世界推向无可挽救的毁灭的威胁时，这个问题就比过去任何时候更具有活力了。

　　游叙佛伦与苏格拉底的差异归根到底在于，前者把法律看做是某种静态的东西，苏格拉底的观点是法律不是不可更改的。尽管苏格拉底没有用那么多的话说出这一点，但他现在仿佛是社会理论方面的一个经验主义者。因此，他应当探究某些惯常做法是善的还是恶的，不管谁拥有它们。这使得他可能遭受国家的敌意和迫害，他一定知道这种情况。看来这确实是攻击正统思想根基的异端思想家的共同命运。尽管他们的行动可能是出于纯粹的不偏不倚的动机，矫正对其他人的不公平，但向他们显示的敌意是一致的。

　　苏格拉底对雅典法律的态度表现在《克里托篇》(Crito)中，该篇表明他不愿意出逃以避免死刑。即使法律是不公正的，也必须遵守，否则法律将声名狼藉。他不明白，这种情况之所以可能发生，恰恰是因为不公正。

　　苏格拉底在权威问题上的不一贯态度，使他藐视逃跑这一容易解决问题的办法。由于他拒绝妥协，迫使起诉的执行，因而他成为自由思想的殉道者。描述他临终时刻的《斐多篇》跻身于世界文学杰作的行列。这篇对话的讨论核心是努力证明灵魂是不朽的。我们在此不必考虑论证的细节。作为论证它们不是很完美，尽管它们围绕着心身关系问题展开了令人感兴趣的争论。在对话将结束时，讨论达成一种观点，没有人准备提出进一步的异议。人们不大可能彻底忘记毕达哥拉斯学派提出的警告，新的困难本来可能会产生的。但是，事件的一种不祥的征兆，包括虔敬的感情，看来使苏格拉底的朋友们忍住不对他的结论提出最后的质疑。哲学方面的东西可能是对话最重要的部分，它描述了假说与演绎的方法，这是任何科学论证的框架。

　　由于论证中各种不可解决的困难，某种沮丧的情绪在一群人中滋生，这时苏格拉底解释了这个问题。他告诫他的朋友们，不要厌恶议论、不信任和否定一般的论证，接着，他便开始正式概括他的方法。

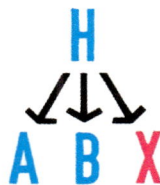

假说的方法：A、B、C是要拯救的各种现象。H无法拯救C，X消除H。H2的确拯救各种现象

我们必须从某种假定（supposition）或假说（hypothesis）出发。两个词具有相同的含义，即"放在某种东西下面"。关键是我们必须确定论证建立其上的基础。从假说出发我们演绎出结论，并看看结论是否与事实相符。这是"拯救现象"这个短语的最初含义。其结论彻底表现事实的假说拯救现象，即我们周围的事物就如它们显现的一样。这种观念最初无疑与晚期毕达哥拉斯学派的天文学有联系，特别是与行星概念有联系。它们的表面运动是不规则的，这种特征不适合形而上学对简单性的各种要求。因此需要拯救现象的简单假说。

如果事实并不与假说的一系列结论相符，那么我们就抛弃这种假说，而且我们必须尝试某种其他假说。值得注意的重要事情是，假说本身还未被证明。这不是说我们选择的出发点是完全武断的，而是意味着既使为了论证，出于当时起码的信任，在论证中你必须从全部参与者承认的某种东西出发。假说的证明完全是另一回事，因此，我们必须从更高的起点出发，即这里讨论的假说可以证明是一个结论。这恰好是苏格拉底设想的辩证法的任务。我们必须破除不同科学的特殊假说，意在排除它们的特殊含义。辩证法的目的归根到底旨在达到终极的起点——善的形式。当然，这使我们突然想到有点无望。尽管如此，实际情况仍然是，理论科学总是朝着更一般性的方向运动，而且使乍看起来似乎完全不同的领域统一起来。在数理哲学家的心目中，比较专门的学科是算术与几何学的统一，这是笛卡儿（Descartes）在大约两千年后，以非凡的才华最终解决了的难题。

我们已经知道，苏格拉底不是第一位使用从假说出发进行论证的人。爱利亚学派已经使用这种程序，以反对那些坚持事物是多的人。但是他们的程序的目的，总的来说是破坏性的。这里新的东西是拯救现象的观念。换言之，问题在于给予我们观察到的事实以一种肯定的解释或逻各斯。由于给出一种解释，我们根据假说说明各种事实。值得指出的是，在这种研究方式中，有一种隐蔽的伦理观念，即被说明了的事实比未被说明的事实在某种程度上更好。我们可以回想起苏格拉底所坚持的，未经审视的生活是不值得过的。归根到底，这一切都与毕达哥拉斯学派探究本身是善的伦理原则有关。况

73

且，趋向于越来越大的统一，直到每一事物最终从属于善的形式，在某种程度上指向爱利亚学派积极的内容。善的形式与爱利亚学派的太一在这方面有共同之处，理论科学是以这些观念暗示的方式运作的。

假说和演绎的方法从来没有像《斐多篇》里陈述得那么好。说来也怪，苏格拉底似乎从未发现，这种方法与其知识和意见理论之间奇特地不一致。因为显而易见的是，由假说而进行演绎的理论要求，被拯救的现象能如上所说的那样，是不会被误解的。否则，它们与假说的结论之间不可能有对照。另一方面，感官把握不了现象，人们坚持认为，这些感官产生易犯错误的意见。因此，倘若我们严格地采用假说和演绎的理论，那么我们必须抛弃知识和意见的理论，而且就它建立在知识与意见的区别之上而言，它间接地削弱理念论的基础。这是经验论者所做的事情。

还有一个根本没有涉及的问题是，假说最初是怎样设立的。对此我们不能给出一般的回答。不存在确保探究成功的形式规定。或许正是由于苏格拉底见识的限度，他甚至没有提出这个问题。不存在诸如发明的逻辑那样的东西。

《斐多篇》显然是历史文献，其意义不亚于《申辩篇》。它本身表明苏格拉底坚持他的生活态度，直至去世。他体谅别人，傲岸而不自觉，勇敢且镇静自若。他觉得过度地表露情感有损尊严，而且他训斥他的朋友，在给他鸩酒前的最后关头过度紧张，怕得控制不住。他泰然自若，超然地饮下鸩酒，安然躺下，等待死神降临。他最后请求他的朋友克里托 (Crito)，以一只公鸡为祭品献给阿斯克勒庇俄斯 (Asclepius)，仿佛死亡，灵魂脱离肉体，就像康复一样。

巴门尼德对苏格拉底理念论的批判，我们已在《巴门尼德篇》对话里讨论过。在《泰阿泰德篇》(Theaetetus)，看来它与《巴门尼德篇》是同时写出的，我们肯定已与苏格拉底的观点分手了，而且柏拉图自己的观点开始形成了。我们可以回顾一下，对苏格拉底来说，知识是有关形式的，而感官只产生意见。这种观点正确地强调数学知识与感性经验之间的某种差异，不过，作为一般的知识论，它从来没有成功过。确实，《巴门尼德篇》表明它不可能成功。《泰阿泰德篇》试图重新处理这个难题。

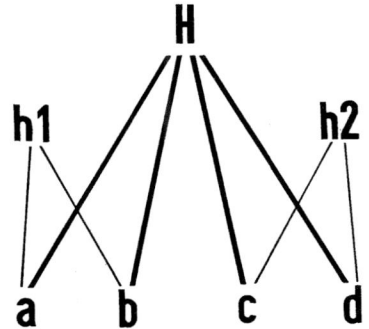

消除特殊的假说；H消除h1和h2，把目前异类的东西统一起来

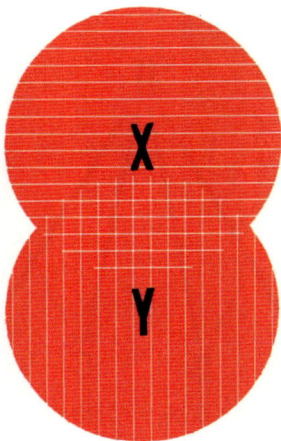

真和假属于判断。如果X和Y部分重叠，则某些X是Y是真。如果它们没有部分重叠，则某些X是Y是假

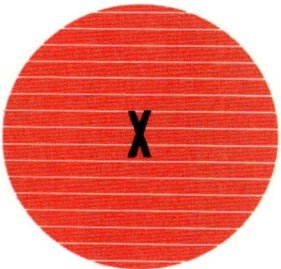

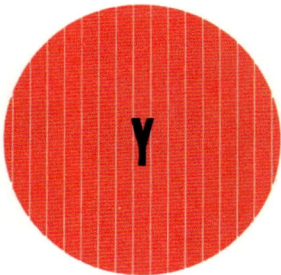

苏格拉底在对话中仍然作为核心人物出现。因为在这里向我们说出了隐含在《国家篇》中对知识论的批判，看来这是合适的，应由苏格拉底本人来讨论这个问题。不过，苏格拉底的观点已不占支配地位了。在随后的对话里，柏拉图最终提出自己的已臻成熟的观点，他使用一种技巧，引进一个陌生人宣布他的理论，苏格拉底则退居次席。

这篇对话以之命名的泰阿泰德是著名的数学家，他以算术和几何学著名。他发明一种一般的方法算出二次不尽根，而且完成了正立面体理论。在这篇对话里，在苏格拉底受审前不久，我们看到他作为一个有前途的年轻人出现。这篇作品用来纪念泰阿泰德，他在公元前369年科林斯战役后，死于伤病。

开篇的善意逗笑引出一个问题，知识是什么。泰阿泰德最初犯了通常的错误，他给出各种例子而不是定义，但是他很快就看到了错误，而且着手给出初步的定义。他说，知识是基本的感觉（aesthesis）。这是普通的希腊术语，意指任何知觉。我们自己的语词"麻木的"仅仅指知觉的丧失。知识是感性知觉的观点，实际上和普罗泰戈拉的"人是万物的尺度"的公式没有什么两样。在感性知觉中，事物就如它们显现的那样，因此我们不可能出差错。在讨论展开时，我们可以看到所提出的定义是不充分的。一开始我们就不必说某种事物如它表现的那样，因为无物确确实实地存在，事物总是处在变易的状态之中，就如赫拉克利特已经说过的那样。感性知觉事实上是知觉者与被知觉者之间的相互作用。而且普罗泰戈拉本人也会承认，在做出判断的情况里，一个人的见解不比其他人的见解高明，专家比俗人有更好的判断。除此之外，未受哲学思想熏染的人简直不会同意这种公式，所以根据他自己的陈述，普罗泰戈拉必须承认，对这类人来说，理论是不真实的。讨论的结果是这样的：如果我们试图根据赫拉克利特的流变理论来界定知识，那么我们发现不可以说任何东西，在任何事物受一个语词约束之前，它已经变为其他某种事物。因此，我们必须试一试其他方法，回答知识是什么的问题。

那么，让我们来考虑下述事实，当每一种感觉具有确切对象时，任何东西——牵涉到因不同感官而来的各知觉之间的联系，都要求某种总的感官功能。这是灵魂或心灵，在柏拉

75

图那里，这两者没有区别。灵魂理解一般的谓词，诸如同一、差异、存在、数，等等，以及伦理学和艺术的一般谓词。因此，不可能把知识简单地定义为感性知觉。因此，不妨看一看，我们是否能在灵魂方面找到一个定义。灵魂的功能是指导与它自身的对话：在问题得到解决之时，我们说它已做出了一个判断。我们现在必须审视我们是否可以把知识界定为真实判断。在研究中我们发现，根据这种理论不可能对假的判断或错误给出一个令人满意的说明。犯错误显然是任何人都承认的，真和假的区别不是在这个阶段上做出的。柏拉图仅仅清理了问题所涉及的范围，他自己对问题的说明，在那个时代几乎不可能得到充分发展。

但是，如果判断是灵魂单独的活动，那么判断是不可能的。我们可以假定，心灵就如一块白板，记忆的各种标记印在上面。那么错误可能在于一个现存的感觉与错误的印迹联结。但是这对算术中的错误来说是行不通的，因为那里不存在对任何东西的感觉。如果我们假定心灵是某种式样的鸟笼子，其中的鸟是各种知识，那么我们偶尔可能把病鸟抓进鸟笼，那将是错误的。不过这样的话，承认一种错误不等于发表不相干的真理。因此，我们必须假定某些鸟是各种错误。但是如果我们抓住其中一种，那么我们就知道，一旦它被抓住，它就是错误的，因此我们绝不可能弄错。除此之外，我们可以指出论证所忽视的要点，即如果任何人引进各种错误，那么在解释错误时，整个故事就成为一种循环论证。

再说，一个人很可能出于偶然或其他原因说出一个真判断，例如，他想要坚持的一个观点，碰巧事实上是真的。最后的定义试图符合这一点：知识是由论据支持的真判断。缺乏论据，就不存在知识。我们可以设想能被命名的但不具有含义的字母，而且它们组合成能依次分析的音节，因而是认识的对象。但是如果音节只是其字母的总和，那么它就如字母一样是不可知的；如果不仅如此，那么正是这种附加的特征使它可知，而陈述则成为空洞的。除此之外，在这里论证意味着什么？显然是说明该事物为什么不同于全部其他事物的理由。这要么是进一步的判断，要么等于对差异的认识。前者暗含一种倒退，后者暗含一种循环定义。尽管我们的问题没有得

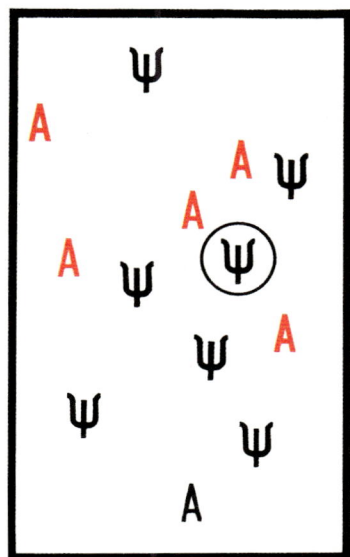

如果知识纯粹是精神的，那么如何说明错误呢？鸟笼的明喻失效：如果抓住，我们就知道，错误会立刻暴露出来

到解决，但是某些误解得以澄清。感性知觉和推理都不能凭自身说明知识的原因。

知识的难题和错误的难题显然是同一问题的两个方面。因为它们两者在现在的讨论中都得不到解决，因此必须建立新的出发点。我们现在将把注意力放在这方面。

我们现在来看一部作品，在后来的日子里它旨在继续《泰阿泰德篇》的对话。这就是《智者篇》，从文体风格上看，这篇作品在年代上能追溯到比《泰阿泰德篇》晚得多。对话的伙伴是相同的，但是在舞台上又出现了一个爱利亚的陌生人。正是这个陌生人处在对话的中心位置，而苏格拉底在对话中则扮演着微不足道的角色。从表面上看，《智者篇》关涉定义问题。问题是界定什么是智者，把智者与哲学家区别开来。暗含于这篇对话中隐蔽的对抗，似乎主要用来对抗梅加腊的苏格拉底学派，这个学派发展了爱利亚学派强词夺理地争辩的一种片面的和破坏性的方法。爱利亚的陌生人，在他身上我们可以听到柏拉图本人的声音，表现出对各种争论更为真实的把握，而且提出了对有关错误难题的出色解答。柏拉图以陌生人作为代言人，他试图让我们理解他本人是站在哲学发展的正宗传统方面，而梅加腊的智者派的谬论贩子已离经叛道。

《智者篇》解决的实际问题是有关非存在的巴门尼德的谜。在巴门尼德那里，这当然主要的是关于物理世界的问题。在他的追随者们那里，它也扩展为逻辑问题，而且我们在此必须审视的正是这种难题。在回到这种对话的核心问题之前，我们可以对划分方法作一些补充说明，特别是因为它是学园内部使用的分类程序。亚里士多德关于动物分类的作品属于其学园时期。这种方法向我们提供了对该术语的详细定义，从属开始，而且通过给出各种可供选择的差异，在每一步骤中将其一分为二。《智者篇》中提出解决这种程序的初步的例子。将被定义的术语是钓鱼术，首先，钓鱼是一种艺术，因此艺术构成最初的属。我们可以把它们划分为生产艺术和获取艺术，钓鱼显然属于后者。获取被划分为其对象给予同意的和它们只是被捕获的情况。其次，钓鱼属于这些艺术的第二种。获取可以划分为公开的和隐蔽的，钓鱼属于后一种获取。获取的东西可以是无生命的，也可以是有生命的。钓鱼关涉

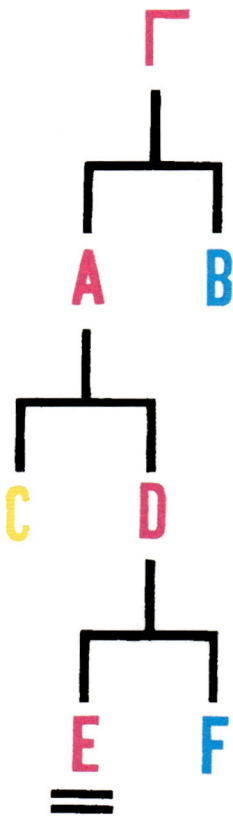

$$X = \Gamma ADE$$

分类定义，分类的基础。每一步把属一分为二

有生命的东西。这里讨论的动物可以生活于陆上，也可以生活于水中，该术语再次被界定为属于第二类。水中栖息物可以是禽，也可以是鱼；鱼可以用网捕，可以钓，而且你可以晚上钓，也可以白天钓。钓鱼是白天从事的。我们可以从上面钓，也可以从下面钓，钓鱼属于后一种。收回我们各步骤所得并把全部差异集中起来，我们把钓鱼定义为白天捕捉，而且是从下面钓、隐蔽地获取水中活动物的获取艺术。这个例子不要太认真地对待，它之所以被选出来，乃是因为智者也可以被看做是钓者，他们追求的目标是人的灵魂。智者的各种定义类此，但我们不必继续讨论这个问题。

现在我们不妨回过头来讨论爱利亚学派的难题。关于非存在的困难之所以产生，这是因为哲学家还没有理解存在意味着什么，就如陌生人极其敏锐地看到的那样。我们回头向《泰阿泰德篇》请教，我们会记得，知识不管它可能要求其他什么东西，至少它要求相互作用，因而要求运动。但是它也需要静止，因为否则它不会有任何要被谈论的东西。任何事物如果要成为探究的对象，就必须在某种意义上是固定不动的。这给了我们解决难题的一种暗示。因为运动和静止无疑都存在，但是因为它们是对立面，它们不可能组合在一起。组合的三种可能性似乎已出现了，要么全部事物是完全分离的，在这种情况里，运动和静止不可能是存在的一部分。要么全部事物是可以汇合在一起的，在这种情况里，运动和静止可能汇聚在一起，它们显然不能如此汇聚。因此，仍然是这种情况，某些事物能而某些事物不能组合在一起。解决我们的困难的办法在于，承认存在和非存在，就它们自身而言是无意义的。它们只有在判断里才有意义。"形式"或类别，就如运动、静止、存在，是在《泰阿泰德篇》已经提到的一般谓词。它们显然不同于苏格拉底的形式，柏拉图的这种形式理论是后来的范畴理论发展的起点。

辩证法的功能是研究这些形式或"最高的类"哪些组合，哪些不组合。如我们所知，运动和静止并不相互组合在一起，但是其中每一方面都与存在组合在一起，每一方面都存在。其次，运动是与自身同一的，但与静止相异。同一或一致，相异或差异，就如存在一样，是无孔不入的。因为每一方面都与

"柏拉图"的形式理论回答了巴门尼德所说的存在或不存在，但是运动（K）既存在又不存在：这就是静止（Σ）存在，但运动不是静止

其自身同一，而与全部他者相异。

于是我们明白了什么是非存在。我们可以说，运动既存在又不存在。因为它是运动，但它不是静止。于是，在这种含义上，非存在与存在在同一层次上存在。但是显而易见，这里非存在所包含的意思不必在完全抽象的意义上理解。它是这种那种的非存在，或确切地说不同于这样那样的存在。因此，柏拉图已揭示了困难的根源。套用现代的行话，我们可以把"是"的存在的用法与它用作命题中的系动词区别开来。正是这第二方面具有逻辑的重要性。

我们现在可以在此基础上对错误作一个简单的解释。正确地下判断就是判断某种东西如它本身之所是。如果我们判断某种东西不是它本身之所是，那么我们就错误地下判断，而且我们因此犯错误。读者或许会惊讶，结果并不那么令人生畏或神秘。但是一旦我们知道解决办法，也就可以同样对付任何难题。

最后，我们可以指出，《泰阿泰德篇》的难题也附带得到解决。在某种意义上，它不是专门的问题。我们必须坚持各种判断，而这些判断如上所述，可能是真的，也可能是假的。但是我们怎么知道特定的判断是真的还是假的呢？答案恰好在于，如果事物如此存在，那么它就是真的；如果事物不是如此存在，它就是假的。不存在任何使我们免遭错误的正式标准。

78　　我们刚才概括的对非存在的说明，使我们从此以后能够处理变异的难题。它使赫拉克利特的理论明晰了，而且解除了它表面悖谬的味道。然而，在柏拉图那里还有另外一种变异理论，这种理论直接与原子论和我们今天所知的数学物理学相关。《蒂迈欧篇》提出这种理论，它属于柏拉图最后的成熟期思想的另外一篇对话。在这篇对话中提出的宇宙起源说，会使我们离题太远，我们仅指出，在这篇对话里有许多先进的毕达哥拉斯学派哲学的成分，以及对行星运动正确解释的某些暗示。确实，日心说很有可能是学园的一种发现。在对话中涉及大量其他的科学问题，但是我们必须把这些问题撇在一边。让我们立刻回到很可以称为柏拉图的几何学或数学的原子论方面来。根据这种观点，我们不得不在形式、基质和可感知世界的有形体的实在之间做出三重区别。这里基质只不过是虚空。可感知的实在是诸形式与空间相混合的产物,形式以某种方式在空间留下某种痕迹。在此基础上,我们现在根据四种元素对物质世界——物理的和生物的世界提出一种解释。但是这些元素现在被依次看做是由两种基本的三角形组成的几何立体,其中一种是由等边三角形一半和直角等腰三角形组成,另一种是正方形的一半。从这些三角形出发,我们可以构造五种正立面体中的四种。火的基本粒子是四面体,土的基本粒子是立方体,气的基本粒子是八面体,水的基本粒子是二十面体。把这些立体分解为构成它们的各种三角形,并重新配置它们,我们能影响元素间的转换。其次,火的粒子因具有锐点,透入其他立体。水是由比较平滑的粒子构成的,因此水流滑动。

　　这里提到的变换理论其实是现代物理理论的卓越先驱。柏拉图确实比德谟克利特的唯物主义原子论走得更远。基本的三角形显然是现代物理学所谓的核子或基本粒子的配对物。它们是基本粒子的组成部分。我们也可以指出,这些核子不是原子。对古希腊人来说,这会是公然的语法错误,因而它确实遗留下来了。原子这个词的字面含义是不可分的事物。由其他事物组成的一件东西,严格讲来不能称为原子。

　　在这方面,柏拉图是作为现代科学主要传统的先驱者出现的。笛卡儿明确坚持,任何事物都可以还原为几何形状的观点,爱因斯坦也以不同的方式坚持这一点。柏拉图竟然自囿于四种元素,这在某种意义上当然是一种局限。做出这种选择的原因在于,这是那个时代流行的观点。柏拉图试图做的不过是给予这种观点以一种"逻各斯"或一种理由,以便说明现象,而且他运用的假说是数学的。世界根据数最终是可以理喻的。如上所述,这是柏拉图所接受的毕达哥拉斯学派学说的一部分。因此,我们具有一种为物理解释服务的数学模型。从方法方面看,这正是今天数学物理学的目的。

　　这种理论应当与等边立体理论有更加特殊的关系,这可能是毕达哥拉斯学派神秘主义的特色。在这种图式里,确实没有为十二面体留下位置。五个立面体中这个唯一具有不是从两个基本的三角形组成的各个面,但是它由等边五边形组

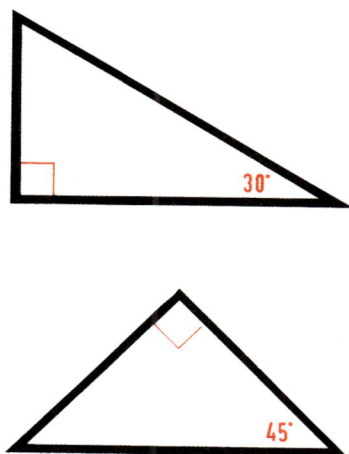

两个基本三角形,柏拉图认为,元素由这些基本三角形构成,几何原子论

79

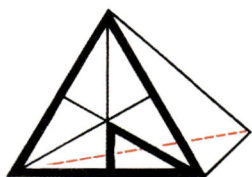

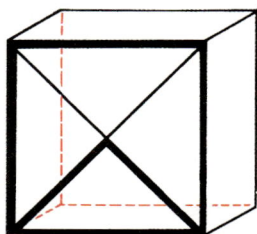

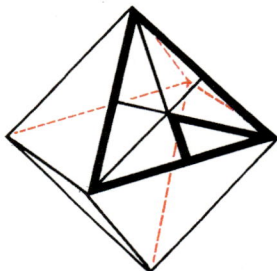

元素，四面体是火，立方体是土，八面体是气，二十面体是水

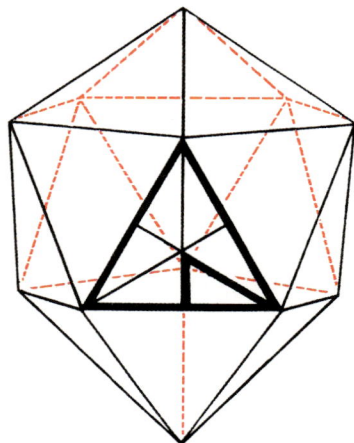

成。读者可能会回想起，五边形是毕达哥拉斯学派的神秘符号之一，而且它的构造包含着我们在讨论晚期毕达哥拉斯学派时指出的无理数。此外，十二面体比其他四个立体中的任何一个看起来更完美。因此，柏拉图用它代表世界，这种思辨并没有影响到数学模型的合理或不合理。

我们没有篇幅在此充分讨论柏拉图的数学理论。不管怎么说，这种理论必须借助对话中的一些暗示和亚里士多德的陈述拼合起来。然而，重要的是指出两桩事情，其一是柏拉图或至少是学园，修正了毕达哥拉斯学派的数的学说，以避开爱利亚学派对它的批判。在这方面又一次预示了极其现代的观点。数列的开端被看做是零，而不是单位。这使人们有可能发展一般的无理数理论，如果我们卖弄一下学问，那么它现在不再称为无理数。同样，在几何学里，现在线被看做是由点的运动产生的，这种观点在牛顿的微分理论中起了主要作用，这被称为微积分的早期形式之一。我们可以清楚地看到，用辩证法精神为算术和几何学的统一做出这些发展的途径。

第二个重要的事情是亚里士多德的一种说法，柏拉图说过数不可能添加。这种有几分精确的见解，其实包含了极其现代的数的观念的胚芽。柏拉图仿效毕达哥拉斯学派，把数看作是形式。这些形式显然不可能加在一起。当我们做加法时所发生的是，我们把某类东西，例如卵石放在一起。然而数学谈论那类东西不同于卵石，也不同于诸形式。它以某种方式居于两者之间。数学家所相加的东西不是专门类的、任何类的东西，条件在于在有关方面，类对所有相加的东西是相同的。根据弗雷格 (Frege) 给出的数的定义，和后来由怀特海 (A.N. Whitehead, 1861—1947) 与我给出的定义看，这一点都是非常明显的。例如，数 3 是全部三件一组的种类。三件一组是特定类的对象种类。对任何其他基数来说也是如此，数 2 是一双的种类，一双是事物的种类。你能把同一类的三件一组与一双相加，但并非数 3 与数 2 相加。

这决定了柏拉图某些更加重要的理论的轮廓。即使有的话，也很少有哲学家曾达到他的广度和深度，但没有人曾超越他。任何从事哲学探究的人忽视他都是不明智的。

在雅典生活和讲学的三个伟大思想家中的最后一位是亚里士多德，他可能是第一位职业哲学家。在他生活的时代，古典时期的巅峰已过。在政治方面，希腊越来越不重要了。马其顿的亚历山大，年轻时曾是亚里士多德的学生，奠定了帝国的基础，希腊化世界在此基础上开始繁荣起来。但这是后来的事情。

亚里士多德与苏格拉底和柏拉图不同，在雅典他是外乡人。约公元前384年，他出生于色雷斯的斯塔基拉 (Stagira)。他的父亲是马其顿王的御医。在18岁那年，亚里士多德被送到雅典，在柏拉图指导的学园内学习。他在学园里总共居住了20年，直到公元前348或前347年柏拉图去世。学园的新首脑斯波西普斯 (Speusippus) 很赞同柏拉图哲学中的数学倾向，这是亚里士多德最不理解，而且最厌恶的特点。因此，他离开了雅典，在后来的12年里，他在许多地方工作。亚里士多德接受了先前的学友小亚细亚沿岸的密细亚 (Mysia) 的统治者赫米阿斯 (Hermeias) 的邀请，在那里他加入了学园同学群体，并娶赫米阿斯的侄女为妻。3年后，他前往累斯博斯岛 (Lesbos) 的米提利尼 (Mitylene)。

亚里士多德

我们已经说过，他对动物分类的工作属于其学园时期。他居住在爱琴海沿岸时期，肯定在从事海洋生物学研究，这是他做出许多贡献的领域，直到19世纪人们还没有在这方面做出新贡献。公元前343年，他被召到菲力浦二世 (Philip II) 的马其顿宫廷里，菲力浦二世正在为他儿子亚历山大寻找家庭教师。亚里士多德担任这个职务达3年之久，但是关于这一时期，我们没有任何有价值的资料。这或许是一件憾事，人们不禁猜想智慧的哲学家是怎样管教桀骜不驯的王子的。再说，这种看法是可靠的，两人的观点完全一致的情况不会很多。亚里士多德的政治观点是以行将消亡的希腊城邦为基础的。在他看来，就如实际上对全部希腊人来说，像亚历山大帝国那样的中央集权的帝国是野蛮人的发明。在这方面，就如在一般文化方面一样，他们相当尊重他们自己的优越性。但是时代正在变化，城邦不断衰落而希腊帝国行将产生。亚历山大因雅典的文化而尊敬雅典，这是十分真实的，但是当时其他人也如此尊敬雅典文化。亚里士多德并不是引起这种尊敬的原因。

从公元前340年到前335年菲力浦去世，亚里士多德又居住在他的故乡，自那时一直到公元前323年亚历山大去世，他在雅典工作。正是在这个时期，他建立了自己的学校吕克昂 (Lyceum) 学园。学园以附近的阿波罗·吕克俄斯 (Apollo Lykeius)，即杀狼者命名。亚里士多德在这里讲课，漫步于走廊和花园，一边走一边讲。由于这个习惯，学园的讲学逐渐以逍遥的哲学或漫步的哲学著称。令人感兴趣的是，我们自己的语词"论说" (discourse)，从字面上讲意指浪游。它的拉丁语祖先直到中世纪，还没有在它现在说理的、论辩的意义上启用它。它会获得此种含义，或许因为这种用法与逍遥哲学有关，尽管这完全是猜测。

81

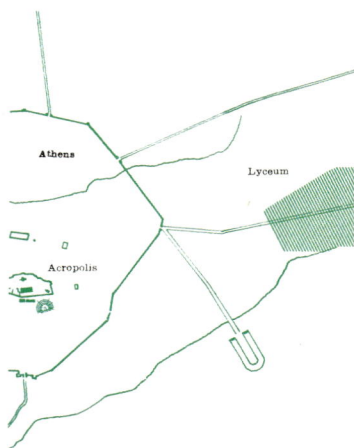

阿波罗的吕克昂 (Lukeios) 小树林，学园遗址，亚里士多德的学校

亚历山大死后不久，雅典人奋起反对马其顿王的统治。亚里士多德自然被人怀疑具有亲马其顿的同情心，并被指控不敬神。因为苏格拉底的案子已经表明，这种法律的实施有时会导致不愉快的结果。亚里士多德不像苏格拉底，他决定避开爱国者的犬齿，以免雅典人再次犯下反对哲学的罪行。他让狄奥弗拉斯图 (Theophrastus) 掌管学园，自己逃到哈尔基斯 (Chalcis) 避难，公元前322年在那里死去。

亚里士多德给我们留下的作品大多数属于第二雅典时期，这些作品并非都是著作。亚里士多德全集的某些部分无疑是以讲课笔记为基础的。因此，看来亚里士多德是第一位教科书作者。他的有些著作甚至可以看作是学生记下的笔记。因此，亚里士多德的文笔有点单调平淡，即使我们知道他也写过柏拉图式的对话。这些对话都没流传下来，但从其余的作品看，亚里士多德显然没有柏拉图那样高的文学地位。柏拉图写出戏剧杰作，亚里士多德则写出枯燥的教科书。柏拉图倾诉出不连贯的对话，亚里士多德则创作出成体系的论文。

要理解亚里士多德，我们必须记住，他是第一位柏拉图的批判者。不过，我们不能说亚里士多德的批判总是非常明晰的。当亚里士多德叙述柏拉图的学说时，信任他通常是可靠的，但是，当他开始解释其意义时，他就不再是可信赖的了。当然我们可以假定，亚里士多德熟知他那个时代的数学。他是柏拉图学园的成员，这似乎保证上述说法。但同样明显的是，他不赞同柏拉图哲学的数学方面。其实，他从来没有理解过它。关于亚里士多德对前苏格拉底哲学的评论，我们也同样有保留。在看到直接叙述的地方，我们可以信赖它们，但是对阐释全都必须半信半疑地接纳。

亚里士多德是一位著名的生物学家，即使我们考虑到有些奇特的失误，他的物理学和天文学观点则含含糊糊，令人失望。柏拉图把米利都学派和毕达哥拉斯学派的传统结合起来，几乎已达到了目标。后来的希腊科学家，诸如阿里斯塔克(Aristarchus)和埃拉托色尼(Eratosthenes)也是如此。亚里士多德对系统思维的贡献可能是他的逻辑著作。其大部分派生于柏拉图。但是，在柏拉图那里，逻辑学说散见于各种不同的材料；在亚里士多德那里，它们被汇总在一起，并用一种形式建立起来，直到现在，人们一直以这种形式讲授逻辑学说。从历史角度看，亚里士多德的影响已经有点阻碍作用，这主要因为他的许多追随者盲目和过分的独断论。当然我们不能因这一点，而责怪亚里士多德本人。文艺复兴时代科学的复兴仍然是向亚里士多德告别，而回到柏拉图。就亚里士多德的观点看，他仍然是古典时代的产儿，尽管雅典在他出生前正日益衰落。他从来不理解在他生活的时代发生的政治变革的意义，古典时代早已终结。

亚历山大大帝

亚里士多德的形而上学不易于讨论，部分原因在于它广泛地分布于他的著作中，部分原因在于它缺乏某种清楚明白的承诺。从一开始我们就有必要指出，我们现在所谓的形而上学，从亚里士多德时代的那个名称看是行不通的。"形而上学"字面上的含义是"物理学之后"。该书之所以有这个标题，因为早先的编辑在安排他的著作时把它置于《物理学》之后。若把它置于物理学之前恐怕更为中肯，因为它本质上属于这个位置。亚里士多德或许会称为"第一哲学"，即讨论研究的一般前提。然而，形而上学这个名称已通用了。

亚里士多德在这个领域的作品，可视作他用自己的理论取代苏格拉底的理念论的尝试。亚里士多德的批判主要针对分有说的第三个人的论证，这只是柏拉图在《巴门尼德篇》中已提出批判的回响。亚里士多德提出的替代是质料和形式的理论。举一个实例，逐渐形成一个圆柱的材料，它将是质料，形式有点类似于建筑师描绘的圆柱。这两者在某种意义上说

82

是抽象的，因为实在的对象是这两者的结合。亚里士多德会说，正是形式在强加于质料时，使质料变为它所是的东西。形式赋予质料以特征，事实上，使它转变为实体。如果我们要正确地理解亚里士多德，那么关键的是，不要把质料与实体相混淆。"实体"一词是从亚里士多德的希腊语翻译过来的，它仅指基本的事物。它是某种不可移易的事物，它是性质的承担者。正是因为我们自然而然地倾向于根据某种原子论思维，我们才倾向于把实体与质料等同起来。因为在此所需的含义上，原子是实体的实有 (entities)，其功能是带有各种性质，而且是变迁的原因。我们在与原子论者打交道时，已提示了这一点。

在亚里士多德的理论里，形式归根到底比质料更为重要。因为它是创造性的形式，质料当然也是必需的，但它仅仅作为原料。形式在字面的含义上原来是实体性的形式。从刚才已解释的内容看，这是明显的，这意味着诸形式是现实世界过程之基础的、不可移易的和永恒的实有。因此，它们归根到底不是那么完全地不同于苏格拉底的理念或形式。说各种形式是实体，意味着它们独立于任何特殊事物而实存的意思。这些实体怎样实存，则从来没有得到清楚的说明。不管怎么说，看来没有把它们归于其自己独特世界的那种尝试。值得指出的是，亚里士多德认为，他的形式完全不同于共相 (universals)。对理念论的批判实际上与简单的语言观点相联系。在日常语词中，存在着代表事物的语词和代表这些事物类似于什么的语词。前者是名词，后者是形容词。在技术的行话里，名词有时称为独立存在的实体 (substantives)*。这个术语可追溯到希腊化时代，而且这表明亚里士多德的理论怎样强有力地影响了语法学家。于是，名词是实词，形容词则是性质词。但是若从这一点推断，必定有独立实存的共相，有关它的形容词是名称，那是错误的。亚里士多德对共相的看法是比较有机的观点，就如人们很可能从生物学家那里期待的那种观点。共相以某种方式干预事物的生产，但是它们在其自身的影子世界里并不实存。尽管亚里士多德没有设法用他的质料和形式

质料和形式是抽象的，具体的事物兼具两者

83

* substantives 有两种含义，一是独立存在的实体，二是名词。——译者注

的理论取代共相，但不论怎么说，它同这种难题有关。而且如上所述，它实际上没有成功地与理念论决裂。记住下述这一点也是重要的，关于亚里士多德的理论，我们可以恰如其分地说到非物质的实体。其中一个例子是灵魂，因为它赋予肉体以形式，所以它是实体的，而不是物质的。

与共相问题并列的是一直存在的说明变异原因的问题。有些人如巴门尼德认为，这个问题太难以解决，以致简单地否定它。另外一些人则采纳了精致的爱利亚学派的思想，并诉诸原子论的解释；而其他人仍然利用某种共相论。在亚里士多德那里我们看到，现实与潜能的理论与其说类似于原子论，还不如说类似于共相论。

在讨论潜能问题时，我们必须谨慎地略去它的一些无关紧要的形式。有一种说法是"潜能"这个词起的作用仅仅是事后诸葛亮。倘若油瓶开始燃烧，那么我们可以说，这是因为甚至事先它已潜在地如此，但这显然不是说理透彻的解释。确实由于这种原因，某些哲学学派否认可以在这个主题上说出任何有用的东西。梅加腊的安提斯泰尼 (Antisthens) 就是其中一位，我们以后会说到他。根据这种观点，一事物要么具有某种品性，要么不具有某种品性，除此之外都是胡说。但显而易见的是，我们确实做出"油是易燃的"这类陈述，而且它们是完全讲得通的。亚里士多德的分析提供了正确的答案。当我们说事物潜在的是甲，我们的意思是在某种条件下它实际上会现实地成为甲。说油是易燃的，即是承认，若给出一组能具体指定的条件，它会燃烧。因此，如果温度是恰当的，而且你点燃火柴并使它凑近油的表面，你就会点燃它。这里的条件当然必须是这样的，它们事实上能发生，即成为现实的。在这个意义上说，现实在逻辑上先于潜能。于是，对变迁的解释现在能根据实体给出，这种实体是一系列性质的潜在的承担者，其中各种性质相继成为现实。这种说明不管实际上有什么缺陷，但如果我们记住亚里士多德对潜能的分析，那么至少在原则上它并不是无关紧要的。显然，这种研究方式与其说令人想起原子论者，还不如说令人想起苏格拉底和柏拉图。亚里士多德对生物学的科学兴趣从一定程度上影响了他的观点，在生物学里潜能概念特别有用。这里给出的一种说明在

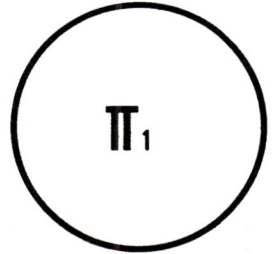

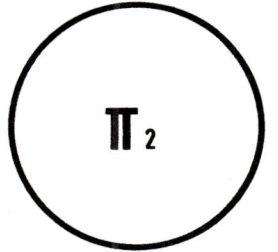

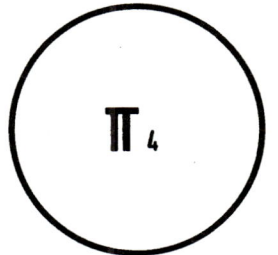

变异，潜在的性质在实体中依次变成现实的

一个重要方面是不全面的，它没有提及变化是如何发生和怎样发生的。关于这一点，亚里士多德有非常详尽的回答，在我们着手讨论他的因果论时将会考虑之。至于宇宙起源论和把神视作第一因或不动的运动者的观点，我们也留待后面审视。然而我们应当记住，在亚里士多德看来他的神学是我们现在所谓的形而上学的一部分。

现在让我们回到亚里士多德的逻辑学著作。我们前面已说过，希腊科学和哲学的一个显著特点是证明概念。东方的天文学家满足于记录各种现象，希腊思想家则设法拯救它们。证明一个命题的过程包括论证的构造。在亚里士多德以前，这种工作延续了很长时间；但是，就我们所知，没有一个人对论证取得的形式给予一般的说明。因此，亚里士多德的著作做了一种调查，至少他和康德认为这种调查是完全的。在这方面他犯了令人扼腕的错误，这确实不是重要的；关键是他已看到给形式逻辑以一般说明的可能性。或许我们最好直接强调，不存在诸如非形式逻辑的东西。这就是说，一般证明的形式属于逻辑领域的一种研究。亚里士多德的逻辑学依赖与其形而上学相关联的一些假定。首先，全部命题具有主词—谓词类型，这被视作理所当然的。在日常语言中的许多命题具有这种类型，而且这是实体和性质的形而上学的来源之一。主词—谓词形式当然已由柏拉图在《泰阿泰德篇》中提出，我们可以假定亚里士多德最初从其中引申出这种形式。正是在这篇文章的上下文中，共相问题产生了。命题按照其有关共相的还是有关个别的被区别开来。在前种情况里，命题涵盖共相的整个范围，诸如"任何人都有死"，这称为普遍命题。相反，陈述也可以仅涵盖共相的一部分，诸如"某些人是有智慧的"，这被称为特殊命题。个别命题的情况以诸如"苏格拉底是人"的命题为例。当我们着手把个别命题在一个论证中组合起来时，个别命题必须被当作普遍命题来处理。命题是肯定的还是否定的，按照主词的某种东西被肯定还是被否定。

在这种分类的基础上，我们现在考虑在论证中发生了什么。从所谓前提的一个或多个命题出发，从这些前提我们演绎出其他命题或结论。根据亚里士多德的看法，全部论证的类型是他所谓的三段论。一个三段论是具有两个主—谓词前

84

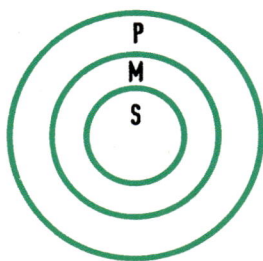

所有M都是P，所有S都是M，所以，所有S都是P。第一格三段论称为Barbara，利用欧拉的圆圈

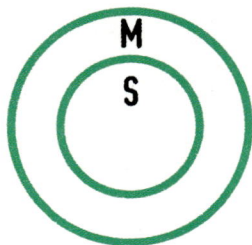

没有M是P，所有S都是M，所以，没有S是P。第一格三段论称为Celarent

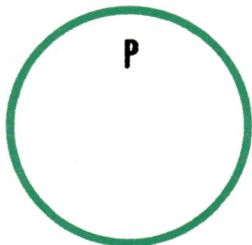

提的论证,这两个前提具有一个共同的项。在结论中这个中项消失。例如,全部人是有理性的,婴儿是人,因此婴儿是有理性的,这是三段论的范例。在这种情况里,结论确实从前提中得出,因此论证是有效的。至于前提是真的还是假的,那当然是完全不同的问题。然而重要的事情是,如果前提是真的,那么任何有效地演绎出的结论也是真的。因此,重要的事情是发现哪些三段论论证是有效的,哪些是无效的。亚里士多德系统地说明了各种有效的三段论。三段论证明按照它们的格分类,这取决于各项的排列。亚里士多德辨认出三个不同的构造,斯多葛学派后来发现了第四个。在每一个格中,有些证明是有效的,有些是无效的。检验三段论证明的巧妙方法是18世纪瑞士数学家欧拉 (Euler) 发明的。借助一个圆圈描画出一个名词的范围,就容易看到一个论证是正确的还是不正确的。因此,我们容易看出前面给出的范例是正确的。经院哲学家给第一格的三段论一个技术名称 Barbara。同样,哺乳动物都不能飞,猪都是哺乳动物,因此没有一头猪能飞,这是有效的第一格证明。这种形式称为 Celarent。请注意,在这一特殊的例子里,结论是真的,尽管前提之一是错误的。因为蝙蝠是哺乳动物,而且能飞。

由于亚里士多德在后来时代的权威地位,结果两千多年来三段论一直是逻辑学家承认的唯一的论证形式。针对它的一些批评,归根到底是由亚里士多德本人最先提出的。例如,在"任何人都有死"这一证明的情况里,苏格拉底是人,因此苏格拉底有死。已经假定,要是知道第一个前提,你就会知道结论,因此证明是用未经证明的假定来辩论。这是以下述误解为根据的,即我们怎样会知道全部 A 是 B 这样的陈述。既不必要通常也不依次审视每一个 A,并看看它是不是 B。相反,通常审视一下单独的范例,以看到联系就足够了。这在几何学里是非常明显的。全部三角形都有它们各个角的总和等于两直角之和,但是没有一个几何学家在大胆做全称陈述之前,称职地打算承担这份责任,仔细看看各种三角形,令自己的心灵满足。

简言之,这是三段论理论的要点。亚里士多德也研究模态命题组成的三段论,那是含有"可能是"或"必然是"而不含"是"的陈述。模态逻辑在现代符号逻辑领域内的地位再

$$
\begin{array}{c}
M - P \\
S - M \\
\hline
S - P
\end{array}
$$

$$
\begin{array}{c}
P - M \\
S - M \\
\hline
S - P
\end{array}
$$

$$
\begin{array}{c}
M - P \\
M - S \\
\hline
S - P
\end{array}
$$

亚里士多德三段论的三个格

次凸显出来。由于较多的新发展，现在三段论学说仿佛不如人们通常设想得那么重要了。就科学方面言之，三段论运算留下未加证明的前提。这提出了出发点问题。根据亚里士多德的观点，科学必须从那种不需要证明的陈述开始。他称这些陈述为公理。它们不必在经验方面特别是共同的，条件在于只要它们得到说明，人们就清楚明白地理解它们。指出下述一点或许不是多余的，即这关涉对科学事实的主干部分的陈述，而不关涉研究过程。叙述的序列总是掩盖了发现的序列。在实际从事的研究中，有大量朦胧的、模糊的印象，一旦问题得到解决，它们便得到澄清。

当亚里士多德说到公理时，看来他心目中已具有的东西是几何学，在他那个时代几何学开始以系统的形式出现了。亚里士多德和欧几里得 (Euclid) 只相隔几十年。在那个时代，任何其他科学都没有达到可以用几何学的方式把它叙述出来的阶段。科学可以在某种等级序列中加以排列，似乎是从这里开始的。在这里数学是最高的。例如，天文学将列于它之下，因为它必然要求数学对它观察到的运动给出理由。在这个领域，亚里士多德预示了后来的工作，尤其是法国实证主义者孔德 (Comte) 的科学分类工作。

对亚里士多德来说，语言研究是哲学研究的重要方面。在这方面，柏拉图也在《泰阿泰德篇》和《智者篇》开风气之先。确实，希腊哲学的一个主导概念是逻各斯概念，我们在毕达哥拉斯和赫拉克利特的文章里遇到的一个术语。它的含义各异：语词、尺度、公式、论证、理由。如果我们欲掌握希腊哲学的精神，那么我们必须记住这一系列含义。"逻辑"这个术语显然是从它那里派生出来的。逻辑即是逻各斯学。

但是逻辑以某种方式具有特殊的地位。它完全不同于我们通常所谓的科学。亚里士多德按照每一门科学所达到的目的区分三种类型的科学。理论科学提供知识，这是与意见相对立的含义上的知识。数学在这方面是最明显的范例，尽管亚里士多德也把物理学和形而上学纳入其中。他的物理学的含义完全不同于我们今天对它的理解。相反，它对空间、时间和因果性作一般的研究，其中一些课题我们或许应在形而上学的标题下研究，或者甚至可能在逻辑的名义下考虑，条件是

实体	苏格拉底
性质	哲学家
数量	5英尺8英寸
关系	柏拉图的朋友
地点	在市场
时间	中午
姿态	站立
状态	不修边幅
行动	谈话
影响	被嘲弄

亚里士多德的10个范畴

逻辑的含义十分广泛。

其次，有实践科学，类似于构思出来用以指导人在社会中行为的伦理学。最后，有生产科学，其功能是指导我们创造使用对象或艺术思辨对象。看来逻辑都不适于纳入这些科学的范围。因此，它不是通常含义上的科学，相反，它是研究事物的一般方法，这种方法事实上是科学必不可少的。它提供区别和证明的标准，而且它应当被看做对科学研究产生影响的工具或手段。这是希腊语"工具论"（organon）的含义，亚里士多德说到逻辑时使用这个词。逻辑这个术语本身则是后来斯多葛学派发明的。关于论证形式的研究，亚里士多德称为分析学，其字面含义是释放。因此，为审查所释放的是论证的结构。

尽管逻辑不得不与语词打交道，但对亚里士多德来说，它与单纯的语词无关。因为大多数语词或多或少是代表非语词的事物的偶然标记。因此，尽管逻辑可能影响语法科学，但逻辑不同于语法。逻辑也不同于形而上学，因为与其说它关涉存在者，还不如说它关涉我们认识存在者的方式。亚里士多德否定理念论的重要性正是在于这方面。对那些坚持理念论的人来说，我们正在审视的逻辑可能是与形而上学同一的。相反，亚里士多德坚持它们是有区别的。他解决共相难题的尝试，一开始就借助我们所谓的"概念"，不管怎么说，这种概念不是居于不同于我们的世界之中。最后，逻辑不同于心理学。这一点在数学的情况里特别显著。欧几里得的《几何原本》是一回事，数学探究过程涉及揭示这种知识的曲折的精神苦恼，则完全是另一回事。科学的逻辑结构和科学探究的心理学是两种独特的、分开的事情。因此，在美学中，艺术作品的优点与生产的心理学毫无关系。

作为介绍，对逻辑的全面评述大概必须确定语言的结构以及能借其说的东西。在亚里士多德的工具论里，这是在所谓《范畴篇》（Categories）中探讨的。柏拉图在这方面也起了个头，就如我们在讨论《智者篇》时看到的那样。但是亚里士多德的讨论更加切近现实，而且跟语言事实具有更加紧密的关系。在讨论中，他区别了可以辨明的十个不同的一般项目。它们是实体、性质、数量、关系、地点、时间、姿态、状态、行动和影响。第一个范畴是实体，它是任何陈述都涉及的。其

87

他范畴涵盖可能由实体组成的不同类的陈述。因此，倘若我们说到苏格拉底，那么可以说他具有某种性质，即他是一个哲学家。不管他的身材如何，他总有某种量度，这是对数量的回答。他与其他事物有一些关系，并处在空间和时间之中，同时，因他做些什么并遭受些什么而与其环境相互作用。我们在后面将会看到，范畴理论已经有许多著名的后继者，尽管在大多数情况里，这些后继者比亚里士多德的语言研究更具有形而上学的色彩。在康德和黑格尔那里尤其如此。

范畴当然是抽象的。它们回答可向任何事情提出的一般的问题。亚里士多德认为，范畴是语词凭自身所意指的东西。语词的意义是认识的对象，其含义与判断的含义不同。就范畴而言，亚里士多德会说，人们具有直接的理解。在现代语言学里，有时表述为"具有"它可能是什么的"概念"。这种知识在真判断的情况里，是完全不同的事情。在这里，概念组合在一起意指一种事态。

亚里士多德的逻辑是以系统的形式说明语言和论证的一般形式的最初尝试。它的大部分是从柏拉图的各种原始材料中吸取灵感，但这并没有抹煞它的优点。在柏拉图那里，逻辑观点散见在对话的各个方面，而且某些特殊的问题可能被提出了，但因即时口授的气氛而中止了。亚里士多德对待逻辑的方式，就如不久以后欧几里得对待几何学的方式一样。亚里士多德的逻辑直到19世纪，还占有至高无上的地位。人们开始在僵化的条件下传授亚里士多德的逻辑，就如他的其他许多东西一样，他们被亚里士多德的权威吓倒了，以致很少向他质疑。文艺复兴时期的大多数近代哲学家的特征，正在于他们完全不满足于学院的亚里士多德派。这引起对与亚里士多德名字有关的任何事情的反动，这是一件憾事，因为从他身上可以学到许多有价值的东西。然而，严格讲来，亚里士多德的逻辑在一个重要方面是不完全的，因为他不关心在数学中特别重要的表示关系的论证。举一个简单的例子，甲大于乙，乙大于丙，因此，甲大于丙。这里关键的东西是关系"大于"的传递的特征。尽管借助某种机智，我们能把这种论证强行纳入三段论的模型里；但是在更复杂的情况里，它看来是令人失望的。虽然如此，论证表示关系的特征也未顾及。

$$A > B$$
$$\frac{B > C}{A > C}$$

一种关系判断，亚里士多德并不承认它们

我们现在必须回到可以在自然哲学标题下讨论的许多一般问题。这是一本著作的标题，在这本书里这些问题大多得到讨论。我们应该记得，希腊语的物理学意指自然。亚里士多德写作时，他可以回顾一下一系列的先辈，他们已发表过以"论自然"为标题的书。从泰勒斯时代起，任何认为他已最终发现世界真实运行的人，都以这种风格写作。今天物理学反倒意味着某种更加专门的东西，尽管某些更一般的问题也穿插其间。在不久以前，人们通常称它为自然哲学，这个术语在苏格兰各大学活下来了。这不应与德国唯心主义的自然哲学相混淆，后者是物理学中一种形而上学的歪曲。在后面我们将会认识到这一点。

这里一个重要的项目是亚里士多德的因果关系理论。这种理论跟质料和形式的理论相联系。在因果处境中有物质的方面和形式的方面，后者被划分为三部分。第一部分是严格意义上的形式方面，可以叫做构形。第二部分我们有实际上发起变化的动因，就如扣动扳机开枪一样。第三部分是变化力求达到的目的或目标。这四个方面分别被称为物质因、形式因、动力因和目的因。一个简单的例子可以说明这一点。我们考虑，在台阶边沿的一块摇摇欲坠的石头，它被推出边沿并开始坠落。在这种处境里，物质因是石头自身的质料。形式因是总的地势，即台阶和在它之上的石头的位置。动力因是任何推一下的事情。目的因是石头寻找尽可能低层次的倾向，即受重力作用的吸引力。

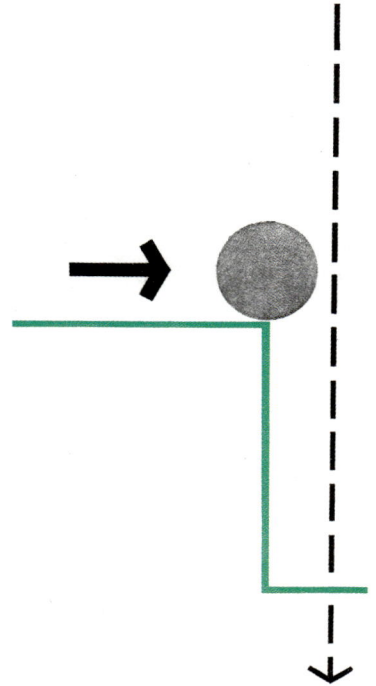

物质球体，以某种方式放置，被推下台阶，寻找低层。亚里士多德四因说的实例

关于质料因和形式因，我们无须赘言，我们不再把这些看作是原因，它们是因果处境中的必要条件，这是因为任何事情若要发生，某种东西不得不在某地。至于动力因和目的因，我们应对其作一评点。动力因在现代术语中简单地称为原因，因此，一块石头从台阶上掉下，是因为某人或某物给它一击。在物理科学里，这是唯一被承认的一种因果关系。总而言之，科学中的趋势是试图根据动力因确立各种解释。今天的物理学还没有承认目的因，尽管在它的词汇中神学的残余保留下来了。诸如吸引和排斥、向心这类词，以及诸如此类的说法是神学概念的残余，而且使我们想起这种事实，亚里士多德的因果理论直到约350年前仍是毫无疑问的。目的因的麻烦很像我们前面讨论过的，在使用潜能概念时发生的危险。说一块石头

落下是因为它有一种落下的趋向,这其实根本没有给出任何理由。不过又有某些情况,目的这个术语确能起到一种合理的作用。例如在伦理学领域,指出目标是某种行为或行动的原因,并不是无关紧要的。在人类一般活动的领域,这同样是真实的。现在对未来事件的期待是我们行动的动机。这对动物来说也是确实的。而且还有这样一些例子,即对于植物,人们甚至也可能倾向于这种说法。因此,当我们考虑生物学问题和社会问题时,最后的事物显然不是无关紧要的。正是出于生物学的兴趣,亚里士多德提出终极因概念。在这种语境里,潜能和终极事物相配对,就变得一清二楚了。生物学家面临的是这种问题,种子怎样产生成熟的植物和动物。套用亚里士多德的话,他会说,橡树籽潜在地包含着橡树,而且使它变为树的东西是实现其自身的倾向。这种说法自然是这些概念无关重要的用法的一个例子。随着科学的发展,使用动力因的解释取代了最终的解释,这是很普遍的。甚至心理学也追随这种趋向。不管它的优点或缺点是什么,心理分析试图根据在先前发生的事情而不是根据可能降临的事情解释行为。

必然性是盲目的,相比之下,目的因似有先见之明

神学的观点归根到底从下述事实中吸取力量,即我们的自然环境展示某种秩序。因果必然性与有效的因果性相联系,似乎是盲目的力量,它的运作并不说明这种秩序的原因。另一方面,神学仿佛具有先见之明。在这方面,生物学秩序可能又一次足以使人们倾向于赞成神学的观点。但是,亚里士多德大体上承认必然性和终极事物的运作。显然,自然科学不可能在这种基础上繁荣起来。物理科学尤其遭受严重的挫折,直到伽利略时代,情况才开始好转,人们在方法论领域开始回到柏拉图。对数学家来说,不可能像生物学家那样想到终极因,因而当我们发现柏拉图不受其影响时,就不必大惊小怪了。目的论最终陷入拟人论和神学的错误。正是人具有目的并追求目的。因此,正是在这个领域终极因的确有意义。但是手杖和石头不包含目的,而且试图说它们仿佛有目的不会有什么益处。采取适当的防范措施,我们当然可以使用趋向概念,就如我们看到在潜能方面,这是可能的那样。

说石头有下落的趋向,意味着给出某些条件它会下落。然而这不是亚里士多德心目中的意思。对他来说,终极因与目的因相关,而且他从秩序的存在推出这一点,对他来说,秩序暗示规划。这一点非常明显,根据这类原则,物理科学不可能繁荣起来。因为如果研究者的好奇心被虚假的解释压抑了,那么对自然现象的真实解释就不会涌现出来。尤其在天文学领域,亚里士多德对科学造成了巨大的损害。终极因理论把任何事物安排在其恰当的位置上,这使得他区别了尘世的领域和尘世外存在的领域。他坚持认为,两个部分是由不同的原则支配的。当你把它与柏拉图学园发达的天文学对照来看,这种彻头彻尾的虚幻的思辨是十足的精神错乱。然而,真正的损害是那些不以批判的方式对待亚里士多德的人造成的,他们完全接受他的观点,而不是否定坏的东西,因此使他到处声名狼藉。

自然哲学中讨论的另一个一般的课题是地点、时间和运动。我们已提出过运动与变化相关。在这方面,亚里士多德解决问题的程序是值得注意的。爱利亚学派在试图说明运动的原因时,感到有不可逾越的困难;在这里,亚里士多德则换一个角度提出问题。运动确确实实发生,而这必定是我们的出发点。把运动看做是理所当然的,那么问题就在于说明它的原因。亚里士多德在这方面运用了现代的区分,他作为经验主义者抵抗爱利亚学派的理性主义者。这种观点不无重要性,尤其是因为人们经常错误地认为,在经验程序周围存在着某种不可信赖的和不适合的东西。例如,亚里士多德坚持这种观点,在运动的情况里存在着连续性,而且这完全是可感知事物产生的。于是人们有可能继续发现这种连续性包含着什么,但是不可能从非连续性中虚构出连续性。从毕达哥拉斯时代起的数学家,希望从无中构造出数学世界,他们通常忽视了后面这一点。连续性的分析理论能用纯粹逻辑的方式构造出来,而它对几何学的应用则依靠连续性的公设。

我们上面考虑的运动的情况是性质的变化。还有另外两种运动,数量的变化和地点的变化。只有三个范畴,运动可列于其下。根据亚里士多德的理论,我们不可能像原子论者那样把全部变化归结为粒子的运动。因为我们不可能把一个范畴归结为另一个范畴。其次,亚里士多德的观点处在经验主义一边,而原子论者,如上所述,是爱利亚学派传统的继承人,他们根据理性主义的简化原则思维。

90

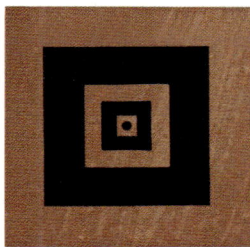

亚里士多德用同样的方式看待地点和时间:所有地点在其他地点之内,所有时间在其他时间之内

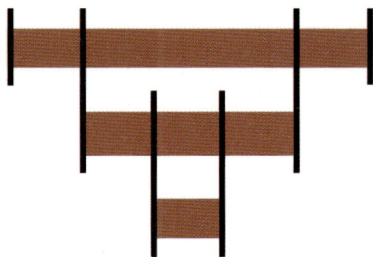

关于地点和时间，亚里士多德的理论与现代的观点更接近。不同的对象在不同的时间里可以占有同样的地点，亚里士多德从这种事实中推断出，存在诸如"位置"这样的东西。因此，我们必须把空间与存在于其中的东西区别开来。为了决定一个对象的位置，我们可以通过指出它存在于其中的区域开始，然后，这种区域逐渐被缩小，直到我们达到它的确切地点。亚里士多德以这种方式，着手把一个物体的地点定义为它的界限。从表面看，这是对似乎难对付的问题得出的相当不完备的结论。然而，在分析这类问题时，成果经常是令人惊异地简单，而且切近现实。况且，作为这种解决办法的镇痛剂出现了，它们总是带来一些令人感兴趣的结果。在现在的情况里我们得出结论，向任何对象提出它在什么地点的问题是有意义的，但问世界在什么地点则是无意义的。即全部事物在空间中，但是宇宙不是那样。因为它不包含在任何事物之中，其实，它不是如椅子和桌子所是的那种意义上的事物。因此，我们完全能自信地告诉任何希望旅行到世界最远地方的人，他正在开始徒劳无益的事业。或许应当指出，亚里士多德在分析地点或位置时，他不打算提供一种空间理论，即数学家或物理学家可能提供的那种意义上的空间理论。他所做的更接近于语言分析。然而，两者并不是互不相干的。如果我们能分析位置的意义，那么这显然有助于改善我们对有关空间陈述的理解。

亚里士多德反对原子论者，他坚持认为虚空不存在。他为这个观点提出许多证明，全部这些观点都是不合理的。其中最令人感兴趣的是归谬法，从下述事实出发，即在一种媒质中的物体的速度按媒质的密度和物体的重量而改变。从这一点出发，他首先得出，在虚空中物质应当有无限的速度，而这是荒谬的：任何运动都要花若干时间。其次，较重的物体应当比较轻的物体运动得快，但在虚空中不存在为什么应当如此的理由。把这两点合在一起，他宣布虚空是不可能的。然而，从这些前提中得不出这种结论。在比较稀薄的媒质中物体运动得比较快，即在虚空中它会无穷快速地运动，从这种事实中得不出上述结论。至于另一个观点，观察表明，在一个腾空的空间里，一个轻的物体和一个重的物体以一样的速度下落。亚里士多德关于虚空的误解，直到约两千年之后才得以澄清。这仍然是唯一公正的说

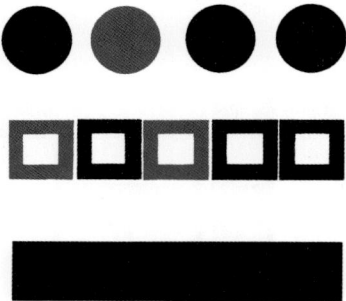

91

事物是：(1)相邻的，或(2)紧接的，或(3)连续的：如果(2)那么(1)，但反过来不行；如果(3)那么(2)，但反过来不行

法，甚至近代科学家也感到不容易说明虚空。他们已用像以太那样奇特的物质来填补它，或最近他们用能量的分布来填补它。

亚里士多德对时间的讨论非常类似于他对地点的分析。在时间序列里的事件和在地点序列里的物体一样，就如一个物体有一个确切的地点，一个事件也有确切的时间。关于连续性，亚里士多德区别了事物可被安排的三种方式。首先，它们可以是相邻的、一事物接着一事物，没有所审视系列的任何干扰的项。其次，我们可以有各种紧接的事物，就如相邻的项靠近的时候那样。最后，当接续的项事实上分享它们的边界时，序列可能是连续的。如果两个事物是相互连续的，那么它们也是紧接的，但是反过来不行。同样，相接触的两个事物也是相邻的，但不可反过来说。

解决了这些初步问题，我们看到连续量不能由不可分割的要素组成。不可分割的东西显然不能有分界线，相反，它能进一步被分割。另外，如果不可分割的东西没有尺寸，那么说它们是相邻的、紧接的或持续的是无意义的。例如，在一条线的任何两点间存在着其他各点，同样，在一段时间里任何两时刻间存在着其他时刻。因此，空间和时间是连续的和无限可分的。亚里士多德在这种语境里着手说明芝诺悖论的理由。他给出的结论实际上是正确的，但是他没有领会芝诺论证的要点。我们知道，芝诺并没有提出他自己的肯定的理论，而是着手证明毕达哥拉斯学派的单位理论整体说来不充分。要是把他对爱利亚学派的成见撇在一边，他很可能同意亚里士多德的观点。

我们在此不必关心亚里士多德详细的科学理论。虽然他做了一些有益的工作，尤其在生物学方面，但是他的记录由于夸大其词而遭损害，没有一个前苏格拉底哲学家会赞成这一点。

我们前面已经指出，终极因在伦理学中可以找到，这似乎有点道理。神学最初正是从这个领域产生的。对亚里士多德来说，善是任何事物以之为鹄的。因为他否定理念论，所以我们自然不会去寻找善的形式。他指出这种事实，善这个词可以有各种不同的用法，它们根本不可能列于一个标题之下。然而，善的每一种显现最终派生于神的善性。因此，初看起来，它既不那么非常不同于理念论，也不那么远离理念论。这种摇摆性在亚里士多德的哲学中处处可见。一方面他与柏拉

92

图学园决裂,另一方面他似乎回归于它。在某些情况里,就如在现在这种情况里,他不可能把两方面分离开来,并且根据其功过考虑第一方面。对"善"这个词的用法分析,提供了某种有时可能被人忽视的有价值的区别。这是令人感兴趣的,但并没有使我们离题太远,尽管某些现代语言分析家会说,除此之外,没有任何事可做。在这方面,他们可能有点草率。因为他们不能公正地对待某类胡说的、广泛的、通俗的传播。真理毕竟不是大多数人决断的事情。至于上帝的形而上学地位,对亚里士多德来说,这完全是非个人的事情。上帝是不运动的首动者,给世界以最初的推动。这个任务一旦完成,他就不再对世界有积极的兴趣,而且肯定不关注人类的所作所为。它是苍白的哲学家的神,因果理论的附属品。

为了把握亚里士多德伦理学的要旨,我们必须对他的灵魂理论作一评说。他从柏拉图那里借用了三重划分法。他提出滋养的灵魂、感性的灵魂和理性的灵魂。其中,第一种灵魂属于全部有生命的事物,它们都有一种新陈代谢,因为我们可以这样解释它。感性属于各种动物和人,而不属于植物;理性则是人类特有的,伦理学只在理性的层次上介入。植物仅仅如植物般地生长,动物仅仅如动物般地生存。灵魂是其质料的形式,它赋予身体以统一性。尽管理性本身是不朽的,但它在个人的意义上并不幸免于死。

当我们问什么是人的生活目的时,伦理学问题产生了。亚里士多德在理性灵魂的幸福中看到它,对他来说这反过来意味着一种生活,即具有积极的理性活动、明达的德性和不息追求的生活。因此,按照亚里士多德的理论,德性是达到一种目的的手段。这种目的当然不是每个人以同样的程度达到的,但不管怎么说,它是每个人可以达到的最高目标。因为根据苏格拉底的说法,理论生活是最好的。

重要的是理解下述这一点,对亚里士多德时代的希腊人来说,这种生活并不意味着从尘世中隐退和远离俗务。首先,伦理生活包含着活动,尽管这种活动应当是无私的。因此,尽管亚里士多德强调的是对已收集到的真相作沉思式回顾,而不是强调新的发现,但理论生活不是实验方法中止的理由。这就产生了他所忽视的一种困难,因为为了估价某种东西,人们必须做出初

灵魂有理性、感性、滋养的功能,人有其三,动物有其二,植物有其一

步的理智努力，而且谁将说出什么时候它适当的限度已超过了呢？问题的实质在于，研究不能局限于这种方法。其次，不管是在和平时期还是在战争时期，好公民都必须履行公民的职责，并从事各种各样的服务。哲学的象牙塔式概念应归于斯多葛学派。正是因为他们避开了感性世界，才导致科学运动的停滞。

与道德的德性或人的品质的德行相关，亚里士多德提出了德性是中庸之道的理论。不足或过度可能存在于每一种情况里，但这两者都不构成正确的行为。德性居于这两个极端之间的某个地方。因此，执着的勇气既不是鲁莽的冒犯，也不是怯懦的退缩。中庸之道受到协调学说的鼓舞，这种学说可追溯到毕达哥拉斯和赫拉克利特。亚里士多德着手给出具有全部德性的人的图像，即具有伟大灵魂的人的图像。这就给予我们这类事物合理的图像，即在那个时代人们普遍认为值得称道的公民行为的图像。尽管没有假谦虚，颇有令人耳目一新之感，总而言之，结果有点令人无法忍受。个人不应当过高估计自己的价值，同样他也不应当贬低自己。但是，只要大多数人事实上从来没有机会践行全部这些德性，那么宽宏大度的人最终必定是非常罕见的样板。这一点与苏格拉底和柏拉图一样，着重点倾向于放在伦理精英上。中庸之道并不是完全成功的。例如，我们怎么界定诚实呢？诚实被看做一种德性，但是我们简直不能说它是撒弥天大谎和不撒谎之间的中庸之道，尽管人们觉得这种观念在某些方面不是不受欢迎的。不管怎么说，这种定义不适用于理智的德性。

关于人所行的善和恶，亚里士多德认为，除非有强迫或无知外，任何行动都是自愿的。这一点与苏格拉底的观点相反，他允许人们以恶的方式审慎地行动。与这种观点相应，他着手分析选择的意义，这种问题当然不可能产生于那种坚持任何人从来都不是故意犯罪的理论。

亚里士多德在正义理论中采纳了分配原则，这个原则在《国家篇》苏格拉底的定义中是起作用的。如果每个人得到他公平的那部分，那么正义就实现了。这种观点的内在困难是，它不提供确定什么是公平的基础。标准是什么呢？苏格拉底至少坚持一种标准，即教育的程度。从情理上看，这似乎是客观的。这对我们时代来说大致是有效的观点，尽管在中世纪

德性是两个极端之间的中庸之道，沉着是暴躁与恭顺之间的中庸之道

它不是有效的。如果正义理论得以实施，那么确定什么是公平的问题，必定以某种方式明显地得到解决。

最后，我们必须提出亚里士多德的友谊观。你要过善的生活，在情势可能需要时，你就必须有可讨教的和可依靠的朋友。在亚里士多德看来，友谊是对他人保持自尊的延续。你必须像爱你自己一样爱你的同胞，这是你自己的利益。一般说来，亚里士多德的伦理学在这方面颇有点自命不凡和自我中心的缺陷。

当我们审视亚里士多德的政治理论时，两桩事情一开始就给我们深刻的印象。第一，我们注意到，在政治学中的论点必然是目的论的，而且亚里士多德非常清楚地意识到这一点。第二，他把全部注意力放在城邦上。至于后者，亚里士多德并不理解希腊时代的城邦在他生活的时代已日薄西山。马其顿正在取得希腊的领导权，而且是在亚历山大的统治下不断地征服的一个帝国，但是这类组织的政治问题并没有引起亚里士多德的兴趣。他的政治理论确实有几次涉及亚历山大大帝、埃及和巴比伦，但是这类对野蛮人稍微的浏览只是使对比鲜明化了。对亚里士多德来说，希腊城邦以其最高形式展示了政治生活；国外发生的一切不过是这种或那种野蛮风尚。

我们在其他地方看到，目的论的研究从一开始就应用了。形成社团是为了追求某种目的。国家因其是最伟大和最全面的社团，因此它必须追求最伟大的目的。这种目的当然是伦理学的善的生活，而且这是在具有某种规模的共同体即城邦中达到的。这种城邦分别由以家庭或家族为基础的、比较小的群体联合在一起形成的。人作为政治动物生活是自然的，因为他追求善的生活。没有一个凡人能自足地得以单独地生活。亚里士多德继续讨论奴隶制问题，他说，在自然界我们到处看到高级和低级的二重性。我们不禁想起诸如灵魂和肉体、人和动物的情况。在这类情况里，对两方面来说最好有统治者和被统治者的区别。希腊人天然地优越于野蛮人，因而外乡人在等级序列中是奴隶，希腊人则不是奴隶。这以某种方式已承认奴隶制归根到底不可能是正当的。每一个野蛮人部落无疑认为自己是优越的，而且从自己的观点出发看问题。

94

亚里士多德的理想国，它必定在小山顶的视域之内

后来从马其顿来的准野蛮人，确实是如此看问题的。

亚里士多德在讨论财富以及获取财富的手段时，提出了一种区别，这种区别在中世纪时期开始产生巨大的影响。他说事物具有两重价值，第一种是它特有的价值或使用价值，就如一个人穿一双鞋时那样。第二种是交换价值，这产生了一种非自然的价值，例如，一双鞋交换其他某种商品不是为了当即适合的使用，而是为了交换货币。货币具有某些优点，在于它构成简洁价值形式，更易于携带。但是它也有缺点，即它取得一种它自身的独立价值。其最坏的例子是，货币以一定的利率贷出时的情况。亚里士多德的反对意见，大多或许由于各种经济和社会的成见。出身高贵的人不会以培养善的生活为代价，而沉溺于赚钱。他忽视的是，没有某种资金来源不可能追求这种目的。至于放债，这方面反对意见的根据是，关于资本功能的相当狭隘的观点。毫无疑问，一个穷困潦倒的自由人，在他自己的财富越来越少时，谋取放债人赞助，就可能沦为奴隶，人们完全可能正确地反对这种做法。但是，资本还有一种建设性的用法，如筹措资金用以商业冒险。这种货币借贷不可能给亚里士多德好的印象，因为大规模贸易，特别是与外乡人的贸易被看做时运不济的需要。

现在回过头来讨论理想国，我们发现它的规定比《国家篇》中的那些蓝图更加成熟。亚里士多德特别强调家族单位的重要性。为了发展真正的感情，必须有它活动于其中的地域的某种限制。儿童要得到适当的关照，必须在他自己父母的关怀之下；单纯的共同体责任往往忽视这个领域。《国家篇》的理想国，总的来说太铁板一块了。它忽视了这种事实，即在某种界限内国家是具有许多不同利益的共同体。我们顺便可以指出，如果人们承认利益的多样性，那么对忠诚的要求就不会成立。就土地所有制而言，亚里士多德提出它应当是私有的，但是它的产品应当由共同体共享。这相当于开明的私有制形式，所有者使用其财富有利于共同体。产生这种责任精神的是教育。

亚里士多德的公民概念采纳了相对狭隘的观点。只有那些不仅具有选举资格，而且具有资格直接地和积极地加入国家管理过程的人，被称为公民。这就排斥了大量的农民和劳动者，他们被贬为不适于起政治作用的人。在那个时代，没有

北方人和东方的野蛮人，希腊人在中间。只有希腊人把北方人的体力与东方人的聪明结合起来

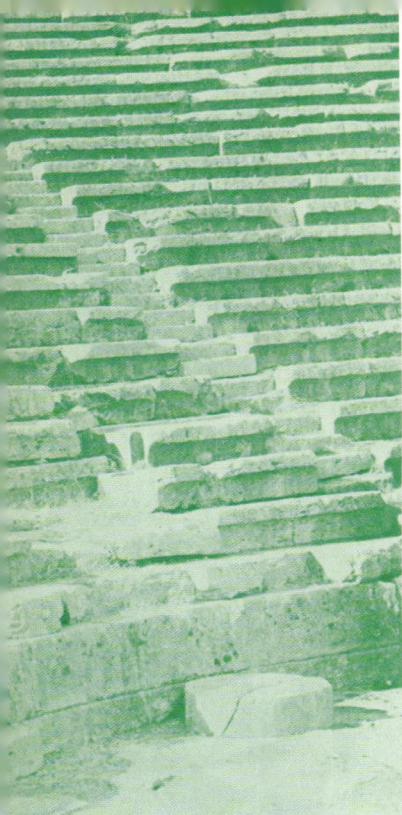

人可能充分地想到代议政体的可能性。

关于不同类型的政体问题，亚里士多德在《政治学》(*Politicus*)里大致遵循柏拉图的图式。然而，在与人数对照时，他确实强调财富的重要性。少数人统治还是多数人统治，这无关紧要，但他们是否实施经济权力则是重要的。至于对权力的正当要求，亚里士多德认识到，所有人的意志都会为自身而要求权力，在每一种情况里要求同样的正义原则。这就是说，平等的人应享有平等的份额，不平等的人不应享有平等的份额。困难在于如何评估平等和不平等。那些在一个领域内出类拔萃的人，自认为在任何事情上都是优越的。走出这种死胡同的唯一途径，归根到底在于承认伦理原则。平等与否必须根据善的原则判定，善的人应当具有权力。

在对不同类型的政体作了许多审视之后，亚里士多德得出结论，总而言之，最好的政体是那种财富既不太多也不太少的政体。因此，中产阶级占优势地位的那种国家，是最好的和最稳定的国家。我们将在下面讨论革命的原因以及防范它们的措施。革命的根本原因是正义原则被滥用：因为人们在某些方面是平等的或不平等的，但这并不推出他们在各方面都是如此。最后，亚里士多德阐述了理想国。它的人口必须具有合适的身材并具有合适的技艺，它是从小山顶上一瞥就应当接纳的。它的公民应当是希腊人，唯有他们才使北方人的体力与东方人的聪明结合起来。

最后，我们必须简略地讨论一部著作，尽管它的篇幅不大，但它对艺术批评史，尤其在戏剧文学领域有巨大的影响。这就是亚里士多德的《诗学》(*Poetics*)，这部著作集中讨论悲剧和史诗。我们应当指出，"诗学"这个词从字面上讲，本身指创造事物的过程。因此，一般说来，它可以用来指任何生产活动，但在现在的语境里，它只限于艺术生产。"诗人"这个词在当今包含的那种意义上，是指诗句的作者。

根据亚里士多德的观点，一切艺术都是模仿。他的分类法最初把绘画和雕塑与其他艺术区别开来，把现代意义上的音乐、舞蹈和诗歌归为一类。他根据模仿介入的不同方式，把不同类型的诗歌相互区别开来。模仿意指什么，其实从未得到解释。当然，这个概念与理念论有渊源关系，在理念论里，特殊的东西是对共相的模仿。在亚里士多德那里，模仿似乎意味着借助人

为手段唤起类似现实事物的感情。整个讨论似乎是围绕着戏剧艺术展开的，因为正是在这个领域，模仿原则最自然地得到运用。在亚里士多德继续说到对人的行动的模仿时，这一点变得更为明确了。我们可以用三种方式描绘人的行动，可以惟妙惟肖地显示它们，或者可以按照高于或低于正常的行为标准模仿某种东西。我们借助这种方法可以区别悲剧和喜剧。在悲剧里，人们显得比生活的分寸大，尽管不是大得使我们不产生对他们的事务的同情心。另一方面，喜剧显示人们比他们所是的表现得坏，因为它强调生活的荒诞一面。人的性格中滑稽的因素总被看作是一种欠缺，尽管它不是特别有害的因素。在这方面，我们看到艺术价值与伦理价值的某种汇合。这是源自《国家篇》的一种偏见，在《国家篇》里，艺术家的评价与社会和伦理的标准是紧密地联系在一起的。纯粹的犯罪行为绝不可能有审美价值，这是现代文学标准不承认的一种限制。

亚里士多德接着区别了讲故事的诗歌和描述行动的诗歌。这就使史诗与戏剧区别开来。戏剧艺术的起源，见之于与宗教仪式相关联的诗文的吟诵。希腊悲剧显然起源于在俄耳浦斯典礼中发生的某些咒语。对悲剧这个术语一种可能存在的解释是，它关涉一首山羊歌曲，山羊是俄耳浦斯的一种象征。希腊语 tragos 指山羊，而 ode 意指歌。悲剧仪式在最早形式里，有一个念诗的领唱者和作答的人群，与今天的宗教仪式极为相似。从这种仪式中发展出最初的演员和合唱队，就如亚里士多德表明的那样。另一方面，喜剧产生于酒神节的狂欢，就如"狂欢的歌"这个名称所表明的那样。

史诗始终运用相同的韵律，悲剧则因不同的部分而有所变化。但更重要的是，悲剧比较受制于舞台的背景。亚里士多德没有明确提出地点、时间和行为相统一的理论，还有内在于两种创作中的实际限制问题。表演必须在有限空间内的布景中完成，而史诗你喜欢多长就可以多长，而且能想象一个舞台。亚里士多德把悲剧界定为对人的行为的模仿。它应当是健全的、完整的，而且具有合情合理的向度，它应当在观众中引起恐惧和怜悯的同情心，因此它使灵魂得到净化。

关于完整性，亚里士多德坚持，悲剧应当有头、有身、有尾。乍一看，这并不是非常令人有启发的看法。然而所指的

97

是完全可以理喻的：悲剧必须具有一个似乎有理的出发点，以合理的方式发展并逐渐达到结局。这必定是完整的，乃是因为它是自给自足的。尺度至关紧要，因为如果一个剧本太长，心灵就踌躇；如果太短，就不被记住。

悲剧的终极因是通过感情的净化，使灵魂纯洁。这是希腊语净化 (catharsis) 的意义。正是通过各种恐惧和怜悯的感情体验，灵魂可以解除重负。因此，悲剧具有治疗的目的。这个术语是从医学那里借来的。亚里士多德观点的原创性，在于提出了一种治疗，它借助于抱怨本身的温和形式，作为一种精神病的预防接种。在关于悲剧结尾的这种解释中，当然必定认为这是理所当然的：恐惧和怜悯萦绕于我们整个身心，或许这是真实的。

亚里士多德继续审视悲剧作品的各种不同方面，其中最重要的是情节。没有它不可能有戏剧。就角色正是通过情节实现自身而言，角色从属于情节。潜在的角色在情节中成为现实。关于行为，两种类型的事件特别重要。其一是命运的突然逆转，其二是影响情节的某种未预料到的情势的发现。这些事件应当压垮一个人，在任何德行上不太显著，而且压垮他的原因不应是恶，而是由于缺乏判断力，这把他从高位上拉下来并失去权势，使他成为遭遗弃的人。在希腊戏剧中，这类情境的例子比比皆是。

在讨论角色时，亚里士多德首先要求，角色应当是真实的或典型的。就如在情节中的情况那样，角色必须给人以逼真的印象。正是在这个意义上，我们必须理解亚里士多德在其他地方的陈述：诗歌处理的是普遍的境遇，历史则描述特殊的东西。在悲剧里，我们看到生活的一般特征，它赋予作品一个主题。重要的是指出我们所谓的舞台演出的方面，尽管亚里士多德提到了，但他轻描淡写地对待这个方面。这就把着重点几乎全部放在作品的文学性方面。他很可能已考虑到悲剧适于阅读，就如它适于舞台演出一样。《诗学》没有提供关于艺术和美的成熟的理论，但是它明确地提出了一些标准，这已经极大地影响了自那时代以来的文学批评。尤其是别开生面不讨论作者的情感和意向，而集中关注作品本身。

我们已经看到，希腊哲学与理性科学是同时代的。这在

98

于事情的本质，即哲学问题在科学探究的边界线上产生。对数学来说更是如此。自毕达哥拉斯以来，算术和几何学已在希腊哲学中起了至关重要的作用。有一些理由可以说明，为什么数学在这方面特别重要。首先，数学问题是简单明了的。这并不是说它总是易于解决的，在这种意义上说它不必是简单的。但是，例如数学中普通的问题，在人们把它们与生理学中的问题加以比较时，它是简单的。其次，有一种已确立的证明的程序模式。我们当然必须记住，有人不得不从找到这种程序模式开始。验算和证明的一般原则，恰恰是希腊人的发明。在数学里，验算的功能比之大多数其他科学显得更加鲜明。再次，数学论证得出的结论，一旦被人们正确地理解，就不容怀疑地被人承认。这当然更符合其前提已被接受的有效论证的结论。数学的论点在于，它是你确实接受其前提的那种程序的一部分，而在其他领域，你总是把结论与事实相比较，生怕一个前提可能是错的。在数学里不存在要求比较的外在于自身的事实。由于这种确定性，任何时代的哲学家通常承认，数学提供的知识比在任何其他领域得到的知识更优越，而且更可靠。许多人已经说过，数学是知识，而且否认对任何其他信息作如此描述。套用《国家篇》中的语言，我们可以说，数学属于形式领域，因而它产生知识；另外的领域处理特殊的东西，在这方面充其量只会得到意见。理念论把自己的起因归于毕达哥拉斯学派的数学。在苏格拉底那里，它被扩展为关于共相的一般理论；在柏拉图那里，它再次局限于数学科学领域。

亚历山大城

公元前4世纪，数学活动的中心开始移到亚历山大。这座城市是亚历山大大帝于公元前332年建立的，而且很快成为地中海一个最重要的贸易共同体。其地位一如它所做的，是通向东方大陆的门户，它提供西方文化与来自巴比伦和波斯文化影响的接触点。在短时期内一个庞大的犹太人共同体产生了，而且迅速地希腊化了。从希腊来的学者创办学校和图书馆。后者在整个古代尤为著名，没有任何其他藏书可以与亚历山大图书馆的藏书相匹敌。不幸的是，古代科学和哲学独一无二的资源，在尤利乌斯·恺撒 (Julius Caesar) 军团于公元前47年占领该城时被毁于一炬。正是在那个时代，大量的关于古典时期的伟大

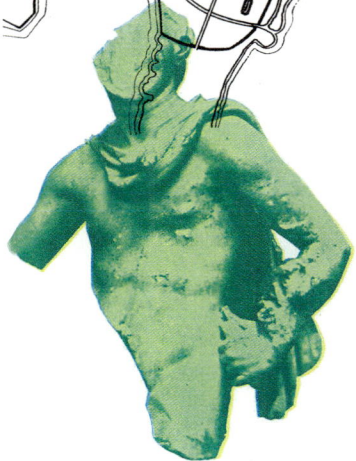

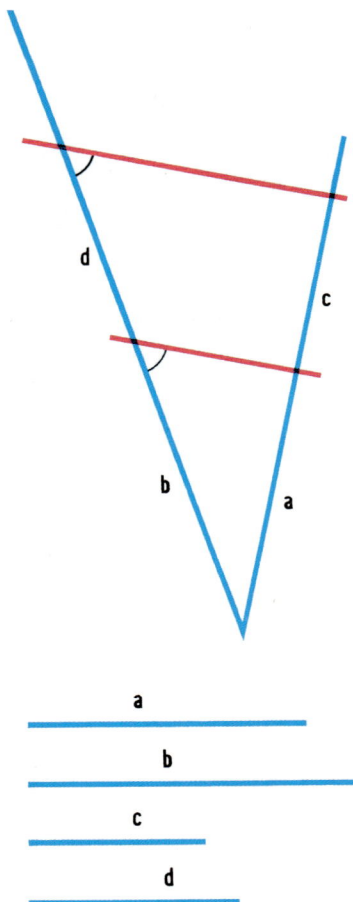

比例理论，据亚历山大的欧几里得的阐述

作家的材料不可挽回地丧失了，大量不太有价值的东西无疑也被焚毁了。在图书馆遭毁损时，这种反省提供些许慰藉。

亚历山大最著名的数学家是欧几里得，他大约在公元前300年时巡回教学，他的《几何原本》(Elements) 仍然是希腊科学一座最伟大的丰碑。这部著作以演绎的形式，把当时的几何学知识汇集在一起。其中大多数知识不是欧几里得的发明，但是他的功劳在于系统地叙述了这个课题。多少年来，《几何原本》一直是许多人试图努力达到的典范。当斯宾诺莎 (Spinoza, 1632—1677) 表明他的伦理学"更具几何学的特征"时，他正是以欧几里得为楷模的。同样，牛顿的《自然哲学的数学原理》(Principia) 也是以他为楷模的。

我们看到，后来由毕达哥拉斯学派解决的一个难题，是把无理数设想为连分数系列的极限值。然而，有关这个问题的充分的算术理论，从来没有叙述出来。因此，对各种比例的解释不可能在算术范围内做出。因为要给予无理数或不可测量的数一个数字名称，仍然是不可能的。对长度而言，情形是不同的。其实，最初发现的难题在于这种尝试，给边为一个单位长的等腰直角三角形的弦一个数。因此，正是在几何学中成熟的比例理论产生了。它的发明者看来是柏拉图的同时代人欧多克斯 (Eudoxus)。我们看到的那种理论形式是在欧几里得那里找到的，整个问题在那里以极好的明晰性和严格性叙述出来。最终回归到算术，那是在约两千年后，同解析几何的发明一起发生的。当笛卡儿假定几何学能借助代数来处理时，他事实上正在追求苏格拉底的辩证法的科学理想。他在摧毁几何学的特定假说时，发现了更加普遍的原理，几何学可以建筑在这些原理的基础之上。这正是柏拉图学园的数学家们追求的目标，尽管其成功到什么程度我们还不知道。

欧几里得的《几何原本》是现代意义上的纯粹数学。在这方面亚历山大的数学家们与学园的传统一致，他们继续进行研究，因为他们对这些问题感兴趣。在这方面，再也没有比欧几里得那里表现得清楚明白了。没有丝毫迹象表明几何学可能有用，况且掌握这类课题要求长时期的应用。当埃及国王要求欧几里得在一些比较容易的课程内教他几何学时，欧几里得作了著名的反驳，他说，不存在通向数学的坦途。设想数学不能应用,是错误的,但设想数学并非总是来源于实际问题,同样是错误的。但是深究某种理论的起源这是一回事,按其自身的长处看待它则完全是另一回事。这两者的关系经常没有得到充分的区别。人们经常不得要领地对欧几里得吹毛求疵,因为他几乎不关心数学发现的社会学。这是他几乎不感兴趣的方面。已知数学知识,不管它成熟的程度如何,他着手研究它,并把它放到严格的演绎秩序内。这是科学的操作,就其有效性而言,它不依赖任何民族的状况;或者更确切地说,它不依赖任何其他事情。这些说法确实同样适用于哲学自身。实情无疑是,时代的状况吸引人们关注某些现在的问题,而不是先前的或后来的问题;但是这决不改变人们提出来对付这些问题的理论的优点或缺点。

归功于欧多克斯的另外一个发明是所谓的穷尽法。这是用来计算由曲线圈定面积的一种程序。目的在于用比较简单、面积容易求得的图形,填满能取得的空间以穷尽它。这在原则上恰好是在积分学中发生的事情,穷尽法其实是积分学的先驱。使用这种方法的最著名的数学家是阿基米德(Archimedes),他不仅在数学领域内是伟大的人物,而且他也是著名的物理学家和工程师。他居住在锡腊库萨,而且按照普卢塔克(Plutarch)的说法,他的专门技术不止一次帮助保护该城免受敌人的攻占。罗马人最终征服了整个西西里岛,同时也征服了锡腊库萨。公元前212年,该城陷落并遭洗劫,阿基米德在那时被杀害。传说表明,正当他在花园的沙地上忙于解某个几何题时,罗马士兵用匕首刺死了他。

阿基米德用穷尽法画抛物线和画圆为方。对抛物线,内接无限系列越来越小的三角形,直到精确的数字公式。在圆这一情况里,答案依赖 π 数,即圆周与直径的比例。因为这不是有理数,穷尽法可以用来算出它的近似值。通过不断加边数的内接和外切的正多边形,我们越来越逼近圆周。内接的多边形在周边内总是比圆少,外切的多边形总是比圆多,但是,当边的数量增加时,差异变得越来越小。

公元前3世纪另一个伟大的数学家是亚历山大的阿波罗尼(Apollonius),他发明了圆锥曲线理论。在这方面,我们也有另外的破坏具体假说的明显例子,因为现在一对直线、抛物

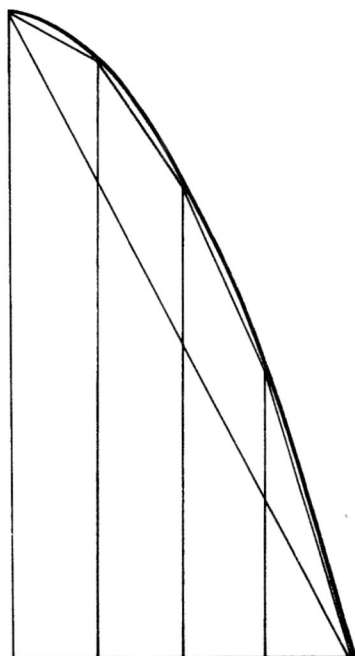

阿基米德用穷尽法求抛物线的面积,积分学的祖先

线、椭圆、双曲线和圆都表现为同一种事情：直立圆锥的剖面。

在科学的其他领域，希腊人最令人注目的成就可能是天文学。其中某些观点在我们讨论不同的哲学家时已提到过。这个时期最惊人的成就是日心说理论的发现。萨摩斯的阿里斯塔克，是欧几里得和阿波罗尼的同时代人，看来是第一个充分和详尽地阐述了这种观点的人，尽管公元前4世纪末，在学园内人们可能已坚持这种观点。不管怎么说，我们有阿基米德的可靠证据，即阿里斯塔克坚持这种理论。我们发现普卢塔克也提到这一点。这种理论的要点是，地球和行星围绕太阳运转，太阳和星星仍然是固定的，地球绕自己的轴心运转，而且它沿着自己的轨道运行。赫拉克利德斯 (Heraclides) 已经知道，地球绕自己的轴心每天转一圈，这是公元前4世纪学园的发现，而黄赤交角是公元前5世纪的发现。因此，阿里斯塔克的理论绝不是完全新的东西。然而，这种大胆背离该时代常识的观点遭到一些反对，甚至遭到敌视。我们必须承认，某些哲学家可能主要以伦理的根据反对它。因为把地球排除出事物的中心地位，确实破坏道德标准。斯多葛学派哲学家克雷安德 (Cleanthes) 甚至要求希腊人控告阿里斯塔克不敬神。关于太阳、月亮和星星在不圆轨道上运行的观点，在那个时代的危险完全与政治学中的非正统观点的危险一样。看来在这种愤怒爆发之后，阿里斯塔克发表的观点有较大程度的改变。关于地球运动的观点，在另一著名时刻激怒了宗教的感情，那时伽利略 (Galileo) 支持哥白尼 (Copernican) 的理论。我们可以指出，哥白尼实际上仅仅修正或重新发现了萨摩斯天文学家的理论。阿里斯塔克的名字在哥白尼的一份手稿的边注出现，使这一点变得确信无疑了。至于太阳系内相关的尺寸和距离，结果并不都是同样成功的。太阳与地球的距离最好的估算，大致是实际尺寸的一半。月亮的距离相当正确地估算出来。地球的直径与正确的数字相差50英里的范围。这个功绩归功于埃拉托色尼 (Eratosthenes)，他是亚历山大图书馆的管理员，机敏的科学观察者。为了确定地球的圆周，他选择了差不多处于同一子午线的两个观察点，其中之一是处在北回归线的赛伊尼 (Syene)，在那里中午时刻太阳处于天顶。这是由太阳反射在深井中而观察到的。在亚历山大400公里以北，人们只不过有必要确定

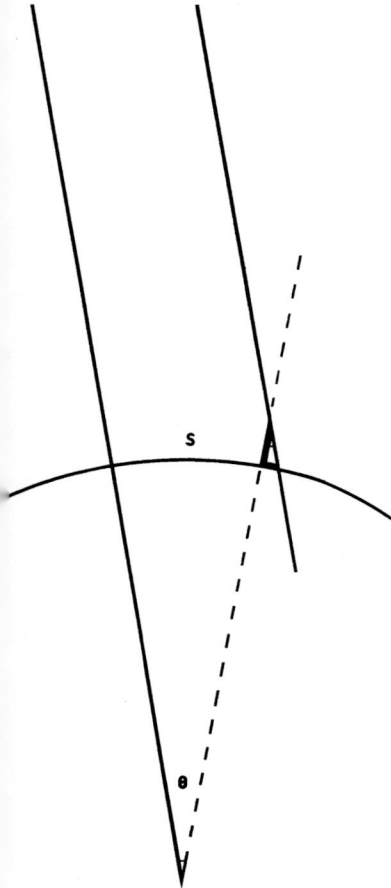

埃拉托色尼求地球的周长：当太阳处于天顶，它的圆周运动与同一子午线上其他地点正交，给出了答案

太阳的角度数,通过测定方尖塔的最短影子就容易做到。地球的圆周和直径很容易从这种信息中推知。

这种知识的大部分内容很快被人忘却了,这主要在于它与那时代的宗教偏见相抵触。甚至哲学家在这方面也犯下罪行,这其实是完全可以理解的。因为新的天文学有颠覆斯多葛学派运动的伦理学的危险。公正无私的观察者倾向于认为,这证明斯多葛主义是坏的学说,而且因此应当被颠倒过来。但是,这是要求至善的劝告,而且其观点受到如此指责的那些人,不会没有斗争就放弃他们的立场。这是一种最为罕见的天赋,在同一时刻既有信心又不偏不倚地坚持一种观点。哲学家和科学家比其他人更努力地培养自己做到这一点,尽管他们最终不比俗人更成功地做到。数学家令人称道地适合于培养这种态度。这绝不是偶然的,许多伟大的哲学家同时也是数学家。

最后,值得强调的可能是,数学除了问题的简单性和结构的明晰性之外,它为美的东西的创造提供了机会。如果语言学的时代错误允许的话,我们可以说,希腊人确实具有敏锐的美学的感官。今天我们使用的美学这个术语,是18世纪德国哲学家鲍姆嘉通 (Baumgarten) 首创的。济慈 (Keats) 说,真理是美,他表达的情操无论如何是彻头彻尾的希腊人的观念。在思量一个希腊茶壶的几何学比例时,柏拉图主义者充分感受到的恰好是这类事情。数学证明本身的结构同样如此。在这种领域内,诸如优雅和经济的概念具有美的特征。

希腊化时代

　　如果公元前5世纪初，希腊人已经抗击波斯人 (Persians) 的入侵了，那么在公元前4世纪初，波斯帝国已显示出是陶土脚巨人。色诺芬不是已证明过了吗，指挥有方和纪律严明的希腊士兵小军团能坚持抵御波斯的强权势力，在她自己的领土上不更能如此吗？

　　在亚历山大大帝的率领下，希腊人转而为攻。在公元前334年到前324年短短十年内，波斯帝国落入马其顿年轻的征服

亚历山大在伊苏斯击败大流士。随着版图的增加，希腊文化传播开来，从尼罗河到印度河：尼罗河的寓言，印度——希腊人的佛

者之手。从希腊到巴克特里亚 (Bactria) *，从尼罗河到印度河，世界一时间在亚历山大大帝一人的统治之下。尽管对希腊人来说，他是马其顿的最高统治者，但他却自以为是希腊文明的传播者。而他也确实证明自己是希腊文明的传播者。他不仅是一个征服者，而且还是一个殖民地开拓者。不管他的军队把他带到什么地方，他都以希腊的形式建立希腊式的城市。在这些希腊人生活的中心，原来的希腊人或马其顿人与当地居民融为一体。

亚历山大鼓励马其顿人与亚裔妇女通婚，而且他本人不羞于实践他所鼓励的事情。顺便补充一句，他为此又娶了两个波斯公主为妻。

作为一个国家，亚历山大帝国是短暂的。在他死后，他的将军们最终把领土分成三部分。欧洲的，即安提柯 (Antigonid) 帝国，一百多年后便落于罗马人之手。亚细亚的，即塞琉西 (Seleucid) 王国，分裂成两部分，在西方的那部

---

* 也称大夏。——译者注

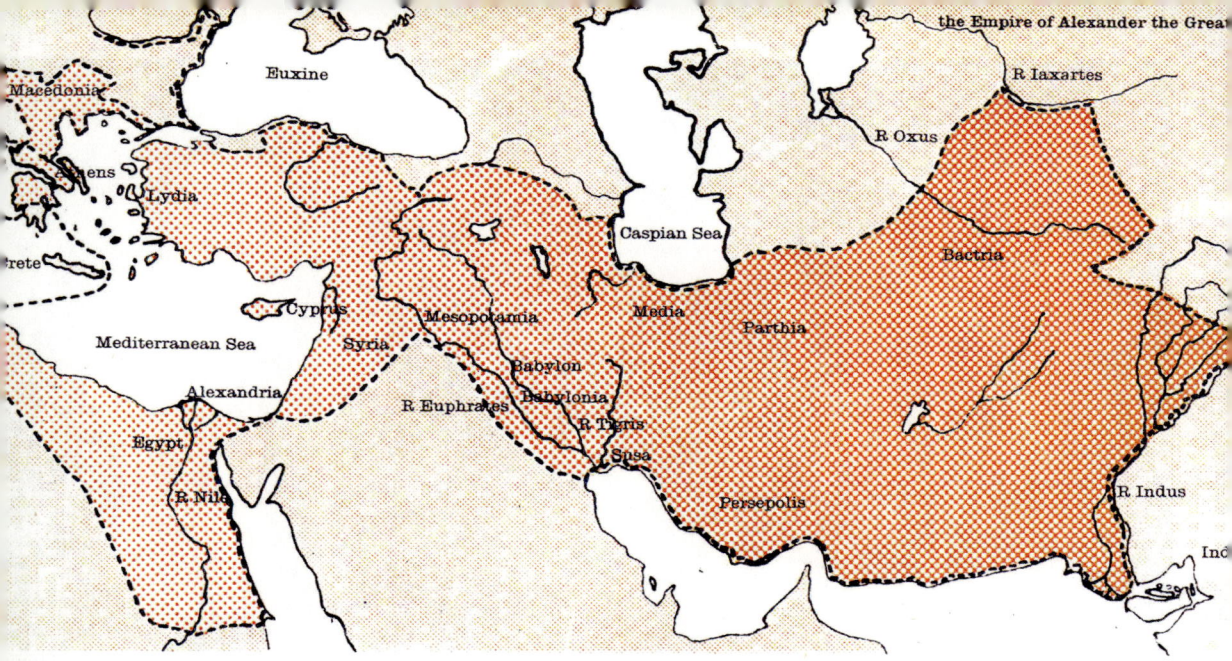

希腊化时代的三个国王：埃及托勒
密一世，马其顿的德米特里·波里奥
赛塔斯（Demetrius Poliorcetus），叙
利亚的塞琉古一世（Seleucus Ⅰ）

104

分由罗马人接管,在东方的那部分由帕提亚人 (Parthians) 和其他人接管。在托勒密 (Ptolemies) 治下的埃及,成为奥古斯都 (Augustus) 统治下的罗马的一部分。但是作为希腊影响的传递者,马其顿的征服是比较成功的。希腊文明汹涌流入亚洲。希腊语在各地成了有教养者的语言,而且很快发展为贸易和商业的日常用语,非常类似于最近数十年内英语所起的作用。在公元前200年左右,从赫拉克勒斯石柱*到恒河 (Ganges),任何人都可以说希腊语。

因此,希腊的科学、哲学,而且首先是艺术逐渐对东方古老的文明产生影响。铸币、花瓶、建筑和雕塑的遗物,较低限度的文学的影响都是这种文化入侵的见证。同样,东方也对西方产生了新的影响。然而,这多少有点退步。看来在那个时代引起希腊人想象力的,至多不过是巴比伦的占星学。因此,尽管希腊的科学和技术得到扩张,但希腊化时代比古典时代更具迷信色彩。诸如此类的事情在我们面前又重新发生,在我年轻时,占星学是不少失常的狂热者的爱好。今天这种弊病足以影响那些支配大众传媒的人,辟出专栏谈论星象。这可能是不足为奇的了。因为直到罗马人到来之时,整个希腊化时期是放荡不羁、动荡不定和不安全的,交

罗马的两面神钱币,比那时的希腊钱币粗陋

普丁格 (Peutinger) 地图的一部分,完善的道路有助于罗马人的控制

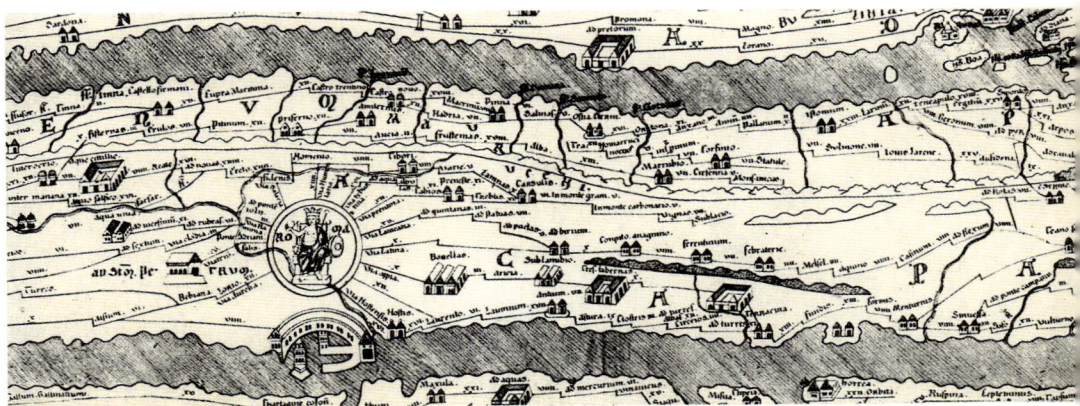

---

* 直布罗陀海峡两岸对峙的两座峭壁的古称(今名直布罗陀和休达)。神话说,赫拉克勒斯穿越整个欧罗巴和利比亚(阿非利加)建立这两个石柱,以纪念他的漫游。"到达赫拉克勒斯石柱"一语转义为到了极限。——译者注

战各方的雇佣军不时地侵扰乡村。从政治方面看,亚历山大建立的新城缺乏旧殖民地与它们的中心城市具有传统联系的那种稳定性。那个时代总的氛围是缺乏安全感。强大的帝国崩溃了,它们的后继者在不断变换的背景中争夺霸权。人们在不稳定的风气中深深感到事物的无常。

从文化方面看,我们发现专业化日益扩大。古典时代的伟人,在机会和环境可能需要时,作为城邦的成员可以着手做任何事情,希腊化世界的研究者局限于一个专门的领域。科学研究的中心从雅典转到亚历山大,亚历山大建立新城的最成功之处,是使世界各地的学者和作家汇聚于该城。地理学家埃拉托色尼有一段时间是大图书馆的馆长。欧几里得教授数学,同样,阿波罗尼也教数学,而阿基米德曾在那里从事研究。从社会方面看,稳定生存的基础由于奴隶人口的增加而逐渐遭到破坏。自由人不可能轻松地在土地上竞争,这里是奴隶惯常工作的地方。唯一可做的事情是成为雇佣兵,把希望寄托在某种图财的掠夺性开拓上。希腊人比较广泛的影响,已经教导人们要有比城邦理想范围更大的理想,然而,没有一个人,也没有一种事业有足够强的力量,把亚历山大分崩离析的世界集合起来。

长时期的不安全感带来的是对公共事务缺乏兴趣,以及思想和道德结构的普遍衰微。古时希腊人已不能奋起应付他们时代的政治问题,希腊化时代的人们对此同样无能为力。最后,罗马有组织能力的天才着手处理这个问题,他从混沌中创造出一种秩序,而且把希腊文明传递到后来的时代。

随着城邦的黄金时代的消逝,在创新和活力方面总的衰微压倒了希腊世界。若说全部雅典的哲学家具有共同的显著特征,这就是他们对生活大胆乐观的态度。这个世界是生活的好地方,而且是看一眼就可以接受的状态。我们看到,亚里士多德已经把这一点当作他的理想城邦的特征。

作为马其顿人扩张的结果,这种自鸣得意的看法彻底粉碎了。在那个时代的哲学趋向里,这一点反映在全面的悲观主义和不安全感中。我们再也碰不到像柏拉图那样的公民贵族的自信了。

从某种意义上说,苏格拉底之死标志着希腊文化的分水

安提斯泰尼,梅加腊的逻辑学家

岭。尽管柏拉图的著作接踵而至,但事实上我们已步入希腊化世界的平原。在哲学方面,一些新的运动开始产生。其中最初的运动直接与苏格拉底的一个弟子安提斯泰尼(Antisthenes)有关。他的名声跟爱利亚学派传统中的一个悖论有关。根据这个悖论,人们不可能做出有意义的陈述。A是A,这种陈述是真的,但不值得说;或A是B,这里B不是A,而这种陈述必定是错误的。安提斯泰尼无疑开始对哲学丧失信任。在晚年,他放弃了上层阶级的生活和背景,开始过普通人的简朴生活。他向他那个时代的习惯造反,而且希望返回到原始生活状态中去,不受有组织的国家的习俗和限制的束缚。

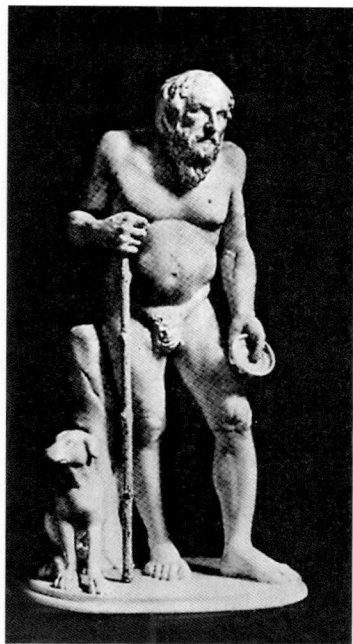

狄奥根尼,犬儒主义者

狄奥根尼(Diogenes)是犬儒主义者,他出生于希腊人在黑海边上的殖民地锡诺普(Sinope)。新的运动从他那里获得标志。狄奥根尼生活得像狗一样原始,这为他挣得一个诨名"犬儒",意即像狗一样。据说,他栖身于一个木桶里,而且传说,有一次亚历山大拜访名人,见过他。年轻的马其顿人要他许个愿,而且这个愿望会得到兑现。他回答说:"不要遮住我的阳光。"这给亚历山大如此深刻的印象,以他反驳道:"我若不是亚历山大,我就愿是狄奥根尼。"

犬儒学派教谕的重点是摆脱世俗的利益,并专注于德性、唯一值得具有的善。这显然与苏格拉底的学说一脉相承。作为对人间俗务的反应,它是有点消极的态度。确实,一个人所受束缚越少,他遭到损害或失望的可能性也就越小。但是人们不可能期待从这种根源中产生进一步的灵感。犬儒学说及时地成长为普遍的和强有力的传统。在公元前3世纪,它在整个希腊化世界很受大众的支持。这当然只意味着格调不高的犬儒的教谕形式,正巧真实地反映了那个时代的伦理条件。它是对生活的一种机会主义态度,当有东西要拿时,用双手去拿;在贫困时也不抱怨,当可以享受生活的时候便享受之;耸一耸肩,不认可对财富突发奇想。正是在这种学说的发展过程中,"犬儒"一词获得有贬损色彩的含义。但是犬儒主义作为一种运动,不是这样延续的充分深思熟虑的事务。它的伦理内容后来被斯多葛学派吸取,我们稍后将讨论这一学派。

哲学衰落时期另一个颇有点不同的产物是怀疑主义运动。从字面上看,怀疑论者是抱怀疑态度的人,但是作为哲

107

学,怀疑主义对教义秩序提出质疑。它否定任何人可能确定地知道任何事物。麻烦当然在于,人们很想知道哲学怀疑论者是从什么地方得到这条信息的。如果他的立场明确否认知识的可能性,那么他怎么知道这是事实?这是一种批评,只要对我们意见的怀疑转变为一条原则,它就是合适的。作为健康的提醒者,谨慎是有益的,在这方面它没有什么过错。

第一位哲学怀疑主义者是皮浪(Pyrrho),他是伊利斯(Elis)的公民,曾随亚历山大的军队游历世界。怀疑论学说不是新事物,因为如上所述,毕达哥拉斯学派和爱利亚学派已把怀疑置于感官的可靠性上,而智者们也已提出相似的观点,作为其社会和伦理相对主义的基础。但是这些思想家都没有把怀疑本身作为核心议题。当17和18世纪的作者们提到皮浪主义哲学家们,他们涉及的正是这类怀疑学派。关于皮浪本身的观点我们几乎一无所知,但是他的弟子蒂孟(Timon)好像已经否定人们可能得到演绎的第一原则。因为亚里士多德对科学论证的解释以第一原则为基础,因此,这是对亚里士多德追随者的严重打击。这就解释了为什么中世纪的经院派学者,对皮浪的哲学如此抱有敌意。苏格拉底对假说和演绎的解释,不受怀疑论者冲击的影响。从哲学方面说,17世纪的学术复兴是离开亚里士多德而回到柏拉图。

蒂孟在公元前235年去世,在他之后,怀疑主义也不再是独立的学派。相反,它被学园吸收,学园保留了怀疑论的倾向差不多有两百年之久。这当然是对柏拉图主义传统的一种扭曲。确实,在柏拉图那里我们发现一些文章,脱离上下文看,好像已放弃建构式思维的任何尝试。我们不禁想起《巴门尼德篇》中的辩证法之谜。但是,辩证法在柏拉图那里从来不是自在的目的。要是它以这种方式被误解,那么它就可能在怀疑论的含义上被扭曲。再说,在日益沉湎于迷信的年代里,怀疑论作为揭露者,确实完成了有价值的工作。然而,由于同样的原因,他们很可能决定通过某些迷信仪式的动议而不感到内心愧疚。正是因为这种完全消极的观点,作为一个体系,怀疑主义往往在其信徒中产生出一代草率的嘲弄者,与其说他们是合理的,还不如说是聪明的。

在公元前1世纪,怀疑主义又一次成为独立的传统。

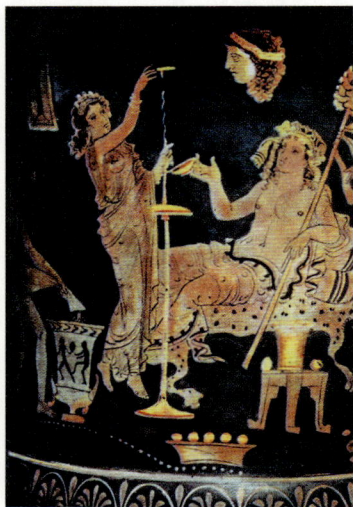

随着知识标准的衰微,设计方式没有了约束

公元2世纪的讽刺作家，鲁西安 (Lucian) 和塞克斯托·恩披里柯 (Sextus Empiricus) 的著作都未佚失，属于晚期怀疑派哲学。但是这个时代的趋向最终要求更确定和更一贯的信念体系。独断论观点的产生，慢慢地使怀疑派哲学相形见绌。

当人们把希腊化时代的哲学思辨与伟大的雅典传统及其先驱者的哲学思辨加以比较时，前者苍白、疲惫和颓废的时代外观，给人们留下深刻印象。哲学对古时的思想家说来是一种冒险事业，需要先驱者的机敏和勇气。后来的哲学可以说需凭借从事者的勇气，不过它现在则是屈从和耐心等待的勇气，而不是探险者毫不畏惧的英勇。在旧社会的框架业已崩溃的年代里，人们寻求和平，要是他们不能顺利地保障这种日常所需，他们不得不避难行善。这一点伊壁鸠鲁的哲学学派表现得最为明显了。

伊壁鸠鲁生于公元前342年，父母是雅典人，18岁时从萨摩斯迁到雅典；不久后去小亚细亚，在这里他开始着迷于德谟克利特的哲学。30岁刚过，他建立了一个学派，从公元前307年到前270年他去世，这个学派在雅典一直有活动。学派作为一个社团，生活在他的住宅和庭园内，尽可能使自己与外部世界的喧嚣和冲突隔绝。伊壁鸠鲁一生受各种小疾折磨，他毫不气馁地学会了忍受它。他的学说的主旨是达到不受干扰的宁静状态。

在伊壁鸠鲁看来，最大的善是快乐。没有快乐，善的生活是不可能的。这里的快乐既包括肉体的快乐，也包括精神的快乐。后者在于对身体快乐的沉思，而且它并不在任何生命的意义上说是最高的。因为我们对自己的精神活动的方向有较大的支配力，所以我们在某种程度上选择沉思的对象，而肉体的影响大部分是强加于我们的。心灵的快乐的唯一优点就在于此。按照这种观点，有德性的人在追求快乐时是小心谨慎的。

这种一般的理论产生了完全不同于苏格拉底和柏拉图的善的生活概念。总的倾向是远离活动和责任。当然，其实苏格拉底也认为理论生活是最好的生活。但是，这并不意味着完全超然于世和独立于世。相反，精英的职责之一恰恰是积极地参与公共事务的管理。柏拉图也强烈地受到这种职责意识的鼓舞。已经从洞穴中产生的哲学家必须返回去，帮助解

放那些与他相比更少天赋洞见的人。正是出于这种信念，他去西西里岛冒险。在伊壁鸠鲁那里，生活方式的活力没有留下来。他确实区别了积极的快乐和消极的快乐，但他赋予后者以优先地位。在对匮乏物欲求的原动力驱动下，在追求某种使人快乐的目标时，积极的快乐被体验到。若目标一旦达到，那么消极的快乐就在没有任何欲求中获得。它是在饱足状态中麻木的陶醉。

人们可以理解，在对生活无常感到厌倦的时代，人们很容易接受这种审慎的伦理学。然而，作为对善是什么的解释，它是非常片面的。除此之外，它还忽视了这种事实，缺乏欲望或感情恰恰是积极从事研究的一个特征。苏格拉底坚持知识是善，这基本上是正确的。正是在对理解的不偏不倚的追求中，我们获得某种伊壁鸠鲁正在追求的不自觉的机敏。

然而，伊壁鸠鲁的男子汉气质确实导致他不太一贯，不像他有点严厉的见解可能暗示的那样。因为他赋予友谊比任何其他事情都要高的价值，尽管这明显不能列入消极的快乐之中。伊壁鸠鲁的信徒逐渐成为奢侈生活的绰号，这是由于伊壁鸠鲁极大地受到了同时代的斯多葛学派及其继承者的中伤，他们鄙视在他们看来伊壁鸠鲁学说彻头彻尾的唯物主义观点。这愈发误解了这种情况，即伊壁鸠鲁学派的人实际上过的是节俭的生活。

伊壁鸠鲁信奉德谟克利特的原子论，在此意义上他是唯物主义者。然而，他并没有采纳原子的运动是受各种法则支配的观点。如前所述，法则概念最初是从社会领域中派生的，而且只是在后来才应用于物理世界发生的各种事件。同样，宗教是社会现象，而且在必然性概念上这两条思路似乎是交叉的。正是诸神是最高法则的制定者。在伊壁鸠鲁否定宗教时，他因此也必然蔑视严格的必然性原则。因此，伊壁鸠鲁的原子允许某种程度的任性的独立，尽管一旦某一过程在进行中，其下一步进程是按照法则来的，就如在德谟克利特那里一样。

至于灵魂，它不过是一种特殊的物质，它的粒子是与构成肉体的原子混合在一起的。感觉被解释为从对象中散射出来的东西对灵魂原子的冲击。当死亡意外发生的时候，灵魂的

伊壁鸠鲁，他的灵魂原子论代替了永生

原子丧失它们与肉体的联系，而且溃散了，它作为原子幸存，但不再能够感觉了。伊壁鸠鲁以这种方式表明对死亡的恐惧是非理性的，因为死亡本身不是我们可以体验到的某种东西。尽管伊壁鸠鲁竭力反对宗教，但他认为诸神是存在的。然而，我们既不因为它的存在而过得更好，也不因为它的存在而过得更坏。神是伊壁鸠鲁主义的优秀践行者，他们没有兴趣管人的闲事。

诸神既不给予报酬也不给予惩罚。总而言之，我们应沿着审慎和节制的路线前进，目的在于达到沉着的平衡状态，即极度的快乐，因而达到最高的善。

与其他学派不同，伊壁鸠鲁主义没有发展出一种科学的传统。它的自由思维的态度和对迷信习俗的反对，一直受到早期罗马帝国上层阶级中少数精英的尊敬；即使在伦理方面，它逐渐被斯多葛主义取代。在伊壁鸠鲁传统中，赫赫有名的另一个人物是罗马诗人卢克莱修 (Lucretius)，他生活于公元前99年到前55年，他在著名诗篇《物性论》(*De Rerum Natura*) 中阐述了伊壁鸠鲁的学说。

在希腊化时代盛行的最有影响的哲学运动是斯多葛主义。斯多葛主义与雅典的伟大学派相比，与宗主国希腊领土的联系不太紧密，它从东方而且后来从西罗马召来一些最著名的代表。该运动的创始者是腓尼基的塞浦路斯人，名叫芝诺。他的出生年月不详，大约在公元前4世纪后半叶。他家的商业事务第一次把他带到雅典，在那里他开始对哲学感兴趣。他放弃经商，而且最终建立了自己的学校。他经常在斯多葛柱廊 (Stoa Poikile) 讲学，这地方的原意为涂着彩色的有顶柱廊。该学说因这一建筑物的名字而称为斯多葛主义。

斯多葛哲学跨越的时期约五个世纪。在这么长时期内，其学说经历了相当大的变化。然而，使这一运动凝聚在一起的是其经久不变的伦理学教谕。斯多葛主义的这一方面，根源于苏格拉底的生活方式。临危而不惧，穷困而不馁的气概，对物质处境淡然处之的态度，这些都是斯多葛学派重视的德性。正是对忍耐和孤独的如此强调，才把其现代意义赋予斯多葛这个词。

斯多葛学派芝诺

作为伦理学理论，当人们把斯多葛主义与古典时代的各种理论对照看，它是有点乏味且严厉的戒律。然而，作为一种学说，与柏拉图和亚里士多德的学说相比，它成功地获得了人们更为广泛的支持。柏拉图强调知识是最高的善，可能不容易被那些忙于生活的人接受。不管怎么说，看来好像正是斯多葛学说，抓住了希腊化世界的国王和统治者的想象力。这是否足以达到苏格拉底所希望的各种结果，说哲学家必定成为国王，国王是哲学家，这当然更不确定了。

除了一些残篇外，早期斯多葛学派的作品很少幸存下来，尽管人们有可能把这些残篇拼合起来，对该学说做出合理的阐述。芝诺本人全神贯注的东西看来主要在伦理学方面。主要问题之一是决定论还是自由意志的大问题，这一直是贯穿于斯多葛哲学的主旨，是仍有足够活力的哲学问题，吸引着一直到我们时代的哲学家们的关注。按照芝诺的观点，自然是严格地受规律支配的，他的宇宙论看来主要受到前苏格拉底观点的鼓舞。根据芝诺的观点，原始的实体是火，就如赫拉克利特坚持的一样。其他元素在时间进程里，从这种原始的实体中分离出来，这有点模仿阿那克萨哥拉的理论。最后那里意外地发生了大燃烧，任何事物返归于原始状态的火，而且整个事情又重新开始，就如恩培多克勒的循环理论描述的那样。世界自然地发展所依照的规律，发源于无微不至地支配历史的最高权力。任何事物因某种目的以预先注定的方式发生。最高的或神圣的动因被看做不是某种外在于世界的东西，而是贯穿于世界的东西，就如渗透于沙中的潮气一样。因此，神是内在的力量，其中一部分生活于每一个人之中。这种观点经由受到斯多葛传统影响的斯宾诺莎，在近代已成了出名的观点。

最高的善是德性，这在于生活与世界一致。但是，这不会被解释为单纯的同义反复，根据在于任何存在的事物都是这样与世界一致的。它倒是个人的意志问题，个人意志的取向是与自然交融一体的，而不是与之对立的。世俗的利益很少得到考虑。一个暴君可能剥夺一个人所拥有的全部外在事物，甚至生命，但是他不可能剥夺他的德性，即内在的不可转让的所有。因此，我们得出这种结论，在拒绝外部利益的错误

克吕西普

111

要求时，一个人变得完全自由了，因为外在的压力不可能触及他的德性，即唯一紧要的东西。

尽管某些建议就如高贵的生活格言那样值得赞美，但作为伦理理论在学说中有严重的错误。因为如果世界受规律支配，那么祈求最高的德性就不太有用处。那些有德性的人之所以会如此，那是因为不得不如此，而且这对恶人来说也一样。那么我们怎么理解预先注定恶的神性呢？根据柏拉图的《国家篇》中的一个观点，神只是世界上善的东西的创造者，在此显然毫无用处。斯宾诺莎和莱布尼茨 (Leibnitz, 1646—1716) 也同样面对极为类似的反对意见，他们试图回避困难，坚持人的心灵无法把握整体事物的必然性，除非任何事物事实上在可能存在的世界这种最好的状态中得到最好的安排。但是倘若完全撇开这种理论中的逻辑困难，那么还存在一些看起来明显的实际错误。人们担忧的大多在于，痛苦大体上并不有益于德性的高扬或灵魂的崇高。除此之外，它是我们这种先进时代令人伤感的发现之一，即充分有效的技术大概可以制服任何人，不管他的性格有多强。然而，斯多葛主义观点中非常中肯之处在于它承认，在某种意义上，德性的内在善是最重要的。物质占有的丧失总能以某种方式得到弥补，但一个人要是丧失了自尊，他便不足以成为一个人。

据说第一位系统地阐述斯多葛主义的人是克吕西普 (Chrysippus，公元前280—前207)，尽管他的著作没有流传下来。正是在这个时期，斯多葛学派对逻辑和语言具有比较明显的兴趣。他系统地阐述了选言三段论和假言三段论的理论，而且发现了一种重要的逻辑关系，用现代的行话称为实质蕴涵。这是两个命题的关系，当第一个命题是真而第二个命题是假时，就不成立。例如，"如果气压下降，天将下雨"这种陈述。"气压下降"与"天将下雨"之间的关系是一种具有实质蕴涵的关系。斯多葛学派也发明了语法术语，语法在他们手上第一次成了系统的研究领域。语法的"格"的名称是斯多葛学派的发明。拉丁文对这些格的翻译有一个对希腊语术语"宾格"的误译，这已从罗马语法学家那里流传下来，而且今天仍然在应用。

柱廊，芝诺在雅典就在这样的大厅里讲学，斯多葛主义名称的由来

斯多葛学派的学说通过西塞罗 (Cicero) 的文学活动在罗马取得地盘,西塞罗曾在斯多葛学派哲学家波西多尼斯 (Posidonius) 门下从事研究。这个从叙利亚 (Syria) 来的希腊人游历广泛,而且致力于许多领域。我们前面已经提到他的天文学研究。作为历史学家,他继承了波利比乌斯 (Polybius) 的工作。就如我们已经看到的那样,当学园自身已处在怀疑论影响之下时,他的哲学立场仍保留着相当程度的古老学园的传统。

尽管从哲学方面看,后来的斯多葛主义的倡导者不太重要,但有三个人的作品有许多还保存着,而且人们知道有关他们生平的许多东西。尽管他们的社会地位迥异,但他们的哲学观点非常类似。塞涅卡 (Seneca) 是西班牙的罗马元老院议员,爱比克泰德 (Epictetus) 是希腊奴隶,在尼禄治下获得自由;还有马可·奥勒留 (Marcus Aureliu) 是公元2世纪的皇帝,他们都以斯多葛学派的情调撰写伦理学随笔。

约公元前3年,塞涅卡出生于已定居罗马的西班牙富裕家庭。他从事政治活动,而且适时地被提升为行政官员。在克劳狄乌斯 (Claudius) 治下,他的命运受到暂时的挫折,克劳狄乌斯有点息事宁人的脾性,在其妻子梅萨丽娜 (Messalina) 的请求下,公元41年放逐了塞涅卡。看来元老院议员在批评皇后过度放任的生活方式时,有点太自由了,皇后几年后确实相当意外地暴亡。克劳狄乌斯的第二个妻子是阿格里皮娜 (Agrippina) ,尼禄 (Nero) 的母亲。她在公元48年从科西嘉 (Corsican) 放逐地召回塞涅卡,让他负责教育帝国的继承人。罗马皇子不是斯多葛学派哲学家教学努力有望成功的目标,而塞涅卡本人所过的生活也和斯多葛伦理学要求的相去甚远。他积聚了大量的财富,大部分通过高利率贷钱给不列颠的居民得到的。这可能是导致不列颠行省造反的怨愤之一。幸运的是,现在只靠高利率也煽动不起不列颠人的革命精神。在尼禄越来越独断专行和精神错乱时,塞涅卡又一次名誉扫地。结果他被恩赐自杀,以代死刑。他以那个时代的方式,切开血管自尽。尽管他的生活大体说来没有斯多葛学派的特质,但他死的方式倒是切合其哲学的。

爱比克泰德大约出生于公元66年。正是他的名字提醒我们,他曾是个奴隶,因为它意指获得自由的人。由于早年奴役

塞涅卡,罗马元老院议员,斯多葛主义者

时期遭受虐待,他落下一条瘸腿,身体大体说来是虚弱的。爱比克泰德一获得自由就开始在罗马教学,直到公元90年为止,当时,图密善 (Domitian) 驱逐他和其他斯多葛主义者,因为他们批评罗马皇帝的独裁统治,而且构成反对皇位的一种道德力量。爱比克泰德的一些对话,由他的学生阿里安 (Arrian) 保存下来。我们在其中发现,斯多葛学派的伦理学大致是沿着上面解释的路线发展的。

　　如果爱比克泰德出身奴隶的话,那么最后一位伟大的斯多葛学派作家则相反,是皇帝。马可·奥勒留生活于公元121年到180年,曾是他的叔父安东尼·庇乌斯 (Antoninus Pius) 的养子,罗马皇帝中比较开明的一位皇帝,就如称号实际暗示的那样。马可·奥勒留公元161年继承皇位,他尽其余生为帝国服务。这个时期受自然灾害和军事叛变的困扰,皇帝一直忙于控制野蛮人部落,他们进犯帝国的边界,而且开始威胁到罗马帝国的最高权力。公职的负担沉重地压在他肩上,但是他认为恪尽职守是他的义务。国家处于内外交困之中,他采取了许多看来有助于维持秩序的措施。他迫害基督徒不是出于恶意,而是因为他们对国教的否定是麻烦的骚乱根源。因此,他可能是正确的,即使迫害同时总是执政者方面虚弱的象征。一个根基牢靠且充满自信的社会不必迫害任何异教徒。马可·奥勒留的《沉思集》(Meditations) 用希腊语写成,像爱比克泰德的对话一样,完整地流传下来了。它们是哲学反思日记,只要时间许可,在公共事务或军事勤务中,都可挤出休息时间作记录。值得指出的是,尽管马可·奥勒留赞同普通的斯多葛学派的善的理论,但是他坚持的公共职责观点与柏拉图比较一致。人是社会动物,我们应该参加政治团体。我们前面已经暗示过,这在伦理学层面上凸显了有关自由意志和决定论的困难。因为我们已看到,根据一般的斯多葛学派的观点,一个人的善或恶是私人的事情,并不影响其他人。但是,从社会观点看,每个人的伦理品质对任何其他人可能产生非常确定的影响。要是皇帝疏于其职,那么无疑会使已经存在的冲突愈演愈烈。斯多葛主义不曾对这种难题有过真正令人信服的结论。

　　关于从柏拉图和亚里士多德时代留下的第一原则问题,斯多葛学派提出了关于天生理念的理论,这种理念是演绎过

马可·奥勒留,皇帝和斯多葛主义者

共和国时代的执政官

程借以开始的清楚明白的起点。这种观点支配着中世纪的哲学，而且也被现代某些理性主义者采纳。它是笛卡儿的方法的形而上学基石。就斯多葛学派对人的看法而言，其学说要比古典时代的各种理论更加宽宏大度。我们可以回顾一下，亚里士多德已经走得如此之远，以至承认希腊人不应当是其同胞的奴隶。尽管奴隶制在帝国时代比过去任何时候更大规模地存在着，但斯多葛主义以亚历山大的实践为典范，坚持在某种意义上所有的人是平等的。斯多葛主义沿着这条思路提出了自然法和民族法的区别。因此，自然权利意味着人被赋予某事的权利，恰恰是由于他的自然本性。自然权利学说对罗马立法具有某种有益的影响，这在于它安抚了大多数被剥夺了社会地位的人。文艺复兴之后，在反对国王的神圣权利观念的斗争中，由于相似的原因它得到了复兴。

希腊和罗马的交往最初是通过在意大利南部的希腊殖民地发生的。从政治方面看，亚历山大的胜利还没有扰动希腊西部的国家。在希腊化时代初期，这块地域中两个主要的强权是锡腊库萨和迦太基。在公元前3世纪这段时间里，两者都陷入罗马手中，这是前两次布匿战争 (Punic Wars) 的结果。在这些战争中，西班牙被吞并了。公元前2世纪希腊和马其顿被征服。第三次布匿战争在公元前146年，以迦太基城的完全夷平

罗马广场，国家的中心

而告结束。在同一年，科林斯城在罗马军团手下遭到同样的命运。这种肆无忌惮和冷酷无情的毁灭行动有点异常，而且遭到那个时代人们的批评，同样也遭到后来时代的批评。在这一点上，我们自己的时代正在迅速地向野蛮状态堕落。

公元前1世纪，小亚细亚、叙利亚、埃及和高卢 (Gaul) 相继并入罗马的疆域，不列颠 (Britain) 也在公元1世纪陷落。这些持续的征服不是单纯热望冒险的结果。他们听命于寻求自然的边界，在反对远方敌对部落的侵犯时，坚持这一点没有太大的困难。在帝国的早期，这种目标已经达到了：在北方，罗马的领地以莱茵河和多瑙河两条大河为界，东方有幼发拉底河和阿拉伯沙漠，南方是撒哈拉沙漠，而西方是大西洋。在这种环境里，罗马帝国在我们纪元的最初两个世纪内，在比较和平与安定的气氛中生存着。

从政治方面看，罗马原先是作为一个城邦创建的，它在许多方面类似于希腊那些城邦。在伊特鲁里亚王 (Etruscan Kings) 统治的传奇时期之后，它是由控制元老院的贵族统治阶级统治的一个共和国。随着国家在规模和重要性方面增长，向着民主方向的宪法变革强加于他们。在元老院保持大部分权力的同时，平民集会逐渐由护民官代表，他们就国家事务发表意见。最后，不是贵族出身的人也可担任执政官。然而，作为征服和扩张的结果，统治家族获取了巨大的财富；同时，由于外地的地主在大规模土地上使用奴隶劳动，自由的小所有者从土地上被驱赶出去。因而，元老院是最高的裁决机构。公元前2世纪末，由格拉古兄弟 (the Gracchi) 领导的平民民主运动没有获得成功，一系列国内战争最终导致帝国统治的确立。尤里乌斯·恺撒的养子屋大维 (Octavian) 最终恢复了秩序，他被授予奥古斯都 (Augustus) 的头衔，并作为皇帝实施统治，尽管民主制度在形式上保留了下来。

公元41年，奥古斯都死后约两百年内，罗马帝国大体说来生活于和平的环境中。内部的麻烦和迫害确实存在，但是它们都不足以发展到能够推翻帝国统治的基础。沿边界一直有战争，罗马则过着和平的、有秩序的生活。

最后，军队自己开始利用自己的权力来攫取黄金，作为它提供支持的回报。皇帝以这种方式在军事力量的支持下走上

奥古斯都·恺撒的多彩浮雕

罗马军团的旗手

皇位,同样只要这种支持撤回,他也就退位了。由于戴克里先(Diocletian, 286—305)和君士坦丁(Constantine, 312—337)强有力的努力,避免了一时的灾难,但是某些应急措施只有助于加速衰落。大量的日耳曼(Germanic)雇佣兵代表帝国一方作战,而这最后成了帝国崩溃的原因之一。野蛮人国王在为罗马军团服务时,在战争技术方面得到训练,他们终于开始觉得,他们获得的这些新技术,如果不是用来为其罗马主子的利益服务,而是用来为他们自己的利益服务,就可以获得更大的效益。一百年之后,罗马城落入哥特人(Goths)之手。但是,过去的文化遗产的某些东西,确实通过基督教的影响而留下来了,基督教在君士坦丁统治下已上升为法定的国教。因为入侵者成为皈依宗教者,教会就能够在某种程度上保存希腊文明的成果。东方帝国遭受了不同的命运。在那里,穆斯林入侵者强加他们自己的宗教,而且通过他们自己的文化,把希腊的传统传播到西方。

从文化方面看,罗马几乎完全是模仿者。在艺术、建筑、文学和哲学方面,罗马世界或多或少成功地模仿希腊的伟大典范。不过,有一个领域罗马人是成功的,希腊人甚至亚历山大在这方面已经失败了。这就是大规模的政府、法律和行政的领域。罗马在这方面已对希腊的思想产生了某种影响。如前所述,在政治学问题上,古典时代的希腊人已不能超越城邦的理想。另外,罗马有比较广阔的视野,这本身影响到历史学家波利比乌斯(Polybius),他是大约出生于公元前200年的希腊人,后被罗马人俘房。像斯多葛学派的帕那提乌斯(Panaetius)一样,他属于聚集于小西庇阿(younger Scipio)周围的文人圈内的人物。除了这种政治影响之外,罗马没有产生出任何可能激发希腊思想家想象力的新观念。希腊就其本身而言,尽管作为一个民族失败了,但在文化领域它战胜了罗马征服者。有教养的罗马人说希腊语,就如直到现在,有教养的欧洲人说法语一样。雅典的学园吸引着罗马贵族的子孙。西塞罗是学园的学生。在每一个领域希腊的标准一直被采用,而且在许多方面,罗马的作品是希腊原作的苍白摹本。尤其是罗马哲学首创性思想奇缺。

希腊传统中不虔诚的和好询问的特质,与希腊化时代的衰落相伴，某种程度上使古罗马风尚变得温和，随着海外扩张的出现，大量富人涌入这个国家的时候，尤其如此。名副其实的希腊的影响在力度上减弱，而且开始集中在某些个人身上，特别是集中在罗马城的贵族身上。另一方面，希腊化文化的非希腊因素随时间推移越来越强。如前所述，东方提供了神秘主义因素，这大体上不是希腊文明中占支配地位的因素。因此，来自美索不达米亚并进一步远离家乡的宗教势力，产生了巨大的调和宗教信仰的酵素，基督教最终由此产生，而且成为至高无上的。同时，神秘的情调促使各种迷信的信仰和仪轨的流行。因为人们对现世的命运和自己的力量不太信任，所以非理性的力量取得了地盘。帝国确实有两个世纪的安定时期，但是罗马帝国统治下的和平时期（公元前27年至公元180年）不是建设性思想成就的时代。哲学，要是有一点哲学的话，不出斯多葛学派的谱系。就政治方面看，这是一种进步，超过伟大的古典思想家的地方观念。因为斯多葛主义宣扬人的兄弟般的关系。由于罗马统治了已知世界几个世纪，这种斯多葛学派的观念的确获得了实实在在的意义。当然，帝国以其自己的方式对待它边界之外的世界，带有大多如希腊城邦过去可能具有的那种恩赐态度。虽然罗马与远东有一些接触，但下述事实不足以给罗马公民留下深刻印象，即世界上存在着其他伟大的文明，不能简单地当作野蛮人不予考虑。尽管罗马的视野比较开阔，但罗马人因此受制于傲慢，就如其文化的先驱者希腊人一样。这种偏见甚至被教会继承，教会自称为天主教的(Catholic)*或普遍的教会，尽管在东方存在另外的伟大的宗教，其伦理学至少与基督教同样发达。人们仍然梦想着普遍的政府和文明。

那时，罗马最重要的作用一直是传递一种比它自己古老且优于自己的文化。它之所以能起这种作用，乃是因为罗马行政官的组织天赋和帝国的社会凝聚力。遍布于罗马领土的道路网遗迹，使我们想起这种伟大的组织任务。尽管各民族有差异以及后来时代产生的封建萌芽，但罗马的扩张保证了欧洲的大部分，必须继续大体上作为一个文化单位运转。甚

罗马骑兵骑马撞倒高卢人

117

---

* 英文"天主教的"一词，还有"一般的"和"普遍的"含义。——译者注

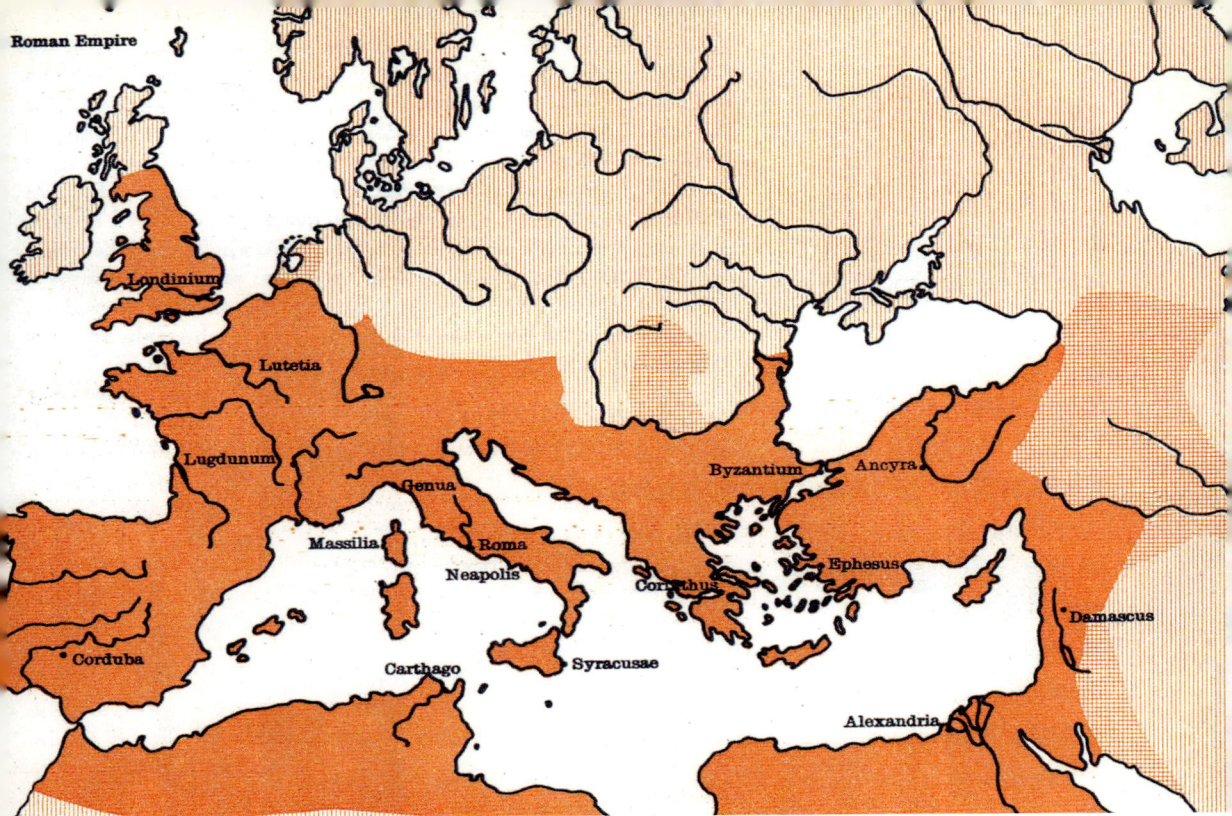

Roman Empire

至野蛮人入侵除了补救之外，也不能摧毁这种文化的基础。在东方，罗马的影响不太持久。其原因在于从事征服的穆斯林部落有着巨大的活力。在西方，入侵者慢慢被一种传统同化，这大多归功于罗马，中东则几乎完全皈依征服者的宗教。但是，西方把自己的希腊人的知识大多归功于阿拉伯人，尤其是通过西班牙，穆斯林思想家把这些知识传到欧洲。

朱庇特神殿，巴勒贝克（Baalbek），在叙利亚

不列颠(Britain)受罗马人统治达三个世纪，盎格鲁—撒逊 (Anglo-Saxon) 的入侵似乎已造成了与罗马传统的完全决裂。作为这种入侵的结果，伟大的罗马法传统没有在不列颠取得立足点，尽管它在罗马统治的西欧其他地方保留下来了。英国的习惯法直到今天仍然是盎格鲁—撒逊的。在哲学方面，这有一种值得人们注意的饶有兴味的结果。中世纪的经院哲学与法律紧密地联系在一起，而且哲学的诡辩术与古罗马传统严格的和形式化的训练相类似。在英格兰，盎格鲁—撒逊法的传统有效的地方，甚至在经院哲学的巅峰期，哲学一直具有较浓厚的经验主义味道。

在罗马帝国的统治下，宗教领域里起作用的宗教信仰的汇合趋势，在哲学中伴有类似的发展。广义说来，早期罗马帝国的哲学主流是斯多葛主义的，柏拉图和亚里士多德比较乐观的学说在某种程度上已被取代了。然而，在第三世纪，借助斯多葛学派学说对旧伦理学所作的新的解释开始出现了，这很适合那个时代一般状况的一种变动。这种不同理论的混合物逐渐被称为新柏拉图主义，而且它对基督教神学产生了很大的影响。从某种意义上说，它是从古代到中世纪的桥梁。古代哲学到此达到终点，而中世纪思想从此开始了。

新柏拉图主义产生于东西方汇合地亚历山大。在这里有来自波斯和巴比伦的宗教影响，埃及仪式的残余，实践其自己宗教的强有力的犹太人共同体，基督教各个派别，与上述一切共存的是希腊化文化的一般背景。据说新柏拉图学派是由阿摩尼阿斯·萨卡斯 (Ammonius Saccas) 创立的，关于他我们知之不多。他的最重要的学生是普罗提诺 (Plotinus，204—270)，最伟大的新柏拉图主义哲学家。他出生于埃及，并在亚历山大从事研究，在那里一直生活到公元243年。

由于他对东方的宗教和神秘主义感兴趣，他追随罗马皇帝高尔狄安三世 (Gordian III) 对波斯作战。但这种事业并没有成功。皇帝既年轻又没有经验，而且不知怎的招惹他的部将们不快，这种冲突在当时以速决的方式解决，年轻的罗马皇帝的生命断送在他应当领导的那些人手中。因而，普罗提诺在公元244年逃离美索不达米亚这个发生谋杀的地点，并在罗马定居。他一直留在那里教学，直到去世。他的作品以他晚年的讲课笔记为基础，由他的一个有点毕达哥拉斯学派色彩的学生波菲利 (Porphyry) 编纂而成。因之，普罗提诺的著作从它已流传到我们的那种样子看，有一定程度的神秘主义色彩，这可能出于编者之手。

普罗提诺，新柏拉图主义者

尚存的著作共有九卷，在《九章集》(Enneads) 这个标题下集为一书。总的格调是柏拉图主义的，尽管它们既缺乏柏拉图著作的广度，也缺乏柏拉图著作的那种光彩，它们几乎完全局限于理念论和某些毕达哥拉斯学派的神话。他的著作有点超然于现实世界。要是人们考虑到罗马帝国的状况，就不会对此感到惊讶了。它会使一个完全盲目的或极为刚毅的人，即使在那个时代的混乱时刻，也维持一种坦然的平静的情绪。

把感性世界和它的痛苦视作不真实的理念论，很适合使人们顺从他们的命运。

普罗提诺的形而上学的主要学说是他的三位一体理论。在那优先和从属的秩序中，这由太一、奴斯和灵魂构成。在讨论这种学说之前，我们必须指出，尽管这种理论对神学产生影响，但它本身不是基督教的，而是新柏拉图主义的。普罗提诺的同时代人奥里根 (Origen)，在同一位老师门下学习，他是一个基督徒，而且也提出三位一体的理论。这种理论也在不同层次上提出三个部分，而且因此它被后人谴责为异端。普罗提诺作为局外人，没有因此明显地受到谴责，而且可能因此之故，他的影响到君士坦丁大帝时更大了。

普罗提诺的三位一体中的太一，非常类似于巴门尼德涉及的范围，充其量我们称其为"太一存在"。若以任何方式描述它，那就意味着可能存在着比它大的其他东西。普罗提诺有时说它是神，有时又以《国家篇》的方式说它是善。但是它大于存在，无所不在而又不存在于任何地方，不可定义而又到处弥漫。人们与其对它说什么，还不如对它保持沉默，在这方面我们明显看到神秘主义的影响。因为神秘主义者也用沉默和不能传达为由来回避。希腊哲学的伟大，正在于它归根到底已承认逻各斯的核心作用。因此，希腊人的思维基本上是反对神秘主义的，尽管有一些神秘主义因素。

普罗提诺三位一体中的第二个要素是奴斯。在我们看来，不可能找到它的恰如其分的译语。它意指某种类似于精神的东西，这不是在神秘主义的含义上，而是在知识的含义上。奴斯与太一的关系最好用类比解释，太一就像太阳，它提供自己的光芒。于是，奴斯就是太一由此看到自身的这种光芒。在某种意义上，它可以与自我意识相比拟。由于它在偏离感官的方向上训练我们的心灵，所以我们可能逐渐知道奴斯，并通过它而知道太一，奴斯是太一的意象。在这里我们看到与《国家篇》中的辩证法相似的东西，在《国家篇》里，类似的过程据说导致对善的形式的洞见。

三位一体的最后一个要素称为灵魂 (Soul)，它有两重本性。在其内在方面，它朝上直接指向奴斯；它的外在显现，往下达到感官世界，它是感官世界的创造者。与斯多葛学派使

普罗提诺的三位一体：太一（E）、奴斯（N）或"精神"和最后的灵魂（Ψ）。基督教神学实际上归功于它

神与世界同一的做法不同,普罗提诺的理论否定泛神论,而且
追溯到苏格拉底的观点。但是,尽管普罗提诺认为自然是灵
魂向下的发散,但他不是像灵知学所教训的那样,坚认它是恶
的。相反,普罗提诺的神秘主义完全不受约束地承认自然是
美的,而且它之存在于事物的系统中,就如它应当存在的几乎
一样。后来的神秘主义者和宗教导师,甚至哲学家都没有分
享这种慷慨大度的观点。根据其来世性质,他们开始把美和
快乐诅咒成卑鄙的和邪恶的。除了精神失常的狂热者,还有
谁曾多大程度利用这种可怕的学说,当然是极为可疑的。不
过,对丑陋的颠倒了的迷信,确实在许多世纪占了支配地位。
基督教正式地保留了快乐是恶的古怪的观念。

关于不朽的问题,普罗提诺吸取了《斐多篇》中的观点。
他说,人的灵魂是本质,而且本质是永恒的东西,灵魂也是
永恒的。这与苏格拉底的解释相似,在苏格拉底那里,灵魂
存在的地方被说成是在形式那方面。不过,普罗提诺的理论
中有某种亚里士多德的因素。尽管灵魂是永恒的,但它倾向
于在奴斯中产生,因而,它纵然不失去其同一性,但也失去
了它的个性。

我们对古代哲学的概览到此结束了。在这个进程里,我
们大约跨越9个世纪,从泰勒斯时代到普罗提诺。如果我们在
这里确定一条分界线,那么这并不是说,后来的思想家已没有
严格的古代传统了。在某种意义上说,这其实对全部哲学都
是适用的。但是人们可以在文化传统的发展进程中,看到某
种较大的断裂。这种断裂点是与普罗提诺一起达到的。从现
在开始,至少在西方,哲学开始处于教会的庇护之下。即使有
例外,如鲍依修斯(Boethius),但这一点仍然是真实的。同时
我们最好记住,当罗马陷落时,东方各地起先是在拜占庭统治
之下,后来在穆斯林统治之下,在那里脱离宗教联系的哲学传
统仍然持续下去。

反观古代世界的哲学努力,古希腊精神在洞见一般问题
时的非凡能力,给人以深刻的印象。柏拉图曾说过,哲学始于
苦思,早期希腊人具有的这种能力达到非同寻常的程度,令人
惊叹不已。探究和研究的一般观念是伟大的希腊的发明之
一,这已塑造了西方世界。当然,要对不同的文化做出比较,

120

前苏格拉底希腊思想家

总是引人反感的，但是，如果人们欲言简意赅地概括出西方文明的特征，那么他们完全可以说，它是建筑在精神事业的伦理之上的，这种伦理本质上是希腊的。希腊哲学的另一个主要特征是，它基本上以公开性为目的。它的真理一如它们所是的那样，并不自称有不可言喻的味道。从一开始，就极其强调语言和交流的重要性。确实也存在着某种神秘主义因素，而且这从很早的时候就有了。毕达哥拉斯学派的神秘主义倾向，贯穿于整个古代哲学的过程。但是这种神秘主义在某种程度上，其实是外在于探究本身的，倒不如说更趋向于影响探究者的伦理。只有在衰落开始的时候，神秘主义才担当比较重要的角色。就如我们在讨论普罗提诺时表明的那样，神秘主义是与希腊哲学精神对立的。

古代思想家比现代思想家以更严峻的方式，面对一种最重要的难题，这是因为我们现在可以求助于过去的传统，早期希腊哲学则没有这种后盾。我们大体上从古典的资料中吸取我们哲学的、科学的和技术的词汇，经常没有充分地掌握其内涵。对希腊人来说，一切事情都得从头做起。人们不得不锻炼新的谈话方式，发明新的技术术语，这是从日常语言提供的材料中逐渐构建起来的。因此，在我们看来倘若他们在那个时代陈述事情的方式是笨拙的，那么我们应当记住，他们通常是在寻求表达方式，而且必需的工具还在制作之中。需要某种精神的努力来思考自己回到这样一种处境。这就好像我们不得不切断与希腊语和拉丁语的联系，以盎格鲁—撒克逊语从事哲学和科学那样。

从我们已论及的时代起，到以回归早期原始资料为基础的文艺复兴和近代科学的产生，这期间大约12个世纪过去了。要问为什么抑制发展的这个时期不得不发生，或许是毫无意义的。任何回答它的尝试必定是过于简单化的，再说，古希腊和罗马的思想家没有成功地发展起一种合适的政治理论，这确实是事实。

如果希腊人的失败是由于某种源于优越思想力量的傲慢自大，那么罗马则失之于完全缺乏想象力。心灵的重负以各种方式表现出来，有不少表现在帝国时代纪念碑式的建筑中。把希腊神庙与晚期罗马长方形教堂相比较，足以象征性地表

君士坦丁，他使基督教成为国教

示希腊精神与罗马精神的差异。希腊思想的遗产在罗马人手里或多或少变得不太精致、优雅了。

希腊哲学传统本质上是启蒙和解放的运动。因为它旨在把心灵从无知的束缚中解放出来，通过把世界描述成理性可通达的某种东西，而排除了对无知的恐惧。它的载体是逻辑，其愿望是在善的形式指导下对知识的追求。不偏不倚的探究本身在伦理上被看做是善的，正是通过这种探究，而不是通过宗教神秘主义，人们达到善的生活。我们发现，与这种研究传统一起，有一种没有虚情假意的乐观的观点。对苏格拉底来说，未经审视的生活是不值得过的。亚里士多德坚持，关键的不是生活得长久，而是生活得好。在有颇多自我意识的斯多葛主义壮大时的希腊化和罗马时代，这种创见的某些成分确实丧失了。在西方文明的思想结构中，全部最好的东西依然可以追溯到希腊思想家的传统。

马克森提斯殿（Maxentius' Basilica），风格庄重

早期基督教

　　希腊—罗马时代的哲学和今天的哲学一样，大体上独立于宗教。哲学家提出的问题，当然也可以是宗教事务者感兴趣的问题。但是，教会组织对那时的思想家还没有产生影响，也不具有支配的力量。在这方面，从罗马灭亡至中世纪末之间的一段时期，与此前此后的时代都有不同：西方哲学在宗教的庇护和指导下兴盛起来。这种状态是由多种原因造成的。

坐在圣殿中的智者,来自普鲁登修斯(Prudentius)的一份手稿

鲍依修斯的小画像

当西罗马帝国瓦解之际,君神合一的罗马皇帝的职能就已经分裂成两种权力了。

自基督教在君士坦丁时期成为国教以来,教会就接管了上帝和宗教的一切事务,只让皇帝照料尘世的事务。这种教会的权威一直是无可争辩的,尽管它逐渐衰落,直到宗教改革(Reformation)运动,由于坚持人与上帝交流的个人性质,才削弱了它的控制力。此后,教会成为新兴的民族国家的工具。

虽然在旧帝国的中心地带,世俗学问的传统苟延残喘了一段时间,但是来自北方的蛮族却已无所凭依。因而精通文化近乎成为教会成员的专属,或教士们的特征。对于这一历史结果的记忆,留存于我们今天的"文书"(clerk)一词中。以往传统的残留物由教会保存下来,哲学则成为一门学问,旨在为基督教及其维护者的统治辩护。只要基督教的信条在整体上被接受,教会便获得并占据权力与财富。但是,当时仍有其他传统努力争取最高地位,就是教会因其衰落才第一次上升

123

书房中的使徒路加(Luke)

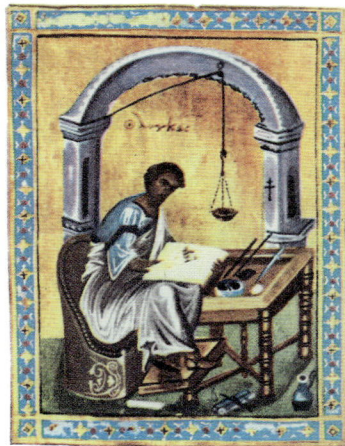

带有塞斯提乌斯
（Sestius）金字塔
的罗马奥勒良城墙
(Aurelian walls)

撒迦利亚
教　皇 (Pope
Zacharias)，用
一个正方形光
环显示他仍然
活着

蛮族入侵者

到显赫地位的罗马传统，以及从中产生了取代旧帝国政治组织的、封建贵族的新日耳曼传统。然而，这两种传统都未曾被某种恰当制定的社会哲学集中体现，尤其因为这个缘故，它们都无法成功地向教会的权力挑战。自14世纪意大利文艺复兴以来，罗马传统逐渐重新确认自己，而日耳曼传统则伴随着16世纪的宗教改革运动得以复苏。但是，在整个中世纪时期，哲学却始终与教会紧密联系在一起。

随着君神合一的皇帝由教皇的两种权力取代，即一方面是上帝的代表，另一方面是皇帝的代表，其他几种潜在的二元性也开始引人注目。首先是在拉丁族 (Latin) 和条顿族 (Teuton) 之间确实存在的二元性。教会的权力保持在拉丁人那里，帝国则落入蛮族入侵者条顿后裔的手中。这个帝国一直以日耳曼民族的神圣罗马帝国而闻名，直到由于拿破仑的进攻而失陷。其次，存在着僧侣和俗人之间的分裂。僧侣是正统教义的维护者。自从教会成功地抵制了各种异端的影响以后，僧侣的地位在西方无论怎样都是大大地加强了。早期某些信基督教的皇帝虽曾同情过阿里乌斯教 (Arianism)，但最终还是正统教义赢得了胜利。再者，还有天上王国和各种地上王国之间的对立。这种对立的来源见于《福音书》，但是在罗马沦陷之后，它获得了更加直接的重要性。蛮族也许摧毁了这座城市，但是上帝之城不可能被劫掠。最后，存在着精神与肉体的对立。这种对立的起源古老得多，可追溯到苏格拉底关于身体和灵魂的理论。在新柏拉图主义的形式中，这些观念成为保罗式的新宗教的核心。早期基督教的禁欲主义正是从这一源泉中激发出来的。

拜占庭皇帝

奥古斯丁著《上帝之城》(*City of God*)中的一页

闪米特人的神，巴比伦的偶像

126

这就是简称为天主教哲学发展起来的世界的大致轮廓。这一哲学在主要受柏拉图影响的圣·奥古斯丁 (St.Augustine) 那里首次臻于成熟，在圣·托马斯 (St. Thomas) 那里达到顶峰，后者将教会奠定在亚里士多德主义的基础上。从此以后，教会的主要辩护士就一直捍卫这个基础。由于该哲学非常紧密地同教会联系在一起，叙述其发展和对后世的影响，初看起来，显得涉及过多的历史内容。但是，如果我们想要理解这个时代的精神和它的哲学，那么，关于这些事件的某些叙述是必不可少的。

逐渐统治西方的基督教是犹太教的一个分支，并带有某些希腊与东方思想相混合的成分。

和犹太教一样，基督教也认为上帝有他的宠儿；当然，在这两种宗教中，被选中的宠儿是不一样的。两者对历史持有相同的观点，认为历史始于神的创造并趋向某种神的目的。确实，对于谁是弥赛亚 (Messiah) 以及弥赛亚要完成的使命是什么的问题，两者的看法有些区别。犹太教徒认为，救世主有待降临，并将给他们带来在人间的胜利；而基督徒已在拿撒勒 (Nazareth) 的耶稣身上看到了救世主，可耶稣的王国并不在这个尘世上。同样，基督教把犹太教的正义概念作为帮助同胞的指导原则接受下来，并且也坚持这种信条。晚期犹太教和基督教都赞同本质上属于新柏拉图主义关于另一个世界的观念。不过，这种希腊理论是哲学性的，不易为所有人掌握；而

西奈山（Mt.Sinai），耶和华的故乡，犹太人看不见的上帝

犹太教和基督教的观点更多的是一种关于来世的断言：到那时，正直的人将升入天堂，邪恶的人将坠入地狱。这个理论中因果报应的因素，使它容易得到普遍的理解。

要理解这些信仰是如何发展起来的，我们就必须记住：犹太人的上帝耶和华——最初首先是闪米特部落的神，他保护他自己的人民。除了他以外，还有主管其他部落的诸神。这时，没有任何关于另一个世界的暗示。犹太人的上帝决定着他的部落在尘世间的命运。他是一个会妒忌的神，不能忍受他的人民拥有除他以外的其他神。古代先知是一些政治领袖，他们花了大量的时间，破除对于其他诸

犹太人被掳到巴比伦

马喀比家族统治下铸造的钱币

圣殿大门附近的文字：犹太教区不可有非犹太人，违者处死

神的崇拜，因为他们害怕这种崇拜会引起耶和华的不快，并危及犹太人的社会凝聚力。犹太教的这种民族性和部落性，又为一系列的民族灾难所强化。公元前722年，以色列这个北部王国被亚述人 (Assyrians) 征服，后者还驱逐了它的大部分居民。公元前606年，巴比伦人攻陷尼尼微 (Nineveh)，摧毁了亚述帝国。南部的犹太王国 (Judah) 被巴比伦的尼布甲尼撒 (Nebuchadrezzar) 国王征服，他于公元前586年攻陷了耶路撒冷 (Jerusalem)，焚烧了圣殿，并将大部分犹太人掳到巴比伦。

直到公元前538年，波斯国王居鲁士 (Cyrus) 攻占了巴比伦以后，犹太人才被允许返回巴勒斯坦(Palestine)。正是在被掳巴比伦时期，犹太教的教义和民族性得到加强。由于圣殿被毁，犹太人不得不摈弃献祭的仪式。许多保存至今的关于犹太教的传说，都可追溯到这一时期。

犹太人流散各地也是从这时开始的。因为并非所有的犹太人都返回了家园，那些返回者因相对不重要的神权政治国家而幸存下来。在亚历山大之后，他们努力设法在埃及托勒密王朝 (Ptolemaic Egypt) 和亚细亚塞琉西王朝之间的长期争战中支撑下来。犹太人聚居的一个重要地点是亚历山大，在那里，犹太人在除宗教之外的所有方面，很快就完全希

提图斯（Titus）在罗马获胜，犹太人被掳，圣殿被毁

腊化了。因而希伯来文《圣经》不得不翻译成希腊文，结果便产生了"七十子希腊文本"(the Septuagint)《圣经》，这个名称来自它的传说：七十名译者各自独立翻译出完全一样的译本。但是在公元前2世纪上半叶，当塞琉西国王安条克四世 (Antiochus IV) 试图强迫犹太人希腊化时，犹太人在马喀比 (Maccabean) 兄弟的领导下奋起反抗。他们以巨大的勇气和坚忍不拔的精神战斗，争取以他们自己的方式崇拜上帝的权利。最后，他们获得了胜利，马喀比家族作为大祭司实行了统治。这一家族的连续统治期被称为哈斯模尼亚王朝 (Hasmoneagn)，它一直持续到希律 (Herod) 时代为止。

马喀比兄弟的反抗发生在流散各地的犹太人正日益迅速希腊化之时，因此，相当程度上正是这一成功的反抗，使犹太教幸存下来，从而提供了基督教以及后来的伊斯兰教产生的条件。也正是在这个时候，关于另一个世界的概念便渗入犹太教，因为反抗事件已经表明，尘世间的灾难往往最先侵袭那些最有德行的人。公元前1世纪期间，除了正统势力之外，在希腊化的影响下，还产生了一个更加成熟的运动，其教义预示了对《福音书》中的耶稣进行道德重估。原始基督教实际上是一种改革了的犹太教，就像新教最初是教会内部的一次改革运动一样。

在马可·安东尼 (Marc Antony) 时代，大祭司的统治被   129

托莱多（Toledo）犹太会堂中的阿拉伯式花纹

废除。希律——一个完全希腊化了的犹太人——被任命为国王。他死于公元前4年，此后，犹太国直接由罗马总督管辖。但是，犹太人并不喜欢君神合一的罗马皇帝。基督徒当然也是这样。不过，和那些至少在原则上同意屈从的基督徒不一样，犹太人总的来说是倨傲不服的。在这一点上，他们很像古典时期的希腊人。他们顽固地拒绝承认，除他们的上帝以外的任何其他神。耶稣的忠告——把恺撒的东西给恺撒，把上帝的东西给上帝——是犹太人不顺从态度的一个典型例子。表面上这是一种妥协，但仍然拒绝承认上帝和皇权的同一性。公元66年，犹太人起来反抗罗马人，经过一场残酷的战争，耶路撒冷于公元70年被攻陷，圣殿再次被捣毁。关于这一战争的记载，幸存于使用希腊语的犹太历史学家约瑟法斯（Josephus）的希腊文献中。

这一事件导致了犹太人第二次也是最后一次流散。就像在巴比伦被掳时的情景一样，正统势力变得更加严厉了。公元1世纪以后，基督教和犹太教作为两种不同的、对立的宗教而彼此对峙。在西方，基督教激起了一种可怕的反犹情绪。从此，犹太人便生活在社会的边缘，遭到迫害和剥削，直到19世纪获得政治解放时为止。他们只是在穆斯林国家，特别是在西班牙才繁荣起来。当摩尔人（Moors）最终被驱逐时，主要是通过摩尔人的西班牙通晓多种语言的犹太思想家们，古典传统和阿拉伯学问才传到牧师们的手里。1948年，犹太人又一次获得迦南（the Promised Land）*。至于他们是否能发展出一种自己的新的文化影响，做出评说还为时过早。

130

最初形成原始基督教的犹太人的异端教派，并没想让新教义来支配非犹太人。这些早期基督徒在排他性方面，保持着旧日的传统。犹太教以往从不寻求外邦人的皈依，此时，即使在其经过了改革的情况下，只有割礼和斋戒仍是必须的，那也不能吸引新的成员。如果不是有一个基督教信徒曾致力于拓宽成员资格方面的基础，基督教可能仍是非正统的犹太教中的一个教派。塔苏斯的保罗（Paul of Tarsus），一个希腊化的犹太人和基督徒，消除了这些外在的障碍，使基督教获得了普遍的接受。

---

* 上帝答应赐予亚伯拉罕及其子孙的土地。——译者注

但是,对帝国希腊化了的臣民来说,基督作为犹太人的上帝之子这一点,仍然是不能接受的。诺斯替教 (Gnosticism) 避免了这个缺陷。它是与基督教同时诞生的一个融合各种信仰的运动。诺斯替教认为,感性的、物质的世界是由耶和华创造的,他实际上是一个小神,他与至高的神吵翻了,因此就行恶。最后,至高神的儿子伪装成一个凡人,生活在人间,以便纠正《旧约》的错误教义。这些主张加上一些柏拉图的学说,就成了诺斯替教的组成部分。诺斯替教把希腊传说、俄耳浦斯神秘教理同基督教教义和其他东方的影响结合起来,并以一种折中地混合起来的哲学,通常是柏拉图和斯多葛主义使其圆满。作为晚期诺斯替教的变种,摩尼教 (Manichaean) 走得更远,竟使精神与物质的区别等同于善与恶的对立。在蔑视物质的东西方面,他们超过了斯多葛学派曾大胆尝试的一切。他们禁止吃肉,并宣称任何形式的性欲统统是罪恶的行为。他们存在了几个世纪,由此可以恰当地推论:这些节欲苦行教义并没有完全成功地得到实行。

在君士坦丁时代之后,诺斯替教派就不那么重要了,但仍有一定的影响。基督幻影教派 (The sect of the Docetics) 教导说,钉在十字架上的不是耶稣,而只是某种幻影的替代者。这使人回想起希腊传说中的伊芙琴尼亚 (Iphigenia) 的献祭。穆罕默德(Mohammed)虽不把耶稣当作一个和他一样重要的人物,但承认耶稣是一个先知,他后来接受了幻影说的观点。

随着基督教日益稳固地建立起来,它对《旧约》的宗教敌视也更加厉害了。它认为犹太人不承认古代先知所预言的弥赛亚,因此肯定是恶的。自君士坦丁时代起,反犹主义就成为基督教热情的一个体面的形式,当然,这种宗教方面的动机实际上不是唯一的动机。奇怪的是,曾经历过骇人听闻的迫害的基督教,一旦掌权以后,竟然同样残忍地攻击一个在信仰上也一样坚定的少数派。

从一个方面来看,新的宗教实现了一个新的、值得注意的转折。犹太教总的来说是很单纯而非神学的东西,这种率直性甚至存在于"对观《福音书》"*中。但是,在《约翰福音书》中,

塔苏斯的保罗,罪人与圣徒,基督教的创立者

---

* 指马太、马可及路加三《福音书》。——译者注

我们发现了神学思辨的开端，随着基督教思想家试图在自己的新教义框架中容纳希腊人的形而上学，这种思辨的重要性得到稳步发展。我们不再仅仅涉及神—人基督的形象，即"受膏者"(the anointed one)，而且涉及他作为《圣经》的神学形象，后者的思想可经过斯多葛学派和柏拉图，一直追溯到赫拉克利特。亚历山大的奥利根 (Origen, 185—254) 的作品，第一次系统地表述了这个神学传统。他受业于阿摩尼阿斯·萨卡斯，即普罗提诺的老师，与普罗提诺有许多共同的观点。奥利根认为，唯有上帝是无形体的，在其三位中都是如此。他坚持古老的苏格拉底理论，即主张灵魂先于身体而处于独立的状态，在人诞生时进入身体。由于这个观点，也由于他认为所有的灵魂最后都将获救，奥利根后来被认为犯有异端邪说罪。但他生前也和教会发生过冲突。年轻时，他曾轻率地采取阉割这一极端措施来预防肉体的弱点，而这一方法为教会所不容。他因此遭到贬抑，丧失了当选为圣职者的资格，尽管在这一问题上似乎已经有了某种观点分歧。

在《驳克里索》(Against Celsus) 一书中，奥利根详尽地反驳了克里索。后者写过一本反对基督教的书，现已佚失。在奥利根的书中，我们首次看到坚持《圣经》的神灵启示性质的辩护性论证。除了其他论证以外，信仰对于其信徒具有社会价值影响的事实，也被用作证明信仰正当的证据。这是一种实用主义观点。像威廉·詹姆斯 (William James) 等近代思想家也主张此说。然而，显而易见，这样的论证是一把双刃剑。因为它完全依赖于什么是你所认为的有价值的东西。马克思主义者不赞成制度化的基督教，他们称宗教是人民的鸦片；而根据实用主义的观点，他们完全有理由尽可能地去做反对宗教的事情。教会的集权化是一个逐渐的过程。最初，主教是由教会成员按地区选举的。只是在君士坦丁时代之后，罗马主教的权力才日益增加。通过帮助穷人，教会获得一大批受保护的人，这和过去的罗马元老院成员的做法极其相似。君士坦丁时代是一个教义纷争的时代，这给帝国造成了众多的骚乱。为解决其中一些问题，君士坦丁施加其影响力，于公元325年召集了尼西亚 (Nicaea) 会议。会议确定了与阿里乌斯教派相对立的正统教义的准绳。从此以后，教会便运用诸

酒神狂欢：与新宗教不同的古代仪式

圣徒，来自拉文纳 (Ravenna) 阿里乌斯教堂，这座教堂是哥特人阿里乌斯教派的大本营

如此类的方法，解决教义发展中的争议。阿里乌斯是亚历山大的一个祭司，他的教义认为，圣父先于圣子，二者是不同的。撒伯流 (Sabellius) 则持与之相反的教义，认为圣父和圣子不过是同一个人的两个方面。最终获胜的正统教义将圣父和圣子置于同一层次，主张两者是同体异位。不过，阿里乌斯教派仍然盛行，其他种种异教派也是如此。正统教义阵营的主要倡导者是阿塔那修 (Athanasius)，他从公元328年至373年任亚历山大的主教。除了作为背教者的朱利安 (Julian) 是一个异教徒以外，阿里乌斯教派的教义受到君士坦丁的后继者们的支持。但是，随着公元379年狄奥多西斯 (Theodosius) 时代的到来，正统教义也获得了帝国的支持。

西罗马帝国末的基督教时期活跃着三个重要的教士，他们以不同的方式使教会的权力得到加强。他们三人后来都被奉为圣徒。安布洛斯 (Ambrose)、杰罗姆 (Jerome) 和奥古斯丁在公元4世纪中叶前后相继出生，他们三人连同公元6世纪的教皇大格雷高里 (Pope Gregory the Great)，一起被称为"教会的博士"(the Doctors of the Church)。

在这三个人当中，只有奥古斯丁是哲学家。安布洛斯勇敢地维护教皇的权力，他为盛行于整个中世纪的国家和教会的关系奠定了基础。杰罗姆最早将《圣经》译成拉丁文。奥古斯丁则思考神学和形而上学。截至宗教改革运动之前，天主教的神学框架主要归功于他，而改革后的宗教的指导原则也来自他那里。路德 (Luther) 本人就是一个奥古斯丁教派的僧侣。

安布洛斯公元340年生于托莱福 (Treves)。他在罗马接受教育，后从事法律方面的职业。30岁时，他被任命为北意大利利古里亚 (Liguria) 和阿米里亚 (Aemilia) 两个地方的总督，历时四年。在这一时期，不知出于什么原因，他放弃了世俗生活，当然并没有放弃政治生活。他被选为米兰市的主教，当时这个城市是西罗马帝国的首府。身居主教地位，安布洛斯无畏地、往往是不妥协地坚持教会在精神上的至上权威，由此产生了深远的政治影响。

起先，本人就是一名天主教徒的格拉提安 (Gratian) 当皇帝时，宗教的地位是十分明确的，似乎也没有产生什么对正统观念的威胁。但格拉提安疏于政务，最终被人谋杀，麻烦即随

安布洛斯，米兰主教

皇位的继承而起。除意大利以外整个西罗马的权力被马克西姆斯 (Maximus) 篡夺,而意大利的皇位则合法地传给格拉提安的弟弟瓦伦提尼安二世 (Valentinian Ⅱ)。由于小皇帝尚未成年,所以实际上是他的母后查士丁娜 (Justina) 摄政。既然查士丁娜是阿里乌斯教派教徒,一场冲突便无法避免。异教和基督教之间最引人注目的冲突的中心地点,自然是罗马城。在君士坦丁的儿子君士坦丁乌斯 (Constantius) 的统治时期,元老院内胜利女神的塑像已被撤掉。背教者朱利安使之恢复,格拉提安则再次把它撤掉,于是,有些元老重新提出了恢复的要求。但是,元老院的基督教派在安布洛斯和教皇达马苏斯 (Damasus) 的帮助下,占了上风。格拉提安死后,异教徒们于公元384年,又开始向瓦伦提尼安二世请愿。为了防止异教徒的这一新提议使皇帝同情异教徒,安布洛斯在他的上疏中提醒皇帝:正如臣民对皇帝有服兵役的义务那样,皇帝也有为上帝服务的责任。其含义远远超出耶稣请求把上帝和恺撒各自应得的东西分别还给上帝和恺撒。这里,我们看到了一种主张:它断言教会作为上帝支配人世的工具,是高于国家的。在某种意义上,是当时国家权力趋于衰落的真实反映。教会作为一个普遍的世界性机构,将在罗马帝国的政治解体中幸存下来。一个主教能暗示这样的事情却不受处罚,这正是罗马帝国衰败的征兆。不过,胜利女神塑像的事情并没有结束。在后来的篡权者尤金尼乌斯 (Eugenius) 的统治时期,塑像又恢复原位;然而,公元394年,当狄奥多西斯战胜尤金尼乌斯以后,基督教派赢得了最后的胜利。

133

安布洛斯因为查士丁娜信仰阿里乌斯教而与她发生了争执。查士丁娜曾要求把米兰的一个教堂保留给阿里乌斯教派的哥特军人,安布洛斯拒绝了这项要求,人民则站在他一边。被派去接管教堂的哥特军人也和群众联合起来,并拒绝诉诸武力。面临武装起来的蛮族雇佣军,安布洛斯并不打算屈服,这是一个显示勇气的行动。皇帝做出让步,使安布洛斯在争取教会独立自主的斗争中,取得了一次伟大的精神胜利。

但是,并非安布洛斯的所有行为都是同样值得称道的。在狄奥多西斯统治时期,皇帝责令一个地方主教出钱重建一

大卫做苦行赎罪。帖撒罗尼迦大屠杀以后,安布洛斯用这个例子说服狄奥多西斯

个被烧毁的犹太教堂,安布洛斯不同意。大火是在那个教士的唆使下故意造成的,皇帝不想鼓励这种恐吓行为。但是,安布洛斯争辩说,没有任何理由让一个基督徒去承担赔偿这一损失的责任。这是一个危险的学说,它导致了中世纪时期众多的迫害行为。

如果说安布洛斯的主要功绩在于政治领域,那么杰罗姆则是当时的著名学者。杰罗姆在公元345年生于达尔马提亚(Dalmatian)边境附近的斯垂登(Stridon)。18岁时,他去罗马求学。在高卢游历了几年以后,他定居于离他家乡不远的阿奎雷亚(Aquileia)。在一场论战之后,他去了东方,并在叙利亚的沙漠地区隐居了五年。其后,他去了君士坦丁堡,后又回到罗马。公元382年至385年,他住在罗马。公元384年,教皇达马苏斯去世,而新任教皇似乎不喜欢杰罗姆这个好争论的教士。杰罗姆再次东行,陪伴他的是一群有德行的罗马妇人,她们赞同杰罗姆的独身和节欲的戒律。最后他们于公元386年,在伯利恒城(Bethlehem)定居,开始了修道院的生活。公元420年,他逝于该城。他的名作是拉丁文的《圣经》,这本书成为公认的正统译本。在最后一次居住罗马时期,他把《福音书》从希腊原文翻译过来。至于《旧约》,他则追溯到希伯来原文,这项工作是他晚年时期,在犹太学者的帮助下完成的。

通过这种生活方式,杰罗姆对当时正在兴起的修道院运动产生了巨大的影响。他的罗马信徒们陪同他一起迁往伯利恒城,并在那里兴建了四座修道院。和安布洛斯一样,杰罗姆也写了大量的书信,其中有许多是写给年轻妇人的,告诫她们保持美德和贞节。公元410年,哥特入侵者洗劫罗马,杰罗姆对此似乎采取了一种听天由命的态度,他仍然更加热心于赞美贞洁的价值,而不那么关心是否有可能通过行动来挽救帝国的问题。

公元354年,奥古斯丁生于努米底亚省(Numidia)。他受到纯粹的罗马式教育,并在20岁时,与夫人及幼小的儿子一起来到罗马。不久,他在米兰以教书为生。这一时期,他信奉摩尼教。但是最后,由于自己的悔恨和富有心计的母亲不断造成的压力,他皈依正统教。公元387年,他接受了安布洛斯的洗礼。公元396年,他回到非洲,成为希波(Hippo)地方的主

一座高高的平台,隐士的居住地,修道院的前身

134

奥古斯丁，希波主教，神学和哲学家

教，并在那里一直居住到公元430年逝世。

在奥古斯丁的《忏悔录》(Confessions) 中，我们看到了他与罪孽斗争的生动描写。童年时期的一件事终身缠绕着他，小时候他曾偷摘了邻居花园中梨树上的梨，这是件小事情，纯粹是出于一时高兴的胡闹。但是他对罪恶的病态关注，大大地夸大了这一过失，以致终身不能完全宽恕自己。对他来说，损坏果树似乎永远都是一件危险的事情。

在《旧约》时代的早期，罪孽被认为是民族的缺陷，以后它逐渐被看做个人的污点。对基督教神学而言，这个重点的转变是非常重要的，因为教会作为一个机构是不可能犯罪的。只有作为个体的基督徒才可能犯罪。奥古斯丁由于强调个人的这一方面，而成为新教神学的先驱。在天主教中，教会的作用被认为是至关重要的事。奥古斯丁则认为，这两方面都是重要的。人本质上已被定罪，是罪恶的，通过教会的中介，人才获得拯救。但是，遵循宗教的礼仪制度，甚至过着有德行的生活，并不能保证获救。由于上帝是善的，人是恶的，所以，上帝给予拯救是一种恩赐，但不予拯救也无可指摘。这一预定说，后来为改革后的神学中不那么灵活的流派所采纳。另一方面，他认为，恶并不是一种物质的原则——就像摩尼教徒所主张的那样，而是坏的意志的结果。这种观点是一个有价值的信条，为改革后的宗教所接受。它是新教的责任概念的基础。

奥古斯丁神学著作的主要目的，是与伯拉纠 (Pelagius) 更加温和的观点进行争论。比起同时代的大部分教士来，这个威尔士僧侣有着更多的人道倾向。他反对原罪说，并认为如果人选择了有德行的生活，他就能够通过自己的努力获得拯救。这个理论温和、开明，所以必然赢得许多支持者，尤其是那些仍保留着希腊哲学家的某种精神的人。奥古斯丁则极其强烈地反对伯拉纠的教义，而且主要是由于他的促成，伯拉纠的学说最后被宣布为异教。奥古斯丁根据保罗的书信创建了预定说，如果保罗看到从他的教义中推论出如此可怕的主张，也很可能会吃惊的。这个理论后来为加尔文 (Calvin) 接受，与此同时，教会则明智地抛弃了它。

奥古斯丁主要关注的问题是神学问题，即使涉及哲学问题，也基本上是为了调和《圣经》教义和柏拉图学派的哲学遗产。在这方面，他是教义辩护传统的先驱。尽管如此，他的哲学思辨就其本身来说，仍是令人感兴趣的，并显示出他是一个敏锐缜密的思想家。这可见于他的《忏悔录》第11卷，这一卷没有什么闲聊的价值，因此，通俗版本一般都将它删去了。

奥古斯丁努力要解决的问题是假定创世是一个事实，如何使上帝的全能同《创世记》中所描述的创世事实相协调。首先，必须区别犹太教及基督教的创世观点和希腊哲学中的创世观念。对一个希腊人来说，世界竟能够从无中呼唤出来，这在任何时候都是相当愚蠢的说法。如果上帝创造了世界，那他是被看作使用业已存在的原料进行建造的大建筑师。说某物能够从无中产生出来，这与希腊人头脑中的科学倾向不相符合。《圣经》中的上帝则不是这样，他被认为是既创造了建筑物，也创造了建筑物的材料。希腊人的观点自然而然地导致了主张上帝就是世界的泛神论，而这条思路一直吸引着那些具有强烈的神秘主义倾向的人。支持泛神论观点的最著名的哲学家是斯宾诺莎。奥古斯丁接受了《旧约》中的造物主——一个外在于这个世界的上帝。这个神是永恒的精神，不受因果关系和历史发展的限制。他在创造世界的同时，也创造了时间。我们不能问在创世之前发生了什么，因为不存在能这样提问的时间。

主教的披风和皇冠上的十字架，与国家相对的教会

对奥古斯丁来说，时间就是一种三重的现在。现在之被称为现在，是合适的，它即是唯一现实的东西。过去作为现在的回忆而存在，将来作为现在的期望而存在。奥古斯丁的这一理论并非没有缺点，但其意义在于它强调了时间的主观性，即时间是人这个被创造出来的存在物的心灵经验的组成部分。因此，按照这个观点，询问创世以前的事情是没有意义的。对于时间的同样主观的解释也见于康德，康德认为时间是知性的形式。这个主观的方法使得奥古斯丁预示笛卡儿的学说：人唯一不能怀疑的事情就是他在思想。主观主义是一种最终在逻辑上站不住脚的理论，尽管如此，奥古斯丁仍是其才华出众的阐述者之一。

主教的座位，象牙制成，公元6世纪

奥古斯丁的时代以西罗马帝国的灭亡为标志。公元410年，阿拉里克（Alaric）的哥特人攻陷罗马。从这一事件中，基

督徒们可能看到的是其罪孽所应受到的惩罚。对异教徒来说，这件事则另有含义：古代诸神已被人们背弃，朱比特也就理所当然地不再提供保护了。为了以基督徒的观点回击异教的这种看法，奥古斯丁写下了《上帝之城》，并在写作过程中逐渐形成了一种成熟的基督教历史理论。其中许多内容在今天看来，只会引起文物研究者的兴趣，但是它的中心论题，即教会独立于国家——则在中世纪时期具有巨大的意义；而且即便是今天，也仍然在某些地方延续其影响。国家若想得救，就必须服从教会，这一观点实际上是基于《旧约》中犹太人国家的例子。

在狄奥多利克 (Theodoric) 统治时期，罗马有一个杰出的思想家，他的生活和工作与当时文明的普遍衰落形成了鲜明对照。鲍依修斯约在公元480年生于罗马，是一个贵族的儿子，和元老阶层联系密切。他是狄奥多利克的朋友。公元500年，哥特国王成为罗马的统治者，鲍依修斯则于公元510年被任命为大臣。几年以后，他的命运发生了急剧的变化。公元524年，他遭到监禁，并以背叛罪被处决。正是在狱中等待死亡期间，鲍依修斯写下了使他声名大振的著作《哲学的慰藉》(*The Consolations of Philosophy*)。

即使在生前，鲍依修斯也已享有智慧和博学的名声。他最早将亚里士多德的逻辑著作译成拉丁文，他自己还写下了关于亚里士多德逻辑学的评注和著作。他就音乐、算术和几何而写下的论文，在中世纪文科学院里被长期奉为权威著作。他计划翻译柏拉图和亚里士多德的全部著作，但不幸的是，这个计划始终没有完成。说来也奇怪，中世纪不仅将他奉为伟大的古典哲学研究者，而且也将他作为一个基督徒来尊崇。鲍依修斯确实发表了一些论述神学问题的小册子，它们被认为是出于他的手笔，尽管看上去像是伪著。正如《哲学的慰藉》一书所显示的那样，鲍依修斯本人的立场是柏拉图主义的。当然，他可能不仅仅是基督徒——因为当时大多数人都是基督徒；即便如此，就他的思想而言，他的基督教也可能至多是名义上的。因为比起教父们的神学思辨，柏拉图的哲学对他的影响要大得多。不过，他很可能是被看作可靠的正统教派的，若非如此，我们就难以理解后来几个世纪，僧侣们能

鲍依修斯，柏拉图式的哲学家和罗马贵族

够安全地从他那里吸收大量的柏拉图主义,因为在那些世纪里,异端的污点可能很容易使他的著作湮没。

无论怎样,《哲学的慰藉》都与基督教神学无涉。全书以诗和散文交替写成。鲍依修斯自己讲话时用散文,以一个妇女形象代表哲学则用诗句作答。在学说和观点上,这一著作完全不能激起当时的教士们的兴趣。一开始,它就重新肯定三个伟大的雅典哲学家的最高地位。在寻求善的生活方式方面,鲍依修斯遵循毕达哥拉斯的传统。他的伦理学主要是禁欲主义的,而他的形而上学则直接上溯到柏拉图。有些篇章的语气是泛神论的,他还相应地提出一种理论,指出恶是不真实的。上帝和善是同等的,他不可能作恶,并且既然上帝是全能的,所以恶就肯定是虚幻的。这个理论中的许多内容都与基督教神学和伦理学截然不同,但是由于某种原因,这一点似乎并没有搅扰正统阵营中的任何人。这整本书的精神是回忆柏拉图。它避开了像普罗提诺这样的新柏拉图主义者的神秘主义,并且不受当时盛行的迷信的影响。在这本书中,笼罩着那个时代的基督教思想家的极度罪孽感荡然无存。这一著作最显著的特点也许在于,它的作者是一个被监禁并被判处死刑的人。

如果以为鲍依修斯是一个象牙塔中的思想家,远离他的时代的实际生活,那就错了。相反,他很像古代哲学家们那样亲临实际事务,是一个能干的、头脑冷静的执政官,对其哥特主人效忠尽力。后来,他被认为是受阿里乌斯教派迫害的殉道者,这种错误看法也许有助于使他的作品受到欢迎。但是,由于他是一个没有偏见的思想家,不为狂热的信仰所左右,他从来没有被奉为圣徒,而赛瑞利 (Cyril,我们马上将对他作更多介绍) 则成了一个圣徒。

在当时的历史背景下,鲍依修斯所写的著作提出了一个常新的问题:究竟在多大程度上,人才必定是其时代的产物。鲍依修斯生活在一个敌视公正的合理的探讨,一个充满迷信与极度狂热的时代。但是,从他的著作中似乎一点儿也看不出这些外在的压力,而他所涉及的问题也绝不是他的时代所特有的问题。当然,罗马的贵族阶层无疑不那么容易屈从于当时流行的风气和热情。不是别处,正是在贵族阶层的环境

137

在狱中死亡将临,鲍依修斯写下《哲学的慰藉》

中，某些古老的美德在帝国灭亡以后尚能长期幸存，这在某种程度上能够解释鲍依修斯伦理思想中的禁欲主义倾向。但是，尽管有蛮族的外来入侵和狂热迷信的内部损害，这样一个集团仍然能够继续存在——这一事实本身也正是必须得到解释的问题。我认为，答案是两方面的。人是传统的产物，这非常正确。首先，人是由他们成长的环境所造就的；尔后，他们的生活方式便从那些他们或者完全自觉，或者多少有些盲目服从地加以恪守的传统中获得支持。另一方面，传统却并非如此这般地由时间限定，而是呈现出自己的生命，能够长期存活，有如表层底下的余烬，一旦获得新的支持，便会复燃出明火来。某种程度上，古典时代的传统继续存在于蛮族入侵的动荡环境中，正是这样，像鲍依修斯这样的人物才有可能出现。尽管如此，他肯定已经意识到了将他和他的同时代人分开的那道鸿沟。支持一种传统需要有多大的意志力，这相应地取决于传统所具有的活力，而鲍依修斯也肯定需要鼓起他的全部勇气。

现在，我们可以回答另一个相关的问题。要理解某个哲学问题，是否必须研究哲学史呢？是否我们必须对某一时代的历史有所了解，才能理解它的哲学呢？显然，就以上所述的观点看来，在社会传统和哲学传统之间有着某种相互作用。迷信的传统不会产生摆脱迷信的思想家；赞赏节制、贬低进取的传统不会产生出建设性的政治措施，以对付紧急关头的挑战。另一方面，不知道某个哲学问题背后的整个历史知识背景，这个哲学问题也很有可能得到理解。审视哲学史的意义在于这样的认识，即大部分问题从前已经被提出，而且关于这些问题的某些明智回答在过去已经给出了。

罗马被洗劫迎来一个侵略与争斗的时期，导致了西罗马帝国的灭亡和在其整个版图上日耳曼部族的建立。在北方，不列颠为盎格鲁人、撒克逊人和朱特人所蹂躏，法兰克部族 (Frankish) 入侵高卢，汪达尔人 (Vandels) 向南进军到西班牙和北非。一些国家和地区所沿用的名称，使人回想起这些事件。盎格鲁人命名了英格兰，法兰克人命名了法兰西，汪达尔人则命名了安达卢西亚 (Andalusia)。

西哥特人占领了法兰西南部，东哥特入侵者征服了意大利，而早先东哥特人企图击败东罗马，却被东罗马击败。自公元3世纪末起，哥特族的雇佣兵曾为罗马人打仗，因而他们逐渐学会了罗马人的技巧与战术。罗马沦陷以后，帝国苟延残喘了几年，最后在公元476年，被奥都瓦克 (Odovaker) 领导下的东哥特人摧毁。奥都瓦克的统治一直持续到公元493年，就在这一年，狄奥多利克派人将他谋杀。狄奥多利克成了东哥特人的国王，并统治意大利，直到公元526年去世时为止。在东哥特人之后，蒙古族的匈奴部落在他们的国王阿提拉 (Attila) 的率领下，由东向西逼近。尽管他们常和其邻居哥特人结盟，但是，当公元451年阿提拉入侵高卢时，他们和哥特人发生了争执。哥特人和罗马军队联合起来在莎龙 (Chalons) 阻止了匈奴入侵者。以后，教皇利奥 (Leo) 勇敢地运用道德压力，挫败了又一起进取罗马的企图。蒙古君王不久死去，他的部落失去了已经习惯了的领导，掠夺成性的亚洲骑兵的势力逐渐消失了。

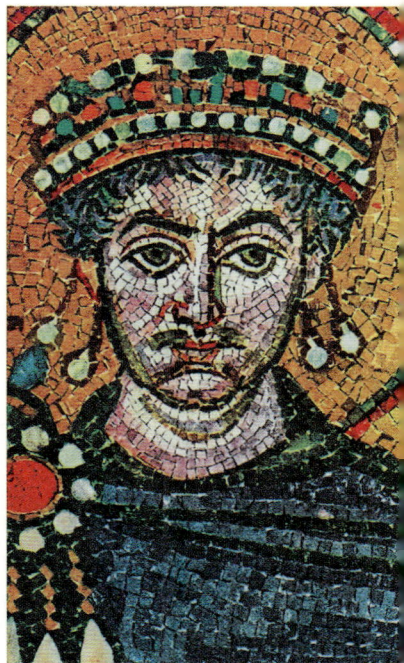

查士丁尼企图夺回西部，他维护正统教义，关闭了雅典学园

人们也许以为，这些剧烈的动荡会引起教会某种大胆的反应。但是，教会的注意力却集中在与基督之多重地位的冷僻领域有关的细枝末节上。有些人认为，基督是具有两方面的一个位格，这种看法最后获胜。它的主要拥护者是赛瑞利，他在公元412年至444年之间，任亚历山大的大主教。赛瑞利是正统教义坚定而又心胸狭隘的支持者，他以实际行动表现其热情，他鼓励对居住在亚历山大的犹太人社区进行迫害，他还策划了对希帕蒂娅 (Hypatia) 的残忍谋杀，后者是在数学史上留下芳名的少数几个妇女之一。赛瑞利后来被宣布为圣徒。

另一方面，追随君士坦丁堡大主教奈斯脱流斯 (Nestorius) 的人则赞成基督有两个位格的观点，即作为人的基督和作为上帝的儿子的基督。如我们所知，这个观点像诺斯替教的先驱。奈斯脱流斯 (Nestorian) 学说的支持者主要在小亚细亚和叙利亚。为解决这个神学的僵局，曾做出某种努力。公元431年，在爱菲斯召集了一次会议。赛瑞利一派的人设法先到会场，并在对方获准进入会场之前，迅速地通过了有利于他们自己的决议。奈斯脱流斯派从此被判为异端，主张只有一个位格的观点盛行起来。赛瑞利死后，公元

狄奥多拉，查士丁尼的妻子，基督一性论者

449年，爱菲斯的又一次宗教会议，甚至走得更远，宣布基督不仅是一个位格，而且只有一个本性。这个教义后来以基督一性论异端（Monophysite heresy）著称。在公元451年的卡勒西顿宗教会议（the Council of Chalcedon）上，这个论点受到谴责。如果赛瑞利当时尚在人世，那么他完全可能成为基督一性论的异教徒，而不是获得圣徒的殊荣。但是，尽管全基督教会议可以确定正统教义的标准，异端教义仍然继续存在，尤其是在东方。伊斯兰教后来取得如此巨大的成功，很大程度上正是由于正统教势力对异端教会毫不宽容的态度。

在意大利，哥特入侵者并没有盲目地破坏当时的社会结构。狄奥多利克的统治一直持续到公元526年他去世，他保存了旧的行政机构。在宗教事务上，他显然是温和的。他本人是个阿里乌斯教徒，而且似乎支持特别是在罗马贵族家庭中幸存下来的非基督教因素。鲍依修斯这个新柏拉图主义者，是狄奥多利克的大臣。不过，皇帝查士丁（Justin）却是个比较狭隘的人。公元523年，他宣布阿里乌斯异教为非法。这一做法使狄奥多利克处境尴尬，因为他的意大利领土完全是天主教的世界，而他自己的力量不足以抵制查士丁皇帝。由于害怕他自己的支持者谋反，狄奥多利克监禁了鲍依修斯，并于公元524年处死。狄奥多利克死于公元526年，次年，查士丁也死了，查士丁尼继承了皇位。正是在查士丁尼的委任下，罗马法大纲、法典和学说汇纂编纂出来。查士丁尼是正统教义的坚定维护者。公元529年，他即位后不久，就下令关闭雅典学园，这个学园曾作为旧传统的最后一个堡垒而幸存下来。尽管在关闭之前，它的学说已被新柏拉图主义的神秘主义大大地淡化。公元532年，圣索菲亚（St. Sophia）教堂在君士坦丁堡动工建造。公元1453年，在君士坦丁堡被土耳其人占领以前，这个教堂一直是拜占庭教会的中心。

查士丁尼皇帝的妻子，即有名的狄奥多拉（Theodora），同皇帝一样对宗教感兴趣。她过去的经历十分平凡，也是一个基督一性论者。正是由于狄奥多拉，查士丁尼才介入了关于三个教士团体（the Three Chapters）的争论。在卡勒西顿，三个具有奈斯脱流斯教派倾向的教父被宣布属于正统教派，

狄奥多拉的墓地，位于拉文纳

这一决议冒犯了基督一性论的观点。查士丁尼判定这三个人是异端，由此导致了教会的长期争论。最后，查士丁尼自己陷入异端，他采纳了不朽幻象论派 (Aphthartodocetic) 的观点，即认为基督的肉身是不朽的，这是基督一性论的必然推论。

查士丁尼在位时做过最后一次尝试，企图从蛮族统治者手中将西部各省夺回来。公元535年，意大利被侵，后来这个国家遭受战争的蹂躏长达18年之久。非洲也再次被勉强征服，但总的来说，拜占庭统治的结果很难说是件幸事。无论如何，尽管教会站在皇帝一边，但拜占庭的力量尚不足以恢复整个帝国。公元565年，查士丁尼去世，三年以后，意大利重又遭到蛮族人的攻击。伦巴底 (Lombard) 入侵者长久地占有了北部地区，这片土地就被称为伦巴底。他们和拜占庭人斗争了两百年，后者在来自南面的撒拉森人 (Saracens) 的压力下，最终撤退。公元751年，作为拜占庭在意大利的最后一个堡垒，拉文纳沦陷于伦巴底人之手。

在我们正讨论的这一时期中，像鲍依修斯这样的人是非常罕见的。这一时期的倾向不是哲学，但是，我们必须提到两个对中世纪哲学有重要影响的进展。第一个是西方修道院制度的成长，第二个是教皇的势力和权威的增加。它们分别与边奈狄克特 (Benedict) 和格雷高里的名字连在一起。修道院制度在公元4世纪始于东罗马帝国。它最初与教会无关。阿塔那修是使修道院运动最终受教会支配的始祖。如前所述，杰罗姆是主张修道士生活方式的重要人物。在公元6世纪中，修道院开始在高卢和爱尔兰创办起来。但是，西方修道院制度的决定性人物是边奈狄克特，而边奈狄克特教团就是以他的名字命名的。公元480年，边奈狄克特出生在一个贵族家庭，在罗马贵族安逸奢华的环境中长大。20岁时，他对自己早年在其中成长的传统产生了强烈的反感，跑到一个山洞中隐居了三年。公元520年，他在蒙特·卡西诺 (Monte Cassino)创办了一所修道院。这所修道院成为边奈狄克特教团的中心，由他起草的教规规定，它的成员立下清贫、服从和贞洁的誓约。边奈狄克特不喜欢由东方僧侣所实践的那种过度的苦行。对于肉体是罪恶的这一基督教观点，东方僧侣们的传统

据说是安葬边奈狄克特的棺木

边奈狄克特,蒙特·卡西诺修道院的
创立者

侧重于字面上的理解。所以,他们相互竞争,看谁能够达到最
不顾及肉体的状态。边奈狄克特的教规坚决地终止了这些有
害的偏执做法。权力交到修道院这位终身院长的手中。后
来,边奈狄克特教团发展出自己的传统,这些传统和其奠基者
边奈狄克特的意图略有不同。在蒙特·卡西诺,边奈狄克特
派的学者们收藏了大量的书籍文献,对保护残留的古典学问
传统做出了巨大的贡献。

边奈狄克特一直待在蒙特·卡西诺,直到公元543年去
世。大约40年以后,伦巴底人劫掠了这座修道院,教团成员逃
往罗马。蒙特·卡西诺在漫长的历史上还曾两次被毁,第一
次是在公元9世纪毁于撒拉森人手中;在第二次世界大战期
间,该城又一次被毁。它的图书馆幸免于难,如今修道院也得
到完整的修缮。

边奈狄克特生平的某些细节记载于格雷高里对话集第
二卷中。这本书大部分内容是关于神秘事件和行为的传说,
这些传说说明了当时受过教育的人的一般精神状态。我们必
须记住,阅读在当时只是一种极少数人才拥有的技能。和今
天的超人小说与科幻小说这类垃圾不同,格雷高里的这些著
作根本不是为广大易受欺骗的文盲而创作的。此外,这些对
话还是我们关于边奈狄克特的资料的主要来源。作为它们的
作者,大格雷高里被看作是西欧教会中的第四位博士。他在
公元540年生于罗马一个贵族之家,从小过着富裕奢华的生
活。他受到与他的地位相适应的良好教育,没有学习希腊文,
尽管这个缺陷一直未能弥补,即便他后来曾在皇宫里居住了6
年,也是这样。公元573年,格雷高里做了罗马城的市长。但
是不久,他仿佛听到了召唤,辞去了官职,放弃了财产,成为边
奈狄克特派的僧侣。随着这个巨大转变而来的艰苦节俭的生
活,使他的健康受到长期损害。不过,他并非过着一种他曾向
往的沉思默想式的生活。他的政治才能没有被人遗忘,教皇
佩拉吉二世任命他为驻君士坦丁堡皇宫的使节。当时,西方
对于君士坦丁堡还表示某种象征性的忠诚。从公元579年*到
585年,格雷高里一直住在宫廷里,但是他未能完成他的主要

141

* 原文是597年,疑有错。——译者注

任务,即劝说皇帝与伦巴底人开战。不过,军事干涉的历史已经过去了。查士丁尼统治下的最后几次军事干涉的尝试,曾获得了短暂的成功,但最终仍是徒劳之举。回到罗马以后,格雷高里在他从前建于宫殿中的修道院里度过了五年时间。公元590年,教皇逝世了,本来更情愿做一个僧侣的格雷高里则被选为教皇的继承人。当时西罗马权力的崩溃使国家处于动荡的局面之中,这需要格雷高里运用其全部的治国才能来应付。伦巴底人正在劫掠意大利,被摩尔部落所困扰的衰微的拜占庭政权,使非洲成为争斗的战场,西哥特人和法兰克人在高卢开战,由盎格鲁—撒克逊入侵者所导致的非基督化的大不列颠,则成为异教的英格兰。异教徒继续骚扰教会,道德标准的普遍沦丧,使得那些本该支配其教士生活方式的基督教原则遭到破坏。圣职买卖到处盛行,而且长达近五百年的时间,都未能真正有效地禁止。所有这些令人烦恼的困难都落到了格雷高里的手中,他尽其全力去克服它们。不过,也正是遍及西方的混乱,才使他能够将教皇的权力建立在比以往更加坚实的基础上。在此以前,还没有一个罗马主教能像格雷高里那样,如此广泛和成功地行使其权力。格雷高里主要借助于同教士及世俗统治者们大量通信的方法,来行使他的权力。在格雷高里看来,那些收信人或许是玩忽职守,或许是越权行事。通过出版并颁布《主教法规》,格雷高里为罗马在管理教会一般事务方面的至上权力奠定了基础。这本纲要在整个中世纪受到极大的尊崇,甚至进入东正教,在那里以希腊文的版本被采用。在格雷高里的神学教义的影响下,《圣经》研究趋向于象征—符号的解释,忽略纯粹的历史内容,直到古典学问复兴时期,这种内容才引起人们的注意。

就其坚定不移地努力加强罗马天主教的地位而言,格雷高里是一个多少有点固执己见的人。在政治上,如果皇权的过度使用能够符合格雷高里自己的利益,或者当他感到反对派构成了威胁时,他就会宽恕这些行为。与安布洛斯那样的人相比,格雷高里是一个老练的机会主义者。他为扩大边奈狄克特教团的影响做出了巨大贡献,该教团是后来的修道院机构的典范。但是,在他的时代,教会不够尊重世俗的学问,而格雷高里也不例外。

大格雷高里,教会权威的推动者

经院哲学

随着罗马中央权力的崩溃，西罗马帝国开始陷入蛮族时代。在这一时代，欧洲经历了普遍的文化衰落。所谓"黑暗时期"大约是指公元600年至1000年这段时间。当然，任何把历史这样分割成整整齐齐的片段的尝试，都是极不自然的。这种区分不应被赋予太多的意义，最多只能暗示那段时期普遍具有的某些一般特征。因此，我们千万不要以为，在公元7世纪初，欧洲突然陷入黑暗之中，四百年之后又从中浮现出来。首先，以往的古典传统在某种程度上继续存在，尽管它们的持续影响不太稳定，而且有限。有些学问在修道院，特别是在爱尔兰那样的边远地带得到了培育。不过，把这几百年叫做黑暗岁月并非不恰当，尤其拿它们和以往及后来的历史相对照。同时，我们最好记住，东罗马帝国并未经历和西罗马帝国一样程度的大崩溃。皇权的控制力在拜占庭依旧存在，因此，学问在这里比它在西方以后若干世纪将经历的状况，更加世俗化。再者，当西方文化衰落的时候，年轻而充满活力的伊斯兰文明则达到了它的鼎盛期，这种文明囊括印度的大部分以及中东、北非和西班牙。而在更遥远的地方，唐朝的中华文明正在成为该文明最重要的文化时代之一。

为了理解哲学和教会为什么会联系得如此紧密的原因，我们必须大致描绘教廷和世俗权力在这一段时期内的主要发展趋势。教皇之所以能够保持在西方的统治地位，很大程度上是由于罗马皇权的消失造成了政治真空。东方大主教们一方面更受制于帝国的权力，另一方面又从来都蔑视罗马主教们的自命不凡，所以，东方教会最终各自分道扬镳。此外，入侵部族对西方的蛮族化影响，降低了罗马时代整个帝国曾普遍盛行的一般文化水准。僧侣们保存了残留下来的学问，因而成为能够阅读和书写的特权集团。几百年以后，当欧洲摆脱了冲突混乱而进入相对稳定的阶段时，正是僧侣们创建和管理着各种学院。经院哲学在文艺复兴之前一直独霸天下。

在西欧7世纪到8世纪期间，罗马教廷在拜占庭皇帝和蛮

查理·马特，在图尔战役中击败了阿拉伯入侵者

族国王这两个彼此竞争的政治力量之间，走着一条荆棘丛生的中间道路。从某些方面来说，同希腊渊源相连，要比依赖于蛮族入侵者更可取。拜占庭皇帝的权力至少具有适当的法律基础，而征服部落的统治者们则是用武力获得权力的。此外，东罗马帝国保存了罗马强大时曾占统治地位的那些文明准则，因而，某些与野蛮人狭隘的民族主义形成鲜明对照的世界主义观点，在东罗马帝国仍然具有生命力。再者，无论是哥特人还是伦巴底人，不久前都还信奉阿里乌斯教，而拜占庭尽管拒绝服从罗马的教会权力，但多少还是正统的。

143

但是，东罗马帝国不再强大，以至于勉强保持它在西方的权力了。公元739年，伦巴底人作了一次征服罗马的未成功的尝试。为了消除伦巴底人的威胁，教皇格雷高里三世试图获得法兰克人的帮助。作为克洛维 (Clovis) 的继承者，墨洛温

王朝 (Merovingian) 的国王们当时已失去在法兰克王国中的一切实权,宫相 (doums) 才是实际的统治者。公元8世纪初,查理·马特 (Charles Martel) 担任宫相。他在公元732年的图尔(Tours)战役中,遏制了伊斯兰教的上升趋势。查理和格雷高里都逝世于公元741年。他们的继承人丕平 (Pepin) 和教皇司提反三世 (Stephen Ⅲ) 达成了一项协议。宫相丕平要求教皇正式承认他的王位,以此取代墨洛温王朝。作为回报,丕平将伦巴底人公元751年曾占领的拉文纳城和拜占庭总督的其他辖区赠给了教皇。这导致了罗马教皇与拜占庭的最终分裂。

在缺乏中央政权的情况下,罗马教廷的力量比起东正教在它自己的领地上所具有的力量要大得多了。拉文纳的转让当然不是一项合法的交易,为了使它具有某种正当性的外衣,僧侣们伪造了一个后来以"君士坦丁的捐赠"而闻名的文件。这一文件号称是君士坦丁皇帝的法令,根据这项法令,他将所有曾属于西罗马的领地都移交给教皇。这样,教皇的世俗权力便建立起来了,并持续存在于整个中世纪。直到公元15世纪,这一文件的伪造性才被揭露出来。

伦巴底人试图抵抗法兰克人的干涉,但是公元774年,丕平的儿子查理曼 (Charlemagne) 终于越过阿尔卑斯山脉,决定性地击败了伦巴底军队。他自封为伦巴底人的国王,并向罗马进军,在那里,他重申了他的父亲在公元754年的捐赠。罗马教廷支持查理曼,查理曼则致力于使基督教传入撒克逊的疆域。当然,他使异教徒改宗的方法不是说服,而是凭借刀和剑。在东部边境,查理曼征服了德意志的大部分土地。但是,在南方,他要赶走西班牙的阿拉伯人的努力则少有成功。公元778年,查理曼的后卫部队失利,由此产生了著名的勇士罗兰 (Roland) 传奇。

不过,查理曼的目标不限于巩固他的边疆。他把自己视为西罗马帝国的真正继承人。在公元800年的圣诞节期间,他由罗马教皇加冕,成为皇帝。这标志着日耳曼神圣罗马帝国的开始。因丕平的捐赠而实际造成的与拜占庭的分裂,至此由于新的西方皇帝的产生而完成。查理曼为这次变动寻找的借口有点站不住脚。拜占庭的皇位当时由女皇伊琳 (Irene)

查理曼,公元800年在罗马加冕为皇帝,成为恺撒的继承人

144

占据。查理曼认为，这不符合帝国的惯例，所以皇位仍是空的。查理曼使教皇为他加冕，这样他就能够作为恺撒的合法继承人而行使权力。与此同时，通过这一事件，教廷也就和帝国的权力联结起来了。尽管后来一些自行其是的皇帝们，可以根据自己的目的来废黜或拥立教皇，但是，教皇仍然必须通过给皇帝加冕来肯定皇帝的登基。因此，世俗权力和精神权力就形成了至关重要的相互依存的关系。分歧自然是不可避免的，命运多舛的教皇和皇帝一直陷于激烈的斗争之中。导致冲突的主要原因之一是围绕着主教任命的问题而产生的，对此，我们以后再做更多的叙述。到了公元13世纪，双方的斗争终于到了无法和解的地步。在以后的斗争中，教廷表现为胜利的一方，但是由于文艺复兴初期教皇们在道德标准上的堕落，教廷反而失去了辛辛苦苦赢得的优势地位。同时，英格兰、法兰西和西班牙等民族王权的兴起，也产生出新的力量，它们逐渐削弱了在教会的精神领导下所保存的统一体。帝国的存在到拿破仑征服欧洲时为止，教廷则一直延续到现在。当然，它的至高无上的地位已为宗教改革运动所摧毁。

查理曼在世时热心地保护教皇，教皇则小心翼翼地顺从查理曼的意图。查理曼本人不善书写，也不虔诚，但是他并不敌视其他人的学问或虔诚的生活方式。他鼓励文学的复兴，庇护学者。尽管他自己的消遣很少与书籍相关。他还认为，正直的基督徒行为有益于他的臣民，但是主张这种行为绝不能过分妨碍宫廷生活。

在查理曼后继者们的统治时期，皇帝的权力衰落了，特别是当虔诚的路易 (Louis) 的三个儿子将帝国领土瓜分之后，皇帝的权力更是江河日下。在以后的时代中，这些事件逐渐形成了德意志人和法兰西人之间的裂痕。教廷则从皇帝的世俗争斗的失败中，加强了自己的实力。同时，罗马也不得不加强对主教们的权威，如我们所述，这些主教在自己的领地上已或多或少赢得了独立，尤其是那些远离中央权力所在地的主教，更是如此。在主教任命的事情上，教皇尼古拉一世 (Nicholas Ⅰ, 858—867) 基本上成功地维护了罗马的权威。不过，关于教皇权力的整个问题仍或多或少地继续存在，不仅世俗的权力提出这个问题，而且教会内部也提出这个问题。一个聪明

亚琛 (Aix la Chapelle) 大教堂中查理曼大帝的加冕座椅

果断的主教完全可能不服从一个不聪明不果断的教皇。最终当尼古拉死后，教皇的势力再次衰落。

公元10世纪，教廷由罗马地方贵族控制。由于拜占庭、伦巴底和法兰克军队之间的争斗所导致的连绵不断的破坏，罗马城陷入了野蛮和混乱之中。整个西方大地被摆脱了封建主钳制的、有独立见解的封臣弄得动荡不安，无论是皇帝还是法兰西国王，都无法有效地控制难以驾驭的贵族。匈牙利 (Hungarian) 入侵者侵犯意大利北部领土，北欧的海盗冒险家则使欧洲的海岸与河畔充满了恐惧和灾难。诺曼底人 (Normans) 最终在法兰西得到一片狭长的领土，作为回报，他们皈依了基督教。来自南部撒拉森人的威胁，在公元9世纪期间日益严重，只是到了公元915年，东罗马在那不勒斯 (Naples) 附近的加利格里阿诺河 (Garigliano) 击败了撒拉森人的入侵，这才免除了祸患。但是，与查士丁尼时代曾做过的努力一样，帝国的力量还是太虚弱，所以不能统治整个西方。在这次大混乱中，教廷不得不受制于任性的罗马贵族们的心血来潮，它不仅丧失了以前在东正教事务上或许还残留的一点影响，而且当地方主教再次宣布其独立地位时，它对西方僧侣的控制也烟消云散了。不过，就此而言，地方主教们也没有获得成功，因为尽管他们与罗马的联系可能松弛了，但与地方世俗权力的联系却增强了。在这一时期，圣·彼得 (St. Peter) 王权的许多在职者，也不具备阻止社会和道德分崩离析的性格力量。

到了11世纪，民族大动荡趋于结束，来自伊斯兰教的外部威胁也被遏制。从这个时候开始，西方转而成为进攻的一方。

当古希腊文化在西方大部分地区已被遗忘的时候，它却在遥远的爱尔兰幸存下来。当西方大体上经历衰落时，爱尔兰的文化却兴旺起来。最后，由于丹麦人 (Danes) 的到来，才摧毁了这一小片土地上的文明。

因此，毫不奇怪，当时最伟大的学者竟是个爱尔兰人。9世纪的哲学家约翰·司各脱·厄里根纳 (Johannes Scotus Erigena) 是一个新柏拉图主义者，一个希腊传统的学者。他在观点上是一个伯拉纠主义的信徒，在神学上则是一个泛神论者。虽然他持非正统观点，但他似乎设法逃脱了迫害。某种有趣的生活环境，使爱尔兰文化在当时活跃起来。当高卢开始遭遇蛮族的大举入侵时，有一大批学者投奔西方最远的地方，以获得可能的保护。那些投奔英格兰的人，在异教徒盎格鲁人、撒克逊人和朱特人中间难以找到立足之地。但爱尔兰却是安全的，因此，许多学者都到爱尔兰避难。至于英格兰，我们也必须以略微不同的方式来推算其"黑暗时期"。在盎格鲁—撒克逊人 (Anglo-Saxon) 入侵时，它有过一次文化发展的中断，但在阿尔弗雷德大帝 (Alfred the Great) 的统治下又有了恢复。因此，"黑暗时期"的开始和结束都提早了两百年。公元9至10世纪，丹麦人的袭击给英格兰的发展造成了停顿，并使爱尔兰处于持久的倒退之中。这时，大批学者又逃了回去。其间，罗马离得太远，无法对爱尔兰教会的事务实施控制。主教们的权威并不是压倒一切的，修道院的学者们也时刻沉溺于教义的争执之中。因此，约翰·司各脱的自由思想有可能在这里产生，若是在其他地方，它就会立刻被纠正。

关于约翰的生平，除了他在法兰西秃头查理的宫廷里那一段时期以外，我们所知甚少。他的生卒年代都不确定，好像生于公元800年，死于公元877年。公元843年，约翰应邀来到法兰西宫廷，掌管宫廷学校。在那里，他卷入关于预定说和自由意志问题的争论。约翰支持主张自由意志的一派，认为人们在德行方面的自身努力的确是重要的。虽然他的伯拉纠主义的观点已引起人们很大的不满，但是，他用来论述问题的单纯的哲学方法则招致更多的反感。他主张，理性和启示是真理的两个独立来源，两者既不重叠，也不冲突。但是，如果在特定的情况中好像出现了冲突，那我们必须相信理性多于相信启示。他说，事实上，真正的宗教就是真正的哲学，反之亦然。国王宫廷里那些思想僵化的僧侣们不接受约翰的这一观点，他讨论这些问题的著作受到了谴责。只是由于和国王的个人友谊，才使他逃脱了惩罚。查理和他的这位爱尔兰学者，都死于公元877年。

约翰在哲学上是一个唯实论者，这是就"唯实论者"这一术语的经院哲学含义而言的。搞清楚这一专门用法的意义是非常重要的。唯实论起源于柏拉图和苏格拉底学派所阐述的理念论。它主张，共相就是事物，共相先于个别而存在，与唯实

法兰西的秃头国王查理，约翰·司各脱的庇护人

论 (realism) 相对立的阵营是唯名论 (nominalism)，它以亚里士多德的概念论为基础。唯名论主张，共相不过是名称，个别先于共相而存在。唯实论和唯名论就共相问题展开的激烈争论，贯穿于整个中世纪。今天，它还残存于科学和数学之中。因为经院哲学的唯实论是和理念论连在一起的，所以它在现代亦被称为唯心主义。我们必须将这种观点与这些术语后来的非经院哲学的用法完全区别开来。关于这一点，我将在适当的地方予以解释。

约翰的唯实论非常明显地表现在他的主要哲学著作《自然区分论》(*On the Division of Nature*) 之中。他认为，根据某个事物是创造者还是非创造者，或是被创造者还是非被创造者，可以对自然进行四重区分。(1) 创造者而非被创造者，这显然是上帝。(2) 创造者，同时又是被创造者。归入这一类的有柏拉图和苏格拉底意义上的理念，它们创造了个别，又被它们存在于其中的上帝所创造。(3) 时间和空间中的事物，它们是被创造者，但不是创造者。(4) 非创造者和非被创造者。这里，我们兜了一个大圈子，又回到了上帝，他是万物必须努力趋向的终极目的。在这个意义上，上帝和他自身的目的难分彼此，所以它是非创造者和非被创造者。

以上所谓事物，均指存在的事物。但约翰还将非存在的事物也包括在自然之内。在非存在的事物中，首先是普通的有形体，按照真正的新柏拉图主义的说法，这些有形体被排斥于可理解的世界之外。同样，罪恶也被认为是一种不足或缺乏，与神圣原型不相符合，因而也属于非存在的领域。所有这些最终都返回到柏拉图的理论，即如我们已知的那样，善等同于知识。

上述有关上帝等同于其目的的观点，直接导致一种泛神论神学，它完全是非正统的。上帝自身的本质不仅对人是不可知的，而且对上帝自己也是不可知的，因为上帝不是一个能够被认识的对象。逻辑方面的理由（尽管没有为约翰的陈述）在于：上帝就是万物，所以那包含着认识者和认识对象的认知情境是不可能出现的。约翰的三位一体说和普罗提诺的说法相像。上帝的存在本身显现于事物的存在，他的智慧表现在事物的秩序之中，他的生命则表现在事物的运动之中。这

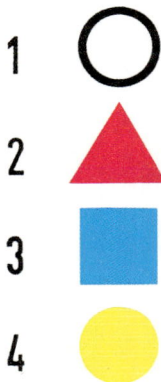

（1）上帝，创造者。（2）"理念"，在上帝之中，是创造者，同时又是被创造者。（3）时间和空间中的事物，被创造者。（4）上帝，终极目标，非创造者和非被创造者

几方面又分别对应于圣父、圣子和圣灵。就理念王国来说，这三方面共同构成了逻各斯，后者通过圣灵的力量引起或产生了个别的事物。这些个别事物没有独立的物质存在。说上帝从无中创造了万物，是在这样的意义上说的，即这个无就是上帝自身——他超越了一切认识，因此是无。所以，约翰反对亚里士多德关于个别事物具有物质存在的观点。另一方面，根据创造和被创造的标准所划定的自然的前三重分类，源于亚里士多德的相似标准：起推动作用的和被推动的。第四重分类源于新柏拉图主义的狄奥尼索斯的学说。狄奥尼索斯是圣·保罗 (St. Paul) 的一个雅典信徒，他被假定为一部调和新柏拉图主义和基督教的著作的作者。约翰将这本著作从希腊文翻译过来，并很可能因此得到保护，这个冒牌的狄奥尼索斯 (Pseudo-Dionysius) 因与圣·保罗的关联，而被错误地当作了正统派。

在11世纪，欧洲终于开始进入一个复兴时期。诺曼人遏制了来自北部和南部的外部威胁，他们对英格兰的征服结束了斯堪的纳维亚人 (Scandinavian) 的侵扰，而他们在西西里的战役，则将这座岛屿从撒拉森人的统治下永久地解放出来。修道院制度的改革获得了进展，教皇选举原则和教会组织原则受到检查。随着教育的改善，文化水准不仅在僧侣中开始得到提高，而且某种程度上在贵族阶层中也开始得到提高。

当时困扰教会的两个主要问题是圣职买卖和独身问题，两者某种意义上都与多年来发展起来的全体神职人员的地位有关。因为神职人员是宗教奇迹和宗教力量的执行者，他们便对世俗事务逐渐产生了巨大的影响。只要人民基本上还相信宗教力量的真实性，那么神职人员的影响就会仍然有效。在整个中世纪，人民的信仰一直是虔诚而普遍的。但是，权力的滋长往往刺激欲望。如果没有强大有效的道德传统加以引导，那些身居要职的人通常会谋取自己的私利。这样，有金钱回报的教职任命，就成了那些有权分发教职的人的财富和权力的一种来源。这些交易最终败坏了教会制度，也不时有人努力与这种罪恶进行斗争。另一方面，在僧侣独身的事情上，问题却没有如此清楚。这一问题的道德性质从来没有得到最终的解决。无论是在东正教中，还是在后来的

克吕尼修道院，改革的中心

被逐出教门的亨利四世，恳求修道院院长调停

西方新教中，独身生活从未被认为具有道德价值。而且，伊斯兰教甚至还谴责独身。同时，从政治的角度来看，当时出现的变化也不无合理的根据。如果神职人员结婚了，他们就会倾向于形成一个世袭的特权阶层；如果保护财富的经济动机也成为其中一个因素，那就更是如此。此外，神职人员必须和别的人有所不同，独身生活所标榜的就是他们之间的这种区别。

修道院改革运动兴起的中心是建于公元910年的克吕尼(Cluny)修道院。在那里首次实行了一项新的组织原则，这个修道院是独立的，直接对教皇负责；反过来，修道院院长又有权管理那些归属于克吕尼的机构。新制度试图避免奢侈和禁欲两个极端。其他改革家们也依此行事，创办了新的教团。卡玛勒多兹(Camaldoles)教团建于公元1012年，加尔都西(Carthusian)教团建于公元1084年，遵守边奈狄克特教规的西多教团(Cistercians)则建于公元1098年。至于教廷本身，改革主要是皇帝和教皇争夺最高权力斗争的结果。格雷高里六世为了对教廷进行改革，从他的前任边奈狄克特九世那里买得教皇的职位。但是年轻的皇帝亨利三世(Henry Ⅲ)本人就是一个精力充沛的革新家，不管格雷高里六世的动机多么值得称道，他都不可能赞成这笔交易。公元1046年，22岁的亨利君临罗马，废黜了格雷高里六世。从此以后，亨利继续由自己来任命教皇，并在这件事上谨慎从事，如果教皇有负期望，则罢免他们。亨利四世的统治期是从公元1056年至1106年。在他未成年的时候，教廷再次恢复了它的一些独立性。教皇尼古拉二世任职时通过了一项教令，它使教皇的选举实际上由红衣主教控制，皇帝则完全被排斥在外。尼古拉还加强了他对大主教们的控制。公元1059年，为了维护教皇的权力并支持地方改革运动，尼古拉派卡玛勒多兹教团的学者彼得·达米安(Peter Damian)前往米兰。达米安是个有趣的人物，他创立了一种学说，主张上帝不受矛盾律的约束，能使覆水再收。这一观点后来遭到阿奎那(Aquinas)的反对。达米安认为，哲学是神学的婢女，他还反对辩证法。他说上帝应该能够超越矛盾原则，这个说法暗含着全能概念的困境。如果上帝是全能的，那么，比如说，他怎

149

教皇格雷高里七世之死

么不能造出一块重得连他自己都搬不动的石头呢？可是，如果他真的是全能的，那他肯定能够造出这样的石头。因此，他好像既能搬起这块石头，又不能搬起这块石头。如果人们不放弃矛盾原则，那么全能概念就不可能存在了。而放弃矛盾原则的提议，又将使讨论成为不可能的事，正是由于这个原因，达米安的理论必然遭到反对。

尼古拉二世的继承者的选举加剧了教廷和皇帝之间的冲突，结果是红衣主教们得利。此后的新任教皇是公元1073年选出的希尔德布兰德 (Hildebrand)，即格雷高里七世。他在位时，爆发了在授职问题上与皇帝的大纷争，此事持续了好几个世纪。一个新任职的主教应被授予一枚指环和一根牧杖，作为职权的象征，从前这些东西都是由世俗统治者授予的。格雷高里为了加强教廷的权威，将这项权力归属自己。公元1075年，当皇帝任命米兰的一个大主教时，事情到了紧急关头。教皇发出威胁，要废黜皇帝并将其逐出教门。皇帝则声称自己拥有最高权力，并宣布废黜教皇。格雷高里进行了报复，将皇帝和他的主教们逐出教门，并宣布他们已被废黜。在第一回合里，教皇占了上风。公元1077年，亨利四世在卡诺萨做赎罪苦行。但是，亨利的忏悔是一个政治步骤。尽管亨利的敌手已选出一个对手来代替他的位置，但是亨利最终还是战胜了他的敌手们。到了公元1080年，格雷高里最后宣布支持与亨利对峙的皇帝鲁道夫 (Rudolf) 时，已无济于事。亨利一手造就了一位不按教规选出的教皇，并于公元1084年带着他进入罗马，以接受其加冕。格雷高里在西西里的诺曼人的帮助下，迫使亨利和他的教皇仓皇撤退，但是格雷高里却成了他的保护者的囚徒，翌年去世。格雷高里虽然失败了，可是他的政策后来却获得了成功。

不久，就出现了像坎特伯雷 (Canterbury，1093—1109) 大主教安瑟伦 (Anselm) 那样的人，步格雷高里的后尘，和世俗权力发生争执。安瑟伦作为上帝存在的本体论证明的发明人，是哲学上的重要人物。他认为，上帝是思维可能具有的最高对象，所以他不能不存在；否则，他就不会是最高对象。这里的真正错误是将存在看做一种属性。但是，从此以后，许多哲学家就一直与他的论证争斗不已。

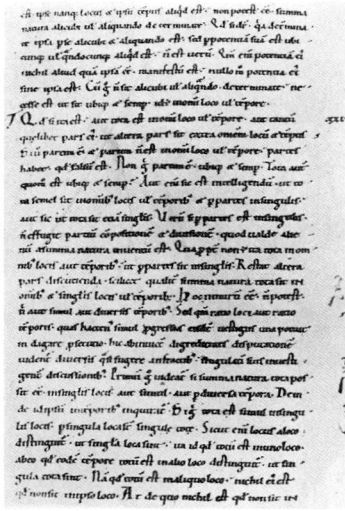

坎特伯雷的大主教安瑟伦的手稿

西方虽受蛮族的蹂躏，但蛮族最终接受了基督教。然而，东罗马帝国却逐渐处于伊斯兰教徒的猛烈攻击之下。伊斯兰教徒们尽管没有致力于改变被征服民族的宗教，但却采取了一项的确使大多数人有所获益的优惠措施，即对那些加入他们宗教的人免收贡品。伊斯兰教纪元始于希吉拉 (the Hegira)，即公元622年，穆罕默德离开麦加 (Meccec) 前往麦地那 (Medina) 之时。公元632年，穆罕默德去世，在以后短短的一个世纪以内，阿拉伯人的征服就改变了整个世界。叙利亚在公元634年至636年间被攻克，埃及沦陷于公元642年，印度沦陷于公元664年，迦太基沦陷于公元697年，西班牙则于公元716年至717年被攻陷。公元732年的图尔战役，使局势得到改变，阿拉伯人撤到西班牙。公元669年，君士坦丁堡被围攻，公元716年至717年，这座城市再次受困。拜占庭帝国的领土逐渐缩小，但仍继续维持到公元1453年，直到奥斯曼 (Ottoman) 帝国的土耳其人攻克了这座城市时为止。这次穆斯林活力的大迸发，得益于受侵扰的东西罗马帝国的普遍衰竭。此外，许多地方的内部冲突也对穆斯林征服者有利。叙利亚和埃及，尤其因为持非正统宗教而遭劫难。

先知，来自一份波斯手稿

在某些方面，由先知穆罕默德宣布的新宗教是向《旧约》中节欲的一神教的回归，而抛弃了《新约》所添加的神秘内容。和犹太人一样，穆罕默德也禁止供奉雕像；但和犹太人不同的是，他禁止饮酒。禁止饮酒的教规究竟曾在多大程度上生效，是难以确定的。至于禁止供奉雕像，则与奈斯脱流斯教徒反对偶像崇拜的倾向不谋而合。对伊斯兰教徒来说，征服几乎是一种宗教义务，当然"圣经之民"没有受到迫害。这一点感动了坚定地遵循他们自己的《圣经》教规的基督徒、犹太人和拜火教徒。

阿拉伯人起初并未打算进行有计划的征服。他们的土地贫瘠干燥，他们通常只是为了劫掠才搞边境袭击。但是由于对方的抵抗软弱无力，袭击者就变成了征服者。在许多情况下，新统治者领导下的新土地上的行政管理仍然保持原样。阿拉伯帝国由哈里发们统治，他们是先知穆罕默德的继承者，也是他的权力的继承者。尽管哈里发的职位一开始是由选举决定的，但是不久就成为乌玛亚德王朝

(Umayyads) 世袭，这个王朝的统治一直持续到公元750年。乌玛亚德家族不是出于宗教原因，而是出于政治原因才信奉先知穆罕默德的教义，并反对宗教狂热。阿拉伯人在整体上并不十分倾向于宗教，他们扩张的动机一如既往，是为了进行物质财富的掠夺。正是由于狂热精神的缺乏，才使得他们人数虽少，却能够统治辽阔土地上文明程度较高、宗教信仰各异的居民。然而在波斯，先知穆罕默德的教义所面临的则是被以往的宗教和思辨传统很好地熏陶过的环境。公元661年，穆罕默德的女婿阿里 (Ali) 去世后，伊斯兰教徒分成逊尼派 (Sunni) 和什叶派 (Shiah) 两个派别。后一派可以算是少数派，它忠于阿里，排斥乌玛亚德家族。波斯人就属于这个少数派，而且主要是由于波斯人的影响，乌玛亚德王朝才被推翻，阿拔斯王朝 (Abbasids) 接替了它，并将首都由大马士革(Damascus)迁往巴格达(Baghdad)。新王朝的政策对伊斯兰教徒中的狂热派控制较松。然而，阿拔斯家族失去了西班牙。乌玛亚德王朝中幸存下来的一支，在西班牙的科尔多瓦(Cordova)建立了一个独立的哈里发政权。在阿拔斯王朝的哈伦-阿尔-拉希德 (Harun-al-Rashid) 的统治时期，阿拉伯帝国进入了灿烂辉煌的阶段。哈伦-阿尔-拉希德与查理曼同属一个时代，通过《天方夜谭》(*Arabian Night*) 的传说而成了家喻户晓的人物。他死于公元809年，之后和罗马当年使用蛮族士兵的结果一样，阿拉伯帝国也由于大规模使用土耳其雇佣军而开始蒙受损失。阿拔斯的哈里发衰落了，公元1256年，蒙古人攻占巴格达，这个王朝也随之垮台。

　　穆斯林文化发源于叙利亚，但是不久就以波斯和西班牙为中心了。在叙利亚，阿拉伯人继承了受奈斯脱流斯教徒支持的亚里士多德传统，而在当时，正统的天主教赞同的则是新柏拉图主义的学说。不过，亚里士多德理论和某种新柏拉图主义的影响混合在一起的结果，造成了许多混乱。在波斯，伊斯兰教徒逐渐接触到印度数学，并引入了阿拉伯数字，后者实际上应该被称为印度数字。波斯文明造就了像菲尔杜锡(Firdousi)那样的诗人，并且即使遭遇到蒙古人在13世纪的入侵，这种文明仍然保持了高度的艺术水准。

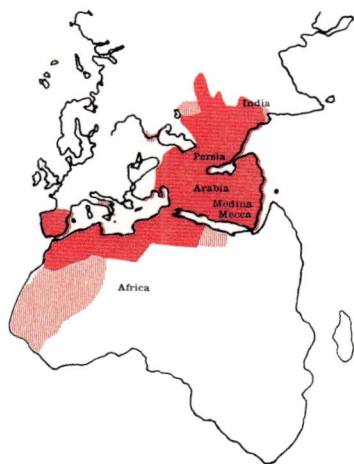

穆斯林世界的扩张

151

阿维森纳手稿扉页，17世纪

阿威罗伊

　　早期阶段，即在拜占庭皇帝芝诺 (Zeno) 公元481年关闭埃德萨 (Edessa) 学院之后，奈斯脱流斯派的传说也传入了波斯，而阿拉伯人正是通过这一传统首次接触到希腊学问。穆斯林思想家从这两个源泉中汲取了亚里士多德的逻辑和哲学，以及古代人的科学遗产。波斯最伟大的伊斯兰教哲学家是阿维森纳 (Avicenna, 980—1037)。他生于波卡拉省 (Bokhara)，后来在伊斯法罕 (Ispahan) 教哲学和医学，最后定居在德黑兰 (Teheran)。他生活讲究，并由于持非正统观点而招致神学家的敌意。他的著作的拉丁文译本，也因此在西方颇有影响。阿维森纳的主要哲学兴趣之一是共相这个经久不衰的问题，后来这个问题在经院哲学中也是非常重要的。阿维森纳企图通过调和柏拉图和亚里士多德来解决共相问题。他的出发点是，存在于形式中的一般是由思维产生的。这是一个亚里士多德的观点，阿威罗伊 (Averroes, 1126—1198) 和后来的阿奎那的老师大阿尔伯特 (Albertus Magnus) 都复述了它。但是，阿维森纳进而对这个观点作了限定。共相同时在万物之前、万物之中和万物之后。当主根据形式创造万物时，共相就在万物之前，即在主心中；就共相属于外部世界而言，它们就在万物之中；共相在万物之后，即在人的思维之中，人的思维经由经验而辨认出形式。

　　西班牙也产生了一位杰出的伊斯兰教哲学家阿威罗伊。他生于科尔多瓦的一个法官世家。本人除研究其他学问以外，也学习法律，并先后在塞维利亚 (Seville) 和科尔多瓦担任法官。公元1184年，阿威罗伊当上了御医，但最终因为不安于信仰、坚持自己的哲学观点，而被放逐到摩洛哥 (Moroco)。他的主要贡献是，使亚里士多德研究不再受到新柏拉图主义歪曲的影响。和后来的阿奎那一样，阿威罗伊认为主的存在可以单凭理性就得到证明。在灵魂问题上，他附和亚里士多德，认为虽然"奴斯"是不朽的，但灵魂不是不朽的。因为这个抽象的理智是单一的，所以它的继续存在并不意味着个人的不朽。这些观点自然受到基督教哲学家的反对。阿威罗伊著作的拉丁文译本不仅影响了经院哲学家，而且受到了广大自由思想家们的欢迎，这些人也反对灵魂不死。后来，他们就被称为阿威罗伊主义者。

当公元1085年格雷高里七世去世的时候，他的政策好像已经使教廷在帝国事务上丧失了势力和影响。但是以后的情况表明，世俗和精神权力间的拉锯战远未结束。事实上，教廷尚未达到其政治生涯的顶峰。与此同时，由于伦巴底等新兴城市的支持，这位上帝的代理人在精神事务中的权威得到了加强，而第一次十字军运动则使它的威望大增。

教皇乌尔班二世（Urban Ⅱ，1088—1099）重新挑起了授职问题上的斗争，他再次将这些权力据为己有。公元1093年，亨利四世的儿子康拉德（Conrad）反叛他的皇父，寻求并得到了乌尔班的支持。北部城市愿意拥戴教皇，因此整个伦巴底轻而易举地被攻克。法兰西国王菲力浦（Philip）也被招安。公元1094年，乌尔班举行了一次横贯伦巴底和法兰西的凯旋巡视。翌年，在克勒芒（Clermont）宗教会议上，乌尔班宣布发动第一次十字军远征。

乌尔班的继任者，帕斯加尔二世（Paschal Ⅱ）继续成功地推行罗马教廷的授职政策，直到亨利四世公元1106年逝世为止。此后，至少在德意志的土地上，新皇帝亨利五世占据着优势。教皇建议皇帝不要干涉授职的事，并以僧侣放弃对世俗财产的权利作为交换条件。然而，教士们对尘世生活的依恋超出了这个虔诚的建议似乎设想的程度。当这项提议的条文公布以后，德意志的教士们极力反对。亨利当时正在罗马，他胁迫教皇屈服，还使自己被加冕为皇。但是，这只是一次短暂的胜利。11年以后，即公元1122年，教皇加里斯都二世（Calixtus Ⅱ）凭借《沃尔姆斯宗教协定》（Concordat of Worms），重新获得了授职权。

在皇帝腓特烈·巴巴罗萨（Fredrick Barbarossa, 1152—1190）的统治下，皇帝和教廷的斗争进入了一个新阶段。公元1154年，英格兰人哈德良四世（Hadrian Ⅳ）当选为教皇。起先，教皇和皇帝联合起来对付不服从他们的罗马城。布雷西亚的阿诺德（Arnold of Brescia）是罗马人独立运动的领袖。阿诺德是一个坚强勇敢的异端分子，他愤怒地抨击僧侣们奢侈华丽的世俗生活。他认为，拥有世俗财产的圣职人员不能进入天国。这一观点为教会的首脑们反对，阿诺德则因为持有这一异端观点而遭到猛烈的攻击。早在前任教皇时期就有

腓特烈·巴巴罗萨皇帝

了这些麻烦；而到了哈德良当选时，这些麻烦演变成了危机。哈德良因为一次罗马市民的骚动而惩罚了罗马人，对他们下达了褫夺宗教权利的禁令。最后，罗马人争取独立的精神崩溃了，他们同意放逐异端领袖阿诺德。阿诺德躲藏起来，但被巴巴罗萨的军队抓获，他们立刻就把他烧死了。公元1155年，皇帝在群众的示威声中接受加冕，而示威活动遭到他的残酷镇压。但是，两年以后，教皇和皇帝的联盟破裂。随之而来的是他们之间的一场战争，时间长达20年。伦巴底联盟为教皇而战，或者更确切地说是为了反对皇帝而战。战争的过程风云变幻。公元1162年，米兰沦陷，但是就在这一年不久以后，巴巴罗萨和他僭立的教皇又输在自然灾害的手中，他们的军队在进军罗马的路上遭到瘟疫。在公元1176年的莱尼亚诺 (Legnano) 战役中，巴巴罗萨最后一次企图摧毁教皇的力量，但以失败而告终。之后，他们达成了一项不稳定的和约。巴巴罗萨皇帝参加了第三次十字军运动，并于公元1190年死于安纳托利亚 (Anatolia)。

　　教会和皇帝之间的斗争，最终并未给双方带来任何好处。北意大利的城邦却开始兴起一种新的力量。当皇帝对它们的独立构成威胁的时候，这些城邦就支持教皇。后来，当这种威胁不存在的时候，它们就追求自己的利益，并发展出一种与教会文化截然不同的世俗文化。它们虽然名义上信奉基督教，但是与17世纪以后的新教社会的做法大抵相似，它们也产生出极其自由的思想观念。十字军运动时期，北意大利的沿海城市作为船只和给养的提供者，愈来愈显得重要。宗教热情或许是十字军运动的最早动力之一，但是强有力的经济动机也在其中发生作用。在东方，极有希望获得财富，而更重要的是，这还是一项正直而神圣的事业；同时，就在附近的欧洲犹太人，也是发泄宗教义愤的有利目标。至于基督教世界的骑士们，是在穆斯林世界中对抗一种比他们自己的文化优越得多的文化。对他们来说，这一点起初并不是显而易见的。

　　作为一种运动，经院哲学与古典哲学的区别在于：它的结论先于事实。它必须在正统教义的范围内发挥作用。在古代哲学家中，它以亚里士多德为保护神，亚里士多德的影响逐渐取代了柏拉图的影响。在方法上，经院哲学倾向于亚里士

哈德良四世，唯一的英格兰教皇

多德的分类法，在运用辩证论证的同时漠视事实。它所关注的最大的理论问题之一是共相问题。围绕着这个问题，哲学界分成对立的阵营。唯实论者认为，共相就是事物。他们的理论基础是柏拉图和他的理念论。唯名论者与之相反，主张共相不过是名称。他们诉诸的权威是亚里士多德。经院哲学通常从罗瑟林 (Roscelin) 算起，他是一个法兰西僧侣，阿伯拉 (Abelard) 的老师。关于他，我们所知甚少，而他的哲学观点主要记载在安瑟伦和阿伯拉的作品中。罗瑟林是一个唯名论者，按照安瑟伦的说法，他主张共相只是说话的声息 (breath of the voice)。从否认共相的实在性出发，他进而否定整体实际上高于部分的观点。这种见解肯定会导致某种僵硬的逻辑原子论，自然也使罗瑟林在三位一体的问题上得出了异端的见解。公元1092年，他在兰斯 (Rheims) 被迫宣布放弃自己的观点。生于公元1079年的阿伯拉是一个更重要的思想家，他在巴黎学习并在那里教书，后来他中断了教书专攻神学，又于公元1113年重返教坛。就在这时，他成了埃罗伊斯 (Heloise) 的情人，此事惹恼了埃罗伊斯的伯父坎农·富尔伯特 (Canon Fulbert)，他把这个冒失的恋爱者阉割了，并将他们两人分别送入了修道院。阿伯拉一直活到公元1142年，作为一个教师，始终享有极高的声誉。他也是一个唯名论者。他比罗瑟林更明确地指出，我们所讲出的词并非某种实际发生的事物，只是具有某种含义而已。共相产生于诸事物之间的类似，但是类似本身不是物，而唯实论的错误就在于将它当成了物。

13世纪期间，经院哲学运动达到了它的最高峰。教皇和皇帝之间的斗争也进入白热化阶段。这一时期的许多方面都标志着欧洲中世纪世界的顶点。在以后的几个世纪中，从15世纪意大利的文艺复兴到17世纪科学和哲学的复苏，涌现出了各种新的力量。

最伟大的政治教皇是英诺森三世 (Innocent Ⅲ, 1198—1216)，在他的统治下，教皇的权力达到了后无来者的高度。巴巴罗萨的儿子亨利六世曾征服了西西里，并和岛上的诺曼族国王的后裔康斯坦斯 (Constance) 公主结了婚。亨利死于公元1197年，他的儿子腓特烈 (Frederick) 两岁时成为国王。英诺森三世刚一就职，腓特烈的母亲就将腓特烈托付给他。教皇尊重腓特烈的权力，作为回报，他自己的至上地位也得到了承认。欧洲的大部分统治者也都同样承认了教皇的地位。在第四次十字军运动中，教皇的计划受到威尼斯人(Venetians)的阻挠，他们迫使他为了威尼斯人的目的攻打君士坦丁堡。另一方面，教皇进攻阿勒比占西斯派(Albigenses)的冒险举动，却获得了极大的成功。在这次行动中，法兰西南部的异端被一扫而光。在德意志，皇帝奥托(Otto)被废黜，已成年的腓特烈二世取代了奥托的位置。就这样，英诺森三世控制了皇帝和国王们。在教会内部，教廷也享有较大的权力。但是，某种程度上教廷在世俗界的成功本身已经预示了它的衰落。因为随着它对这个世界控制的日益牢固，它在另一个世界的事务上的权威就衰退了。正是这一境况，后来导致了宗教改革运动。

腓特烈二世在教皇的支持下当选为皇帝，代价是作了一些维护教皇最高权力的承诺。年轻的皇帝除非迫不得已，根本就不想信守这些承诺。这位年轻的西西里人出生于一个德意志人和诺曼人联姻的家庭，并在一个正形成新文化的社会中长大。当时，穆斯林与拜占庭、德意志与意大利的各种影响汇合在一起，造就出最早推动意大利文艺复兴的近代文明。腓特烈深受这些传统的影响，所以能在东、西方都赢得尊敬。他的视野超越他的时代，他所进行的政治改革也是新颖的，他是一个敢想敢为的人。他的强有力的建设性政策，为他赢得了"人间奇才"(stupor mundi)的美名。

英诺森三世和腓特烈的手下败将、德意志的奥托在两年内相继去世。教皇的职位传给了霍诺留三世(Honorius III)，不久，年轻的皇帝就和新教皇发生了争吵。腓特烈熟知阿拉伯人的优秀文明，所以他不愿意接受劝说参加十字军运动。其次，在伦巴底出现了困境，德意志的影响在那里基本上不受欢迎。由此造成了皇帝与教皇的进一步摩擦，而教皇往往又得到了伦巴底等城市的支持。公元1227年，霍诺留三世去世，他的继承人格雷高里九世随即以腓特烈不参加十字军运动为由，将他逐出教门。皇帝对这一处置并没有感到特别不安，他已和耶路撒冷的诺曼国王的女儿结婚，并于公元1228年去了

教皇英诺森三世，罗马教廷最高地位的倡导者

巴勒斯坦，虽然作为被逐出教门者，却通过和穆斯林的谈判解决了那里的问题。耶路撒冷并无多少军事上的价值，但基督徒们对它怀有宗教感情。经过和谈，这座圣城终于被交出，腓特烈也被加冕为耶路撒冷的国王。

按照教皇的想法，此举大有理由引起争执。但是面对成功，他不得不于1230年同这位皇帝讲和。接踵而来的是一个改革时期，其间，西西里国王实行了新的行政管理，并颁布了一部新法典。内地关税障碍的全面废除刺激了贸易和商业，而在那不勒斯创办的一所大学则促进了教育的发展。公元1237年，伦巴底战事又起。腓特烈从此卷入与几任教皇的连续战事之中，直到公元1250年去世。斗争的日趋残酷，使他统治前期更加开明的岁月黯然失色。

铲除异端的运动进行得十分彻底，但总体上并不完全成功。在公元1209年十字军进军时，阿尔比占西斯派，即法兰西南部摩尼教的一支，的确已经被彻底扫清。然而，其他异端派别却幸存下来了。公元1233年设立的宗教裁判所，从来没有完全制服西班牙和葡萄牙的犹太人。韦尔多派 (Waldenses) 是12世纪末期的一场运动，它预示了宗教改革。教徒们追随他们的领袖彼得·韦尔多 (Peter Waldo) 背井离乡，从里昂逃到都灵以西的皮埃蒙特 (Piedmont) 的阿尔卑斯山谷。直到今天，他们作为新教徒和讲法语的社团仍然生活在那里。根据这些事件，人们或许会想，后世人应该知道，政治迫害不能轻易地扼杀思想。可历史似乎表明，人们并没有汲取这一教训。

13世纪时，教会的力量无比强大，但是，即便是在纯教士的圈子内，它的至高无上的地位也并非没有争议。如果说天主教会没有完全遵守其创立者的信条，那么，在它的内部产生出来的两个教团，一开始多少有些恢复了原有的平衡。早期多名我修道会的僧侣和圣方济各会的僧侣，都遵循他们的创建人圣多名我 (St. Dominic，1170—1221) 和阿西西的圣方济各 (St. Francis of Assisi，1181—1226) 的戒律。不过，尽管这些教团最初是托钵僧团，但清贫的誓约并没有束缚它们很久。多名我修道会和圣方济各会都是宗教裁判所的重要角色。幸运的是，这种裁判制度从未渗入英格兰和斯堪的纳维亚。宗教裁判所的残酷，可能一度曾是出自有利于受刑者的考虑，

腓特烈二世皇帝，西西里近代国家的创始人

因为有人认为尘世间的短暂痛苦可以使灵魂免受永下地狱的劫难。但是，实用的考虑无疑常常强化了审判官们的虚伪意图。英格兰人看到圣女贞德这样被处置了，也没有什么异议。然而，多名我修道会和圣方济各会后来却违背了它们的创办人的本意，致力于研究学问去了。大阿尔伯特和他的学生阿奎那属于多名我修道会，罗吉尔·培根 (Roger Bacon)、邓斯·司各脱 (Duns Scotus，约1270—1308) 和奥卡姆的威廉 (William of Occam) 则属于圣方济各会。对于当时的文化，他们真正有价值的贡献正是在哲学方面。

156

大阿尔伯特，当时著名的亚里士多德学派的学者，阿奎那的老师

如果说在此以前教士们主要从新柏拉图主义那里汲取哲学灵感，那么13世纪则是亚里士多德的天下。托马斯·阿奎那 (Thomas Aquinas，1225—1274) 努力将天主教教义建立在亚里士多德哲学的基础上。这样的事业在纯哲学方面究竟能够获得多大的成功，当然是个问题。比如，亚里士多德的神学和基督教所赞同的上帝观念就很不一致。但是，作为教会内部的一种哲学影响，阿奎那的亚里士多德主义实现了全面而持久的统治，这一点可能是没有疑问的。托马斯主义成为罗马教会的官方学说，并且作为官方学说在罗马教会的所有学院讲授。今天，除了共产主义的官方学说辩证唯物主义以外，没有哪一种哲学能够享有如此突出的地位和如此有力的支持。在阿奎那本人的时代，他的哲学自然也不是一下子就有了这种特殊地位的。但是到了后来，随着他的权威被越来越严格地确立起来，哲学主流也再次逐渐转向世俗的这一边，恢复了古代人哲学中所盛行的独立精神。

托马斯出生于阿奎那伯爵家族 (Counts of Aquino)，这个家族住在蒙特·卡西诺附近的阿奎那村，托马斯在那里开始他的学习。他在那不勒斯大学读了6年书，后来于公元1244年加入了多名我修道会，并继续在科隆追随大阿尔伯特工作，后者是多名我修道会的一流教师，当时著名的亚里士多德学派的学者。托马斯在科隆和巴黎住了一段时间以后，于公元1259年重返意大利，随后用了5年时间写下了他最重要的著作《反异教大全》(Summa Contra Gentiles)。公元1266年，他开始了另一部主要著作《神学大全》(Summa Theologica)的写作。在这几年间，他还就亚里士多德的许多著作写下了评注。他的朋友、穆尔贝克的威廉(William of Moerbeke)为他提供直接译自希腊文的亚里士多德著作的译本。公元1269年,托马斯再次前往巴黎,在那儿居住了3年。当时,巴黎大学对多名我修道会的亚里士多德学说感到不满,因为它使人想起与巴黎大学的阿威罗伊派的某种联系。正如我们已经看到的那样,在灵魂不朽的问题上,阿威罗伊派的观点比基督教教义更接近亚里士多德。这预示了对亚里士多德的不利,托马斯致力于把阿威罗伊派的观点从亚里士多德的大本营中驱逐出去。他的努力获得了完全的成功,这一胜利为基督教神学挽救了那位斯塔基拉人 (Stagyrite)[*],尽管它也意味着要放弃某些原文。公元1272年,托马斯回到意大利,两年以后,他死于前往里昂宗教会议的途中。

托马斯的哲学体系很快就得到了承认。公元1309年,它被宣布为多名我修道会的官方学说;不久,他的著作又于公元1323年被定为经典。从哲学上说,托马斯的体系或许不完全像这一体系的历史影响所暗示的那么重要。它的结论事先就由基督教教义不容辩解地确定下来,这样就使这个哲学受到了伤害。在他的哲学中,没有苏格拉底和柏拉图那种不偏不倚的客观态度,这两个人的论证允许我们走向其将所及的地方。另一方面,"大全"的庞大体系又是智慧耕耘的丰碑。对立的观点总是被清楚公正地陈述出来。在对亚里士多德进行评注时,托马斯则像是这位斯塔基拉人的一位认真而聪明的弟子。在这方面,他超过了他的所有前辈,包括他的老师。他的同时代人称他为"天使博士"。对罗马教会来说,托马斯·阿奎那的确是一位使者和一位教师。

早期新柏拉图主义的神学体系还不包括理性和启示之间的二元论,托马斯主义形成了一种与新柏拉图主义相反的学说。新柏拉图主义在存在领域持有共相与特殊的二元论。或许更准确地说,有一个存在的等级次序,从"一"开始,通过理念沉到存在的最底层,即特殊。共相和特殊之间的鸿沟由"逻各斯"设法填补。这是较为现实的说法,是相当合理的观点。因为语言虽然具有一般的意义,但是可以被用来指称特殊的事

157

---

* 指亚里士多德。——译者注

物。新柏拉图主义在存在问题上是二元论，在认识问题上却是一元论：有一种理智或理性，它只有一种认识方式，即本质上辩证的认识方式。阿奎那的观点则完全相反。根据亚里士多德的方式，他主张存在只能见于特殊之中，而上帝的存在正是以某种方式由此推论出来的。特殊被看做原始物质，在这个意义上，阿奎那的观点是经验主义的，它与理性主义试图推演出特殊的做法相反。另一方面，托马斯的方法虽然对存在持有一元论的看法，但在认识领域则造成了二元论。他假定了知识的两个源泉。第一个，如前人的看法是理性，它从感官经验中为思想获得养料。经院哲学有一个非常著名的公式：理智中没有什么东西不先存在于感觉经验之中。但是，除此以外，启示也是知识的一个独立源泉。理性产生推理的知识，而启示则给人以信念。有些东西似乎完全处于理性的范围之外，如果它们能够被把握，那么必须通过启示的帮助来做到这一点。宗教教义中有些特定内容就属于这一类，比如那些超越理智的信念。上帝的三位一体、耶稣复活和基督教的末世论，也都是这样。不过，上帝的存在尽管首先可以通过启示而被接受，却仍可以根据理性而辩证地加以证明。各种各样试图证明上帝存在的努力，都以此为目标。因此，凡是可用理性来证实的宗教原则，都可以同不信教者辩论，而在其他情况下，启示是通向领悟的唯一道路。归根到底，托马斯主义并没有真的将知识的两种源泉置于完全同等的地位，在追求理性知识之前，人们似乎要设法获得信仰。人必须先有信念，才可能去进行推理。因为推理的真理虽然自立，却只是由于启示才成为应被追求的。不过，这种说法仍包含某种危险，启示的真理是独断的。尽管阿奎那认为理性与启示并不冲突，哲学与神学之间也不存在任何对立，但实际上两者彼此削弱。在理性能够处理事实的地方，启示就是多余的；反之亦然。

至于神学，我们必须牢记，它实际上分成两个门类。第一个门类是所谓自然神学，它在诸如第一因、原初推动者等论题的背景中讨论上帝。这正是亚里士多德所说的神学，可与形而上学并列。但是，作为基督徒的阿奎那，还另外提出了被称为教义神学的门类。这一门类讨论的内容，只有通过启示才能提供。在这里，阿奎那回到了早期基督教的著作家那里，

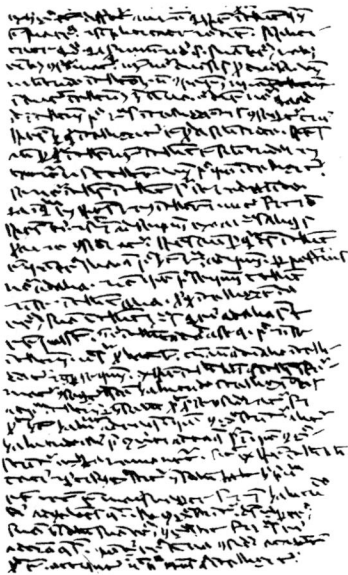

阿奎那信件的手稿页

主要是回到奥古斯丁那里去了，他似乎完全赞同奥古斯丁关于神恩和得救的观点。这些问题的确在理性的范围之外。教义的神学无疑与古代哲学的精神截然相背。在亚里士多德那里，根本没有与此类似的领域。

正是由于这种神学因素，才使得阿奎那的形而上学在一个重要方面超出了亚里士多德。我们还记得，亚里士多德的上帝是一个不偏不倚的建筑师。存在并不被看做是必须赋予个别的事物，它们就在那里，如此而已，它们由之形成的原始物质也是这样。阿奎那则认为，上帝是一切存在的源泉。有限的事物据称只是偶然地存在着，它的存在直接或间接地依赖于某种必然存在的东西，这就是上帝。在经院哲学语言中，这一点是用"本质"(essence) 和"实存"(existence) 来表述的。某物之本质大体即是某物之性质，即某物之所是。"实存"一词用来指称某物"在"(is) 的事实。正是借助于它，某物才"在"。无论是本质还是实存，都不可能是独立的。在这个意义上，它们当然都是抽象物。一个具体的事物肯定包含它们两个。但是，有一些语言事实则暗示出它们之间的区别。弗雷格 (Frege) 在区分含义 (sense) 和所指意义 (reference) 时，要表达的就是这一点。某词的意义提出一个问题，是否实际存在该词所适用的对象则完全是另一回事。因此，有限的事物据说就有实存和本质这两个虽不可分、但可区别的特性。唯有在上帝身上，才没有本质和实存之间在宾格上的区别。于是，关于有限存在 (finite being) 的实存依赖性的形而上学理论，就造成了《神学大全》中上帝存在的五个证明中的第三个证明。证明的出发点是事物生而逝去的日常经验事实，它意味着在专门的意义上，事物的实存不是必然的。证明的下一步是指出，这类事物在某一时刻实际上并不实存。若是如此，那就会有一段无物实存的时间，从而现在无物 (nothing) 存在，因为有限的事物不可能自己赋予自己实存。因此，肯定有某种必然实存的东西。这就是我们所说的上帝。

对这个证明作几点评论，也许是有益的。首先，它以任何事物在此存在都需得到证明或说明为理所当然之事。这是托马斯的形而上学的要点。如果像亚里士多德那样不主张这样的观点，那就无法再作什么讨论。不过，如果为了讨论起见而承认这一前提，那么这个证明中就内含使这个前提无法成立的缺陷。

托马斯·阿奎那，教会官方哲学的创立者

任何有限的事物都的确会在某个时刻不存在,可是从这个事实中不能得出如下结论:有一个时刻,无论什么事物都不存在。

阿奎那的"本质"和"实存"的术语,是以亚里士多德的潜能和现实的理论为基础的。本质完全是潜在的,实存则完全是现实的。因此,在有限的事物中,本质和实存始终是混合在一起的。实存就是以某种方式投入某种活动,对任何有限的物体来说,活动都必须来自他物。

上帝存在的第一个证明和第二个证明,实际上都具有亚里士多德学说的性质。阿奎那要证明一个不被推动的推动者和一个无原因的原因,并且规定对这两者都不可作无止境的回归。但这正是破坏了这种证明的前提。以第二个证明为例,如果每个原因本身都还有原因,那么人们就不能同时又说存在着一种没有原因的原因。这完全是一种矛盾的说法。不过,应该指出,阿奎那所涉及的并不是时间中的因果系列,而是原因的连续性问题。到处都是一个原因依赖于另一个原因,很像从天花板的钩子上悬挂下来的链条上的链环。这个天花板就是第一因,或无原因的原因,因为它不是从别的什么东西上悬挂出的链环。但是,如果某种回归不会导致矛盾,那就没有充分的理由来反对它。大于零直到并包括一的有理数系列是无限的,但却没有初始数。就运动来说,甚至无须产生回归问题。两个有引力的分子像太阳和行星那样相互围绕着旋转,并且还将继续这样无休止地旋转下去。

关于上帝存在的第四个证明的出发点是,承认有限事物具有不同的完善等级。这个观点据说预先假定了某种至善至美的东西的存在。第五个也是最后一个证明指出,自然界中的无生物都显得在致力于某个目的,因为这个世界体现着某种秩序。这一证明被用来指向外界的理智,它的目的因此而成为致力的目标,因为无生物不可能有它们自己的目的,在这个被称为目的论或世界预定的证明中,秩序被假定成必须予以说明的东西。这样的假定在逻辑上肯定是站不住脚的,我们同样可以说无秩序也需要解释,而论证就会走向反面。我们早先提到的圣安瑟伦的本体论证明遭到阿奎那的反对,但是,非常令人惊奇的是,他的反对以实用而非逻辑为基础。既然被创造的、因而是有限的心灵不能理解上帝的本质,那么,

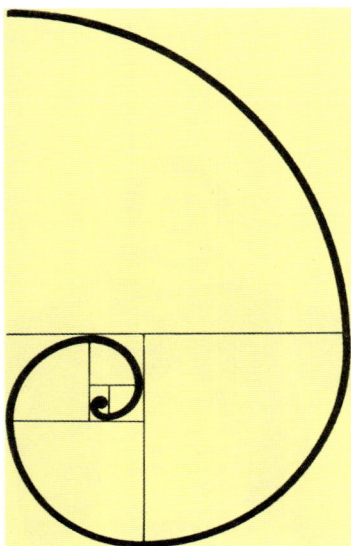

来自预定说的证明:秩序包含着一个预定者,因此上帝存在

包含在上帝本质中的上帝的实存，实际上绝不可能如上所述那样被推论出来。

在某种意义上，新柏拉图主义的上帝和世界处于同一范围，而阿奎那的上帝则是一种置于被创造的世界之上的无形体的天父。因此，阿奎那的上帝无限地拥有一切肯定的属性，这一点被认为是以某种方式从上帝存在的单一事实中推论出来的，尽管对这一论题只能以否定的方式来叙述。有限的心灵不能达到肯定的定义。

亚里士多德正是以阿奎那的形式统治了哲学界，直到文艺复兴时为止。然而，文艺复兴时期所反对的也并不全是亚里士多德，甚或阿奎那的教义，更主要的是反对某些牵强附会地使用形而上学思辨的习惯，在圣方济各会的众多学者的影响下，中世纪的思维方式开始瓦解。

罗吉尔·培根就是其中一员，他反对形而上学的思辨，强调经验研究的重要性。培根是阿奎那的同时代人，绝不反对神学。他为后来发展起来的更为近代的研究方法奠定了基础，但并不想损害教会在精神事务上的权威。一般而言，13世纪末、14世纪初的圣方济各会的思想家们都是如此。然而，他们对于信仰和理性问题的探讨，却加速了中世纪的崩溃。

对托马斯主义来说，如我们刚刚看到的那样，理性和启示是可以重合的。圣方济各会的学者们重新审视了这个问题，并试图明确两者的界限。他们想通过对理智领域和信念领域做明晰的区分，而使严格意义上的神学摆脱对古典哲学的依赖。不过，与此同时，哲学因此也从对神学目的的从属地位中摆脱出来。伴随着哲学思考方面的自由追求，科学研究也出现了。圣方济各会的学者尤其代表了重新获得重视的新柏拉图主义传统，这种传统鼓励了数学研究。一旦把理性研究严格地排斥在信仰的领域之外，便要求科学和哲学不再对宗教信条吹毛求疵。不过，同样地，在理性的科学和哲学能够胜任的地方，信仰也不得妄自宣布教条。这种情况必然导致比以往更加尖锐的冲突。因为如果掌管信念的人对实际上不应他们插手的事情发号施令，那么他们的结果不是必须撤销命令，就是要在他人的领地上开战。启示唯有不陷于论辩之地，才

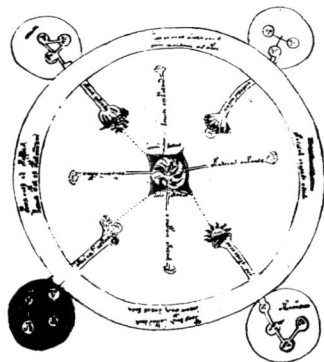

关于太阳黑子和彗星的论述，来自罗吉尔·培根的一份早期手稿

可保持其独立性。只有这样,人们才可以在献身于科学研究的同时,对上帝抱有某种形式的信仰。托马斯主义者企图证明上帝的实存,但是他们的论证不仅是不成功的,而且还削弱了他们自己的神学立场。这意味着理性的标准根本不适合宗教信仰,而且在某种意义上,灵魂完全可以忠于它所相信的东西。

罗吉尔·培根的生卒日期都不太确定,大概是从公元1214年至1294年。他在剑桥和巴黎读书的时候,对各门学问具有百科全书式的了解,这有点像从前的阿拉伯哲学家。他直言不讳地反对托马斯主义,认为阿奎那在不能阅读亚里士多德原著的情况下,竟能以权威的姿态阐述亚里士多德,这真是太奇怪了。翻译本不可靠,不足为据。而且,亚里士多德虽然重要,但是还有其他同样重要的东西,托马斯就特别忽略了数学。为了获得新知识,我们必须诉诸实验,而不是依靠权威。培根并不反对经院主义论证的演绎方法本身,但是他坚持认为它并不足以获得结论。结论如果要有说服力,还必须经受实验的检查。

这些新观点不能不引起正统派的不满。公元1257年,培根被逐出牛津,流放到巴黎。公元1265年,前教皇驻英格兰的使节居·德·福勒克 (Guy de Foulques) 成为教皇克勒芒四世 (Clement Ⅳ)。他对英国学者颇有兴趣,要求培根写一个关于自己的哲学的纲要。这项任务完成于公元1268年,尽管当时对圣方济各会的禁令仍然有效。培根的学说受到好评,他本人也获准返回牛津。但是这位教皇当年就去世了,而培根仍然不是那么谨慎圆滑。公元1277年开始了一场大的讨伐运动,培根和其他许多人都被召去解释自己的观点。他的确切罪名不清楚,却在监狱里度过了15个春秋。公元1292年他获释,两年以后去世。

哲学上更重要的人物是邓斯·司各脱。如同姓名所示,他是一个苏格兰人,圣方济各会的成员。他在牛津求学,23岁时成为牛津的一名教师。后来,他又在巴黎和科隆教书,并在科隆度过晚年。邓斯·司各脱使理性和信仰之间的分离更加明确。一方面,理性的领域缩小了;另一方面,上帝则重新得到完全的自由和独立。以表述上帝为己任的神学再

161

邓斯认为,意志(红色)主宰理智,柏拉图持相反的观点

也不是一门理性的学科，而是一套由启示所生发的有用的信仰。本着这种精神，邓斯反对托马斯关于上帝存在的证明，因为这些证明以感觉经验为基础。同样，他也不赞成奥古斯丁的证明，因为后者在某种程度上有赖于神的启发。既然论证和证明都属于哲学的范围，而神学和哲学又是相互排斥的，所以邓斯就不能接受奥古斯丁的证明。另一方面，他并不反对基于第一无前因存在观念的概念证明，后者有点类似于阿维森纳的证明。这种证明实际上是安瑟伦本体论证明的变种。但是，关于上帝的知识是不可能通过被造物而获得的，被造物的实存仅是偶然的，且依凭上帝的意志。实际上，事物的实存与它们的本质是同一的。我们该记得，在阿奎那那里，这种同一是用来规定上帝的。知识是对本质的认识。既然我们不可能认识上帝，所以这些本质就不同于上帝心中的理念。因为本质和实存相一致，所以那造成个别事物的东西就必定是形式，而不可能是质料，这与阿奎那的观点相反。邓斯尽管认为形式是真实的，但他也不赞成一种极端的柏拉图式的唯实论。因而，一个个别事物可以有各种形式，但是诸形式间的区别则仅有形式的意义，所以，这些形式的独立实存是不可能的。

正如至上的力量在于上帝的意志一样，邓斯认为，在人的灵魂中，也是意志主宰理智。意志的力量给人以自由，而理智则受到它所指向的对象的限制。由此可知，意志只能把握有限物，既然无限存在的实存是必然的，因此就取消了自由。关于自由与必然相对的学说，和奥古斯丁的传统一脉相承。在圣方济各会的学者那里，这一传统有力地促进了怀疑主义。如果上帝可以不受这个世界的永恒规律的限制，那么凡可信仰于上帝的，亦一样是可被怀疑的。

更为激进的经验主义出现在方济各会中最伟大的学者威廉的奥卡姆著作中。他大约在公元1290年至1300年间生于萨里的奥坎姆 (Ockham in Surrey)；先是在牛津，后来在巴黎学习和教书。公元1324年，由于奥卡姆的学说不太正统，教皇在阿维农 (Avignon) 召见了他。4年以后，他又和教皇约翰二十二世 (John XXII) 发生了一次争执。方济各会的一个极端派别是唯灵派，其教徒们虔诚地发誓安贫，所以引起了教皇

162

的不满。以往一段时间曾实行过一项妥协的办法，即教皇在形式上享有该教团的财产所有权。现在，这个协定给否决了，所以唯灵派的许多成员公然无视教皇的权威。奥卡姆、帕多瓦的马西利乌斯 (Marsiglio of Padua, 1270—1342) 及教团的首领切塞纳的米凯尔 (Michal of Cesena) 都支持造反者，并在公元1328年都受到革除教籍的处分。他们幸运地逃出了阿维农，在路易皇帝的保护下定居慕尼黑 (Munich)。

在教权和皇权的斗争中，教皇扶植起另一个皇帝，并将路易皇帝逐出教门，后者反过来又在一次全教会议上控告教皇是异端。奥卡姆为了报答皇帝的保护，成为路易皇帝手下一名思路敏捷、行文有力的小册子作者，对教皇及其干涉世俗事务的行径发起了几次猛烈的抨击。路易皇帝死于公元1338年，奥卡姆则继续待在慕尼黑，直到公元1349年逝世。

帕多瓦的马西利乌斯是奥卡姆的挚友，两人曾一起被流放。马西利乌斯也反对教皇，他就世俗权力和精神权力的组织与权限发表了非常新颖的见解。他认为，对这两种权力来说，最高的主权均属于人民中的大多数。全教会议是经过普选而产生的，只有这样的会议才有权实行革除教籍的处分，即便如此，还得有世俗的认可。只有全教会议才能制定正统的标准，但是教会不应干涉国家事务。奥卡姆的政治思想虽然不像这么极端，但却深受马西利乌斯的影响。

阿西西的圣方济各，圣方济各会的创立者

在哲学上，比起其他圣方济各会的信徒来，奥卡姆向经验主义大大地迈进了一步。邓斯·司各脱虽然将上帝从理性思维的领域中驱逐出去了，却仍然或多或少地保留着传统的形而上学。奥卡姆则完全反对形而上学，他认为，柏拉图、亚里士多德及其追随者们的一般本体论是极不可能的。唯独个别的、单一的事物才具有实在性，唯独这样的事物才可成为那产生直接而确定的知识的经验对象。这就是说，对存在的说明而言，亚里士多德精致的形而上学装置完全是多余的。我们也必须在这个意义上来理解奥卡姆的格言："舍简就繁，徒费力气。"它又是另一个更著名的格言的基础，即"若无必要，勿增实体"。这句格言虽不见于奥卡姆的著作，但负有"奥卡姆的剃刀"(Oceam's razor) 之盛名。这里的实体当然就是传统的形而上学所谈论的形式、本质之类。不过，后世有些主要对科学方法问题感兴趣的思想家，则将另一种非常不同的含义赋予了奥卡姆的这个公式。奥卡姆的剃刀成为消除表象过程中一个普遍的经济原则。如果简单的解释将会生效，那么再寻求复杂的解释则是徒劳的了。虽然奥卡姆如此坚持存在属于个别事物，但也承认，在和语词打交道的逻辑领域中，存在着一种关于意义的一般知识。这种知识和涉及个别的知识不同，它不是一个直接认识的问题，而是一个抽象认识的问题。此外，通过抽象而达到的对象，并不能肯定它具有如同一个物那样的存在。因此，奥卡姆是一名彻底的唯名论者。在严格的亚里士多德的意义上，逻辑必须被看做是语词的工具，它关心的是词的意义。在这方面，奥卡姆的观点是对11世纪早期唯名论观点的进一步发挥。事实上，鲍依修斯已经主张亚里士多德的范畴是关于语词的范畴。

奥卡姆的剃刀，经济原则：使用最简单的假设

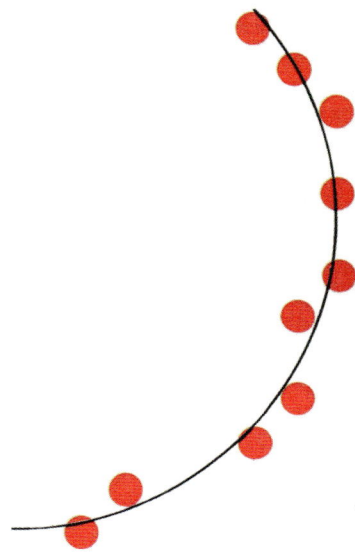

在论说中所使用的概念或词完全是心灵的产物。就它们之未以语词表达而言，它们是所谓原初一般或原初符号，以便与语词本身相对，而后者是约定的符号。为避免错谬，我们必须谨慎地将对事物的陈述同对语词的陈述区分开来。当我们谈论事物的时候，比如在科学中谈论时，所使用的词被认为具有第一意谓。而当我们谈论语词时，比如在逻辑中谈论时，所使用的词就具有第二意谓。在论证中，重要的是保证所有的词都具有相同的意谓。根据这两个定义，我们可以说唯名论的立场即"共相"一词具有第二意谓。唯实论者认为，"共相"具有第一意谓，但这是错的。在这个问题上，托马斯主义和奥卡姆一样，反对把共相看做事物。进而他们都承认共相的存在先于事物，这就像我们前面所谈到的那个源于阿维森纳的公式一样，即共相是上帝心中的理念。阿奎那认为，这是一个可由理性证实的形而上学真理。但奥卡姆主张，这是一个在他所确定的意义上的神学命题，因而在理性的范围之外。至于神学，对奥卡姆来说，完全是个信仰问题。上帝的存在不可由逻辑证明来确证。在这方面，奥卡姆比邓斯·司各脱走得还要远，他既反对阿奎那，也反对安瑟伦。通过感觉经验不可能认识上帝，我们的理性工具对于上帝也无所确证。我们依据信念来信仰上帝及其各种属性，关于三位一体，关于灵魂不死，关于创世等整个教义体系，也莫

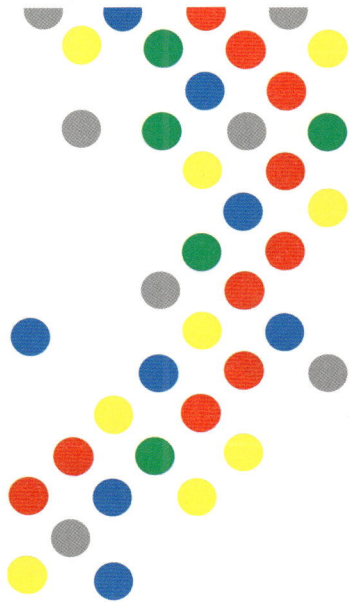

但丁，他的伟大诗篇总括了中世纪的
观点

164

在但丁那里，地狱是一个没有舞台的
竞技场

不如此。

因此，在上述意义上，可以把奥卡姆看做是一个怀疑论者。但若以为他是一个不信仰宗教者，那也错了。他限制了理性的范围，使逻辑摆脱形而上学和神学的重负，从而大大促进了已经得到恢复的科学探索活动。与此同时，信念的领域也成了百无禁忌的天地。因此，竟然出现了一个在诸多方面都恢复到新柏拉图主义传统的神秘主义运动，也就毫不令人感到奇怪了。这场运动最著名的代表人物是马斯特·爱克哈特 (Master Eckhart，1260—1327)，一个多名我修道会的信徒，其理论完全无视正统教的规定。对正统教会来说，一个神秘主义者所造成的威胁，如果不是甚于自由思想家所带来的威胁，至少也毫不逊色。公元1329年，爱克哈特的教义被宣布为异端。

也许但丁 (Dante，1265—1321) 的著作是中世纪思想之集大成。在但丁写作《神曲》(*Divine Comedy*) 的时候，实际上中世纪正在开始解体。因此，在这部作品中，我们得以概览这样一个世界：它已度过了全盛期，正在回顾阿奎那的亚里士多德大复兴；此外，还有在意大利城邦国家迁延不息的归尔甫派 (Guelfs) 和吉伯林派 (Ghibelines) 之间的纷争。但丁显然读过天使博士 (Anglic Doctor)* 的著作。他既熟悉当时一般的文化活动，也熟悉当时所能知道的希腊和罗马的古典文化。《神曲》表面上看来是一次从地狱经炼狱到天国的旅行，但在这一旅程中，我们实际上看到的却是以曲笔隐喻之法所表达出来的中世纪的思想概貌。公元1302年，但丁被逐出他的家乡佛罗伦萨，当时，在相互对立的党派的长期拉锯战中，黑党归尔甫派最后掌权。但丁的家庭支持白党，他本人也对帝国的作用大加赞赏。当时这些政治斗争中的许多事件和导致这些事件的近期历史背景，都为《神曲》所提及。但丁本质上是一个吉伯林派成员，他敬佩腓特烈二世皇帝，因为这位皇帝具有宽阔的视野和丰富的经历，他正是诗人但丁所希望的那种皇帝的典范。但丁是西方文学中为数不多的伟人之一，这并非是他青史留名的唯一原因。最

---

* 托马斯·阿奎那的绰号。——译者注

重要的是,他把通俗语言变成一种普遍的文学工具,使它第一次成为超越各地方言的规范性语言。在此之前,只有拉丁文才起到这种作用,现在,意大利语也成了文学作品的媒介了。作为一种语言,意大利语从那时起直到现在,变化很小。意大利语诗歌最初始于腓特烈二世的大臣皮特罗·德拉·维格纳 (Pietro della Vigna)。但丁从众多的方言中吸收了他认为最优秀的东西,并以他家乡的托斯卡语 (Tuscan) 为中心,建立了近代意大利的文学语言。大约在相同的时间,通俗语言在法兰西、德意志和英格兰等地也发展起来了。乔叟 (Chaucer) 的生活时代略晚于但丁。不过,相当长一段时间内,学问所使用的语言仍是拉丁文。第一个采用本土语言写作的哲学家是笛卡儿 (Descartes),而且他只是有时候才这样做。拉丁语逐渐衰落,到了 19 世纪初,它作为学者的表达工具的作用就消失了。从 17 世纪至 20 世纪,法语代替拉丁语起了普遍的交流作用;而在我们的时代,英语正在取代法语。

但丁在政治思想上极力主张强大的帝国政权,但在当时,帝国旧日的影响已丧失殆尽。法兰西和英格兰等民族国家正蒸蒸日上,世界帝国的思想不太受到人们的重视。政治重心的这一转变,并没有对但丁产生多大的影响,这与他基本属于中世纪的世界观相符合。如果他能够对这种变化有所认识,那么意大利进入近代国家的时间就会早得多。这不是说,一个包罗万象的帝国的旧传统能够被新国家所采纳的东西不多,而是说时代尚未给这种发展作好准备。所以,在实践的政治领域中,但丁的政治理论始终是无足轻重的。

《神曲》中有一些关于古代人地位的古怪问题。在我们看来,它们是极不重要的。以往古典时代的伟大哲学家们,当然不能仅仅被看做是应该永下地狱的异教徒。尤其是那位"知识大师"亚里士多德,肯定值得我们赞颂。这些思想家们由于没有经过洗礼,当然还不是基督徒。于是便产生了一种妥协的办法。作为异教徒,古代哲学家们该下地狱。我们也的确是在地狱里发现了他们。但是留给他们的是一块特殊的僻静处,周围的地方都算是令人恐怖的了,唯有其中这一块是天国的净土。在那些岁月里,基督教教义的束缚是如此强大,

165

以至于如何安置以往伟大的非基督徒思想家竟然成了一个难题。

中世纪的生活虽然有恐惧和迷信，但基本上是有秩序的。一个人的地位是天生的，他应该忠于他的封建领主。整个国家被巧妙地分割排列成各种等级，没有什么可以改变这一点。马西利乌斯和奥卡姆在政治理论的领域中打破了这一传统，至于精神权力，它是那些用来控制人的恐惧的主要施行者——一旦被人们认为是可以抛弃的教条，其影响便开始衰落了。奥卡姆的本意不会如此，但他的学说对改革者们产生的作用的确是这样。路德认为，奥卡姆是最杰出的经院哲学家，但丁丝毫没有预见到这些大变动。他之反对教皇完全不是由于其背离正统教义，而是因为教会干涉了属于皇帝职能范围内的事情。在但丁的时代，尽管教皇的权力已大大削弱，但德意志皇帝却再也不可能在意大利维持其权威了。公元1309年以后，教廷迁往阿维农，教皇实际上成为法兰西国王的工具，教皇与皇帝之间的冲突变为法兰西和德意志之间的斗争，英格兰则支持帝国。公元1308年，卢森堡 (Luxemburg) 的亨利七世 (Henry Ⅶ) 当上了皇帝，这时帝国看上去好像有可能复兴，但丁也把亨利七世捧为救世主。但是，亨利的成功是不彻底的，也是短暂的。他虽然进驻意大利，并于公元1312年在罗马接受加冕，但他无法对抗那不勒斯和佛罗伦萨，加冕后的第二年他就去世了。公元1321年，但丁也在流放中死于拉文纳。

随着通俗语言的发展，教会部分地失去了对哲学和科学领域中思想活动的控制。与此同时，世俗文学迅速兴起，起先在意大利，后来逐渐向北推移。探索领域的扩大以及由信仰和理性之间的分裂造成的一定程度的怀疑主义，使人们不再集中注意这个世界以外的东西，而是引导人们努力改善自己的命运，或至少使它发生变化。所有这些趋势，都开始在14世纪上半叶呈现出来。但丁没有预见到它们，他基本上是回溯到腓特烈二世的时代。中世纪世界原则上处于集权的状态，而文艺复兴的新兴力量则要打破中世纪社会的一统结构。然而，在我们的时代，由于种种不同的原因，大一统的思想似乎有可能再次出现。

类似于其他地方，天国就像一座有阶梯的金字塔

14世纪期间,教皇的势力急剧下降。虽然罗马教廷在与帝国的斗争中曾表现为强者,但是现在,教会再也不能轻易地以革除教籍为经常性的威胁来控制基督徒了。人们渐渐地敢于独自思考上帝了。教廷已无法从道德上和精神上控制思想家和学者,国王和民众则都对教皇特使征收巨额钱财耿耿于怀。所有这些趋势都处于形成之中,虽然在14世纪初,还不会爆发为公开的冲突。事实上,教皇卜尼法斯八世(Boniface Ⅷ)在"一圣教谕"(Unam Sanctam)训令中,对教廷地位的强调甚至超过了英诺森三世。公元1300年,他宣布了大赦年,在这一年中,任何到罗马来朝圣的教徒都将得到大赦。这一做法的目的不仅在于强调教皇的精神权力,而且也促使大量的钱财流入他的金库,并使罗马市民致富,后者的生计系于为朝圣者提供世俗的需要。大赦年的成功竟使它以后不是每一百年举行一次,而是每50年便举行一次,后来又缩短为每25年就举行一次。

卜尼法斯八世的权力尽管表面上显赫一时,实际上根底虚弱。作为一个人,他爱金钱甚于爱教皇的宝座。在信念问题上,他也不是正统派的典范。在整个任职期间,他不是和法兰西的主教们发生冲突,就是和他们的国王菲力浦四世(Philip Ⅳ)发生争执。在争执中,取胜的是法兰西国王。公元1305年,克勒芒五世当选为继任教皇。他是法兰西人,于公元1309年在阿维农升座。任职期间,他纵容菲力浦四世镇压了圣殿骑士团(Templars)。这个纯粹掠夺性的举动,是在完全没有根据的异端罪名的幌子下进行的。一般来说,从那时起教廷的争吵便总是有损于它自己的权威。约翰二十二世和圣方济各会的不和,引发了奥卡姆的论战。教皇不在罗马而在阿维农,这就使得罗马在克拉·底·李恩济(Cola di Rienzi)的领导下,暂时摆脱了教廷。这位罗马市民起初只是反对罗马腐朽的贵族,最后则公然对抗教皇和皇帝,声称罗马自古以来就是统治者。公元1352年,教皇克勒芒六世成功地抓获了李恩济。直到这位教皇逝世两年以后,李恩济才被释放。李恩济在罗马重新掌权,但是几个月以后,他就被暴民杀害。

教廷由于迁往法兰西而威望大减。公元1377年,格雷高里十一世重返罗马,想以此来弥补这一损失。但是他第二年

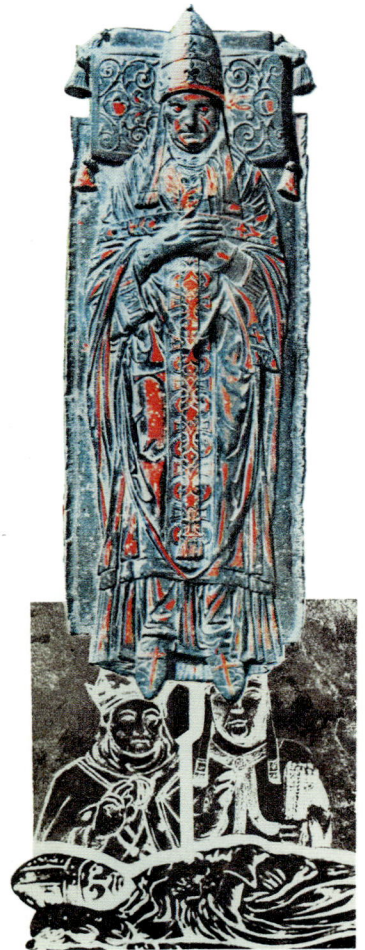

康斯坦茨宗教会议任命马丁五世为教皇,至此结束了大分裂

约翰·威克利夫,教会的异端分子和批评者。在某种意义上,他引起了1381年的农民起义

就死了,而他的继承者、意大利人乌尔班六世又和法兰西主教们发生了争执,后者选出了日内瓦的罗伯特 (Robert) 为他们的教皇。法兰西人罗伯特以克勒芒七世为名返回阿维农,由此开始了一场一直持续到康斯坦茨宗教会议 (the Council of Constance) 的大分裂。法兰西人支持他们的阿维农教皇,而帝国则承认罗马的教皇。每一个教皇都任命他自己的红衣主教,这些红衣主教反过来又选举其教皇的继承者,因此,分裂便无法弥合。公元1409年,在比萨 (Pisa) 召开了一次宗教会议,试图以此打破僵局。两位现任教皇都被废黜,会议选出了一位新的教皇。但是被废黜的教皇不愿辞职,此时就不是两个教皇,而是三个教皇了。公元1414年召开的康斯坦茨宗教会议,最终恢复了某种秩序。在比萨选出的教皇被废黜,罗马教皇被劝告辞职,而阿维农教廷则由于失去支持而解体,因为英格兰人已在法兰西居于支配地位。公元1417年,宗教会议任命马丁五世 (Martin V) 为教皇,至此结束了大分裂。但是,教会没有从内部改革,而且由于马丁五世教皇反对教会会议运动,所以他进一步削弱了教廷本应具有的威望。

在英格兰,反对罗马的斗争由约翰·威克利夫 (John Wycliffe, 约 1320—1384) 继续进行。他是约克郡 (Yorkshire) 人,后来成为牛津的学者和教师。值得注意的是,比起欧洲大陆来,英格兰长期以来一直不那么顺从罗马。征服者威廉早已规定,不得在他的王国内任命主教,除非得到国王的同意。

威克利夫是一位寺院外的教士。他的纯哲学著作没有圣方济各会的学者们的哲学著作那样重要。他不赞同奥卡姆的唯名论,而倾向于某种柏拉图式的唯实论。奥卡姆赋予上帝以绝对的自由和权力,而威克利夫则赞同这样的观点:上帝的命令是必然的,对上帝自身也有约束力。世界不可能不是它现在的这个样子。这是一个由新柏拉图主义学说明确提出的观点,后来在17世纪的斯宾诺莎哲学中又得到重述。威克利夫晚年开始反对教会,最初是因为教皇和主教们在广大信徒生活赤贫的情况下,沉溺于世俗享受的生活方式。公元1376年,他在牛津所作的系列讲演中,就世俗统治问题发表了新颖的看法。他认为,只有正义才可享有财富和权力。由于僧侣

有可能经受不了这种考验，所以他们实际上已丧失了财产，这件事应该由国家来决定。财产无论怎么说都是罪恶，如果基督及其门徒没有财产，那么僧侣现在也不应该有财产。这些教义触犯了拥有财产的僧侣，但却受到正力图取消对教廷贡赋的英格兰政府的欢迎。教皇格雷高里十一世注意到，威克利夫的异端观点与帕多瓦人马西利乌斯的异端观点一脉相承，就下令对他进行审判，但审判活动被伦敦市民阻止。此外，牛津大学也宣布它有服从国王的学术自由，否认教皇有将它的教师送上法庭的权力。

自那次大分裂以后，威克利夫更进一步地宣称教皇是反对基督者。他和几个朋友一起将拉丁文《圣经》译成英文，建立了由贫苦僧侣组成的世俗僧团，这些僧侣是决心为穷人服务的巡回传教士。最终，他同后来的宗教改革领袖们的做法大体一样，否定了圣餐变体论 (transubstantiation) 教义。在公元1381年的农民起义中，威克利夫保持了中立的态度，尽管他过去的经历显示了他是一个暴动的同情者。公元1384年，他死于拉特沃思 (Lutterworth)。生前幸免宗教迫害，但死后，康斯坦茨会议却拿他的遗骨来报复。在英格兰，作为他的追随者，罗拉德派 (Lollards) 被无情地镇压了。在波希米亚，威克利夫的学说则鼓舞了胡斯 (Hussite) 运动，后者一直延续到宗教改革时为止。

如果我们自问：希腊观念和中世纪观念的主要区别是什么？那么我们可以说：希腊观念中缺乏罪恶感。在希腊人看来，人似乎并没有承受着与生俱来的罪孽的重负。希腊人确实可能认为，尘世生活是变幻无常的事，可能毁于诸神的奇思怪想。但是，这绝没有被看做是因为从前所犯下的罪孽而应得到的公正命运。由此可知，在希腊人的头脑中，没有赎罪或拯救这回事。与之相应，希腊人的伦理思想在整体上也完全是非形而上学的。在希腊化时期，尤其是从斯多葛主义开始，一种逆来顺受的调子逐渐渗入伦理学，它后来又传给早期基督教的各个派别。然而，在整体上，希腊哲学并不面对神学问题，因此它完全是世俗的哲学。

当基督教在西方占据了统治地位以后，伦理学的情况就发生了急剧的变化。基督徒把尘世生活看做是一种尚待到来

中世纪视野中的亚里士多德，来自沙特尔（Chartres）大教堂，13世纪

的更伟大的生活的准备阶段，认为人的生存所遭受的苦难是强加于人的考验，为的是去除人所继承的先天罪孽的重负。但这实际上是一项超人的任务。为了成功地经受这场考验，人需要神的帮助，而这种帮助有可能得到，也有可能得不到。对希腊人来说，善自为善；基督徒则由于上帝的旨意而必须是善的。尽管沿循德行的狭窄道路并不就能保证获救，但这无论如何是一个先决条件。对某些这样的信条当然必须深信不疑，也正是在这里，最先介入了神的帮助。因为人要获得信念并从此尊重其信条，就需要上帝的恩赐。那些连这第一步也达不到的人，不可救药地该下地狱。

在这样的背景下，哲学开始有了某种宗教的功能。因为信仰虽然超越理性，但信仰者应该努力通过让理性尽其可能地彰明信仰，而使自己坚定信仰，抵制怀疑。因此，中世纪的哲学便成为神学的婢女。只要这种观点还在盛行，基督教哲学家就必然是神职人员。凡幸存下来的世俗学问都是由教士们保存的，学院以及后来的大学，也都是由属于这个或那个大教团的人管理的。这些思想家们所使用的哲学思想材料，可一直追溯到柏拉图和亚里士多德。一个更显著的特点是，亚里士多德一派在13世纪占据了统治地位。亚里士多德之所以比柏拉图更适合于基督教神学的原因，是不难看出的。我们可以采用经院哲学的语言来说明这一问题：唯实论没有给一种具有支配万物之重要功能的神的力量提供多少用武之地。在这方面，唯名论提供了广阔得多的天地。犹太人和基督徒的上帝与亚里士多德的神当然是非常不同的，尽管如此，对基督教体系来说，亚里士多德主义的确要比柏拉图主义合适得多。柏拉图的理论被用来促进泛神论学说的发展，比如在斯宾诺莎那里就是这样。当然，斯宾诺莎的泛神论是纯逻辑的，这一点我们将在后面叙述。只要承认理性能够在某种程度上支持信仰，哲学和神学的这种结合就可以一直持续下去。当14世纪的圣方济各会的学者否认这种可能性，并坚持理性和信仰彼此无关的时候，中世纪观念逐渐消逝的时期就开始了。在神学领域里不再使用哲学了。奥卡姆使信仰摆脱了与理性探索之间的一切可能的联系，由此使哲学走上重返现世主义之路。从16世纪开始，教会不再统

169

治哲学领域。

与此同时，这种分裂也使得人们能够严格区分他们的理性活动和宗教活动。如果以为这种区分是虚伪的举动，那将是大错特错了。过去曾经有过、现在也有相当数量的人，不愿意让他们的日常实践信仰干扰他们的宗教信仰。而反过来看，的确也只有通过这种方式，宗教才能保护自己免受怀疑的袭击。因为如果神学投入辩证法的战场，那它就必须遵守理性讨论的规则。

另一方面，如果某人必须盲目地接受一个与经验探究不相符合的陈述，那么他就会陷入一个难以对付的僵局。例如，拿我们居住的这颗行星的年龄来说，《旧约》估算它约有 5 750 年，正统教义必须相信这个估算。反之，地理学家则有根据相信，地球已经存在了 40 亿年以上。因此，除非有宗教信仰的研究者愿意在星期日持一种观点，在一周的其余几天持另一种观点；否则这两种信仰之一就必须被修改。这里重要的问题是，每当宗教原则和研究结果发生冲突时，宗教总是处于守势，并不得不修正它自己的立场。因为信仰原就不该和理性发生冲突。既然这里的冲突是发生在理性论证的范围内，所以必须让步的就总是宗教了。不过，以此为条件，让步后的宗教立场仍然是明确而独特的。

在经院哲学家尽力对宗教教义做出理性说明时，他们往往表现出卓越的心智创造力和精深细微的思考。这些练习的长远效果是使语言工具变得锐利，随之而来的文艺复兴的思想家们继承了这些语言工具。这或许就是经院哲学所完成的最有价值的任务。它的缺陷则在于没有对经验研究给予足够的重视。关注这一缺陷，就成了圣方济各会的学者们的事情了。在一个关心上帝和来世胜于关心尘世问题的年代，经验的研究成果之不受重视是非常自然的事情。文艺复兴的思想家再次将人抬高到中心位置。正是在这样一种氛围之下，人的行动才因其自身的目的而受到重视，科学研究也因而取得了新的巨大进展。

在过去的三四百年间，一种行动的伦理终于将西方和世界的其他地方区别开来了。当西方技术征服了世界的时候，与技术相伴随的行动的伦理，也有了某种程度的新的影响力。

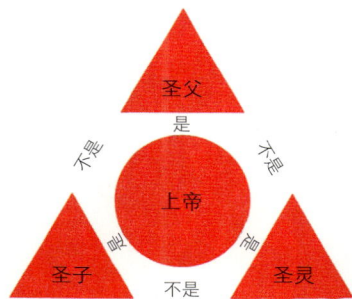

圣父

是

不是

不是

上帝

圣子

不是

圣灵

三位一体的本质，一个持续多年的经院哲学问题

近代哲学的兴起

在14世纪期间，中世纪的观念开始衰退，铸造了我们今天现代社会的各种新生力量则逐渐崛起。就社会方面而言，一个强大的商人阶级的兴起，动摇了中世纪社会的封建结构，这一阶级与君主们团结一致，反对为所欲为的贵族。在政治上，当更好的进攻武器使贵族们的传统堡垒不再是牢不可破时，贵族们也就不再那么无所顾忌了。如果农民们的棍棒和长矛尚不能攻破城堡，那么火药却可以攻破它。从中世纪的衰落到17世纪的巨变是一个过渡时期，它以四次大运动为标志。

第一次是15世纪和16世纪的意大利文艺复兴运动。虽然但丁仍沉浸于中世纪的思维方式，但是非拉丁的民族语言，通过他成了不懂拉丁文的俗人理解书面语的工具。从薄伽丘（Boccaccio）和彼特拉克（Petrarch）等作家开始，出现了向世俗理想的回归。艺术和科学的全部领域都表现了对古代世俗文化的兴趣的复苏，这一复苏又标志着与中世纪的僧侣传统的决裂。如果说在中世纪的舞台上对上帝的关注压倒一切，那么文艺复兴运动的思想家则更关心人。正是这一情况使得这场新文化运动引出了人文主义的名称，而人文主义正是第二个伟大的运动。文艺复兴在整体上直接影响了普遍的人生观，人文主义运动却限于思想家和学者们的活动范围。意大利的文艺复兴并没有伴随着一个持久的民族统一的复兴，国家仍分裂为城邦控制下的小块领土，到处是无政府状态。意大利落到了奥地利和西班牙的哈布斯堡王朝（Habsburg）手中，直到19世纪中叶，它才作为一个主权国家而出现。然而，意大利的文艺复兴运动产生了巨大的影响，并逐渐北移到德意志、法兰西和低地国家。大约一百年以后，在这些地区中出现了伟大的人文主义者，他们步意大利先驱的后尘。

这里的人文主义运动与路德的宗教改革运动属于同一时代，后者是改变中世纪世界的第三次大运动。教会内部一度也确实认为应该进行某种改革。人文主义思想家们曾批评过泛滥于教会管理机构中的营私舞弊行为，但是野心勃勃、贪得无厌的教皇势力太大，宗教改革运动一开始就遭到罗马方面

从波浪中升起的维纳斯，象征着文化复兴，也出现在流行艺术中

的激烈反对和谴责。因此，宗教改革运动作为一场新运动，原本能为万国教会所容纳，现在却被迫处于孤立状态，并产生了众多的国家新教教会。当天主教会终于开始改革它自身时，已为时太晚，不再能够弥合宗教的分裂。从此以后，西方基督教就一直处于分裂之中。由于人文主义的影响，新教产生了人人都可以成为神职人员的思想。每个人都直接与上帝发生联系，基督不需要代理人。第四次大运动直接源自由奥卡姆的批判所发动的经验研究的复兴。在以后的两百年中，科学领域获得了巨大的进步，其中至关重要的是，由哥白尼重新发现的太阳中心体系。公元1543年，论述这个体系的著作发表了。自17世纪起，物理学和数学迅猛发展，它们促进了技术的巨大进步，从而保证了西方的统治地位。科学的传统，除了能

171

够提供物质利益以外，本身也是独立思考的伟大推动者。西方文明所到之处，其政治理想始终随其物质扩张而至。

由科学研究的发展所促成的观念基本上还是希腊人的观念。从事科学探索就是要关注实际现象。与中世纪时教会试图用来支配人的教条主义相比，科学传统具有截然不同的权威。当研究者们有了各种不同的看法时，相当程度上由独断的信仰体系所支持的某个主教团，当然会就各种各样的事情形成一致意见。有些人认为，这种坚如磐石的一致性是优越性的表现，但是他们从未说明过为什么一致就是优越的。这种一致性，毫无疑问会使那些支持它的人感到有力量。但是，恰如一个主张并不因其是被大声宣布出来的，便更正确一样，一致性也不会使那些人的观点显得更有根据。科学探究唯一需要尊重的就是理性讨论中的普遍准则，或者用苏格拉底的话来说，就是辩证法。

然而，科学在技术应用上的辉煌成就却引出了另一种危险。因为许多人渐渐以为，只要人的努力得到恰当的指导和运用，那么实际上，人就无所不能。近代技术的巨大进步依赖许多头脑和人力的合作，对那些以发明新方案为己任的人来说，看上去的确像是他们自己的力量无限巨大。所有这些计划都包括人的努力，并且应该服务于人的目的，这一点却容易被人遗忘。就此而言，我们自己的世界正面临着超越各种限度的危险。

在哲学领域，对人的重视使思辨指向内心，由此导致的观点与产生了权力哲学的观点截然相反。这时人成了他自身能力的批判者，除了某些直接的经验之外，没有什么东西可以不受到挑战。这种主观的态度造成了一种极端的怀疑主义，它和完全否定个人的倾向一样，本身也是不自然的东西。显然，必须寻找某种调和两者的解决办法。

我们正在讨论的这个过渡时期，也以两个特别重要的发展为标志。第一个是活字印刷机的发明。这一发明就西方而言，至少可以追溯到15世纪。中国人使用这个方法比西方早了五百年，却不为欧洲所知。随着印刷业的出现，新思想的传播范围大大增加。这最终又有助于逐渐摧毁旧权威。因为如果被译成非拉丁文的本土语言的《圣经》能够方便得到，那么

印刷机，文献传播的工具

教会就没有理由再坚持它对信仰问题的监护权了。就一般学问而言，同样的原因也加快了向现世主义的回归。印刷业不仅为批判旧秩序的新的政治学说提供了传播手段，而且也使得人文主义学者能够出版古代著作的各种版本。这反过来又推动了对古典学问原始资料更广泛的研究，并有助于普遍提高教育水准。

也许指出下述一点并非没有必要，即印刷业如果没有自由讨论的保护措施相伴随，那么它的发明不啻是件值得怀疑的幸事。因为谬误恰像真理一样，容易印刷和容易传播。如果人对他面前的读物必须毫无疑问地予以接受，那么能够识文断字，对他来说就近乎一点好处也没有了。只是在有言论自由和批评自由的地方，出版物的广泛传播才能增进研究。没有这种自由，我们倒不如是文盲的好。在我们的时代，由于印刷业不再是大众传播的唯一有效媒介，所以这个问题变得更加尖锐。自从发明了无线电报和电视以来，始终保持这种警惕就变得越来越重要；没有这种警惕，自由一般来说就开始失去活力了。

随着信息日益广泛的传播，人们开始对自己所生活的地球有了一种更为正确的看法。这是通过一系列的航海发现所完成的，这些航海活动为西方发挥其进取和冒险精神提供了新的途径。正是由于造船和航海方面的技术进步，以及古代天文学的复兴，才使得这些探险伟绩成为可能。在 15 世纪以前，船舶还不敢远离大西洋海岸线，这部分是由于没有必要这样做，但更是由于冒险深入那些没有陆地标志引导的海域是不安全的。指南针的使用使船舶进入公海，从此以后，探险者们便可以越过重洋，寻找新大陆和新航线。

对中世纪的人来说，世界是静止的、有限的、秩序井然的地方。其中的任何东西都有其指定的功能，群星沿着它们的路线运行，人则在他出生所在的位置上生活。文艺复兴运动无情地撕破了这种自满自足的图景，两种相反的倾向产生了一种新观念。一方面是对人的力量与创造性的巨大信心，人现在占据着舞台的中心位置。但是另一方面，人在宇宙中的位置却变得不那么居高临下了，因为空间的无限性开始激发起哲学家们的想象力。这些观点在德意志的红衣主教库萨

哥伦布航海使用的船，他于 1492 年发现了美洲，开辟了新的地平线

的尼古拉斯 (Nicolas Cusanus, 1401—1464) 的著作中初露端倪，到了 16 世纪，就具体表现在哥白尼的体系之中。与此类似，还出现了向毕达哥拉斯和柏拉图的古老观念的返回，即认为世界建立在某种数学模型的基础上。所有这些思考都打乱了现存的事物秩序，并破坏了僧侣世界和世俗世界以往的既定权威。教会试图限制异端的传播，但是极少成功。不过，我们最好记住：就在近代的 1600 年，宗教裁判所还将乔达诺·布鲁诺 (Giordano Bruno) 处死在火刑柱上。和从前一样，现存秩序的代理人由于害怕被颠覆，仍经常地对那些敢于持有异见的人施以酷刑。但是，正是这种判决表现出它所要维持的立场是何等的虚弱无力。在政治领域，关于权力的新思想逐渐发展起来，世袭统治者的权力越来越受到限制。

由宗教改革所引起的分裂，并非在所有方面都得到富有成果的发展。人们可能以为，由于多种宗教的出现，人们最终应该认识到，同一个上帝可以用许多不同的方式来崇拜。早在宗教改革运动以前，库萨的尼古拉斯就已提倡过这一观点。但是这个相当明显的结论，并没有被信徒们接受。

文艺复兴运动的开始固非突然的觉醒，好像以往的岁月只是古代知识的沉睡似的。事实上，我们已经看到，整个中世纪都保留着古代传统的某些痕迹。历史绝不是由这种泾渭分明的线条所划分的。不过，这种区分只要谨慎待之，仍属可用。因此，如果关于意大利文艺复兴的说法是合理的，那么这就意味着在中世纪和近代之间有着某种明显的区别。例如，经院哲学家的基督教会的文学就和 14 世纪开始出现的以民族语言创作的世俗文学截然不同，世俗文学的复兴先于以古典原始资料为基础的人文主义学问的复兴。新文学以人民大众的语言为工具，因此，比起那些以拉丁语为媒介的学者的作品来，受到更广泛的欢迎。

所有领域中的努力都在摆脱中世纪观念的束缚。灵感的源泉起初是这个时代正在兴起的对尘世的兴趣，后来则是对古代的理想化追思。当然，那时所形成的古代概念，或多或少都被重新发现了自己历史连续性的一代人的热情所歪曲。这种关于古代人的多少有点浪漫的观点，一直延续到 19 世纪。

174

比起文艺复兴时的艺术家和作家来，我们现在对这些事情的知识当然是完善得多了。

在意大利，古代文明的遗迹提供了昔日岁月的有形象征。所以，这里的文艺复兴运动比起后来在阿尔卑斯山以北地区的文艺复兴来，有着更广泛的基础。在政治上，这个国家的分裂与古希腊十分相似。它的北部有若干城邦，中部是教皇的一统天下，南部则是那不勒斯和西西里王国。在北部城市中，米兰、威尼斯和佛罗伦萨最为强大。各城市内部存在着派系斗争，邦国之间也是摩擦不断。虽然个人的阴谋诡计和家族间的仇杀都技巧高超和残忍，但国家在整体上却损失不大。贵族之间和城市之间的战斗借助于雇佣兵的力量，而这些雇佣兵即以此为生计。当意大利成为法兰西国王和皇帝争斗的战场时，它的松散状况才被彻底改变。不过，这个国家分裂得太厉害了，所以不能真正地抵御外国的入侵。因此，国家仍然没有统一，并且主要处于外国人的统治之下。在法兰西和帝国之间反反复复的斗争中，哈布斯堡家族成为胜利者。那不勒斯和西西里一直掌握在西班牙人的手中，但教皇领地的独立却得到了默认。米兰是教皇派的据点，公元1535年成为西班牙哈布斯堡王朝的属地。威尼斯人的地位有点儿特殊，这部分是由于他们从来没有被蛮族征服过，部分是由于他们和拜占庭有联系。通过十字军东征，威尼斯人已经变得强大而富有，在打败敌人热那亚人以后，他们控制了整个地中海的贸易。公元1453年，君士坦丁堡沦陷于奥斯曼的土耳其人手中，从此威尼斯开始衰落。经好望角 (Cape) 通往印度(India)航线的发现，以及新大陆(the New World)的开发，又加速了这一衰落的过程。

佛罗伦萨城是文艺复兴运动最硕果累累的地方。除雅典以外，再没有别的城市曾经涌现了如此一群艺术家和思想家。这里仅仅提及其中几位，就有但丁、米开朗琪罗(Michelangelo)、列奥纳多·达·芬奇 (Loenardo) 及后来的伽利略 (Galileo)，他们都是佛罗伦萨人。佛罗伦萨的内部动乱曾造成了但丁的流放，它最终又导致了美第奇家族 (Medicis) 的统治。自1400年以来，除几次短暂的中断以外，这个商业贵族家族统治着这座城市，长达三百多年之久。

意大利文艺复兴时期的画家拉斐尔笔下的柏拉图和亚里士多德

175

对罗马教廷来说，文艺复兴运动具有双重的影响。一方面，教皇们开明地关心人文主义者的学术追求，并成为艺术的大赞助人。教廷对世俗权力的要求源自那个伪造的"君士坦丁赠赐"，但是教皇尼古拉五世 (Nicholas V，1447—1455) 却非常赞赏洛伦佐·瓦拉 (Lorenzo Valla)，正是后者揭露了这一"赠赐"是伪件，而且对其他问题也持可疑的观点。这位文学侦探虽有不正统的观点，却被任命为教皇秘书。另一方面，这种信仰标准的放宽导致了对尘世生活的关切，其程度竟使教廷的精神影响大大丧失。像亚历山大六世 (Alexander VI，1492—1503) 那种人的私生活，已多少有点缺乏作为上帝在世间的代表所应有的虔诚。而且16世纪的教皇们，对世俗生活的追求耗尽了来自国外的大批钱财。所有这些不满都在宗教改革时期达到了顶点。

在哲学上，意大利文艺复兴运动，就整体而言并未产生出伟大的著作。这是一个重新发现起源的时代，而不是一个伟大的哲学思索的时代。特别是对柏拉图的研究，再次开始了向学院派的亚里士多德主义的挑战。15世纪初，在科西莫·德·美第奇 (Cosimo dei Medici) 统治下的佛罗伦萨创办了佛罗伦萨学院。与业已建立的大学不同，这个学院拥护柏拉图。总而言之，人文主义学者的努力为17世纪伟大的哲学发展铺平了道路。

文艺复兴运动把人从教会的教条主义中解放了出来，尽管如此，它却没有使人摆脱古代的各种迷信。一直受教会贬抑的占星术，现在有了大大的普及，不仅影响了无知者，而且也影响了有文化的人。就巫术而言，也是如此，人们普遍地相信它，数百名无辜的行为怪诞者被当作女巫，烧死在火刑柱上。当然，政治迫害即便在我们的时代也不是什么新鲜事，但是烧死被迫害者已不再是惯例了。随着对中世纪教条主义的反对，对现存的行为规范的尊重也丧失殆尽。正是这一点，连同其他因素一起，使得意大利在面临来自北部的外来危险时，不能获得某种形式的民族统一。在这段时期，到处都是背信弃义的阴谋和两面派的行径。不动声色地除掉对手的计谋，发展成为无与伦比的技巧。在这样一种欺诈和不信任的氛围中，任何一种可行的政治合作都不可能形成。

杰罗姆，文艺复兴时期的一个花式陶盘

在政治哲学领域，意大利文艺复兴运动产生了一位杰出的人物。尼科罗·马基雅弗利 (Niccolo Machiavelli, 1469—1527) 是佛罗伦萨一位律师的儿子。他的政治生涯始于1494年，正是美第奇家族被逐出佛罗伦萨之际。当时，这座城市为萨伏纳罗拉 (Savonarola) 控制，后者是一个多明我会的改革者，他坚决抵制发生在他的时代的罪恶和腐败。萨伏纳罗拉积极地努力，最终和鲍吉亚教皇亚历山大六世发生了争执，并于1498年被烧死在火刑柱上。据说，这些事件激发了对权力及政治成功的性质的思考。马基雅弗利后来就以萨伏纳罗拉为例，指出没有武装的先知总是失败。在美第奇家族流放时期，佛罗伦萨是共和国，马基雅弗利就在政府里任职，直到1512年美第奇家族重新掌权为止。在任职期间，他一直反对美第奇家族，所以这个时候遭到了贬黜。他被迫退出政治舞台，从此专心从事政治哲学及有关领域的著述。公元1513年，他将他的名作《君主论》(The Prince) 题献给洛伦佐二世，以期重获美第奇家族的赏识，但是没有成功。他于1527年去世，这一年查理五世皇帝的雇佣军洗劫了罗马。

马基雅弗利两部伟大的政治学著作是《君主论》和《史论集》(Discourses)。其中，第一本著作试图研究赢得和保持专制权力的方式与手段。第二本著作则对不同统治类型下的权力及运用作了一般探讨。《君主论》的学说并不是就如何成为一个有德行的统治者的问题提出虔诚的忠告；相反，它确认某些邪恶的手段有助于夺取政治权力。正是在这种情况下，"马基雅弗利主义"(Machiavellian) 一词带有几分邪恶和贬损的含义。为了对马基雅弗利公平起见，必须指出，他并没有将"恶"作为一项原则来提倡。就像核物理学家所从事的研究一样，他的研究领域也超出了善与恶的范围。论证是如此进行的：如果你要得到权力，那你就一定得残酷无情。这究竟是善还是恶，完全是另外一个问题，与马基雅弗利无关。指责他没有注意到这个问题是可以的，但谴责他按照权力政治的本来面目来研究这种政治，则是毫无意义的。《君主论》一书的内容，或多或少地概括了文艺复兴时期在意大利司空见惯的政治实践。

在为佛罗伦萨共和国服务的政治生涯中，马基雅弗利曾

马基雅弗利，佛罗伦萨的外交官，政治哲学家

被委以各种外交使命，这使他获得了大量的机会，直接研究错综复杂的政治计谋。在他从事外交工作的过程中，他对凯萨·鲍吉亚 (Caesar Borgia) 逐渐有了透彻的了解。这个亚历山大六世的儿子，和他的父亲一样，是个精力旺盛的奸雄。凯萨以极高的手腕和胆量计划，在他的父亲死时保住自己的地位。他的哥哥是横在他的野心勃勃道路上的绊脚石，所以被除掉了。在军事方面，凯萨协助他的父亲扩大了教廷的领地，满心希望这些领地以后全归他所有。在教皇继任的问题上，为使他的一个同党最后能够占据教皇的位置，凯萨作了周密的安排。他在追求这些目的时，显示出令人敬佩的机智，手腕也非常老练，时而伪装友好，时而置人于死地。这类政治才干的施展，当然不能把其受害者的感情考虑在内，而且从摆脱个人恩怨的观点看来，这些受害者倒是很有可能敬佩凯萨·鲍吉亚无可置疑的手腕；那个时代的倾向就是如此。凯萨的计划最后失败了，因为恰巧在他的父亲于1503年去世的时候，他自己也生了病。鲍吉亚的一个积怨甚深的敌人，尤里乌斯二世继承了教皇的皇位。就凯萨·鲍吉亚的特定目标而言，人们当然承认他追求这些目标的才干。正因为这一点，马基雅弗利不吝笔墨地赞赏了他。在《君主论》中，他把凯萨作为榜样，推荐给其他也渴望得到权力的人。在他看来，此类奸诈手段有存在的理由，这一看法与当时的普遍准绳相一致。从17世纪到19世纪，这种冷酷无情的方法总的来说是不能容忍的，至少在公开的场合得不到赞赏。到了20世纪，再一次出现了不少政治领袖实践了早为马基雅弗利所知晓的那个传统。

自1513年到1521年，教皇的宝座由列奥十世 (Leo X) 占据，他是美第奇家族的一个成员。由于马基雅弗利试图讨好美第奇家族，所以我们发现，他在《君主论》中，以一些虚伪的陈词滥调回避了教皇权力的问题。《史论集》对教廷采取的批判态度则要厉害得多。在这里，全部探讨更充满了伦理概念。马基雅弗利根据价值次序，对各种各样的掌权者作了审视，从宗教的创办者到专制政治的奠基人。他沿着实用主义的路径思索宗教在国家中的作用。宗教信仰的真与假是完全无关紧要的事情，只要国家能够获得某种程度的社会凝聚力就行。按照这样的观点，迫害异教徒当然就是十分正当的了。至于教会，

凯萨·鲍吉亚，亚历山大大六世的儿子，文艺复兴时期冷酷无情的统治者

选自伊拉斯谟的著作《愚人颂》

则由于两点理由而受到谴责：第一，教会中许多神职人员邪恶的生活方式已经动摇了民众对宗教的信心；第二，教廷对尘世和政治的兴趣是意大利民族统一的障碍。也许可以顺便指出的是，他关于教会的这种观点是因为他已经看到，某些政治性的教皇已用高超的手段来实现他们自己的目的了。《君主论》不讨论目的问题，但《史论集》则常常涉及这个问题。

至于说到传统的道德标准，《君主论》的观点十分明确：统治者不受这些道德标准的约束，除非权宜之计，需要统治者服从道德律，否则他是可以完全不遵守它们的。如果他希望保住权力，那他的确必须经常性地违背道德律。与此同时，他又应该在别人面前表现得像是有德行的样子。只有通过这种两面派的手法，一个统治者才能够保住他的地位。

在《史论集》的一般讨论中，马基雅弗利阐述了"制约与均衡"的理论。社会中的所有等级都应该具有某种立法权，这样它们就能够实施某种程度的相互控制。这个理论可以一直追溯到柏拉图的《政治篇》，到了17世纪，通过洛克而变得非常突出；在18世纪则由孟德斯鸠加以阐发。因此，马基雅弗利不仅影响了当时专制君主的政治实践，而且也影响了近代自由主义政治哲学家的理论。权谋之术在许多人手中被运用到了极致，尽管它具有马基雅弗利所未曾考虑到的种种局限。

15世纪期间，席卷意大利的文艺复兴运动在向阿尔卑斯山以北推进时，颇费了些时间。复兴的力量在向北传播的过

178

鹿特丹的伊拉斯谟（1466—1536），学者兼编辑

程中，经历了一些重大变化。例如，在北方，新观念一直主要是学者们关心的事。严格说来，在某种意义上甚至谈不上什么文艺复兴，因为这里原本没有什么曾经存在、而现在可以复兴的东西。如果说在南方，过去的传统对一般人来说，还有某种模糊的意义，那么在北方，罗马的影响则是短暂的，或者就根本不曾存在过。因此，北方的新运动主要由学者们领导，其影响力也就多多少少受到了限制。北方的人文主义因为没有像南方那样，在艺术领域中得到发挥，所以在某些方面就是一件更加严肃的事情。结果，北方与中世纪权威的决裂比意大利更为突兀和引人注目。有许多人文主义学者并不赞成由宗教改革运动所造成的宗教分裂，尽管如此，他们在某种程度上还是希望，如果这种分裂终究要发生，那么它就应该发生在北方的文艺复兴运动之后。

文艺复兴运动以后，宗教对阿尔卑斯山南北两边人民的生活有着截然不同的作用。在意大利，教廷在某种程度上代表着和昔日帝国的直接联系。而宗教生活本身却更成为日常的事情，人们像对待饮食那样，以平静态度对待日常生活的这一部分。即便在今天，与其他地方同样的宗教信仰活动相比，意大利的宗教活动依旧是比较平静的。因此，关于为什么不能与现存的宗教传统实行彻底决裂的原因，就有了一种双重的解释。第一，即便如马基雅弗利所指出的那样，教廷有点儿是意大利民族统一的一个障碍，但是教会在某种意义上仍是既存的权力体系的一部分；第二，人们未曾以一种深刻的信念来信奉宗教，倘若有这种信念，那就会在需要的时候导致激烈的变革。北方的人文主义思想家们极为认真地关心宗教，因而也就严肃地关注宗教所受到的损害。在其论战性文章中，他们极端仇恨罗马教廷的卑劣行径。除此以外，他们还有一种意大利的主教们始终未能给予尊重的民族自豪感。这不仅仅是一般地关注为修缮粉饰罗马而进贡钱财的问题，而且也是直接不满于精明诡谲的意大利人对严肃认真的条顿人所采取的屈尊态度。

北部最伟大的人文主义者是鹿特丹的伊拉斯谟（Erasmus of Rotterdam，1466—1536）。在不到20岁的时候，他的双亲就都去世了，这好像是他未能直接进大学的原因。他的监护人将他送入一所修道院的学校。经过一段时间的学习,他进了斯泰因 (Steyn) 的奥古斯丁修道院。早年的这些经历,使他终生痛恨那种曾强加于他的、死板的、缺乏想象力的经院哲学。1494年,康布雷 (Cambrai) 的主教任命伊拉斯谟为自己的秘书,从而使他摆脱在斯泰因的修道院生活。随后他去了几次巴黎,但巴黎大学的哲学气氛已不再有益于推进新的学术,因为面对文艺复兴,托马斯派和奥卡姆派已捐弃前嫌,从事反对人文主义者的共同事业。

1499年年底,伊拉斯谟对英国作了一次短暂的访问,在那里,他遇见了科利特 (John Colet);更重要的是他还结交了莫尔。回到欧洲大陆以后,他立刻开始学习希腊语,并达到非常娴熟的程度。1506年,他访问意大利,在都灵获得博士学位,并且发现他的希腊语水平在那里没有对手。1516年,他出版了第一本希腊文的《新约》。在他的著作中,最有影响的是《愚人颂》(*The Praise of Folly*)。这是一部讽刺作品,1509年写于伦敦莫尔的住宅中。其希腊文的书名正好是莫尔名字的双关语。在这部著作中,除了许多对人类的缺点所作的讽刺以外,还对宗教机构及其执掌者的堕落行为进行了猛烈的攻击。尽管他的批判直截了当,但是当宗教改革运动爆发的时候,他却没有公开表示支持。他基本上持新教观点,即认为人直接与上帝发生联系,神学是多余的。与此同时,他又没有投入到宗教改革之后所发生的宗教争论中去。他的兴趣在于追求学问和出版著作,并认为无论如何,宗教分裂都不是件好事情。在某种程度上,这类宗教争论确实令人讨厌,但是它们所涉及的问题却不容忽视。最后,伊拉斯谟倒向了天主教,不过,这时他已不那么重要了。更有勇气的人登上了舞台。

伊拉斯谟在教育领域中的影响最为持久。直到最近,凡西欧观念盛行之处,人文主义学问仍是中等教育的核心,这在很大程度上要归功于伊拉斯谟的著述和教学活动。当他从事出版工作时,他并不总是注意对文本做详尽无遗的批评性审读。他的服务对象是广大读者,而不是学院的专家。与此同时,他不用民族语言写作,相反,他极力要强化拉丁文的地位。

英国最杰出的人文主义者是托马斯·莫尔爵士 (Sir

180

托马斯·莫尔(1478—1535),英国人文主义者

Thomas More,1478—1535)。14岁时,他被送到牛津,在那里开始学习希腊文。这在当时容易被看做是件不怎么正常的事,这位年轻学者的父亲也的确对此事抱有怀疑态度。莫尔被指定继承父业,从事法律方面的工作。1497年,他在伊拉斯谟初访英国时与之会面,这使他再一次接触到新学术,更增强了研究希腊文的兴趣。此后不久,他过了一段时期的禁欲生活,遵循加尔都西会的严苛戒律。不过,他最后还是放弃了过修道士生活的想法,部分可能是由于他的朋友伊拉斯谟的反对。1504年,他进入国会,并在国会中站出来,公开谴责亨利七世在财政方面提出的要求。1509年,这位国王去世,莫尔则再次从事法律职业。但是,亨利八世不久又将他召回到公共事务中来,经过一段时间以后,他被擢升最高职务,取代1529年下台的沃尔西(Wolsey)而成为大法官。但是,莫尔身居要职的时间并不长。他反对国王与阿拉贡(Aragon)的凯瑟琳(Catherine)离婚,并于1532年辞职。他拒绝接受参加安妮·博林(Anne Boleyn)王后加冕典礼的邀请,使国王极为生气。1534年,"至权法案"将国王立为新教会的首领,这时莫尔又拒绝宣誓。他被送入伦敦塔(the Tower)*。并在1535年的审判中,被认为犯有叛逆罪,理由是他曾说过国会不能让国王亨利成为教会的领袖。根据这个罪名,他被处死。那个时代尚无在政治问题上给予宽容的做法。

莫尔是个多产的作家,但是他的大部分著作今天已很少有人去读。他的声望完全靠一部以《乌托邦》(Utopia)而闻名的政治幻想作品。其中表达了一种思辨性的社会政治理论,显然受到柏拉图的《理想国》的启发。该书的形式是由一名失事船只的水手所作的报道,这名水手在这个乌托邦岛上的社会中生活了五年。与柏拉图的《理想国》一样,《乌托邦》也非常强调公有财产,并且理由也相同。它认为,凡是财产私有的地方,就不可能出现对公共利益的彻底尊重。此外,如果人们为自己而占有财物,那么他们就会按照财富的差异而彼此有别。所有的人都应该平等——这在乌托邦中,被当作是理所当然的基本事实。由此可知,私有财产是一种引起腐败的

---

* 伦敦塔曾用作监狱。——译者注

因素，因而不得被承认。当乌托邦的居民从他们的客人那里听说到基督教的时候，使他们感兴趣的主要就是基督教关于财产的教义所具有的共产主义色彩。

这个理想国的组织形式得到了极为详细的描述。其中有一个首都，另有53个城市，全都按照同样的格式建造，住房都是相同的，并且任何人都可以自由进入。在那里，没有私有财产，偷窃也就毫无意义。乡间农场星罗棋布，所有的农场都是按照同样的方式加以管理。所有的人穿着一律，只是已婚女子和未婚女子的服装在缝制上有微小的区别。衣服都是不显眼的，式样也总是一成不变，奇装异服还不为人所知。公民的工作方式都完全相同。所有的人每日工作6小时，千篇一律地都是晚上8点钟上床睡觉，早晨4点钟起床。

那些具有学者素质的人专注于他们的精神劳动，不做任何其他工作。政府团体就从这群人中选拔出来。统治制度采用的是间接选举的代议民主制。国家首领只要行为正派，便终身任职；如果表现不端，则可以被废黜。这个共同体的社会生活也服从严格的规则。与外国的关系，则限制在必不可少的最低限度内。乌托邦里没有铁，所以必须进口。男人和女人都接受军事训练，但是除了在自卫、援助同盟国或被压迫民族的情况下，乌托邦人从不发动战争。战争总是尽可能地由雇佣兵来进行。乌托邦人通过贸易贮备贵金属，以便在战时支付给雇佣兵。至于他们自己则从不需要钱币。他们的生活方式既不是偏执顽固，也不是禁欲苦行。不过，有一个小小的限制：无神论者虽然可以不受干涉地坚持他们的观点，但不可享有市民的地位，也不得参政。至于某些比较低贱的工作则由奴隶来做，当奴隶的是那些犯有重罪的人，以及那些逃避他们自己国家惩罚的外国人。

毫无疑问，在如此这般地精心设计的国家里，生活是毫无趣味的。这是种种理想国的一个共同特征。但是，在莫尔的讨论中，与其时代更密切相关的地方在于，它对宗教宽容问题所作的新的自由探讨。宗教改革运动已经动摇了欧洲基督教社会自以为是的权威观念。我们已经提到过，这些改革事件有其先驱者，他们曾大力主张在宗教问题上的宽容。当宗教改革运动在欧洲引起了持久的宗教分裂的时候，宽容的观念

莫尔的幻想受到柏拉图的启发，由一名困在乌托邦岛上的水手叙述

也就最终成为普遍的意识。替代全面铲除与压制的方案都曾经试过，但终归无效。然而，在16世纪，关于所有人的宗教信仰都可以得到尊重的思想，仍然属于异乎寻常的见解，足以引起人们的注意。

宗教改革运动的结果之一是，宗教愈来愈明显地成为政治的事情，并且像在英国那样，通常具有民族性的基础。显而易见，如果世界性宗教还在盛行，就决不会出现这种情形。像莫尔那样的人之所以不支持宗教改革，正是因为他们痛惜宗教的忠诚竟包含了这种新的政治性质。在谈到伊拉斯谟的时候，我们已经指出，诸如莫尔之类的人，实际上赞同进行某种改革的必要性。但是，他们哀叹一种完全独立的宗教信念的产生，竟伴随了暴力和争斗。就此而言，他们当然是非常正确的。在英国，宗教分裂的民族特性展现得十分突出。在那里，新成立的教会与政府机器的政治结构配合紧密。同时，其分裂在某些方面也不像其他地方的分裂那般激烈，因为英国长期保存着一种相对独立于罗马的传统。征服者威廉曾坚持认为，他在主教任命的事情上具有发言权。新教会的这种反罗马倾向，一直保存在自威廉和玛丽开始的新教延续过程中。并且，它还见于罗马天主教徒不得接任美国总统职位这一不成文法中。

我们已经看到，在宗教改革运动爆发前的几百年间，社会思潮的逐渐变化已经削弱了教会至高无上的旧观念。导致这场革命性变革的原因是错综复杂的。从表面上我们看到的只是对于在上帝和人之间的代理权的反抗。但是，这一值得称道的原则，倘若没有教会自身的弊病出来相助，就不会凸显出来，是教会自身让人们注意到了它的言行不一。僧侣们往往都拥有大量的地产。但是，如果耶稣的教义与其人间代理人的世俗行为不是如此难以协调，那么这种情况本身也许就无可非议了。至于宗教教义的问题，奥卡姆已经主张，没有罗马主教不受约束的至上权威，基督教也一样能够发挥作用。因此，对基督教世界的宗教生活进行彻底改革的所有因素，都已经存在于教会内部了。最后，由于各种政治力量的作用，对改革的追求演变成了一场分裂。

在理论上，宗教改革家们本身不如为改革准备了基础

马丁·路德（1483—1546），奥古斯丁派的修道士，改革家，《圣经》翻译者

· 212 ·

的那些人文主义学者。但是他们中具有批判精神的思想家们往往难以唤起革命热情。马丁·路德（Martin Luthe，1483—1546）是奥古斯丁派的修道士和一位神学教师。和其他许多人一样，面对发售赎罪券的低劣行径，他痛心疾首。1517年，他公开宣布著名的《九十五条论纲》，并把这一文件钉在维滕堡（Wittenberg）的卡斯尔（Church）教堂的大门上。在这一次向罗马教廷发起的挑战中，他并未想到要建立一种新宗教。但是，出卖赎罪券这个令人烦恼的问题，涉及向外国权力缴纳大量钱财的整个政治问题。1520年，当路德公开烧毁教皇革除教籍的通谕时，事情就再也不仅仅是个宗教改革的问题了。德意志的君主和统治者们开始联合起来，宗教改革成了德意志人对抗更阴险狡猾的教皇权力的政治反叛。

约翰·加尔文（1509—1564），日内瓦的法国人改革家

在1521年沃尔姆斯（Worms）会议之后，路德躲藏了10个月，从事《新约》的德语翻译工作。某种程度上，这部文献对于德国人的意义类似于但丁的《神曲》对于意大利人的意义。不管怎样，它极大地有助于在人民中间推广四部《福音书》的内容。现在，凡能够阅读的人都能看到：耶稣的教义和现存的社会秩序之间有着重大的不一致。1524年的农民起义，就从这种认识和以《圣经》为唯一权威的新教观念中找到了自己的道德理由。但路德不是一个民主主义的改革家，他公开反对那些违抗其政治主人的人。在政治思想方面，他的观念仍然是中世纪的。那场起义在各方面都伴随着大量的暴力和残酷，最后被野蛮地镇压了。它作为旨在引起一场社会革命的未成功的尝试，某种程度上削弱了改革后的宗教的原动力。"新教"这个词本身源于新教支持者们，反对皇帝于1529年打算重新引用沃尔姆斯会议条文而提出的上诉。那次会议宣布路德及其同党被剥夺宗教权利，不过此项措施自1526年起就被搁置起来。现在路德再次受到帝国禁令的限制，因此没有参加1530年的奥格斯堡（Augsburg）会议。但是，新教运动在当时已十分强大，无法被镇压下去。而到了1532年，在纽伦堡宗教和约的压力下，皇帝不得不勉强地为那些追求信奉宗教自由的人提供保证。

宗教改革运动迅速波及低地国家：法国和瑞士。继路

183

耶稣会徽章，罗耀拉（圣依纳爵，1491—1556）创立耶稣会

德之后，最有影响的改革家是约翰·加尔文（John Calvin，1509—1564），一个居住在日内瓦的法国人。早在二十几岁的时候，他就转向了宗教改革运动，此后成为法国和尼德兰的新教精神领袖。作为一种教义，加尔文教中的奥古斯丁主义比起路德的福音主义要更激烈，更不妥协。它深受清教徒理想的影响，并且坚持认为拯救是命定的事情。这在基督教神学中是不那么吸引人的一个方面，罗马教会就很明智地使自己脱离这种教义。当然，它实际上不像乍看起来那样有害，因为每个人都可以把自己看作被选中的得救者。

16世纪下半叶，法国被胡格诺派（Huguenots）新教徒和天主教徒之间的宗教战争弄得四分五裂。与德国的情况一样，这些动乱的原因并非纯然是宗教方面的，其中也有部分经济方面的原因。我们可以更准确地说，宗教原因和经济原因都是那些标志着从中世纪向近代过渡的一般变化的征候。因为改革后的宗教及其清教特性，是与近代贸易的兴起携手并进的。在法国，宗教纷争一度由1598年在南特（Nantes）宣布的宽容敕令所平息。1685年，当这项敕令被撤销时，大批胡格诺派教徒都离开家乡，到英国和德国定居下来。

由于新教不是一种世界性宗教，所以它需要国家的政治首脑的保护，而后者也希望成为其民族教会的领袖。这实际上倒是一件幸事，因为新教的神职人员虽然也往往像别人一样偏执和不容忍，但是由于缺少罗马僧侣那样的权力，所以他们就不能凭借不受钳制的权力做坏事。最后，人们终于认识到：宗教争斗是多余的事情，也是没有结果的事情，因为争斗的任何一方都没有强大到足以消灭对方。正是通过这种消极认识，才最终形成了宗教宽容的事实。

在将近16世纪中叶的时候，一种新的改革运动在罗马教会内部产生。它以耶稣会为中心。耶稣会由罗耀拉（圣依纳爵，Ignatius of Loyola，1491—1556）创立，并于1540年得到官方的承认。罗耀拉受早年军人生涯的启发，按照军事原则组织耶稣会。在教义上，耶稣会成员反对为新教徒所接受的奥古斯丁学说。他们特别强调自由意志，他们的实际活动涉及传教、教育以及铲除异端。他们是西班牙宗教裁判所的主要组织者。

北方的人文主义导致了关于基督教的新思想，而意大利的人文主义思想家却不太关心宗教。因此，和今天一样，天主教在意大利是日常生活的一部分，它并没有深入到人的意识。某种意义上宗教在意大利人的生活中发挥着比较小的作用，而且确实很少有人认为宗教能够唤起他们的感情。此外，由于罗马是僧侣统治集团的中心，所以罗马天主教也不可能有损于意大利人的民族自豪感。就其真实形式而言，这种民族自豪感是某种在古代帝国时期就存在的国家崇拜原则的残留物。意大利的影响在罗马教会的行政机构中所占据的优势，一直保留到今天。

阿尔伯蒂（1404—1472），建筑师，人文主义思想家

在意大利人文主义者的思想中，重新强调毕达哥拉斯和柏拉图的数学传统，具有重要得多的意义。世界的数的结构又一次受到重视，因此它取代了曾使之黯然失色的亚里士多德传统。这是导致16世纪和17世纪科学研究伟大复兴的主要进展之一。这种对数的重视，最突出地表现在意大利文艺复兴时期的建筑理论和建筑实践中。这同古代的古典主义传统，特别是同公元1世纪的罗马建筑家维特鲁威（Vitruvius）的作品所奠定的传统有着直接联系。建筑物的不同部分之间的比例关系受到极大的重视，与之并行的是关于美的数学理论。正如维特鲁威从希腊的源头出发所说的那样，美在于适当的比例和谐。这个观点可以直接追溯到毕达哥拉斯那里。顺便提一下，它也表明了理念论据以立足的另一种方式。因为肉眼显然不可能准确地判断一个建筑物不同部分之间数的关系。而在取得某种准确的比例关系时，某种审美的满足似乎就随之而来。因此，这种比例关系的存在，作为一种理念保证了完美。

在意大利人文主义思想家中，最重要的人物之一是阿尔伯蒂（Alberti，1404—1472）。这个威尼斯人在许多领域中都是个多才多艺的大师，这是那个时代的特征。他的最为持久的影响可能在建筑领域，但他还是一个哲学家、诗人、画家和音乐家。的确，正如要理解毕达哥拉斯对希腊哲学的影响，就必须具备某种关于和谐的基本知识一样；对文艺复兴时的建筑来说，要把握设计中的比例关系，也必须具备关于和谐的知识。简言之，这个理论的基本依据是：毕达哥拉斯的音程之间的听觉和

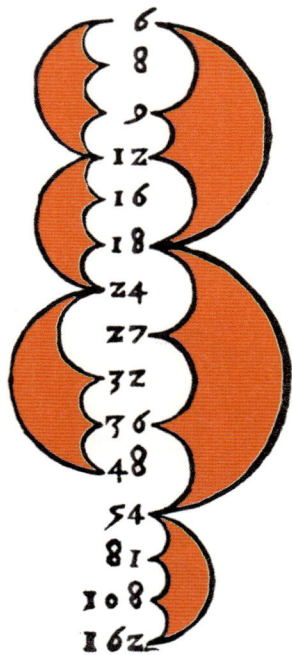

毕达哥拉斯的模数，乔尔乔内将这些比例关系用于设计

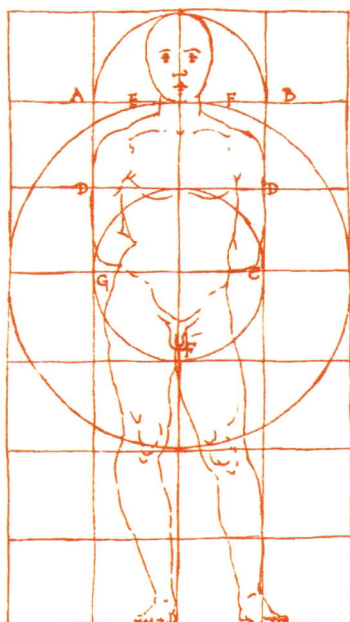

按照长方形教堂的轮廓来画人，乔尔乔内用这一素描来表现比例关系支配万物

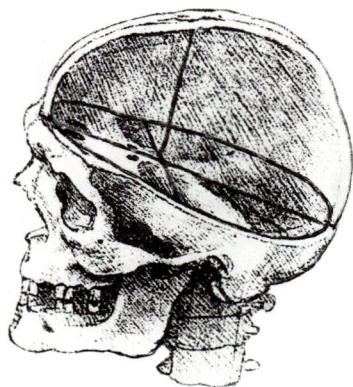

列奥纳多·达·芬奇的头颅素描

谐是建筑设计中视觉和谐的标准。歌德 (Goethe) 后来谈到建筑是凝固的音乐，而对一个文艺复兴时期的建筑师来说，这个说法的确表达了他的实践中的某种真实情况。因此，建立在谐音弦基础上的和谐理论，便提供了一种艺术完美的普遍标准；而乔尔乔内 (Gioegio) 和列奥纳多·达·芬奇等人，也正是这样解释和谐理论的。比例原则也见于人体结构和经过调整了的人的道德存在的功能之中。所有这些都是纯正的、经过深思熟虑的毕达哥拉斯主义。不过，这里的数学还另有一种作用，即在以后的几个世纪中，对科学的复兴产生了巨大的影响。

如果一门艺术能够具有数的特性，那它就立刻上升到较高的水平。这在音乐中最为明显，但也适用其他艺术。在某种程度上，它还为当时的人文主义思想家的多才多艺现象提供了解释，特别说明了为什么会有如此之多的人文主义思想家，也是艺术家和建筑师的事实。因为比例数学为宇宙的设计提供了一把万能的钥匙。这种理论是否能够成为一般美学的可靠基础，这当然尚在争论之中。不过，无论如何它有着如此巨大的功绩，即确立了摆脱情感和目的的、真正客观的美的标准。

对于事物的数的结构的把握，给人以支配环境的新力量。从某个方面来说，它使人更像上帝。毕达哥拉斯学派的人曾将上帝看作是最伟大的数学家。如果人能够训练和提高一下他的数学技巧，那他就更接近于神。这并不是说人文主义不虔诚，甚或反对公认的宗教。但是这确实表明，现存的宗教实践往往被看做是一件日常的事情。而真正激发思想家们的想象力的，是古老的前苏格拉底学说。因而，在哲学领域中，一种新柏拉图主义的倾向再次占据突出地位。对于人的力量的重视，使人想起雅典最强盛时期的乐观主义。

近代科学正是在这样的精神氛围中成长起来。人们有时会以为，在 17 世纪末，科学就像从宙斯头颅里钻出来的雅典娜一样，突然装备齐全地来到世上。这是最荒谬不过的看法了。科学的复兴直接地、有意识地以文艺复兴时期的毕达哥拉斯传统为基础，同样值得注意的是，在这个传统当中，艺术家的工作和科学探索者的工作之间没有对立。两者都以其各自的方式追求真理，而真理的本质是通过数来把握的。这些数的样式对任何愿意尽力去观察的人来说,都是可以辨认的。如此探讨世界及其问题的新方法,和学院派的亚里士多德主义截然不同。它是反教条主义的,因为它不依赖于文本,而是依赖于数的科学的唯一权威。在这方面,它有时可能走得太远。正像在所有其他领域中一样,必须永远牢记超越尺度的危险。在目前这个事例中,超越尺度的结果是数学神秘主义,它像依赖巫术符号那样依赖数学。这一点加上其他因素,使得比例理论在以后的几个世纪中名声扫地。此外,人们还感到,毕达哥拉斯的音程将不自然的、令人窒息的限制,强加于设计者的创造性天赋。这种对规则和标准的浪漫主义反抗,很可能已延续到我们今天的时代;而且在不久的将来,显然有可能出现向某些原则的回归,正像这类回归曾经激发了文艺复兴运动一样。

对哲学本身而言,15 世纪和 16 世纪总的来说并不是辉煌的时代。但另一方面,新学术的传播,书籍的广泛发行,以及更重要的是,毕达哥拉斯和柏拉图的古代传统重新获得活力,都为 17 世纪各种伟大的哲学体系铺平了道路。

正是继古代思维方式的这次复兴之后,开始了伟大的科学革命。科学革命始于多少还有些正统的毕达哥拉斯主义,以后它逐渐推翻了亚里士多德的物理学和天文学的既定观念,最后以完全遵循现象和发现一个极为普遍且有力的假说而告结束。在整个过程中,促进了这些研究的那些人都知道他们是直接立足于柏拉图的传统的。

第一个重新提出阿里斯塔克斯的太阳中心说的是哥白尼 (Copernicus,1473—1543)。他是一位波兰教士,早年曾南行到意大利,1500 年在罗马教授数学。正是在那里,哥白尼开始接触到意大利人文主义者的毕达哥拉斯主义。在意大利的几所大学里学习了几年以后,他于 1505 年返回波兰。并在 1512年以后,重新担任弗劳恩堡 (Frauenburg) 大教堂的僧侣会员。他的工作主要是在行政管理方面,偶尔也行医,他在意大利曾经学过医学。业余时间,他致力于天文学研究。在旅居意大利的时候,太阳中心的假说就已引起他的注意。他在波兰试图以当时所能搜集到的仪器,证明自己的观点。

他的名为《天体运行论》(De Revolutionibus Orbium Coelestium)的著作对所有这一切做了详尽的表述,该书直到他逝世那年才出版。他所提出的日心说并没有摆脱所有的难题,而且在某些方面还受制于源自毕达哥拉斯的先入之见。行星必须以圆周形式作匀速运动——这在哥白尼看来,是一个预知的结论。因为圆是完美的象征,而匀速运动则是唯一适合于天体的运动。不过,在观察所能达到的范围之内,主张圆形轨道的太阳中心观点,大大优于托勒密的诸多"本轮"。因为它毕竟是一个单凭自身就能够解释所有现象的简单假说。

哥白尼的理论受到天主教徒以及路德教徒的极大仇视。因为有人相当正确地意识到,哥白尼的理论开始了一场新的反对教条主义的运动,即使它不会破坏宗教本身,至少也将破坏宗教组织所依赖的权威原则。最终,科学运动的巨大进展主要发生在新教国家,这是因为民族教会在控制其成员的观念方面,比较软弱无力。

天文学研究由第谷·布拉赫 (Tycho Brahe,1546—1601) 继续进行。他的主要贡献在于提供了详尽而精确的行星运行记录。他还通过指出月球轨道以外的空间并非没有变化的事实,使亚里士多德的天文学说受到了怀疑。因为人们发现,1572 年出现的一颗新星没有周日视差,因此,它一定处于大大远于月球的地方。同样还可以证明的是,彗星的运行也远于月球的轨道。

一个伟大的进步是由开普勒 (Kepler,1571—1630) 完成的。他年轻时曾做过第谷·布拉赫的助手。通过仔细研究观测记录,开普勒发现,哥白尼的圆周轨道没有适当地说明现象。他认为,轨道是椭圆的,太阳位于其中一个焦点上。其次,他发现联结太阳与一个行星的半径在特定时间内所扫过的面积,对该行星来说是不变的。最后,所有行星的公转周期的平方与它们同太阳之间平均距离的立方之比,都是相同的。这些就是开普勒的三定律,它们构成了与指导过哥白尼研究的、有些刻板的毕达哥拉斯主义的彻底决裂。现在已经清楚,诸如圆周运动的主张都是一些必须放弃的外在因素。从前,凡是简单的圆周轨道不足以说明现象的时候,会出现自托勒密以来就有的一种习惯做法,即通过"本轮"运动来构造更复杂的轨道。这个方法大致说明了月球相对于太阳的运动。但是更仔细的观测表明,再复杂的"本轮"也不能充分地描述被

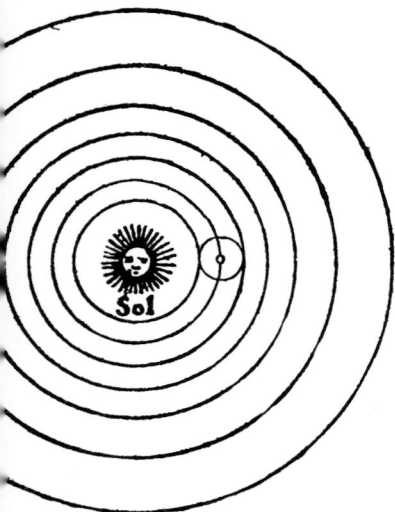

哥白尼的太阳中心体系

哥白尼(1473—1543),教士和天文学家

观察到的轨道。开普勒的第一定律一下子就解决了这个难题。同时，他的第二定律表明，行星在它们自己的轨道上的运动不是匀速的。它们在接近太阳时的运动快于在远离太阳的轨道上的运动。所有这些都迫使人们承认，不顾事实，根据先入为主的审美原则或神秘主义原则来进行论证是危险的。另一方面，开普勒的三条定律卓越地证明了毕达哥拉斯主要的数学原则的正确性。现象中的数的结构，看来的确提供了理解现象的钥匙。同样清楚的是，为了恰当地说明现象，必须寻找往往不易被发现的关系。正如赫拉克利特已经指出的那样，宇宙运动的尺度是隐蔽的，而发现这些尺度正是研究者们的任务。同时，至关重要的事情在于，不要仅仅为了维护某种外在的原则，便去歪曲现象。

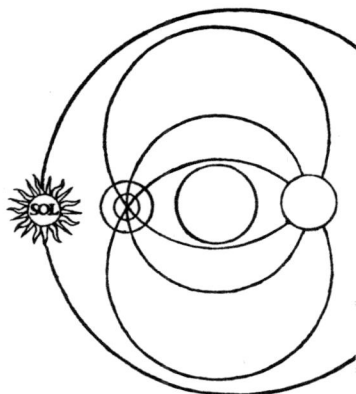

第谷·布拉赫的体系，比哥白尼的理论大大前进了一步

但是，如果说忽略现象是危险的事，那么另一方面，盲目地记录现象恰像漫无边际的思辨一样，使科学受到挫折。亚里士多德就是一个这样的例子。当他指出，如果你不继续推动一个物体，它就会停下来时，他是正确的。对那些我们能够推来推去的物体来说，这无疑是我们所观察到的现象。但是如果由此推论说，这一点也一定适用于我们自己实际上不可能去推动的星球，那就错了。因此就有人以为，这些星球是以其他方式被推动的。力学中所有这类站不住脚的推理，都建立在一系列被过于从表面价值来接受的现象的基础上。正确的分析在此也就被掩盖了。物体在没有被继续推动的情况下减速，其原因在于阻力的作用。去掉这些阻力，物体就会继续自行移动。当然，我们实际上不能完全去除阻力，但是我们可以减少阻力，并能观察到物体运动持续时间的长度相应于运动路径被清洁的程度。如果规定一个物体不受任何阻力，那么它将自由地运动下去。这个力学新假说是由伽利略 (Galileo，1564—1642) 发现的，他是近代科学的伟大奠基者之一。这种力学研究的新方法在两个方面与亚里士多德主义彻底分道扬镳。第一，它假定静止不是物体的优先状态，运动也一样是物体的自然状态。第二，它指出，就"自然的"一词在这里使用的特殊意义而言，"自然的"运动并非像人们过去所认为的那样是圆周运动，而是直线运动。如果一个物体没有受到任何干扰，它就会沿着一条直线继续作匀速运动。在伽

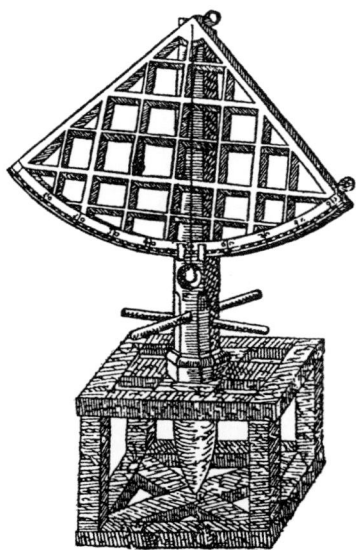

第谷·布拉赫使用的象限仪

188

伽利略(1564—1642),科学家和发明家

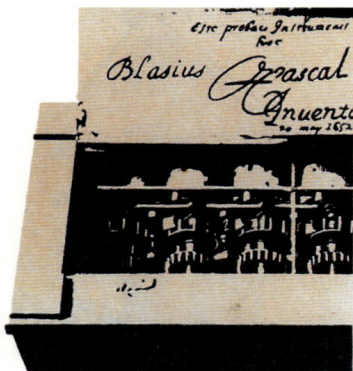

帕斯卡发明的逻辑机的一部分

利略之前,对观察资料缺乏批判力的研究方法也妨碍了对落体运动规律的正确理解。在大气层中,重的物体比起相同体积的轻的物体要下降得快,这一点是一个事实。但在这里,也同样必须把物体在其中降落的媒介物的阻力考虑进去。媒介物越稀薄,所有物体的降落就越接近于相同的速度;而在真空中,它们的速度则完全一样。对落体的观察表明:降落的速度每秒钟增加32英尺。因此,由于不是匀速,而是加速,所以必定有某种东西在干扰物体的自然运动。这个干扰就是地球所施加的引力。

这些发现在伽利略关于射弹轨迹的研究中十分重要,而射弹轨迹的研究对伽利略的庇护人托斯卡纳(Tuscany)公爵来说,又具有某种实用的军事意义。在这里,力学的一个重要原理首次与一个显著的实例相联。如果审视射弹的轨迹,我们可以把射弹的运动看作是由两个各自独立的分运动合成的运动。其中一个是匀速的水平运动,另一个是垂直的,因而受落体定律支配的运动。这个合运动的轨迹结果就是一条抛物线。这是一个服从平行四边形加法定律的矢量合成的简单例子。速度、加速度和力都是可以用这种方法来分析的量。

在天文学方面,伽利略接受了太阳中心说,并进一步做出了许多重大发现。他改进了在荷兰刚刚发明的望远镜,用它观察到大量事实,这些事实彻底推翻了亚里士多德关于天体的错误认识。银河原来是由许许多多的恒星组成的。哥白尼的理论曾经指出,金星肯定显现盈亏(phases),这一点现在由伽利略的望远镜证实。同样,他的望远镜还发现了木星的各个卫星,而且这些卫星的确是按照开普勒的定律围绕着木星运行的。所有这些发现都打破了人们长期抱有的成见,竟使得正统的经院哲学家责骂起望远镜来,因为它扰乱了他们的教条主义美梦。值得先提一下的是,三百年以后,一件与之非常相像的事情发生了。孔德因为显微镜扰乱了气体定律的简单形式,而谴责显微镜。在这个意义上,实证主义同亚里士多德及其在物理学观察方面的极端肤浅如出一辙。

伽利略注定迟早要与正统学说发生冲突。1616年,他在宗教裁判所的一次秘密会议上受到谴责。但是他的行为看来仍然是太执拗了，所以，在1633年，他再次被送上法庭，这次是公开受审。为了求得安宁，他宣布放弃自己的观点，并答应从此以后，扔掉一切有关地球运行的思想。据说他的确按照要求发了誓，但随后喃喃自语道："不过，地球还是在运行。"他的公开认错当然只是为了摆摆样子，但是宗教裁判所却成功地压制了意大利的科学活动，时间长达几个世纪之久。

使力学的一般理论最终得以完成的人物是伊萨克·牛顿(Isaac Newton，1642—1727)。这一理论所包含的大部分概念都曾被暗示过，或以孤立的方式被使用过。但牛顿是能够理解前人探索的全部意义的第一个人。在出版于1687年的《自然哲学的数学原理》中，他提出了运动三定律，然后按照希腊人的方式演绎了力学体系。第一定律是对伽利略原理的概括。一切物体在没有阻力的情况下，都以不变的速度作直线运动。用专业术语来说，即匀速直线运动。第二定律把力定义为非匀速运动的原因，断言力与质量和加速度的乘积成正比。第三定律的原理是任何作用都有一个大小相等、方向相反的反作用。在天文学方面，他对始于哥白尼和开普勒的研究给出了最后的完整说明。万有引力定律认为，在物质的任何两个分子之间都有引力，它与两个分子的质量的乘积成正比，与其距离的平方成反比。根据这种方式，行星及其卫星，还有彗星等运动，都能够以已知的最详细的程度得到说明。既然每一个分子都影响所有其他分子，那么上述理论就可以准确地计算出由其他物体造成的轨道的紊乱。从前的理论都不能做到这一点。现在看来，开普勒的定律不过是牛顿理论的结果。这一理论似乎终于发现了理解宇宙奥秘的数学钥匙。我们现在用来陈述这些事实的终极形式是关于运动的微分方程，这些方程被剥除了其所适用的、具体现实的、一切外在的、偶然的细节。爱因斯坦更为普遍的论述也是如此。不过，相对论至今仍然是有争论的，并且包含着内在的困难。就牛顿而言，表述力学的数学工具是微分理论，是微积分的一种形式。它也为莱布尼茨独立发现。从此以后，数学和物理学就取得了飞速的进展。

在17世纪也产生了种种其他伟大的发现。吉尔伯特(Gilbert)1600年出版了论述磁体的著作。近17世纪中叶，惠

PHILOSOPHIÆ
NATURALIS
Principia
MATHEMATICA

Definitiones.

Def. I.

Quantitas Materiæ est mensura ejusdem orta ex illius Densitate &
Magnitudine conjunctim.

AEr duplo densior in duplo spatio quadruplus est. Idem intellige de Nive et Pulveribus per compressionem vel liquefactionem condensatis. Et par est ratio corporum omnium, quæ per causas quascunq; diversimode condensantur. Medii interea, si quod fuerit, interstitia partium libere pervadentis, hic nullam rationem habeo. Hanc autem quantitatem sub nomine corporis vel Massæ in sequentibus passim intelligo. Innotescit ea per corporis cujusq; pondus. Nam ponderi proportionalem esse reperi per experimenta pendulorum accuratissime instituta, uti posthac docebitur.

B   Def.

伊萨克·牛顿(1642—1727)著《自然哲学的数学原理》第一页

更斯 (Huygens) 提出了光的波动理论。1628 年，哈维 (Harrey) 将关于血液循环的发现公布于众。罗伯特·波义耳 (Robert Boyle) 则在《神秘的化学家》(*The Sceptical Chymist*, 1661) 一书中，结束了炼金术士们的天方夜谭，返回到德谟克利特的原子论上来。仪器的制造取得了伟大的进步，这反过来又提供了更加精确的观察手段，以促进理论的发展。科学活动的蓬勃兴起引起了相应的技术发展，使西欧在大约三百年的时间里称雄于世。与科学革命相伴随，希腊精神再次盛行起来。所有这些也都反映在哲学当中。

在强调关注现象的过程中，以往的哲学家主要考虑的是"强调关注"的那一方面。至于各种现象本身则谈论得很少。这种做法当然是很有理由的。但是，作为对过分重视推理的纯逻辑方面的反拨，谈论观察材料的时代也就到来了。没有这种材料，经验研究就会一事无成。旧的亚里士多德的三段论法的工具，无法帮助科学的发展。看来一种新的工具论是必需的。

第一个明确论述这些问题的人是弗朗西斯·培根 (Francis Bacon，1561—1626)。他是掌玺大臣的儿子，受过专门的法律方面的训练，在一个自然会将他引入政治生涯的环境中长大。23 岁时，他进了国会，后来成为埃塞克斯 (Elizabeth) 伯爵的顾问。当埃塞克斯因谋反而失宠时，培根站在君主一边，尽管他从未赢得伊丽莎白女王 (Elizabeth) 的充分信任。不过，詹姆斯一世 (James I) 在 1603 年即位的时候，培根的前景就变得充满希望了。1617 年，他荣升到他父亲的职位，次年又做了大法官，被封为费鲁拉姆男爵 (Baron Verulam)。1620 年，他的仇人策划毁掉其政治生涯，控告他接受诉讼人的贿赂。培根对此没有进行辩解，承认了这个控告，但是声辩说诉讼人的礼物从未对他的判决产生影响。英国上议院判他罚金 4 万镑，并下令将他监禁在伦敦塔中，期限随国王的旨意而定；而且从此不得担任官职或在国会中占有席位。这个严厉判决的第一部分被取消了，监禁也仅执行了 4 天。然而，从政界中排斥出去的惩罚得到了执行。从此以后，他就过着从事写作的退隐生活。

培根是一个对文艺复兴传统有着广泛兴趣的人。他就

弗朗西斯·培根（1561—1626）

法律和历史的课题写作，因其随笔文章而声名大振，这一文学样式是由法国的蒙田（Montaigne，1533—1592）在不久前发明的。在哲学上，培根最著名的著作是《学术的进展》(*The Advancement of Learning*)，出版于1605年，用英文写成。在这本书中，培根为他以后的研究奠定了基础。正如这本书的名字提示的那样，培根致力于扩大知识的范围以及人支配其环境的能力。在宗教事务上，培根接受的是奥卡姆主义的立场。让信仰和理性各自处理它们自己的事，而不要相互侵犯。理性在宗教领域中的唯一指定作用是，从根据信仰而接受的那些原则中推论出结果。

就对科学的恰当追求来说，培根所强调的是需要一种新的发现方法或新的发现工具，以取代显然已经枯竭了的三段论。他在自己的新归纳法中找到了这种工具。归纳概念本身不是什么新东西，亚里士多德已经使用过它。但是，从前的归纳法是通过对实例的简单枚举的方式来运用的。培根认为，他已经发现某种具有更为有效的程序的东西。这就是在研究中制作出具有某一特定属性的事物的表格，不具有某一特定属性的事物的表格，以及在不同程度上具有这种属性的事物的表格。通过这种方法，人们就有可能发现某一属性的特征。如果这个列表过程能够完整而详尽，那我们就肯定达到了研究的目的。实际上，我们必须满足于某张不完全的表格，然后再在它的基础上，大胆地做某种猜测。

简而言之，这就是培根关于科学方法论述的核心，他将之看作是（科学）发现的一种新工具。提出这种理论的论文的名称就表达了这一看法。出版于1620年的《新工具》(*Navum Organum*)，试图取代亚里士多德的工具论。作为一种实践程序，培根的新工具并没有被科学家们接受；作为一种方法论，它也是错误的，尽管对于传统的理性主义的过激行为来说，它对观察的坚持是一帖颇有价值的解毒剂。基本说来，这种新工具实际上根本没有超越亚里士多德。它仅仅依赖于分类，依赖于以为通过充分的精心安排，就可为任何东西都找到适当的分类架的看法。一旦我们为哪个特殊的属性找到了适当的位置，并且有了这个位置的恰当名称，那我们不知怎么便被认为是掌握了这种属性。这种解释对统计学研究来说，

191

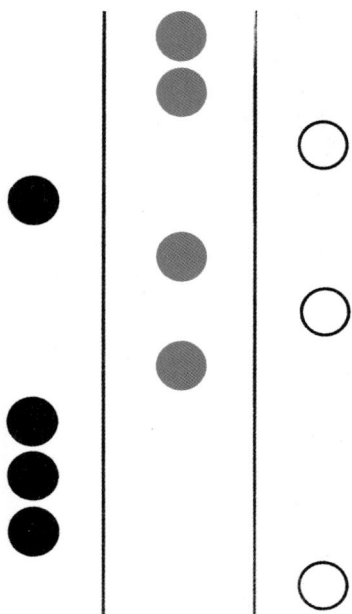

培根的科学方法，制作具有某一特定属性的事物的表格

是很合适的。但是对假说的发现来说，培根的方法则是错误的。因为他认为，发现假说的基础是归纳法；而归纳法更确切地说，是和假说的检验相关。的确，为了从事一系列观察，人们必须已经有了某种初步的假设。但是，对假说的发现来说，人们无法制定出一套普遍性的规定。培根以为可以有一种(科学)发现的工具，机械地使用它，便可让人们发现自然的令人吃惊的新奥秘，他的这种看法是相当错误的。假说的制定根本不是以这种方式来进行的，而且培根对三段论的反对也致使他低估了演绎法在科学研究中的作用。他尤其近乎不欣赏当时正在发展的数学方法。对假说的检验来说，归纳法是一个不甚重要的方面。如果没有将假说引入具体的、可检验的情境之中的数学演绎法，对于要检验的东西就会一无所知。

培根关于人所容易犯的种种错误的论述，是其哲学中最有吸引力的部分之一。他这样认为，我们容易产生四种类型的思想错误，他称为"假相"。第一个是"种族假相"，我们之所以会有这种假相，是因为我们是人。抱有希望的思考就是一例，尤其是关于自然现象中存在着比它实际具有的秩序还要大的秩序的期望，更是这样。第二个是"洞穴假相"，它是个人所具有的私人成见。这类假相数不胜数。"市场假相"是由受语言迷惑的精神倾向造成的错误，这种错误在哲学中特别盛行。最后是"剧场假相"，这类错误来自思想体系和思想流派。培根常举亚里士多德主义的例子来说明这种错误。

尽管培根对科学研究有兴趣，但他实际上忽略了当时所有最重要的发展。他不知道开普勒所从事的工作，而且虽然他是哈维的一位病人，但他对哈维在血液循环方面的研究也一无所知。

一般来说，在哲学上对英国经验主义具有更重要意义的人物是托马斯·霍布斯(Thomas Hobbes, 1588—1679)。在某些方面，他属于经验主义传统，但他也赞赏将之与伽利略和笛卡儿联结起来的数学方法。正因为霍布斯懂得演绎法在科学研究中的作用，所以比起培根来，他对科学方法的把握要可靠得多。

霍布斯的早年家庭生活似乎希望渺茫。他的父亲是一个

192

粗野而愚钝的牧师，当霍布斯还是一个孩子的时候，他的父亲就在伦敦失踪了。幸亏牧师的哥哥是一个有责任心的人，他自己没有子女，便承担起抚养幼小的侄子的责任。14岁时，霍布斯去牛津学习古典学。经院逻辑学和亚里士多德的形而上学是课程的组成部分，而他对这两样东西产生了极度的厌恶，以后这种厌恶就终生伴随着他。1608年，他成为德文郡伯爵（Devonshire）的儿子威廉·卡文迪什（William Cavendish）的家庭教师，并在两年以后，陪伴他的这位学生作传统的大陆大周游。卡文迪什继承爵位之后，这位年轻的贵族就做了霍布斯的庇护人。通过他，霍布斯结识了当时的许多重要人物。伯爵死于1628年，霍布斯则去巴黎住了一段时间，然后又回来做了他从前学生的儿子的家庭教师。1634年，他随小伯爵出访法国和意大利。在巴黎，他遇见了梅森（Mersenne）及其朋友，1636年，他又在佛罗伦萨会见了伽利略。1637年，霍布斯回国，开始继续从事早年的政治理论研究。对即将爆发的保皇党人和共和党人之间的斗争来说，他关于君权的看法不会取悦于任何一方。所以，出于天生的谨慎小心，他逃到法国，从1640年至1651年一直居住在那里。

托马斯·霍布斯（1588—1679）

在旅居巴黎的这段日子里，霍布斯再次与梅森的圈子发生了联系，并会见了笛卡儿。他起初与包括未来的查理二世（Charles Ⅱ）在内的英国保皇党的流亡者关系密切，但是1651年当他发表了《利维坦》（Leviathan）的时候，则和所有的人都闹翻了。他的保皇党朋友们不喜欢科学客观地对待忠诚问题，而法国的教士们则抗议他反天主教的态度。因此，霍布斯决定再次潜逃，这次是以相反的方向逃回英国。他归顺了克伦威尔（Cromwell），并退出政治活动。正是在他生命中的这个时期，作为一个批评者，他卷入了与牛津大学瓦里斯（Wallis）的一场论战。霍布斯对于数学的敬佩超出了他对这门科学的精通，因此，瓦里斯教授在辩论中轻而易举地取胜。霍布斯继续与数学家们论战，直到生命结束。

在王朝复辟以后，霍布斯重新得到国王的赏识，甚至得到年薪100镑的恩俸，这笔捐赠如此慷慨大方，就和它从未得到兑现一样。但是，在"瘟疫"和"伦敦大火"之后，民众的迷信促使国会调查无神论的问题。这时，霍布斯的《利维坦》成了

在法国，霍布斯认识了查理二世。克伦威尔去世后，查理二世成为国王

《利维坦》扉页

在《利维坦》中，作为个人总和的君主形象

持反对意见的批评所特别注意的目标。从此以后，霍布斯不得在国内发表任何有关社会或政治问题的争论性文章；而在国外，霍布斯漫长生涯的晚年则享有高于国内的声望。

在哲学上，霍布斯在很大程度上为后来的英国经验主义学派的特点奠定了基础。他的最重要的著作是《利维坦》，在这一著作中，他运用哲学的一般观点研究出一种君权理论。不过，在转向社会理论的阐述之前，这本著作在"序言"中，非常完整地概述了霍布斯的一般哲学观点。在第一部分，除了对语言和认识论的某些一般性的哲学反思以外，霍布斯还以严格的机械论术语论述了人和人的心理。与伽利略和笛卡儿一样，他认为，我们经验的东西是由外在物体的机械运动造成的，而视觉、声音、味觉等都不在对象之中，而是属于我们个人的。在这个问题上，他顺便提到，大学里仍然传授着一种建立在亚里士多德基础上的粗俗的流溢说。接着，他又狡猾地说，他并不是一般地反对大学，而是鉴于以后要谈到这些大学在一个国家中的地位，所以他必须告诉我们，大学应该被纠正的主要缺陷，"其中经常作无关紧要的演说就是一例"。霍布斯对心理学持联想主义观点，对语言学则接受了彻底的唯名论立场。他认为，几何学是迄今为止的唯一科学。理性的功能在于它具有和几何学一样的论证性。我们必须从定义出发，而在制定定义的时候，谨防采用自相矛盾的概念。在这个意义上，理性是某种通过实践获得的东西，而不是如笛卡儿所认为的那样，是天生的东西。接下来就是一段根据运动而对激情的论述。霍布斯认为，在自然状态下，一切人都是平等的，并且各自都以牺牲他人为代价来试图保存自己，因此就产生了一切人反对一切人的战争状态。

为了避免这种不安定的可怕状态，人们联合起来并授权给一个中央权力。这是《利维坦》第二部分的主题。人是有理性和富于竞争的，所以不得不达成一项人为的协议或习俗。通过后者，人们同意服从他们所选择的某种权威，一旦这样一个体系处于运行之中，就没有权力进行反抗了，因为被统治者要受契约的束缚，统治者则不受任何契约的束缚。统治者之被选出，首先是为了他能够提供某种保护，所以只有当他不能提供这种保护的时候，人们才能正当地宣布契约作废，并且无效。建立在这种契约基础上的社会是一个国家，它就像是一个由许多普通人构成的巨人，一个"利维坦"。它比一个人更大、更有力，因此像是一个神，虽然它和普通人一样，也是会死的。中央权力被称作君主制，它在一切生活领域都具有至高无上的权力。《利维坦》的第三部分大致说明了为什么不应该有一统教会的问题。霍布斯是彻底的伊拉斯图 (Erastian) 的信徒，因此他主张，教会必须是一个服从世俗权力的国家机构。在书中的第四部分，罗马教会由于没有认识到服从世俗权力的问题而受到谴责。

霍布斯的理论受到当时的政治动荡的影响。他最憎恨的就是内乱。因此，他的观点倾向于不惜一切代价赢得和平。像洛克后来所提出的钳制与均衡那样的概念，与霍布斯的思维方式乃是不相容的。他对于政治问题的解决办法摆脱了神秘主义和迷信，尽管如此，却容易使这些问题过于简单化。对他所生活的政治环境来说，他的国家观念是不合适的。

正如我们已经看到的那样，文艺复兴运动时期逐渐造成了对于数学的关注。吸引文艺复兴以后的思想家们的第二个主要问题是方法的重要性。在这方面，我们已经注意到培根和霍布斯。由于勒内·笛卡儿 (René Descartes，1596—1650) 的努力，这两种影响以希腊人的美妙方式，汇合成了一种新的哲学体系。因此，笛卡儿被正确地看作是近代哲学的奠基人。

194

笛卡儿的家庭属于地位较低的贵族，他的父亲是布列塔尼议会的议员。从1604年到1612年，笛卡儿在拉弗累舍 (La Flèche) 的耶稣会学校接受教育，在那里，除了完善的古典学教育以外，他还打下了当时所能够得到的最好的数学基础。离开这所学校以后，他去了巴黎，次年开始在普瓦捷 (Poitiers) 学习法律，1616年毕业。不过，他的兴趣还是遍及各个领域。1618年，他在荷兰入伍，这使得他有大量的时间从事数学研究。1619年，30年战争正酣，笛卡儿为了去看看这个世界，加入了巴伐利亚军队。就在那一年的冬天，他发现了那些激起他的哲学的主要概念。这一经历被描绘在《方法论》(Discourse on Method) 一书中。一天，天气比通常要冷，笛卡儿躲进一间小屋，坐在一个砖炉旁边。当身体适当暖和以后，他开始陷入沉思；日暮时，他的全部哲学的轮廓已清晰

勒内·笛卡儿（1596—1650）

地呈现在面前。笛卡儿在军队里一直待到1622年，然后返回巴黎。第二年，他访问了意大利，在那里居住了两年。回到巴黎以后，他发现国内的生活太使人心神不定。他生性有些羞怯，想在不受干扰的环境下专心工作，所以于1628年去了荷兰。他变卖了他的那一小份地产，因此能够独自过着适当舒适的生活。以后的21年，他一直待在荷兰，其间只是对法国作了三次短暂的访问。笛卡儿顺着他曾偶然发现的方法的思路，逐渐构建出他的哲学。他有一部重要的物理学方面的著作，该书采纳了哥白尼的理论，但是当他听说伽利略1633年受审判之后，这本书就没有发表。笛卡儿最不愿意卷入争论，在他看来，这是在浪费宝贵的时间。而且，他显然是一个忠诚的天主教徒，尽管在教义上具有怎样的纯洁性，永远都是个未知数。因此，他只愿意发表与屈光学、气象学和几何学有关的三部文集。1637年出版的《方法论》就是打算用来作为这三部文集的序言。最著名的一部是《几何学》（*Geometry*），在这本书中解析几何学的原则被制定出来，并加以运用。随之问世的有1641年的《形而上学的沉思》（*Meditations*）以及1644年的《哲学原理》（*Principles of Philosophy*），后者是题献给巴拉丁选侯（Elector Palatine）的女儿伊丽莎白公主（Princess Elizabeth）的。1649年，一部论灵魂的种种激情的作品也是为伊丽莎白公主而写。就在那一年，瑞典的克里斯蒂娜女王（Queen Christina）对笛卡儿的作品产生了兴趣，并终于说服笛卡儿来到斯德哥尔摩（Stockholm）。这位斯堪的纳维亚（Scandinavian）君主是一个真正的文艺复兴式的人物，她坚定而又精力充沛，坚持认为笛卡儿应在早晨五点钟向她讲授哲学。在瑞典冬日最寒冷的时刻，这种不适合哲学思维的起床时间，超出笛卡儿可能承受的程度。他病倒了，并于1650年2月离开人世。

笛卡儿的方法最终说来是他对数学的兴趣的结果。在几何学领域，他已经表明，这种方法如何引起了范围广泛的结果。由于使用了解析方法，便可以借助简单的等式，把全部曲线族的属性都描绘出来。笛卡儿相信，这种在数学领域已经获得如此巨大成功的方法可以推广到其他领域，并且能够使研究者得到像数学领域中一样的确定性。《方法论》旨在表

瑞典的克里斯蒂娜女王和笛卡儿

195

明，为了充分利用我们的理性素养，我们必须遵循怎样的规则。至于理性本身，据称所有的人在这方面都是平等的。我们的区别仅仅在于：有些人比其他人更好地使用了理性。但是方法是通过实践而获得的东西，对此笛卡儿无疑予以承认，因为他并不想将某种方法强加于我们，而是要向我们证明，他本人是如何成功地运用他自己的理性的。这里的论述是自传式的，并谈起作者早就对所有领域中无结果的和不确定的谈话感到不满。关于哲学，笛卡儿认为，没有比某人所持有的观点更加令人不可忍受的东西了。数学因其推论具有确定性，所以对笛卡儿有深刻的影响，但是当时他尚不能弄清楚这些推论的适当用法。他放弃了书本知识并开始旅行，可是他发现，各种风俗习惯恰似哲学家们的观点一样迥然不同。最后他决定，他必须审视他自己以便发现真理。由此就出现了我们前面已提到过的关于炉边沉思的那段叙述。

笛卡儿着重提到，只有从头至尾都由一个作者完成的作品才能令人满意，因此他决定把从前学到的和被迫接受的东西统统抛弃掉。只有逻辑学、几何学和代数学幸免于难，并且他从这三样东西里发现了四条规则。第一，除了清楚明白的观念以外，决不接受任何东西。第二，我们必须将每个问题都按照解决问题的需要，分成若干部分。第三，思想必须遵循从简单到复杂的顺序，在没有顺序的地方，我们必须假定一种顺序。第四，我们应该始终进行彻底的检查，以确保没有遗漏什么东西。笛卡儿就是用这个方法把代数运用于几何学问题，并因此建立起我们今天的解析几何学。至于这个方法在哲学上的应用问题，笛卡儿认为必须延迟到他年纪稍大些再去讨论。在伦理学方面，我们处于一种二律背反之中。伦理学在各学科的排列中是最后一位，但是在生活中，我们必须做出当下的决定。笛卡儿因而采纳了一种临时性的行为规范，这种规范将按实用主义的标准，为他提供最好的生活状况。所以，笛卡儿决心遵守他的国家的法律和风俗习惯，并一直忠实于他的宗教；一当确定了某种行为路线，他就坚定不移地行动起来；最后他决心努力控制自己，不去触犯命运，并使他的希望适应于事物的秩序，而不是相反。从这个时候开始，笛卡儿决定致力于哲学。

DISCOURS
DE LA METHODE
Pour bien conduire sa raison & chercher
la verité dans les sciences.
PLUS
LA DIOPTRIQVE.
LES METEORES.
ET
LA GEOMETRIE.
Qui sont des essais de cete METHODE.

A LEYDE
De l'Imprimerie de IAN MAIRE.
CIƆ IƆC XXXVII.
Auec Priuilege.

《方法论》扉页

20   DISCOURS
Le premier estoit de ne receuoir iamais aucune chose
pour vraye que ie ne la connusse euidemment estre telle:
c'est à dire, d'euiter soigneusement la Precipitation, &
la Preuention, & de ne comprendre rien de plus en mes
iugemens, que ce qui se presenteroit si clairement & si
distinctement à mon esprit, que ie n'eusse aucune occa-
sion de le mettre en doute.
Le second, de diuiser chascune des difficultez que
i'examineroit en autant de parcelles qu'il se pourroit, &
qu'il seroit requis pour les mieux resoudre.
Le troisiesme de conduire par ordre mes pensées, en
commenceant par les obiets les plus simples, & les plus
aysez a connoistre, pour monter peu a peu comme par
degrez iusques a la connoissance des plus composez: Et
supposant mesme de l'ordre entre ceux qui ne se prece-
dent point naturellement les vns les autres.
Et le dernier de faire partout des denombremens si
entiers, & des reuenes si generales, que ie fusse assuré de
ne rien omettre.

列有四条规则的书页

笛卡儿的方法进入到形而上学问题的时候，使他产生了系统的怀疑。感官证据是不确定的，因此必须受到怀疑。即便是数学，尽管问题少一些，但也必须受到怀疑，因为上帝也许正在有计划地将我们引入歧途。归根结底，怀疑者必须承认的一件事就是他自己的怀疑。这是笛卡儿的基本公式——"我思故我在"——的基础。笛卡儿认为，这是形而上学清楚明白的出发点。因此，笛卡儿得出结论说，他是一个完全独立于自然物质，因而也独立于肉体的思维着的东西。接着，他谈到上帝的存在，关于这个问题，他基本上是重复本体论的证明。既然上帝肯定是可信的，那么在我们自己的清楚明白的观念方面，他也不可能欺骗我们。既然在他的设定下我们产生了诸如肉体或广延的观念，那么这些观念就是存在着的。然后，笛卡儿又按照他的未发表的论文所要讨论的物理学问题的思路，大致地描述了这些问题。所有的东西都是根据广延和运动来解释的。这甚至被应用于生物学。他认为，由于心脏的活动像一个加热器，造成了进入心脏的血液扩张，所以才出现了血液循环。这当然与哈维的观察有出入，并引起笛卡儿和哈维之间的激烈争论。不过，我们还是回到《方法论》中来，关于心脏活动的机械理论导致了动物是自动机器、没有灵魂的观点。笛卡儿进而认为，这个观点的根据在于：动物不会讲话，所以肯定没有理性。这使人的灵魂独立于肉体的看法得以巩固，并促使我们得出灵魂不朽的结论，因为不存在任何其他的破坏性力量。最后，《方法论》暗示了伽利略所遭受的审判，并讨论了出版还是不出版的问题。最终达成的妥协是：出版《方法论》以及其他三篇以《方法论》为序言的论文。以上大致概括了《方法论》的思想，也就笛卡儿的哲学原则作了简要的说明。

笛卡儿学说中最重要的部分是批判的怀疑的方法。作为一种程序，它像后来在休谟那里一样，引起了一场普遍的怀疑主义。但是，笛卡儿凭借在他自己的精神活动中所发现的清楚明白的观念，避免了怀疑主义的结论。诸如广延和运动这种独立于感觉器官的一般概念，符合笛卡儿的天赋观念，而真知识就是由这些基本属性构成的。感官知觉具有像颜色、气味、触觉等第二属性，但是这些属性不是真正存在于事物之中的。在《形而上学的沉思》一书中，笛卡儿列举了著名的蜡块及现象变化的例子来说明这一点。始终不变的东西就是广延，而这是由心灵认识的一个天赋观念。

因此，笛卡儿的哲学强调思想为不可怀疑的出发点，从此以后，这个观点就对欧洲哲学产生了影响；无论是理性主义阵营还是经验主义阵营，都是如此。尽管它形成的基础即"我思故我在"公式本身不是十分靠得住，但是思想是不可怀疑的出发点仍然是有效的。因为只要我们承认思想是一个自我意识的过程这个隐蔽的假定，那么，"我思故我在"这一断言就似乎可靠了。要不然，我们还可以说"我走故我在"，因为如果我是在走路，那么我肯定存在则必然为真。这个反对意见是由霍布斯和伽桑狄 (Gassendi) 提出来的。不过，当我事实上没有走路时，我当然可以想象我走路；而当我事实上没在思想的时候，我却不能想象我思考。正是这种据称是发生于认识过程中的自我参照，使"我思故我在"的公式具有了显然不可怀疑的特性。如果像休谟后来所做的那样，摒弃自我意识，那么笛卡儿的原则就失败了。不过，一个人的精神体验具有其他活动所没有的特殊的确定性，这一点仍然是有效的。

笛卡儿的哲学由于加剧了古老的精神和物质之间的二元论，使像他这样的理论必须面对的精神和肉体之间的关系问题变得突出了。因为此时物质世界和精神世界，似乎各自走着自足的、为其自身原则所控制的道路。特别是在这种观点的基础上，再不可能坚持认为意志之类的精神活动竟能够影响物质世界了。笛卡儿本人在这里只承认一个例外，因为他认为，人的灵魂虽然不能改变生命精气的运动量，但却能够改变它的运动方向。不过，这个不自然的逃遁是不符合他的体系的，而且它也违背了运动定律。因而，笛卡儿的追随者们抛弃了这一例外情况，认为精神不能移动肉体。为了解释精神和肉体之间的关系，我们必须假定世界是如此这般地被预先规定的，即每当一种特定的身体运动发生时，在精神领域也同时伴随着适当的运动。事实上，当时发生于精神领域中的意外情况与身体的运动并无直接联系。这一观点为笛卡儿的追随者，特别是赫林克斯 (Geulincx, 1624—1669) 和马勒伯朗士 (Malebranche, 1638—1715) 所发展。这种理论就被称为偶因论，因为它主

197

笛卡儿的二元论：精神世界和物质世界是各自独立的

几何学图形

张，上帝是如此这般地命令宇宙的，即物质事件系列和精神事件系列，以一个系列的事件发生、另一个系列的事件也总是发生的方式，走着平行的路线。赫林克斯发明了"两个钟的明喻"(the simile of the two clocks) 来说明这个理论。如果我们有两个都十分准确的钟，那么当指针指向钟点的时候，我们就可以看着一个钟面，听着另一个钟报时。这可能会使我们以为第一个钟促使第二个钟敲响。精神和肉体就像这两个钟一样，由上帝上紧发条，各自走着独立而平行的道路。当然，偶因论的确产生了某些难以对付的困难。因为正如为了准时，我们可以去掉两个钟中的一个那样，所以，看来人们有可能参照物理事件，将精神事件全部推论出来。

偶因论自身的原则就可保证这样一种冒险行为具有成功的可能性，因此，我们仅仅根据物理事件就可设计出一种完整的精神理论；事实上，18世纪的唯物主义就作了这样的尝试，20世纪的行为心理学又对之作了进一步的发挥。所以，偶因论非但没有从肉体中救出灵魂的独立性，而且最终使灵魂成为一种多余的实体；或者毋宁说偶因论使得身体始终成为不必要的东西。不管采取这两种看法中的哪一种，都不怎么能与基督教原则协调一致；而且毫不奇怪，笛卡儿的著作在 (评判) 标准上发现了一块安全的地方。例如，笛卡儿主义不能始终一贯地容纳自由意志。笛卡儿在对既包括物理世界又包括生物界的物质世界做出说明时，持有严格的决定论观点，这种观点最终极大地推动了18世纪和19世纪的唯物主义；尤其是在把它与牛顿的物理学结合起来的时候，情形更是如此。

就经院哲学家曾使用过的"实体"(substance) 这一术语的专门意义而言，笛卡儿的二元论说到底不过是研究实体问题的一个非常传统的方法的结果。一个实体就是各种属性的承担者，不过实体本身是独立的和永久的。笛卡儿认为精神和物质是两种不同的实体，各自都是自给自足的，无论如何也不能相互作用。他的偶因论的设计是用来填补精神和物质之间的缺口的。不过，显而易见，如果我们承认了这样一个原则，那么没有理由说我们不该就自己所希望的那样，大大地依赖这一原则。例如，一个人可以将每一种精神都当作其自身的一个实

198

体。莱布尼茨就是沿着这个方向，在他的单子论中发展出一种包含无限多的实体的理论，其中所有的实体都是独立的，但又都是协调的。或者人们也可以回溯到巴门尼德的观点，即认为只存在一种实体。这后一种路线为斯宾诺莎采纳，他的理论可能是迄今为止最最首尾一致、最最不妥协的一元论。

斯宾诺莎生于阿姆斯特丹，是一个犹太人家庭的孩子。在当今人的记忆中，斯宾诺莎的祖先放弃了他们在葡萄牙的家园，寻求一块能够按照他们自己的方式来崇拜上帝的地方。因为自从伊斯兰教徒被逐出西班牙和葡萄牙以后，宗教裁判所就建立起一个宗教不宽容的王国，后者使得非基督徒的生活至少是不舒服了。改革后的荷兰本身处于与西班牙专制的斗争之中，它为遭受宗教迫害的那些牺牲者提供了避难处，阿姆斯特丹成为大批犹太人的家。在阿姆斯特丹的疆域内，斯宾诺莎接受了他早年的培养和教育。

斯宾诺莎（1632—1677）

但是，这些传统的学习对他的生机勃勃的智力来说是不够的。借助拉丁文，斯宾诺莎得以了解那些曾经引起伟大的学问复兴，并正在发展出新科学和新哲学的思想家们的作品。不久，他就发现不能停留在正统学说的范围内了，这使得犹太人社区处境十分尴尬。改革后的神学家本身是不会妥协的，而且任何对于宗教的激烈的批判性反对，都使人觉得会扰乱当时正盛行于荷兰的普遍的宽容气氛。最后，斯宾诺莎带着《圣经》中的所有诅咒，被逐出了他的犹太教会堂。

斯宾诺莎生性就有点儿腼腆，所以从此以后十分孤立，平静地与几个朋友相伴，靠磨镜片来维持生活，并致力于哲学思考。他虽然过着隐居的生活，但名声传得很快，后来他也愿意和许多有影响的崇拜者通信。其中最重要的是莱布尼茨，据说他俩是在海牙会面的。但是，斯宾诺莎从不愿意脱离他的隐居生活。1673年，选帝侯巴拉丁为他提供了海德堡大学哲学教授的职位，被他婉言谢绝了。他拒绝这项殊荣的理由是明显的，首先他说："我认为如果我从事了教授年轻人的职业，那我就不能促进哲学的发展了。另外，我不知道我得将哲学思考的自由限于什么样的范围之内，所以在我看来不能烦扰既存的宗教……因此，您会理解我的做法：我不求有更好的命运，而仅仅因为珍惜安宁而放弃讲坛。我觉得，我现在的

199

生活方式对获得这种安宁来说，是最合适不过的了。"

斯宾诺莎的著作不算庞大，但它们表现出少有的集中和逻辑的精确性。不过，他对上帝和宗教的看法远远地超出了他的时代，以至于尽管他在伦理学方面做出了可敬的推论，他还是被谩骂为邪恶的怪物，无论在他生前还是以后的一百年内都是这样。他的最伟大的著作《伦理学》（Ethics）被认为是非常容易引起动荡的东西，所以直到他死后才发表。斯宾诺莎的政治理论和霍布斯的政治理论非常相似，他们认为，在一个完好社会里有许多合乎人意的特性。在这方面，他们之间的确有着相当程度的一致性，尽管如此，斯宾诺莎的理论基础是完全不同的。霍布斯将他的论述建立在某种经验主义方法的基础上，斯宾诺莎则从一般的形而上学理论中推演出他的结论。事实上，人们必须将他的整个哲学作品当作一篇伟大的论文，才能看到斯宾诺莎的论辩力。部分地出于这个原因，比起经验主义哲学家的政治著作来，斯宾诺莎的作品所产生的当下影响比较小。但是，必须记住：斯宾诺莎的作品所讨论的都是极有生命力的问题，也是特定时代的真正问题。自由在国家的职能方面发挥着至关重要的作用，但是这种作用在当时没有像它在19世纪那样得到广泛的承认。

与霍布斯不同，斯宾诺莎是思想自由的拥护者。他认为，只有在这样的情况下，一个国家才能恰如其分地发挥作用，这一观点的确来自他的形而上学和伦理学理论。《神学政治论》（Tractatus Theologico-Politicus）着重讨论了这一问题。这本著作有点儿不同寻常，因为这些论题都是通过对《圣经》的批判而间接地获得讨论的。斯宾诺莎在这里主要对《旧约》展开了两百年以后，被称为"高级批判"（Higher Criticism）的那种批判。从这一源泉出发，他对历史实例的审视导致了关于思想自由具有社会存在的本质的论证。在这个问题上，我们发现了一段以结论形式所表述的奇特思索："不过，我必须承认，从这种自由中有时会产生出某些困难。但是，有谁曾如此明智地创立过什么东西，以至于从中不能出现弊病呢？希望以法律来统帅一切的人将会引出各种不完善的东西，而不是使其减少。不可能被禁止的东西必须得到承认，尽管它有的时候会导致害处。"

斯宾诺莎和霍布斯的区别还在于，他认为民主制不是最

《神学政治论》扉页和手稿

斯宾诺莎在海牙的住所

为合理的社会秩序。最合乎理性的政府在有效法令能够胜任的事情上颁布这些法令，并在信仰和教育问题上持回避态度。在财产基础上，出现了一个政治上可靠并享有特权的阶级，而最合乎理性的政府就将产生于此。在这样一个政府的统治之下，人们有最好的机会来实现他们的、斯宾诺莎意义上的智力潜能。这一点用他的形而上学术语来说，就是人类与生俱来所追求的目标。至于说到最好的政府的问题，以下说法的确很可能是正确的，即一个在某种程度上依靠自由和安全来从事活动的贸易共同体，最有可能发展出一种自由的统治。在这方面，斯宾诺莎的家乡荷兰为他的观点提供了例证。

下面该谈一谈《伦理学》了，我们正在沿循的是斯宾诺莎的体系得以发表的历史顺序，但是其逻辑顺序是从《伦理学》开始的。这本书的名称容易使人对其内容产生误解。因为在这里，我们首先看到的是斯宾诺莎的形而上学，这种形而上学含蓄地包含着对科学地探讨自然之理性主义蓝图的说明。这一问题已经成为 17 世纪最富于智慧的问题之一了。接下来是关于心灵、意志和激情的心理学论述，以及一种建立在前述那些问题基础上的伦理学理论。

整部著作是按照欧几里得的方式构成的。一开始是各种定义和一组公理，从中产生出了所有的命题，这些命题以及全部与之相伴随的证明后面是各种推论和解释。这样的哲学思维方式今天已不十分流行，对于那些除了流行的发行物以外，什么都看不上眼的人来说，斯宾诺莎的体系的确将是一次奇特的练习。但是在这个体系所产生的背景之下，它并不显得如此不可容忍；而且就其本身而言，它仍然不失为一部简洁而流畅的论述佳作。

《伦理学》的第一部分论述了上帝。它一共给出了六个定义，包括一个关于实体的定义和一个关于上帝的定义，其术语都与经院哲学的传统用法相一致。公理陈述了七个基本的假设，但是没有给出进一步的说明。由此出发，我们就可以像在欧几里得那里一样，探究出各种结果来。从实体得以定义的方式来看，实体肯定是能够完全说明它自身的某种东西。据说实体肯定是无限的，否则，它的各种限制就会对它发生某种作用。斯宾诺莎还认为，这样的实体只能有一个，它就是作为

B. D. Spinoza

OPERA

POSTHUMA,

Quorum series post Præfationem exhibetur.

du Cabinet de Mr le Cte Wlgrin Taillefer

CIƆIƆCLXXVII.

斯宾诺莎去世后出版的著作集扉页，《伦理学》收入其中

整体的世界；它和上帝也是一致的。因此，上帝和作为万事万物之整体的宇宙是一回事。这就是著名的斯宾诺莎泛神论学说。必须强调的是，斯宾诺莎对这一学说的论述，并不掺杂一点儿神秘主义。全部问题只是演绎逻辑中的一次练习，其基础是以惊人的创造力所设定的一组定义和公理。它也许是哲学史上系统结构最杰出的例子。

正统学说中的所有阵营都极力反对上帝和自然相一致的思想，不过，这种一致性只是一次演绎论证的结果。在该论证的范围内，这个结果是非常可靠的，如果某些人所珍爱的信仰受到了伤害，那么仅仅表明了逻辑不尊重感情。如果只能以传统的方式来定义上帝和实体，那么斯宾诺莎的结论就很勉强了。结果，人们很可能会认识到，这些术语中具有某种特殊的东西。斯宾诺莎赞同这种说法，他把我们人的一些智慧看作是上帝智慧的组成部分。他赞同笛卡儿坚持清楚明白的原则。因为他认为："谬误在于缺乏理解，后者包括不合适的观念，也就是残缺不全的、混乱的观念。"一旦有了合适的观念，我们毫无疑问地就可以认识事物的顺序和联系，这些顺序和联系与观念的顺序和联系是一样的。不要将事物看作是偶然的，而是将事物看作是必然的，这是出于精神的本性所提出的要求。在这方面，我们做得愈好就愈容易与上帝结成一体；或者也可以说愈容易与世界结为一体。正是在这样的背景下，斯宾诺莎创造出这样一段著名的话："从某一特定的无时间的观点出发来理解事物，这是出于精神的本性所提出的要求。"这实际上是精神把事物看做是必然的这一事实的结果。

《伦理学》的第三部分说明精神如何受激情之发挥的阻碍，而不能完全实现对宇宙的明智的洞察。我们一切行为后面的动机力都是自我保护。也许有人会以为，这一纯粹利己主义的原则会使我们所有人沦为只顾自己享乐的追逐私利的犬儒主义者，这是完全错误的。但是这完全没有击中目标。因为一个人在追求自身利益的时候，迟早都将渴望与上帝连为一体。他达到了这个目的，就更能"在永恒的相下"*看事

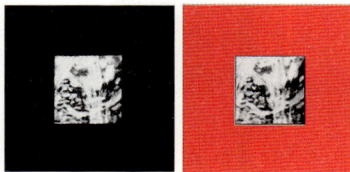

201

斯宾诺莎认为，精神和物质是同一个实体的两个方面

---

* sub specie aeternitatis, 关于这一术语，参见罗素：《西方哲学史》，马元德译，商务印书馆 1981 年版，第 98 页。——译者注

物，"在永恒的相下"这一术语来自上面提到过的那种无时间的观点。

在《伦理学》的最后两部分中，我们看到了严格意义上的斯宾诺莎的伦理学。只要一个人受制于外在的影响和原因，那他就是处于奴役状态。对任何有限物来说，这的确是适合的。但是就人们可以和上帝达成一致而言，人们就不再受制于这样的影响。因为作为一个整体的宇宙是没有限制的。因此，通过越来越与整体相协调，人们就获得了相应的自由。因为自由恰恰就是独立或自决，而独立或自决仅仅适合于上帝。正是以这种方式，我们就能摆脱恐惧。与苏格拉底和柏拉图一样，斯宾诺莎也主张无知是一切罪恶的基本根源，就知识是对宇宙的较深理解而言，它是有助于采取明智而适当的行动的一个条件。但是和苏格拉底不同，斯宾诺莎不考虑死。"自由人最少想到死，他的智慧不是关于死的默念，而是关于生的沉思。"由于罪恶是否定性的，而上帝或自然是无所欠缺的整体，所以它们就不可能是恶的。在这个唯一可能的世界上，每件事情终究都会变好的。在特殊的事务上，人作为一个有限的存在，为了尽可能地获得与宇宙的最密切联系，应该以自我保存的方式行事。

以上非常简略地描述了斯宾诺莎体系的大致轮廓。它对17世纪的科学运动的重要意义在于：它暗含着对宇宙中的万事万物都进行完全一样的决定论解释。事实上，这个体系为后来精致的科学一体化体系提供了蓝图。如果没有某些严格的限定，那么在今天看来，上述尝试是站不住脚的。同样，在伦理学方面，把罪恶完全看作是否定性的东西的做法，也无法令人接受。例如，在这个整体世界上，每一种任意的残忍都是一个肯定而永久的缺陷。基督徒在原罪说中所暗示的，也许就是这个意思。斯宾诺莎可能会回答说"在永恒的相下"，没有什么残忍是任性的，可这是件很难确定的事。既便如此，斯宾诺莎的体系仍是西方哲学的一座丰碑。尽管在他严肃的口吻中，有几分《旧约》的味道，但他是以希腊人的美妙方式，将世界展现为一个可理解的整体的那些伟大的尝试之一。

正如我们已经看到的那样，实体问题的确引出了极其不同的解释。如果说斯宾诺莎坚持的是一种极端的一元论，那

1656年，斯宾诺莎被逐出的犹太教会堂的内景

202

戈 特 弗 里 德 · 威 廉 · 莱布尼茨
（1646—1716）

么莱布尼茨则走向另一极端，即假设了无数个实体。在某些方面，这两个理论的关系就像巴门尼德和原子论的关系一样，当然对于这种比较不可进行得太远。莱布尼茨主张，各单个实体不可能具有广延的性质，他的理论说到底就是以这一看法为基础的；他的理由是，广延含有"复多"的意思，因而只能够成为若干实体的集合体的特性。由此，莱布尼茨推论说，存在着无限多的实体，其中每一个实体都不可广延，因而都是非物质的。这些实体被称为单子，就"灵魂"一词略微一般的意义而言，它们都具有成为灵魂的基本属性。

莱布尼茨生于莱比锡，他的父亲是当地的一位大学教授。莱布尼茨早年就显示出强烈的批判才能，15岁时他进入大学学习哲学，两年以后毕业并去耶拿 (Jena) 学习法律。20岁时莱布尼茨向莱比锡大学申请法学博士学位，但是由于年龄的关系而被拒绝。阿尔特多夫 (Altdorf) 大学比较宽容，不仅将学位授予了莱布尼茨，而且为他提供了一个教授职位。不过，由于莱布尼茨心中另有打算，所以没有接受这个提议。1667年，他在美因茨 (Mainz) 大主教手下从事外交工作，美因茨是一位选侯，一位活跃的政治家，他决心使四分五裂的帝国残余摆脱30年战争的浩劫而复兴起来。最重要的是，必须使法国的路易十四 (Louis XIV) 不要进攻德国。

1672年，莱布尼茨带着这项使命去了巴黎，四年中有大半时间都待在那里。他的计划是说服那位显赫的国王，将其军事力量投入到反对异教徒并进军埃及中去。这项使命没有完成，但是在这期间，莱布尼茨结识了当时许多重要的哲学家和科学家。马勒伯朗士的学说正风行于巴黎，阿诺德 (Arnauld) 那样的人也是如此，后者是自帕斯卡 (Paris) 以来冉森派 (Jansenism) 的主要代表。荷兰的物理学家惠更斯 (Huygens) 也在莱布尼茨所结识的人之列。1673年，莱布尼茨来到伦敦，会见了化学家波义耳，以及新近成立的皇家协会的秘书奥尔登伯格 (Oldenburg)，莱布尼茨也是这个协会的成员。就在他的雇主美因茨去世那年，布伦斯威克公爵 (Duke of Brunswick) 向莱布尼茨提供了一个职位，公爵需要一位在汉诺威供职的图书馆馆长。莱布尼茨没有立刻接受这个提议，而是仍然留在国外。1675年，他在巴黎开始从事微积分的研究工作，在不知道牛顿稍早些时候的成就的情况下，做出了关于微积分的发现。1684年，莱布尼茨终于在《学术纪事》(*The Acta Eruditorum*) 上发表了他的看法，这种看法比牛顿的微分理论更接近于近代形式。三年以后，牛顿的《自然哲学的数学原理》一书问世。接踵而来的是一场漫长的、毫无结果的争论，人们不去讨论其中的科学问题，而是各自站在民族主义一边。结果，英国的数学落后了整整一个世纪，因为被法国采纳的莱布尼茨的数学符号是更灵活的解析工具。1676年，莱布尼茨在海牙 (Hague) 会见了斯宾诺莎，然后担任了汉诺威的图书馆馆长，直到逝世。他用了大量的时间编纂布伦斯威克史，其余时间从事科学和哲学研究。此外，他还继续设计各种方案，以便改造欧洲的政治状况。他试图弥合宗教大分裂，但是没有人理会他的方案。1714年，汉诺威的乔治 (George) 当上了英王，但是莱布尼茨却没有受邀随同宫廷一起前往伦敦，这无疑主要是因为关于微积分的那次争论所产生的恶劣影响。他留在了汉诺威，痛苦不堪而又无人理睬，两年以后去世。

讨论莱布尼茨的哲学不是一件容易的事情。首先，他的许多作品都是不完整的，并且往往没有经过仔细的修正，后者本可以在不算太晚的时候找出不一致的地方。莱布尼茨的外在生活环境应对此负主要责任。哲学著作不得不写于少有的闲暇时间，且常常遭到拖延和中断。但是，还有一个更有趣的原因，造成了莱布尼茨有时候令人难以理解。这个原因来自他的哲学的双重性质。一方面是他在单子论中所提出的关于实体的形而上学，另一方面他又提出一种逻辑理论，后者在许多方面都与他的形而上学思辨相平行。对我们来说，他的逻辑学可能是两者之中更重要的东西，但是莱布尼茨本人显然同样重视他著作中的这两个方面。人们可以不费力气地从其中一个领域移到另一个领域——这在莱布尼茨看来，的确是毋庸置疑的事情。这种观点现在从整体上说，无论如何是受到英国哲学家们的怀疑的；尽管关于语言和逻辑都以某种方式自给自足的看法本身，就是一个具有自身缺陷的形而上学观点。就莱布尼茨的形而上学来说，必须注意到它的某些重要特性是从当时的科学发展中接受过来的。他生前就发表了形而上学方面的作品，其中包含使莱布尼茨享有哲学家美名长达两百年左右的

莱布尼茨在汉诺威的住所

1. La Monade, dont nous parlerons ici, n'est autre chose, qu'une substance simple, qui entre dans les composés; simple, c'est à dire sans parties. ¹).

2. Et il faut qu'il y ait des substances simples; puisqu'il y a des composés; car le composé n'est autre chose, qu'un amas, ou aggregatum des simples.

3. Or là, ou il n'y a point de parties, il n'y a ni étendue, ni figure, ni divisibilité possible. Et ces Monades sont les véritables Atomes de la Nature et en un mot les Elémens des choses.

4. Il n'y a aussi point de dissolution à craindre, et il n'y a aucune manière concevable par laquelle une substance simple puisse périr naturellement.²)

5. Par la même raison il n'y en a aucune, par laquelle une substance simple puisse commencer naturellement, puisqu'elle ne sauroit être formée par composition.

选自《单子论》的一个早期版本

单子论。逻辑学方面的著作当时一直没有发表，而且直到20世纪初才得到了恰如其分的评价。如前所述，在形而上学理论中，莱布尼茨借助单子对实体问题做出了回答。他同意斯宾诺莎的观点，认为诸种实体不可相互作用。这立即引出了这样的结论，即两个单子之间不可能具有因果联系。它们之间的确不可能具有任何一种真实的联系。这个意思由单子是没有窗户的说法表达了出来。这一观点如何与宇宙中的不同部分似乎都处于因果关系之中，这样被普遍接受的事实相一致呢？答案在赫林克斯的两个钟的理论中就准备好了。我们只须将之无限扩大便可得出"前定和谐"的理论，根据这一理论，上帝将全部事情安排成这样：在具有被巧妙设计出的平行路线的巨大体系中，所有的单子都独立地按照它们各自的路线行驶，在这个意义上，每一个单子都反映整个宇宙。

每一个单子都是一个实体，它们不仅都具有不同的观点，而且各自的性质也不一样。严格说来，认为它们占有不同的位置是不妥当的，因为它们不是时空中的实体。时间和空间是感觉现象，它们是不真实的。在它们背后的实在是单子的排列，其中每一个单子都具有独特的观点。各个单子都以略微不同的方式反映宇宙，没有任何两个单子是完全一样的。如果两个单子完全相同，那么它们实际上正是一个单子。这就是莱布尼茨的"不可识别者的同一性"原理的含义。因此笼统地说，两个单子可能仅仅是位置不同，这种看法是没有意义的。

既然一切单子都是不同的，那我们就可以根据它们反映世界的清晰程度来安排它们的顺序。每一个物体都由一群单子构成，人的肉体也是这样构成的，但是在这里有一个占统治地位的单子，它因为视野清晰而突出，这个拥有特权的单子就是被更加特定地称为人的灵魂的那个东西。尽管在比较宽泛的意义上，所有的单子都是灵魂，都是非物质的、不可摧毁的，因而都是不朽的。占统治地位的单子或灵魂之所以杰出，不仅因为它具有较清晰的知觉，而且因为它怀有各种目的，而其属下正是为了实现这些目的才按照预定和谐的方式发生作用的。宇宙中万事万物的发生都有其充足理由，但是自由意志是允许的，因为人的行动的理由不具备严格的逻辑必然性的强制力。上帝也有这种自由，尽管他不能违反逻辑律。这一关于自由意志的理论，使得莱布尼茨在斯宾诺莎有可能引起反对意见的地方受到了欢迎，它确实使得关于单子论的系统说明多少有了点永恒性；如同我们下面将要看到的那样，事实上它又是与之有区别的。

关于上帝的存在这一经久不衰的问题，莱布尼茨对我们已经看到的那些主要的形而上学证明作了完整的阐释。四个证明中的第一个是安瑟伦的本体论证明；第二个是见于亚里士多德从第一因出发进行的证明；第三个是从必然真理出发进行的那种证明，据说必然真理的存在需要某种神的精神；第四个是前定和谐说的证明，它实际上是一种目的论证明。我们在其他地方都已讨论过这四种证明，并已指出了它们的缺陷所在。不久以后，康德打算在整体上否定这种形而上学的证明。就神学方面来说，我们必须记住：形而上学的上帝是某种关于事物本性理论的最后一笔。这个上帝并不诉诸感情，它与《圣经》中的上帝也没有关系。除了新托马斯主义之外，神学家们在整体上不再依赖于传统哲学的理论性上帝的实体。

在某种程度上，莱布尼茨的形而上学受到借助于显微镜而积累起来的诸多新发现的鼓舞。列文虎克 (Leeuwenhoek, 1632—1723) 已经发现了精虫，而且一滴水中充满了细小的有机体，这一论断也已经得到证明。它仿佛是一个比我们日常世界的规模要小的一个完整的世界。诸如此类的思考，导致了把单子看作是最不可广延的、形而上学的、灵魂的栖息地的看法。具有无穷小量的新微积分似乎也指向了同样的一般方向。在这里，莱布尼茨所注意的是这些基本组成部分的有机特性。就此而言，他的看法与伽利略和笛卡儿曾提出的机械论观点不同。莱布尼茨的看法虽然引出了各种困难，但使他发现了一个最初形式的能量守恒原理，并发现了最小行动原理。在整体上，物理学是遵循伽利略和笛卡儿的原理发展的。

不管科学发展与莱布尼茨的形而上学的关联究竟怎样，但是他的逻辑学的确提供了大量线索，使他的形而上学即使不是似乎有理，至少也是有点容易理解了。我们从莱布尼茨接受了亚里士多德的主—谓词逻辑学的事实开始，有两个普遍的逻辑原理被作为基本公理。第一个是矛盾原理，按照这个原理，两个矛盾着的命题中的一个必为真，另一个则必为假。第二

莱布尼茨关于微分学的论文，1684年，扉页与图解

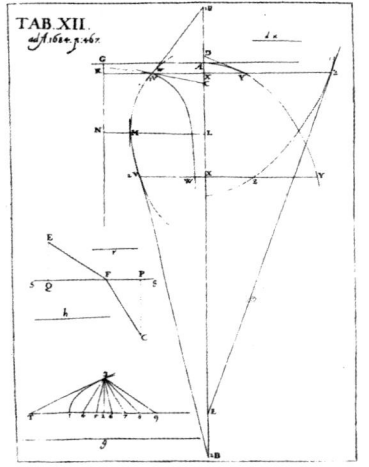

个是前面提到过的充足理由原理,根据这个原理,某一特定的事态产生于从前的充足理由。我们将这两个原理应用到莱布尼茨意义上的分析命题,就是指那种主词包含谓词的命题,像"所有的金属硬币都是金属制成的"即为一例。然后根据矛盾原理可以看出,所有的这样的命题都是真的;而充足理由原理则引出这样的观点,即所有的真命题由于具有充足的根据,所以都是分析命题,尽管只有上帝才能这样明了它们。对人的精神来说,这样的真理似乎是偶然的。在这里,和在斯宾诺莎那里一样,我们发现了一种试图与理想的科学程序斗争的做法。因为科学家研究的理论就是想把握偶然的东西,并以指出偶然似乎是某种别的东西的结果,因此在这个意义上,偶然也是必然的方式——揭示偶然。只有上帝才拥有完美的知识,因此,他能够按照必然性的原理来认识一切事物。

单子是非时空的实体,具有不同的观点

每一个逻辑主词的生活史都已限于它自己的概念之中,由此得出了实体之间没有相互作用的结论。而这又来自这样的事实,即逻辑主词的历史就是符合它的东西,对所有真命题的分析也是如此。这样,我们就不得不承认"前定和谐说"。但是,就其本身而言,这一论述与斯宾诺莎的理论一样,完全是决定论的观点;前面所解释过的那种自由意志,则在其中无安身之地。至于说到上帝和他所创造的世界,是上帝的善性引导上帝创造出可能世界中最好的一个。不过,关于这个问题,莱布尼茨还有另一种理论,在那里根本没有提到上帝和创造物。它似乎受到亚里士多德的实现 (entelechy) 理论,或者说是从潜能到现实的理论的激励。在任何一个时候都展现出最大量的现实性的那个世界终将会存在,不要忘了,并不是所有的潜能都可以同时被实现的。

如果不是严格遵守主—谓词的逻辑学,莱布尼茨可能会将数理逻辑方面的某些尝试发表出来,后者会使这个问题提早一个多世纪被考虑。他认为,有可能发明出一种普遍的符号语言,该语言是完备的,因而会将思考还原为计算。撇开电脑不谈,莱布尼茨的这一想法可能有些草率,然而他还是预见到了,许多后来逐渐成为逻辑领域中寻常的东西。就这里的完备语言而言,它不过是以另一种方式表达出人终将会得到关于上帝的完美知识的希望。

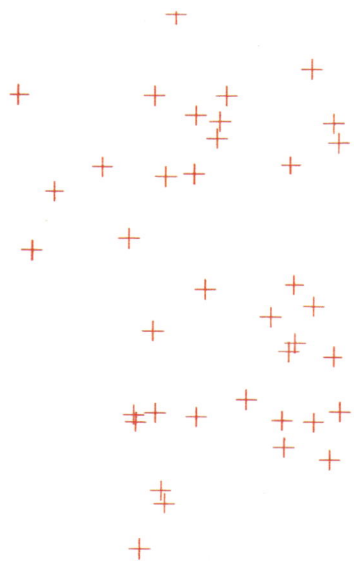

专注清楚明白的观念,因而寻求一种完美的语言——这是笛卡儿哲学传统主要的理性主义目标。在某种程度上,它与我们已经提到过的科学目标相一致。另一方面,我们在这里还有一条不是遵循某个最终目的而到达的道路。当莱布尼茨在提到只有上帝才具备完美的知识时,他至少含蓄地看到了这一点。伟大的意大利哲学家加姆巴迪斯达·维柯 (Giambattista Vico,1668—1744) 的著作,对理性主义的思维方式进行了更激烈的批判。包括维柯在内的每一个虔诚的基督徒,都会接受莱布尼茨的上述看法,它促使意大利人建立了一种新的认识论原理。因为上帝创造了这个世界,所以他对这个世界有完美的认识。人由于本身是被创造物,所以对这个世界的认识是不完美的。在维柯看来,认识某物的条件是曾经创造了某物。这一原理的基本公式是:我们只能认识我们能够制造或创造的东西。如果"事实"这个术语是按照其原有含义来理解,那么上述思想就可以表述为:真理即行动。

维柯在他自己的时代以及他去世后的50年内,实际上是默默无闻的。他生于那不勒斯,父亲是一个小书商。31岁时,他成为那不勒斯大学的一名修辞学教授。他从事这个地位有点低的职务,直到1741年退休时为止。他的大半生都过着贫穷的生活,为了养家糊口,不得不靠做私人教师和为贵族做不固定的文字工作来弥补微薄的薪水。他的文字晦涩,这是他不被当时的人理解的部分原因,也使他从来没有得到与和他同等程度的思想家会面或通信的好运气。

真理即行动的理论导致了许多极其重要的结果。首先,它为数学真理之所以被认为具有确定性的问题提供了某种根据。人本身以抽象而任意的方式确定了诸规则,并通过这种途径创造了数学科学。正因为我们实际上创造了数学,所以我们能够理解数学。与此同时,维柯认为,数学不能使我们提出一种近乎等同于理性主义者所认为的那种关于自然的知识。因为在他看来,数学是抽象的,但这种抽象不是就它似乎是从经验中提取出来的意义而言的;而是指脱离自然,且在某些方面是指人的心灵的一种任意建构。自然本身是由上帝创造的,因此只有上帝才能完全理解自然。就人所达到的范围来说,如果他想学到某种和自然有关的知识,那么他不应该

加姆巴迪斯达·维柯(1668—1744)

采用如此之多的数学程序，而应该通过实验和观察掌握一套经验的方法。维柯更赞同培根，其程度超过赞同笛卡儿。必须承认，维柯在告诫人们不要使用数学方法时，没有看到数学在科学研究中的作用。同时，人们也会承认，维柯在这里对某种不受约束的数学思辨提出了警告，这种数学思辨有的时候企图冒充经验的研究。我们已经提到，恰当的方法就在这两种极端之间的某个地方。数学的确定性来自创造数学的行动，这一理论已经影响了后来的许多作者，尽管他们可能不同意维柯关于数学就是他所谓的任意的东西的看法。这里可以提到马克思主义作家索雷尔的观点，以及戈布洛和梅耶松的论述。功利主义者和实用主义者对数学本性的说明也是这样。另一方面，任意性的思想受到了形式主义的欢迎，后者将数学看作一场精心建构的游戏。当然，要说出所有情况下维柯如何产生他的直接影响，这是一件困难的事情。就马克思(Marx)和索雷尔来说，我们知道他们研读过维柯的著作。但是，观念往往以难以捉摸的方式而使自身被认识，却没有可以明显辨认的影响。维柯著作的阅读面不是很广泛，尽管如此，它仍然包含着19世纪哲学许多发展的萌芽。

维柯的原理的另一个主要结果是他的历史理论。他认为，由于数学是人造的，所以数学是完全可以认识的，但是它和现实无关；自然不是完全可以认识的，因为它是上帝创造的，但是自然的确和实在相关。今天，凡在以为纯数学仅仅是一种建构的观点的地方，这种悖论就仍然存在。维柯试图发现一种"新科学"，它既是完全可以认识的，又是和现实世界有关的。他在历史中找到了这种科学，在历史中，人与上帝进行合作，这对传统的观点来说是一次令人震惊的反拨；因为笛卡儿主义者已经将历史作为非科学的东西而取消了。比起无生气的物质来，社会天生就是更容易认识的——这一观念为19世纪的德国哲学家狄尔泰(Dilthey)、社会学家马克斯·韦伯(Max Weber)和桑巴特(Sombart)所复兴。

这个新的设想在一部名为《新科学》(*New Science*)的著作中得到了最完整的阐释，关于这本书，维柯出版了好几版。对现代读者来说，这本著作有点儿莫名其妙，因为它是各种并非总是可以适当区分的成分的混合物。除哲学问题以外，作者

维柯在那不勒斯的住所

还讨论了经验主义问题和简单易懂的历史问题，而这些不同的研究脉络并非总是容易分清的。有的时候，维柯自己也的确好像不知道他正从一种问题滑向了另一种问题。《新科学》虽然存在这些缺点和模糊不清的地方，但它还是发展出了一种相当重要的理论。

那么，将真理等同于所做的东西，或等同于"做"的意义是什么呢？经过仔细的审视可以看出，这个有些不正统的原理在认识论问题上造成了一些非常可靠的推论。因为"做"确实能够有助于改进我们的认识。毫无疑问，明智地完成某一行为促进了人们对这一问题的理解。这显然最为自然地出现于人的行为或努力的范围内。对音乐的理解就是一个很好的例子。要完全理解一段乐曲，光听是不够的，我们好像还必须通过读乐谱或演奏乐谱，使这段乐曲再现；即便我们是以不十分娴熟的专业技巧做的。更重要的是，专业技巧恰恰也是以这种方式逐渐获得的。对科学研究也可以作如是说。比起单纯表面而又抽象的知识来，关于研究物质能够制成何物那种活生生的知识，使人能够更加牢固地掌握现实。正如我们以后将要看到的那样，这一观点为皮尔士(Peirce) 的实用主义哲学奠定了基础。不过，在这种看法中，无论如何也不存在什么深奥的东西。"实践创造完美"这一格言，说明普通的常识也意识到了这个道理。因此，在数学中，仅仅学习定理是不够的，人们还应该能够使其理论素养面向各种特殊的问题。这并不是赞赏功利而主张抛弃无私的研究；相反，正是通过在行动中审视概念的方法，才能够获得对这些概念的恰当理解。乍看起来，这种方法好像有点类似于普罗泰戈拉的实用主义学说。不过，维柯并没有在完全诡辩论的意义上，使人成为万事万物的尺度。他所强调的是认识过程中那种活生生的、的确具有重建意义的因素，这与将每个人的所见都变成最终标准的做法根本不同。对行动的强调，与理性主义者清楚明白的观念是完全相对的。

理性主义把想象看做混乱的源泉，从中退避开去，维柯则重视想象在发现过程中的作用。他常常主张，在获得概念之前，我们是根据非常模糊不定的情境来进行思考的。这个观点不是完全令人满意的，因为一个思想过程不管怎样模糊不定，都很难

208

看出它是怎么完全缺乏概念内容的。我们还不如说，最初的思想是根据描述和隐喻进行的，而概念方面的思考则是最为复杂的阶段。从这一完整的观点中可能出现一条重要的线索，它指出理性主义者是将科学当作一个完成品来讨论的，并且是根据解释的顺序描述科学的。维柯那里隐含的论述则是在行动中展示科学，并且采纳的是创造性的顺序。但是，在维柯的著作中，这种论述中的许多内容都根本没得到清楚的阐明。

就人所创造的历史来说，维柯认为最大程度的确定性是有可能获得的。他主张，历史学家有可能发现历史过程的一般规律，并根据这一点来解释历史事件为什么被证明具有并仍将具有一种可预见性。维柯并不是说每一个细节都能以机械的方式来预见，而是说通过某种普遍的方法，我们可以认识历史的大致轮廓。在他看来，人类事务中存在着一种趋势，而且正像潮水来回流动一样，人类的命运也是循环往复的。正如我们已经看到的那样，这种循环论最远可追溯到前苏格拉底学说。但是，就像文艺作品的编剧与演员，维柯通过对人类心灵史循环周期之形式的探索，为这些古老的概念注入了新的思想。

因此，维柯的理论远远不是倒退，而是向前指向了黑格尔的历史理论。同时，比起理性主义的程序论来，这种探讨历史的方法更加契合于经验主义的历史研究。所以，像霍布斯和后来的卢梭阐述的那种社会契约论，是一种典型的理性主义偏见。它是以机械的，可以说是近乎数学的方式进行审视的社会理论。维柯的理论使得他能够将社会组织看成是与人类有关的自然的和渐近的生长过程，而人类通过累积起来的传统，缓慢地发展他们的公共生活方式。相反，社会契约论则假定，人突然发现他们是完全合乎理性并精于计算的存在物，这种存在物通过由理性决定的行动，产生出了一种新社会。

普遍适合于社会的东西也特别适合于语言。在共同生活的过程中，当人们不得不相互传递信息的时候，语言就开始产生了。语言的原始形态是由手势和象征性的行为构成的。语言逐渐变得清晰，它的符号也同时经历了逐渐的变化：从与简单物体的直接、因而也是自然的联系到约定俗成的形式。的确，语言是从诗歌开始的，它只是逐渐发展成为科学语言的。编纂了语法结构原理的那些语法家，在这方面也采纳了理性

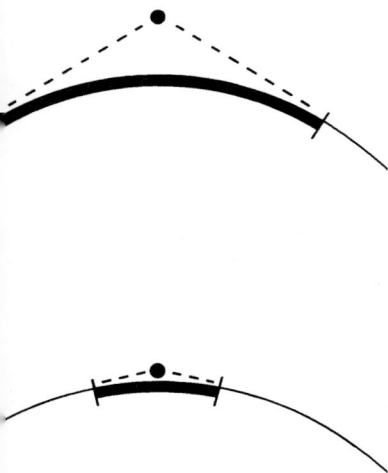

真理即行动，我们的知识水平的扩展与我们的行动范围同步

209

主义观点，认为语言是有意识的和审慎的建构，而他们的这种观点是错误的。科学和哲学的语言是文明的一个新产物，这一点我们在讨论古代哲学的时候已经认识到了。在古代哲学中，我们看到了人们如何与当时的通俗语言斗争，以便能够说出新东西。这仍然是一条有时被人遗忘的重要原理。科学和哲学起源于日常语言，而其使命恰恰在于为了认识新问题而锻造更加锐利的语言工具。这是笛卡儿清楚明白的观念中要求包含的重要信息。维柯本人好像没有从这个角度来看待这个问题，因此他忽略了理性主义哲学对科学的意义。

我们可以用两种相反方法中的任何一个来探讨语言问题。我们或者可以像莱布尼茨那样，把极端的理性主义语言观当作一种从头到尾都贯穿着清楚明白的观念的计算，以及各种被明确制定的计算规则。或者我们可以本着维柯的精神，按照自然语言得以发展成适当的交流媒介的那种方式来看待自然语言，同时反对任何对它的曲解的形式化企图。根据这种观点，逻辑的作用实际上是多余的，唯一能够具有意义的标准是积极地运用语言本身。这两种极端的观点都是错误的。理性主义弄错了为能达到某个最终目的而进行的发展的方向，对形式化的拒绝则完全阻碍了使我们摆脱自己总是身陷其中的狭隘视野的任何可能。此外，后一种方法往往与这样一种观点联系在一起，即一般的谈话已经像它所需要和能够做到的那样清楚明了，这完全是一个草率的乐观主义看法，它没有考虑到以往的哲学偏见还残留在一般的谈话之中。

维柯虽然在社会学领域中持有不正统的理论，但是他仍然是一个虔诚的天主教徒。不管怎么说，他试图在他的体系中容纳公认的宗教。这样做是否有可能不会自相矛盾，当然是另外一个问题。另一方面，一致性并不是维柯的功绩之一。维柯的重要性更在于：他近乎神奇般地预见了19世纪及其哲学的发展。在社会学中，他抛弃了理想主义关于理想的共同体的概念，并致力于探讨各种社会如何产生和发展的经验主义任务。在这方面，他完全是开创性的，并且首次提出了一种人类文明的真正理论。这些与一个对他的所有思想来说都是至关重要的主要观点密切相关，这个观点即是"真理即行动"，或用拉丁语表达就是"verum factum"。

《新科学》寓言式的卷首插图

不列颠经验主义

　　紧接着基督教改革运动,在北欧产生了一种对政治和哲学的新态度。它集中在英国和荷兰出现,对抗宗教战争和屈从罗马的时期。英国大体免遭大陆宗教分裂带来的恐怖。确实,新教徒和天主教徒在一段时期内,以一种半心半意的方式相互迫害,克伦威尔的清教主义与英国国教相冲突。但是,没有大规模的暴行,尤其是没有外国军事性质的干涉。另一方面,荷兰人遭受了宗教战争的强烈影响。在与反对天主教西班牙漫长而艰苦的斗争中,他们最终于1609年获得了对其独立的暂时承认,1648年的《威斯特伐利亚条约》(Treaty of Westphalia) 予以了确认。

　　这种对社会和知识领域中的新态度叫自由主义。在这个有点模糊的标题下,人们能识别一些相当明显的特征。首先,自由主义基本上是新教的,但不是狭义的加尔文派教徒式的新教。更确切地说,它是新教观念——每个人必须以自己的方式与上帝达成协议——的发展。另外,偏执于事不利。既然自由主义是正在兴起的中产阶级的产物,商业和工业在中产阶级的控制中得到发展;因此,自由主义反对根深蒂固的贵族特权的传统,同样也反对君主政体。其主旨是信仰自由。在17世纪,大部分欧洲其他地方一度被宗教纷争搞得四分五裂,并受你死我活的狂热的折磨,而荷兰共和国则是非英国国

伴随宗教战争而来的恐怖

雅各宾式会议,英格兰达到某种程度的稳定

教徒和各种自由思想家的庇护所。新教教会从未取得天主教
在中世纪享有的政治权力。因此,国家权力变得愈发重要。

凭借自己的企业获得资产和财富的中产阶级商人,逐渐
以不赞同的态度看待国王的专断权力。因之,运动指向以财
产权利为基础的民主和削减国王的权力。在否定君权神授的
同时,产生了一种感觉,即人能够通过自身努力超越环境,于
是,人们开始越来越强调教育的重要性。

总的来说,人们怀疑政府本身妨碍商业扩张的需求、限
制其自由发展。同时,人们认为法律和秩序是基本的需要,这
稍微缓和了对政府的敌对态度。从这个阶段开始,英国养成
了热衷妥协的典型性格。在社会问题中,这暗示着关心改良

211

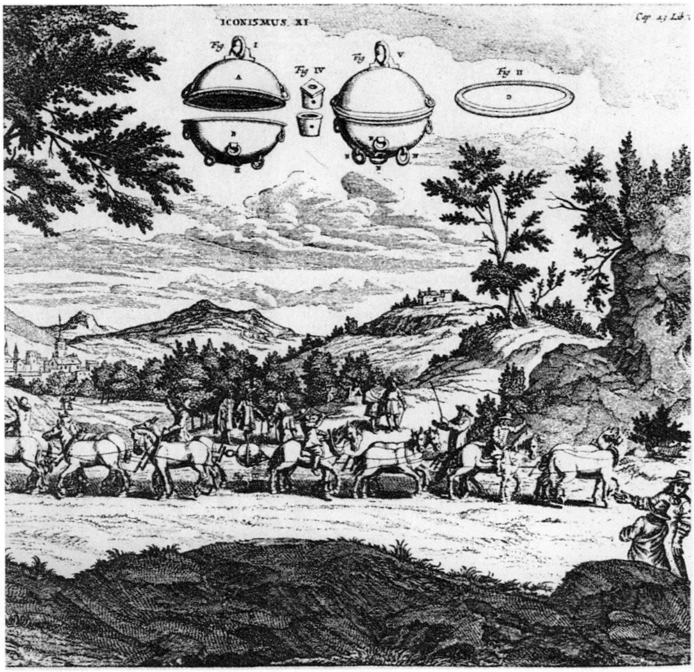

葛里克的真空实验,推翻了亚里士多德的观点

阿姆斯特丹的股票交易单

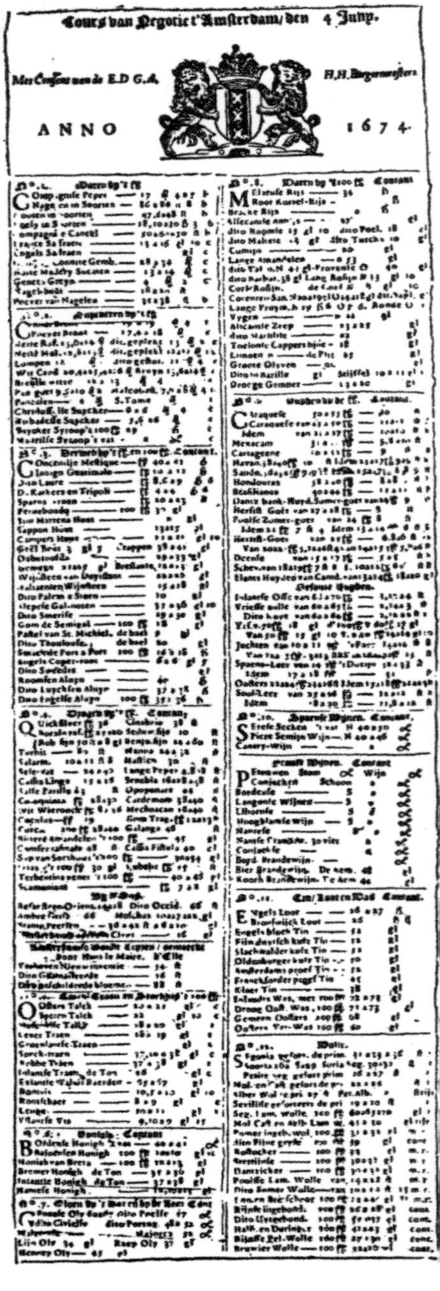
Cours van Negotie t'Amsterdam, den 4 Juny.

ANNO 1674.

荷兰的领航者,那时是一流的航海者

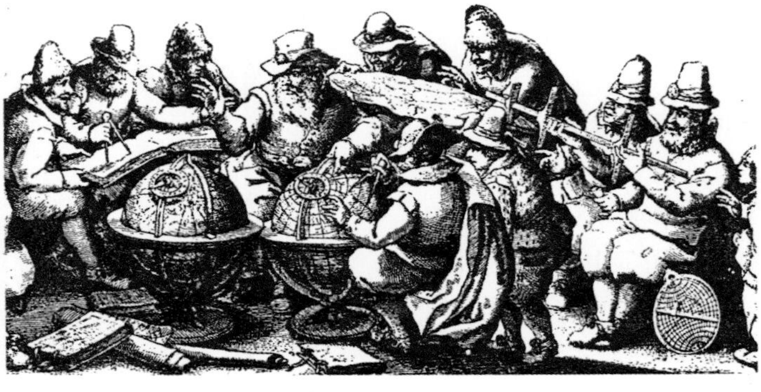

而非革命。

正如其名字暗示的，17世纪的自由主义是解放的力量。它把奉行它的那些人从所有政治的、宗教的、经济的和知识的暴政中解放出来，垂死的中世纪传统依然依附于这些暴政。同样，它反对极端的新教派别的盲目狂热。它否定教会为哲学和科学事务立法的权力。直至维也纳会议 (Congress of Vienna) 把欧洲投入神圣同盟 (Holy Alliance) 的新封建泥淖之中，由乐观的世界观所点燃，并由无穷能量所驱动的早期自由主义，阔步向前迈进，没有遭受重大挫折。

在英国和荷兰，自由主义的发展与那个时代总的条件如此紧密相联，以至于它几乎没有产生激烈的争吵。但在某些国家，特别在法国和北美，在随后发生的事件中，自由主义具有革命性的影响。自由主义态度的主要特征是崇尚个人主义。

新教神学已经强调凭良心制定法律的权威的不适当性。同样的，个人主义渗透到经济和哲学领域。在经济领域，它表现为"自由放任"，其理论化则表现为19世纪的功利主义。在哲学领域，它把对知识论的兴趣推到了显著的地位，从此以后，知识论大体占据了哲学领域。笛卡儿的著名公式"我思故我在"是典型的个人主义，因为它迫使每个人以他自己的存在作为知识的基础。

个人主义的学说主要是理性主义的理论，人们认为理性有至高无上的重要地位。一般认为，受感情支配是未开化的。然而，在19世纪，个人主义学说逐渐扩展到感情本身，在浪漫主义运动的高峰时期，个人主义导致了一系列权力哲学，权力哲学张扬强者的任性。过程的结局却相当有悖于自由主义。这一理论确实是自拆台脚的，因为成功者必须摧毁通往成功的梯子，以免与同样野心勃勃的人竞争。

自由主义的运动广泛地影响到知识的舆论氛围，所以，这不令人惊奇，可能在其他方面坚持根本不同的哲学观点的思想家，在政治理论方面仍然是自由主义者。斯宾诺莎和不列颠经验主义哲学家一样，都是自由主义者。

19世纪随着工业社会的兴起，自由主义是悲惨的受剥削的工人阶级社会改革的巨大来源。这一功能后来为高涨的社会主义运动更具战斗性的力量所接受。总的来说，自由主义

早期德国的新闻报纸

仍然是没有教条的运动。不幸的是，作为一种政治力量，自由主义目前已相当衰竭。对于我们的时代，我们不无遗憾地看到，也许是20世纪国际灾难的结果，大部分人若无坚定的政治信条，便再无勇气生活下去。

笛卡儿的哲学工作引起两种主要的发展趋势。其中之一是复兴的理性主义传统，17世纪主要的传承者是斯宾诺莎和莱布尼茨。另一种一般称为不列颠经验主义。重要的是，不要过分僵化地使用这些标签。理解哲学（就像在其他领域一样）的一大障碍，是以标签来盲目和过分僵化地为思想家分类。尽管如此，传统的划分不是任意的，而是指出两种传统的一些主要特征。诚然，即便在政治理论方面，不列颠经验主义也表现出显著的理性主义思想的倾向。

这一运动的三大代表人物是约翰·洛克（John Locke，1632—1704）、贝克莱（Berkeley）、休谟，大致包括从英格兰内战到法国革命这一时期。洛克受过严格的清教徒式的培养。内战时期他的父亲为议会军队而战。洛克观点的一个基本宗旨是容忍，这最终导致他与论战双方断交。1646年，他到威斯敏斯特学校上学，在那里他获得了传统的古典文学的基础训练。6年之后，他移居牛津，在那里他生活了15年，起初作为学生，然后作为希腊语和哲学教师。依然盛行于牛津的经院哲学不合其口味，我们发现他对科学实验和笛卡儿的哲学产生兴趣。英国国教不会向持有他这种容忍观点的人提供前途，所以他最终从事医学研究。这一时期，他开始认识波义耳，波义耳与成立于1668年的皇家学会有联系。其间，1665年他陪同外交使团访问勃兰登堡的选帝侯，翌年，他遇到阿什利勋爵（Lord Ashley），即后来的第一沙夫茨伯里伯爵（Shaftesbury）。洛克成了沙夫茨伯里伯爵的朋友和助手，直到1682年。洛克最著名的哲学著作是《人类理智论》（*Essay Concerning Human Understanding*），此书始于1671年，是洛克与朋友一系列讨论的结果。在讨论中人们开始明白，对人类知识的范围和局限作一种初步的评价，可能是有益的。当沙夫茨伯里伯爵于1675年失败后，洛克出国，在法国度过了三个春秋。在那里，他遇到许多当时最主要的思想家。1675年，沙夫茨伯里在政治舞台上复出，成为枢密院司法委员会的大臣。次年，洛克作为伯爵

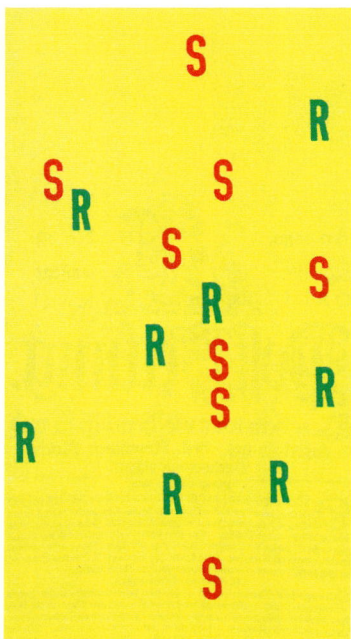

214

心灵开始的时候像一张白纸，后来感觉和反省观念刻在上面

的秘书重新履行他的职责。沙夫茨伯里试图阻止詹姆斯二世的就职,卷入流产的蒙默斯 (Monmouth) 叛乱。1683 年,他最终于流亡途中在阿姆斯特丹去世。洛克被怀疑参与其事,同年逃亡荷兰。一段时期里,洛克隐姓埋名,以免被引渡,正是在这一时期,他完成了《人类理智论》。《宽容书简》(Letter on Tolerance)、《关于政治的两篇论文》(Two Treatises on Government) 也属这一时期。1688 年奥兰治的威廉 (William of Orange) 登上英国王位,稍后不久,洛克重返家园。《人类理智论》出版于 1690 年。洛克晚年的大部分精力用于筹划以后的版本,介入因这一著作引起的争论。

在《人类理智论》一书中,我们第一次直截了当地尝试阐明心灵的局限和我们可能从事的各类研究。理性主义者不明言地假定,完满的知识最终是可以达到的,按这种思路新的研究方式则不太乐观。总的来说,理性主义是一个乐观的学说,以致达到非批判的程度。另一方面,洛克的认识论研究则是批判哲学的基础,这种哲学在双重意义上是经验主义的。其一,它不像理性主义那样,预先判定人类知识的范围;其二,它强调感觉—经验的因素。因此,这一研究不仅标志着由贝克莱、休谟、J. S. 穆勒 (J. S. Mill) 继承的经验主义传统的开端,同时也是康德批判哲学的出发点。因此,洛克的《人类理智论》打算扫除旧的偏见和先入之见,而非提供新的体系。对此他规定了自己的任务,他认为这一任务比较适度,不像"无与伦比的牛顿先生"那样的建筑师的工作。就他而言,他觉得"受雇为下等工人,一点点清扫地面,清除一些躺在知识大道上的垃圾,已足够野心勃勃的了"。

这一新计划的第一步是将知识严格地建立在经验之上,这意味着必须否弃笛卡儿和莱布尼茨的天赋观念。我们生来就具有某种先天的资质,它能够发展并使我们学习许多东西,这一点得到各方面的承认。但这并不假定未受教育的心灵具有潜在的内容。如果真是这样,我们永远无法把这种知识同真正来自经验的知识区别开来。这样我们也许又可以说,所有的知识都是与生俱来的。这当然恰恰是《美诺篇》中提到的回忆说的主张。

这样,心灵开始的时候就像一张白纸。向它提供精神内

215

约翰·洛克 (1632—1704)

容的是经验。洛克称这些内容为观念，"观念"一词在极其广泛的意义上使用。根据它们的对象，观念一般分成两种类型。第一种类型是感觉的观念，它来源于通过我们的感官对外部世界的观察。第二种类型是反省的观念，它产生于心灵观察自身。就此为止，这一学说并未引入任何令人惊奇的新颖的东西。除了来自感官的东西，心灵一无所有，这是古老的学术公式，莱布尼茨在这个一般公式的心灵自身之外，还增加一个限定。崭新的和经验主义特有的是，提出这些观念是知识的唯一来源。因此，在思想和沉思的过程中，我们决不能超越我们通过感觉和反省所推测的东西的限制。

洛克进而将观念划分为简单观念和复杂观念。洛克没有提供令人满意的简单性标准，因为当观念不能分解为各部分时，他称为简单。作为说明，这几乎是无济于事的；另外，他没有一以贯之地使用这一措辞。但是，他试图做什么，还是一目了然的。如果只有感觉和反省观念，那么必然有可能显示精神内容是如何由这些观念构成的；换言之，复杂观念如何源自简单观念的组合。复杂观念再分成实体、样式和关系。实体是能独自存在的事物的复杂观念，而样式依赖于实体。正如洛克自己所见，在他的意义上，关系并非真正的复杂观念。它们是自成一类的，源自精神的比较作用。比如说，因果性就是如此。这一关系观念因观察变化而起。洛克主张，必然联系的概念基于先验的假定，没有经验的根据。尔后，休谟强调这一观点的后半部分，康德则强调前半部分。

对洛克而言，说某人知道某某事，意指他是确信的。在这方面，他仅仅遵循理性主义的传统。"知道"一词的用法可追溯到柏拉图和苏格拉底。这样，按洛克之见，我们所知道的都是观念，而观念又被认作世界的图像或代表。当然，知识的代表理论使洛克越出了他如此极力提倡的经验主义。如果我们所知道的都是观念，那么我们永远无法知道这些观念是否与外部世界的事物相一致。不论怎样，这一知识的观点把洛克引导到如下观点：语词代表观念，恰如观念代表事物。但是，这里有一个区别，在某种意义上，语词传统的是一种符号，观念则不然。既然经验只提供给我们特殊的观念，正是心灵自身的作用才产生抽象的、一般的观念。至于洛克在《人类理智论》中零星表达的关

216

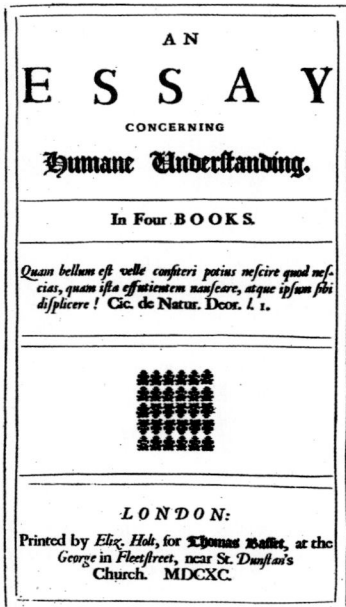

洛克著《人类理智论》扉页

于语言起源的观点,则与维柯承认隐喻的作用的观点相吻合。

洛克知识论的首要困难之一是解释错误。这一难题的形式如《泰阿泰德篇》中的疑难问题,如果我们用洛克的白纸代替柏拉图的鸟笼,用观念代替鸟。于是,依据这种理论,我们似乎永远不会陷于错误,但是,洛克并不总是为这种问题困扰。他的论述并不一以贯之,当困难产生时,他时常回避争论。他的实际心灵状态使他以零碎的方式处理哲学问题,没有正视取得一贯立场的任务。正如他自称,他是一个下等工人。

关于神学,洛克接受理性真理和启示真理的传统划分,并且是始终不渝的、虔诚的基督教徒。洛克最深恶痛绝的是"神秘的灵感"(enthusiasm),在希腊语的本来意义上使用此词。"神秘的灵感"意指通过神赐的灵感而具有的状态,它是16世纪和17世纪宗教领袖的特征。洛克觉得,他们的狂热毁灭了理性和启示,这一观点得到了宗教战争暴行的可怕支持。一言以蔽之,洛克确实把理性置于首位,秉承了他的时代总的哲学倾向。

理性和零碎的经验主义的混合,同样可见之于洛克的政治理论。洛克的两篇《政府论》(写于1689—1690)表达了这些理论。第一篇论文驳斥罗伯特·费尔默(Robert Filmer)爵士的小册子《父权制》(Patriarcha),此书包含了君权神授的极端陈说。这一理论基于世袭的原则,洛克以为不费吹灰之力即可摧毁之,尽管也许有人发觉,这一原则并不那么与人类理性相背离。事实上,这一原则在经济领域里被广泛接受。

在第二篇论文里,洛克提出自己的理论。像霍布斯一样,他认为在公民的政府之前,人们生活于受自然法则支配的自然状态。所有这些都是传统的说法。犹如霍布斯,洛克关于政府起源的观点,建立在社会契约的理性主义学说的基础之上。就其背景而言,这一理论胜过那些主张君权神授的人,但不如维柯的理论。在洛克看来,隐匿于社会契约背后的主要动机是保护财产。当人受制于这样的协约,他就放弃作为其自己事业唯一拥护者而行动的权利。这一权利现在交给了政府。既然在君主政体里,君主同样也会卷入争端,没有人应该自判其案的原则就要求司法必须独立于行政。在他之后,孟德斯鸠(Montesquires)详细地探讨了权力的分割。我们发现,洛克第一次详尽地阐明了这些事情。他特别考虑的是国王的行政权力

Of EDUCATION. 223

to be made, and what weight they out to have.

§. 177. *Rhetorick* and *Logick* being *Rhetorick,* the Arts that in the ordinary method *Logick.* ufually follow immediately after Grammar, it may perhaps be wondered that I have faid fo little of them: The reafon is, becaufe of the little advantage young People receive by them: For I have feldom or never obferved any one to get the Skill of reafoning well, or fpeaking handfomly by ftudying thofe Rules, which pretend to teach it: And therefore I would have a young Gentleman take a view of them in the fhorteft Syftems could be found, without dwelling long on the contemplation and ftudy of thofe Formalities. Right Reafoning is founded on fomething elfe than the *Predicaments* and *Predicables,* and does not confift in talking in *Mode* and *Figure* it felf. But 'tis befides my prefent Bufinefs to enlarge upon this Speculation: To come therefore to what we have in hand; if you would have your Son *Reafon well,* let him read *Chillingworth*; and if you would have him fpeak well, let him be converfant in *Tully,* to give him the

洛克论教育的小册子中的一页,1695年出版

《独立宣言》证明了洛克的影响，就如富兰克林采用"不证自明"的说法那样

与国会的立法职能相平衡。立法机关必须是至高无上的，它只对它所代表的全社会负责。当行政部门与立法机构相冲突时，该怎么办？显而易见，在这样的场合，行政部门不得不服从。确实，查理一世的情形就是这样，他的独裁行径促发内战。

仍然存在一个问题，当武力可以正确地用以抵抗易怒的君主时，一个人该何去何从。事实上，这些事情通常由涉及事业的成败来决定。虽然洛克似乎模糊地意识到这一事实，但其观点与他所属时代的政治思想总的理性主义趋势相一致。这一观点假定任何有理性的人都知道什么是对的。这里，自然法则的学说又一次在背景中徘徊。因为只有依据某种内在的原则，才能评估一个行为的正确性。恰恰在这里，司法的第三种权力起了特殊的作用。洛克本人并未把司法作为一种独立的权力加以讨论。但是，不管在哪里，只要权力分立逐渐被承认，司法就最终获得完全独立的地位，使它能够在任何其他权力之间裁判。就此而言，三种权力构成了相互钳制、平衡的体制，并趋于防止不受限制的权力的产生。这是政治自由主义的核心。

在今天的英国，刻板的政党结构和内阁授予的权力，确实有点削弱了行政和立法的分立。洛克所向往的权力分立最明显的例子是美国政府，美国总统和国会的作用各自独立。至于一般的国家，自洛克以来，它的权力以牺牲个人为代价，获得了巨大的发展。

尽管在思想家中洛克既非最深刻的亦非最有创造性的，

218

但是他的工作对哲学和政治产生了强烈和持久的影响。在哲学上，他开启了新的经验主义，这一思想路线起初为贝克莱、休谟，尔后为边沁、约翰·斯图尔特·穆勒发展。同样，18世纪法国的百科全书派，除了卢梭和他的追随者，大都是洛克派。马克思主义的科学情味也归功于洛克的影响。

在政治上，洛克的理论是那种正在英国实践的事务的概括。因此，不会发生巨大的剧变。在美国和法国，情形就不一样了。作为结果，洛克的自由主义导致某种颇为壮观的革命的动乱。在美国，自由主义成了国民的理想，在宪法中被奉为神圣。这是带有理想的道路，人们并没有始终不渝地忠实地遵循这些理想；但作为一个原则，早期自由主义几乎原封不动地继续在美国发生作用。

奇怪得很，洛克的巨大成功与牛顿的所向披靡的征服相联系。牛顿力学彻底地破除了亚里士多德的权威，同样，洛克的政治理论虽然几无新意，却摧毁了君权神授，在学究式的自然法基础上，适当变化以适应近代条件，努力建立新的国家学说。这些努力的科学倾向反映在随后发生的事件的效果上。《独立宣言》的措辞烙上了科学倾向的痕迹。当富兰克林 (Franklin) 在"我们把这些真理视作不证自明的"语句中，以"不证自明"代替杰斐逊 (Jefferson) 的"神圣的和不可否认的"时候，他重复了洛克的哲学语言。

在法国，洛克的影响如果稍有区别的话，那是更为强烈。革命前的过时的政治专制在痛苦中挣扎，与英国的自由主义原则形成鲜明的对照。另外，在科学领域，牛顿的概念已替代了陈旧的笛卡儿的世界观。在经济方面，英国的自由贸易的政策尽管部分受到误解，但却受到法国的极大赞赏。贯穿整个18世纪，亲英的态度盛行于法国，这一态度首先基于洛克的影响。

欧洲近代哲学的分裂正是伴随着洛克哲学的出现而出现。总的来说，大陆哲学一直属于建构大体系的类型。它的论证带有先验的倾向，在其视野内，它常常对问题的细节不感兴趣。另一方面，英国哲学更严密地遵循科学的经验研究的方法。它以零碎的方式处理了大量细小问题，当它确实提出一般原则时，它将一般原则验之于直接证据。

由于这些研究方式中的差异，尽管就其本身而言，先验的

219

约翰·洛克（1632—1704）

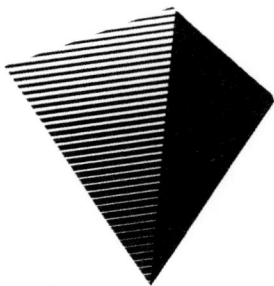

理性主义像一座倒立的金字塔，经验主义像一座站立的金字塔

体系是和谐一致的，但如果其基本原则被强行去除，那么它就会碎成粉末。经验哲学因其建筑于可观察的事实之上，如果在某些地方我们发现了错误，仍不会倒塌。这一区别就像两个金字塔之间的区别，其中之一是上下倒置的。经验主义哲学的金字塔以基底立地，即使从某个地方搬走了一块东西，金字塔不会倒塌。先验体系倒立着，只要你斜眼一瞥，它就倒了下来。

在伦理学方面，这一方法的实际效果更为明显。作为严苛体系制定出来的善的理论，如果一个无知的暴君自以为命中注定要履行这一善的理论，可能制造出恐怖的浩劫。毫无疑问，有一些人鄙视功利主义伦理学，因为它从追求幸福的基本欲望出发。然而，无可置疑的是，与那种不管手段只追求理想目的的、严肃的、思想高尚的改革者相比，这一理论的提倡者更多地改善他的众多同伴。与伦理学中的不同观点一起，我们相应发现了政治学中不同态度的发展。洛克传统中的自由主义者，并不十分热于抽象原则基础上的彻底变革。每一争端必须在自由讨论中，依其自身的是非曲直来处理。正是英国政治和社会实践这一零碎的、试验的、反体系的而非无体系的性格，使欧洲大陆人极感恼火。

洛克自由主义的功利主义的后继者，支持开明的自利的伦理学。这一概念也许并不唤起人的最高尚的情感；但却以同样的理由避免了真正英雄的暴行，这些暴行是以最高尚的体系的名义犯下的。这些体系设想了更为高贵的动机，却忽视了一个事实——人不是抽象物。

留在洛克理论中一个严重的缺陷，是他对抽象观念的解释。当然，这是处理普遍性问题的尝试，遗留于洛克的知识论之中。困难在于，我们从特殊情形中进行抽象，最终留下的是一无所有。洛克以三角形的抽象观念为例，三角形必须"既非钝角的，又非直角的；既非等边、等腰的，又非不等边的；同时是所有这样的三角形，又不是任何一种三角形"。对抽象观念理论的批判，是贝克莱哲学的出发点。

乔治·贝克莱 (George Berkeley, 1685—1753)，盎格鲁—爱尔兰人后裔，1685 年出生于爱尔兰。15 岁那年他求学于都柏林的三一学院，那里与传统学科并驾齐驱，牛顿的新学问和洛克哲学开始鼎盛。1707 年，他被选为学院的研究员。在其

220

后的6年中,他出版了一些著作,遂奠定哲学家的名声。

　　30岁以前,贝克莱已名声大振,之后,他的主要精力转向其他事业。从1713年到1721年,贝克莱在英国和大陆生活、旅游。重返三一学院之后,他担任高级研究员,并于1724年成为德利教区的教长。这一时期他开始致力于在百慕大区创办一所传教士学院。因有政府支持的保证,1728年他前往美洲,以谋取新英格兰人的资助。但是威斯敏斯特允诺的帮助却遥遥无期,贝克莱不得不放弃计划。1732年他回到伦敦。两年后,他被擢升为克罗因地区(Cloyne)的主教,终身履行此职。1752年他前往牛津访问,翌年年初死于牛津。

　　贝克莱哲学的基本命题是,存在就是被感知。在他看来,这一公式是如此的不证自明,以至于他从不向较不信服的同时代人解释他想干什么。因为乍看起来,这一公式自然与常识水火不相容。没有人会像这一观点要求的那样,正常地认为他所感觉到的客体就在他的心中。然而,关键在于贝克莱含蓄地提出,按照经验主义的观点——洛克鼓吹之,然未能一以贯之——对象的观念是错误的。因此,像约翰逊博士(Dr. Johnson)那样,以踢石头自称反驳了贝克莱是完全离题的。贝克莱自己的理论最终是否解救了洛克的困难,当然是另一回事。必须记住,贝克莱并不试图以深奥莫测的难题来迷惑我们,他只是想纠正洛克哲学中的某些自相矛盾。至少在这点上,他是极为成功的。内部世界和外部世界的区别无法恰当地保留在洛克的认识论之中,不可能同时主张洛克的观念理论和知识的表象论。以后当康德解释同样的问题时,又面临了完全相同的困难。

　　贝克莱第一部批判抽象观念理论的著作是《视觉新论》(New Theory of Vision)。在这本书中,他一开始就讨论当时流行的关于知觉的一些混乱。他特别正确地解决了如下明显的难题,即我们看正放的东西,但在我们眼睛的视网膜上的形象与之相反。这一难解之谜当时颇为流行,贝克莱指出这是由于一个非常简单的谬误。关键在于我们以我们的眼睛看事物,而不是在屏幕后面看事物。从几何光学不知不觉地陷入知觉的语言,这一粗心大意是此误解的原因。贝克莱进而发

乔治·贝克莱(1685—1753)

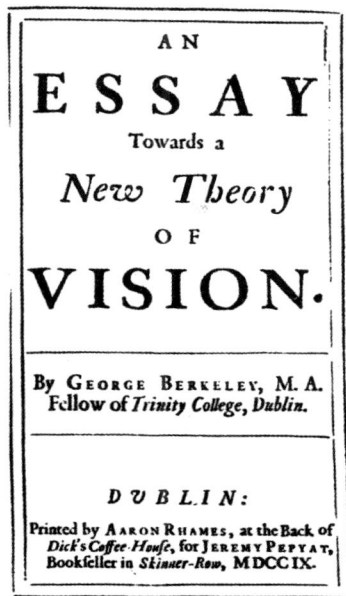

AN
ESSAY
Towards a
New Theory
OF
VISION.

By GEORGE BERKELEY, M. A.
Fellow of *Trinity College, Dublin.*

DUBLIN:

Printed by AARON RHAMES, at the Back of
Dick's Coffee-House, for JEREMY PEPYAT,
Bookseller in *Skinner-Row,* MDCCIX.

《视觉新论》扉页,贝克莱的第一本主要著作

挥了知觉的理论，知觉使事物的种类迥然有别，不同的感觉让我们说出它们的对象。

贝克莱说，视觉不是外部事物而仅仅是心中的观念。触觉尽管与感觉的观念一样存在于心中，但却被说成是物理对象。当然，在其后来的著作中，这一区分不再允许，所有的知觉仅仅是在心中产生感觉的观念。所有的感觉都是特殊的，因此，每个人的感觉各不相通。这也是贝克莱拒斥他所谓的"唯物主义"的原因。物质纯粹是性质的形而上学的载体，单独性质引起属于精神内容的经验。赤裸裸的物质无法经验，因而是无用的抽象。同样的思考也适用于洛克的抽象观念。比如说，如果你从一个三角形中抽取它所有的特殊性，那么，严格地说最终将一无所有；一无所有，也将没有经验。

《视觉新论》出版一年之后，1710年出版了《人类知识原理》(*Principles of Human Knowledge*)，在此书中，贝克莱不加任何限定或不容妥协地提出他的基本公式：存在就是被感知。如果人们认真对待洛克的经验主义，那么这一公式就是洛克经验主义的最终结果。于是，只有当我们事实上确有经验的时候，而不是别的时候，才能说我们有某些感觉和反思的经验。因之，我们不仅局限于如此登记在心中的经验，而且只有当我们具有经验时，我们才承认它们。在某种意义上，这丝毫不足为奇：当你具有经验时，而不在任何其他时候，你具有经验。说任何事物存在，只有在经验中并通过经验才有意义，因而存在和被感知是完全一码事。依此观点，说未经验到的经验或者未感知的观念是毫无意义的，这一立场继续为主张知识现象学的当代哲学家所坚持。按此理论，没有未感觉到的感觉材料。至于抽象观念，如果可能，它们必定代表某种无法经验的实在，这与洛克经验主义相抵牾。按照经验主义的观点，实在是与能够经验的事物共同扩张的。

普遍性问题如何处理？贝克莱指出，洛克认作抽象观念的东西仅仅是一般性的名词。但是这些并不涉及任何一件事物，而是涉及一群事物中的任何一件事物。因此，"三角形"一词用以指称任何三角形，但并不涉及一种抽象观念。关于抽象观念理论的困难，事实上与我们关于苏格拉底的形式不无联系。它们莫明其妙的是完全非特殊的，由于这个原因，居住在

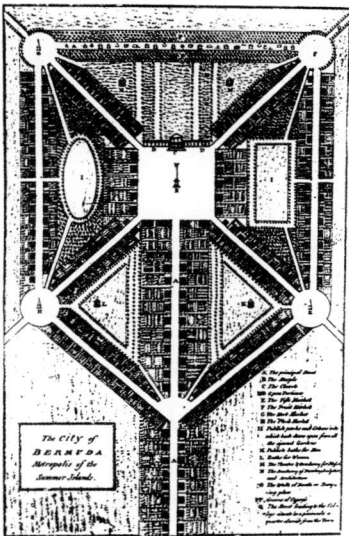

贝克莱的百慕大岛城镇规划方案

222

另一个世界而非我们的世界，但人们认为有可能认识它们。

　　不管怎样，贝克莱不仅拒斥抽象观念，而且反对完全洛克式的关于对象和观念的区分，以及由此而来的知识表象论。因为作为一以贯之的经验主义者，我们何以能一方面主张所有的经验都是感觉观念和反省经验，另一方面又断定观念与本身未被认知，或者甚至不可认知的对象相符合？在洛克哲学中，我们已先领略了以后康德在物自体和现象之间划出的一种区分。贝克莱没有物自体，非常正确地把它们当作与洛克经验主义不相容的东西加以排斥，这是贝克莱唯心主义的要旨。我们能够真正认识和谈论的都是精神内容。与知识的表象论一起，洛克坚持语词是观念的符号的观点。每一个语词与其观念相一致，反之亦然。这一错误的观点正是抽象观念理论的原因。这样，洛克必须主张，讲话中语词的发声唤起观念，以此方式，信息从一个人传递到另一个人。

　　贝克莱毫无困难地证明，这种对语言的说明是行不通的。因为我们在聆听一个人讲话时，所理解的是他讲话的要旨，而不是一系列语词的意义——这些语词彼此割裂，然后像念珠一样串起来。人们也许补充，在任何场合关于表象论的困难又到处发生。一个人如何把名称赋予观念？这将要求一个人能够非语词地表达，一个确定的观念现存在他的心中，然后设法给它一个名称。但是，甚至这时仍不可能看到何以能陈述语词与观念相符合，因为按照这一理论，观念本身不是语词。因之，洛克关于语言的解释是严重不足的。

　　我们已经看到，人们能给贝克莱唯心主义一个解释，从而使之不像乍看起来那样令人吃惊。致使贝克莱去考虑的一些结果，不那么令人信服。这样看来他无法回避，如果有持续的感知活动，那么必定有从事感知活动的心灵或精神。现在心灵在具有观念时，不是它自己的经验对象，所以，它的存在不在于被感知，而在于感知。但是，这一心灵的观点与贝克莱的立场不一致。因为审视这一情形之后，我们发现以这种方式设想的心灵，恰好是那种贝克莱已批判过的洛克的抽象观念。这是在抽象物中感知的某种东西，而不是一件什么东西。至于当心灵处于休息状态时有什么发生，需要具体的解决办法。显而易见，如果就活动的心灵来说，存在要么意味着感知，要么意味着被感知，好像利用

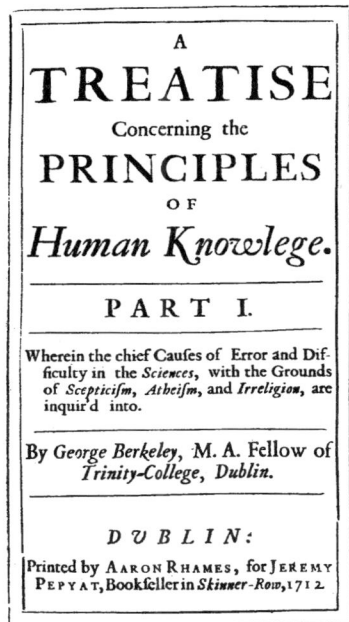

A
TREATISE
Concerning the
PRINCIPLES
OF
Human Knowlege.

PART I.

Wherein the chief Causes of Error and Difficulty in the *Sciences*, with the Grounds of *Scepticism*, *Atheism*, and *Irreligion*, are inquir'd into.

By *George Berkeley*, M. A. Fellow of *Trinity-College, Dublin*.

DUBLIN:

Printed by AARON RHAMES, for JEREMY PEPYAT, Bookseller in *Skinner-Row*, 1712.

《人类知识原理》扉页

《人类知识原理》手稿

图书馆，都柏林三一学院

观念那样，那么，不活动的心灵必定是一个观念，此观念存在于上帝的不断活动的心灵之中。因此，正是为了对付理论上的困难，这一哲学的上帝被引入了。上帝的功能仅仅为了保证心灵的继续存在，相应地，也是为了保证我们称为物理客体的继续存在。这是把整个叙述带回到有点接近常识谈话的稍微自由的方法。贝克莱这部分主张最没有价值，最少哲学趣味。

此处值得强调的是，贝克莱的公式——存在就是被感知，并不说明他想的就是让实验去判定上帝所说的这样的问题。事实上，我们只需要仔细考虑如何正确地使用我们的词汇，就可看到他的公式显而易见是真的。因此，他这里所做的一切并无形而上学的含义，而是规定如何使用某些语词的问题。只要我们决定在同等意义上使用"存在"和"被感知"，那么当然就没有怀疑的空间。但是，贝克莱认为，这不仅是我们应该如何使用这些语词的问题，而是在谨慎的谈话中，事实上我们已经以此方式使用这些语词。我们已经尽力揭示这并非完全难以置信的观点，但是，人们也许发现，这一谈话方式决不像贝克莱认为的那样适当。

首要的事实是，他被引向关于心灵和上帝的形而上学理论，这一理论与其哲学的其他部分极不协调。不坚持这一点，我们也许觉得贝克莱的术语没有必要与普通常识的谈话方式相冲突，尽管这是可争辩的，而且无论如何不是人们必须放弃贝克莱术语的理由。除了这一点，在贝克莱叙述中有一个哲学弱点，这使他的许多叙述易于受到批评。因为这样的事实即贝克莱自己曾揭示关于视觉的同类错误，贝克莱的哲学弱点越发明显。如同前述，他正确地主张一个人用他的眼睛看东西，而不是看眼睛；同样，一般而言，人们可以说一个人用他的心灵感知，在感知的过程中，并不盘旋于心灵之上，观察心灵。正如我们不观察我们的眼睛，我们也不观察我们的心灵；正如我们绝不该说我们看到了视网膜上的东西，我们也不该说我们感知到在心灵中的东西。至少这证明，"在心灵中"这一短语需要仔细地考虑，而贝克莱却忽略了此点。

上述批评显示，也许有充分的理由反对贝克莱所持的另一种术语的谈话方式；也许这基于事例的类推。就此范围而言，十分清楚，不管怎样贝克莱的公式最容易误入歧途。也许

· 262 ·

人们觉得如此对待贝克莱并不公道。然而,这或许恰恰是他本人要求批评家做的。在《人类知识原理》一书的导言中,贝克莱指出:"总的说来,我倾向于认为那些困难的绝大部分,即使不是全部,迄今还引起哲学家的兴趣,却阻塞了通向知识的道路,这完全应该归咎于我们自己。我们才开始扬起一点尘埃,马上就抱怨看不见了。"

贝克莱的另一部主要著作《海拉和菲伦诺对话》(The Dialogures of Hylas and Philonous),没有引进新的讨论的内容,只是以更可读的对话形式,复述其早期著作的观点。

洛克提出的观念学说极易招致一系列严厉的批评。如果心灵仅仅知道感觉印象,那么贝克莱的批评指出,不能区分第一性质和第二性质。然而,一个彻底的批评性的叙述必定比贝克莱更进一步,贝克莱尚允许心灵的存在。正是休谟把洛克的经验论推向它的逻辑结局。最后,正是如此达到的过度的怀疑论立场,暴露了最初假定的缺陷。

大卫·休谟 (David Hume, 1711—1776) 出生于爱丁堡 (Edinburgh),12 岁入爱丁堡大学,在学习了常规的文科课程之后,他在 16 岁之前离开了爱丁堡大学,一段时期尝试致力于法律学。但他真正的兴趣在哲学,最终立志从事哲学研究。短暂的商业冒险很快就被放弃了,1734 年休谟前往法国,一待就是 3 年。没有很多财产可供支配,他不得不习惯于节衣缩食的生活方式。他倒非常乐意忍受这些约束,这样他可以一心一意地钻研学问。

在法国期间,他写作了最著名的著作《人性论》(Treatise of Human Nature)。在 26 岁之前,他已完成此书,后来他的哲学名声即赖于此书。休谟从国外归来不久,《人性论》在伦敦出版。然而,起初它是大败的。此书带有作者年轻的痕迹,这主要不在于书的哲学内容,而在于它有点轻率和直言不讳的笔调。它对普遍接受的宗教原则不加掩饰地拒斥,也无助于它的流行。出于同样的原因,1744 年休谟未能获得爱丁堡大学的哲学讲座。1746 年他在圣克莱尔 (St. Clair) 将军处服兵役,次年与后者肩负外交使命去奥地利、意大利。这些职务使他积蓄了足够的钱,1748 年他退职,从此以后潜心著述。在 15年的时间内,他出版了许多关于认识论、伦理学、政治学的著

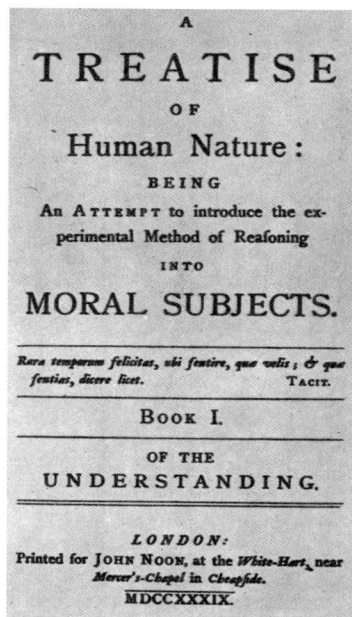

A
TREATISE
OF
Human Nature:
BEING
An ATTEMPT to introduce the experimental Method of Reasoning
INTO
MORAL SUBJECTS.

Rara temporum felicitas, ubi sentire, quæ velis; & quæ sentias, dicere licet. TACIT.

BOOK I.
OF THE
UNDERSTANDING.

LONDON:
Printed for JOHN NOON, at the *White-Hart,* near *Mercer's-Chapel* in *Cheapside.*
MDCCXXXIX.

休谟的杰作《人性论》扉页

休谟与卢梭,当时的版画

作，更令人欣喜的是，《英国史》(*History of England*) 使他名利双收。1763 年他再度前往法国，这次作为英国大使的私人秘书。两年之后，他成为大使秘书，大使被召回后，在新的任命颁发那年之前，他担任代办。1766 年他回到国内，成为副国务大臣，在任两年，直到 1769 年退休。晚年在爱丁堡度过。

正如休谟在《人性论》的导言中指出的那样，他认为在某种程度上，所有的探究都是由他所谓的人的科学支配的。不像洛克和贝克莱，休谟不仅清扫路基，而且牢记随后应该建立的体系。这就是人的科学。提供新的体系的努力暗示大陆理性主义的影响，这归因于休谟与继续受制于笛卡儿原则的法国思想家的交往。总之，未来的人的科学引导休谟探究一般人性，并首先探究人类心智的范围和限制。

休谟接受洛克感觉论的基本原则，根据这一观点可以毫无困难地批评贝克莱的心灵和自我的理论。因为在感觉经验中，我们所意识到的一切都是印象，没有一个印象能产生人格同一性的观念。贝克莱确实已怀疑他关于灵魂作为实体的讨论，以人为的方式被嫁接到他的体系中。他不可能承认，我们能具有心灵的观念，因此，他建议我们具有心灵的"概念"。这些概念可能是什么，从来没有解释过。但是，无论他说什么，这确实侵蚀他自己观念理论的基础。

休谟的论点基于一些总的假定，这些假定贯穿其整个知识论。原则上他赞同洛克的观念理论，尽管他的术语是不同的。休谟提到印象和观念是我们知觉的内容。这一区分不符合洛克对感觉观念和反省观念的划分，而不是与这种分类相反。

在休谟看来，印象既可始于感觉经验，也可始于诸如记忆这样的活动。印象据说产生观念，观念不同于感觉经验在于它们不具有同样的生动性。观念是印象的暗淡的摹本，有时候在感觉经验中印象一定先于观念。无论怎样，当心灵思想时，它必须在感觉经验的范围内专注于观念。这里，"观念"一词在希腊文意义上理解。对休谟来说，思想是图像式的思想，或者是想象，用一个最初意思相同的拉丁语词。总的说来，所有的经验，无论是感觉还是想象，都叫做感知。

要着重提几个重要观点。休谟追随洛克，主张在某种意义上说印象是分离的和独特的。由此，休谟认为有可能把复

休谟去世前致出版商的信的片断

杂经验分为其简单成分的印象。因此得出,简单的印象是所有经验的建筑材料,因而能被分别想象。此外,既然观念是印象的暗淡的摹本,那么,我们在思想中能对我们自己想象的无论什么东西必定是可能经验的对象。基于同样的理由,我们可以进一步得出结论,任何无法想象的东西同样也不能被经验。这样,可能想象的领域与可能经验的范围是同广延的。如果我们想要理解休谟的观点,记住这一点尤为重要。因为他不断地邀请我们试着想象一件什么东西,在认为我们像他一样不能想象时,他将断言假定的情境不是可能的经验对象。因此,经验由一连串知觉构成。

除了这一连串知觉,知觉之间的其他联系从来没有被感觉到。这里存在笛卡儿理性主义和洛克及其追随者的经验主义的基本差异。

理性主义者认为事物之间存在着紧密的本质的联系,强调这些联系是可知的。与之相左,休谟否认存在这种联系,确切地说,使人联想到即使存在这样的联系,我们无疑也绝不可能认识它们。我们所知都是一串串印象或观念,所以,甚至考虑有或者没有其他更深的联系的问题,都是徒劳无益的。

鉴于休谟认识论这些总的特征,我们现在可以更仔细地审视休谟哲学就一些中心论题而提出的具体论点。首先让我们审视人格同一性的问题,此问题见之于《人性论》第一卷"论知性"的卷末。休谟开宗明义:"有些哲学家们认为我们每一刹那都亲切地意识到所谓我们的自我;认为我们感觉到它的存在和它存在的连续性,并且超出证明的证据范围,确信它的完全同一性和简单性。"但是诉诸经验可以看到,自我被设想为以经验为基础的理由,无一经得起检验:"不幸的是:所有这些肯定的说法都违反了可以用来为它们辩护的任何经验,而且我们也并不照这里所说的方式具有任何自我观念。因为这个观念能从什么印象得来呢?"我们被告知,不能发现这样的印象,因此,不可能有什么自我的观念。

还有进一步的困难,即我们无法看出我们的特殊知觉如何与自我相联系。对此,休谟以其独特的方式进行论证,认为知觉"都是互相差异,并且可以互相区别、互相分离的,因而是可以分别考虑,可以分别存在,而无须任何事物来支持其存在

大卫·休谟(1711—1776)

的。那么，这些知觉以什么方式属于自我，并且如何与自我联系的呢？就我而论，当我亲切地体会所谓我自己时，我总是碰到这个或那个特殊的知觉，如冷或热、明或暗、爱或恨、痛苦或快乐等知觉。任何时候，我总是不能抓住一个没有知觉的我自己，而且我也不能观察到任何事物，只能观察到一个知觉"。稍后，他补充道："如果有任何人在认真而无偏见的反省之后，认为他有一个不同的他自己的概念，那么我只能承认，我不能再和他进行推理了。我所承认的是：他或许和我一样正确，我们在这一方面是有本质上的差异的。"不过，他显然将这种人视作怪人，并继续说："我可以大胆地就其余的人们申明，他们都只是那些以不能想象的速度互相接续着，并处于永远流动和运动之中的知觉的集合体，或一束知觉。"

"心灵是一种剧场，各种知觉在这里连续不断地露一下面。"但这有限定。"剧场的比喻可不要误导我们。这里只有连续出现的知觉构成心灵；对于呈现这些布景的那个地方，或对于构成这个地方的种种材料，我们连一点概念也没有。"人们错误地相信人格同一性的原因在于，我们倾向于混淆观念的连续性与同一性观念，某种事物经过一段时间依然相同，于是我们形成这种同一性观念。这样，我们被引向"灵魂"、"自我"、"实体"的概念，隐匿实际存在于我们持续的经验之中的变化。"由此可见，关于同一性的争论并不单是一种文字上的辩论。因为当我们在一种不恰当的意义上，把同一性归于可变的或间断的对象时，我们的错误并不限于表达方式，而是往往伴有一种不变的、不间断的事物的虚构；或是伴有某种神秘而不可解说的事物的虚构；或者至少伴有进行那种虚构的一种倾向。"休谟随之继续揭示这种倾向如何起作用，并依据联想主义心理学解释被当作人格同一性的观念，事实上是如何伴随产生的。

我们现在要转向联想的原则。至于大段引述休谟，他自己优雅的文风已是充分的理由。另外，用休谟自己的方式来表述其观点是最好最清楚不过的了。总的来说，这一事实为英国的哲学写作开创了一个有价值的先例；尽管也许休谟的完美文笔，迄今尚无可匹敌者。

另一个我们必须审视的重要问题是休谟的因果理论。理性主义者主张原因和结果之间的联系，是事物本性的某种内在

227

在休谟看来，因果关系是出于习惯的联想；理性主义者认为原因和结果是联系在一起的

特征。正如我们所见，就斯宾诺莎而言，通过以足够充分的方式来研究事物，就有可能演绎地证明，所有的现象必定是它们的存在，尽管通常承认只有上帝才能获得如此的眼光。按照休谟的理论，这样的因果联系是无法认识的，是因为在批评人格同一性的观念中提出的那种非常充分的理由。关于这种联系的本质的错误观点的根源在于，归因的倾向不可缺少某些观念序列的分子之间的结合。观念的联结起源于联想，而联想由三种关系引起，即相似、时间和空间上的邻近以及原因和结果。他称三种关系为哲学的关系，因为它们在观念的比较中起作用。在某些方面，它们与洛克的反省观念相一致，正如我们所见，当心灵比较它自身的内容时，洛克的反省观念就产生了。在某种程度上，相似介入哲学关系的任何场合，因为没有它，比较便不能发生。休谟把这些关系区分为七类：相似性、同一性、时空关系、数的关系、质的等级、对立性、因果关系。其中，他更为特别地选择了同一性、时空关系和因果关系，证明了其他四种关系仅仅依赖于正在被比较的观念。譬如，一种既定的几何图形的数的关系，仅仅依赖于那个图形的观念。这四种关系各自被视作引起知识和确定性。但是，就同一性、时空关系和因果关系来说，在不能进行抽象推理的地方，我们必须依靠感觉经验。因果关系是其中唯一具有真正推理功能的关系，因为其他两种关系依赖于它。必须基于某种因果原则推出一个对象的同一性，时空关系也一样。此处值得注意的是，休谟时常无意地陷入对于客体的普通的谈话方式，在严格的意义上，他的理论应该限制他仅仅提到观念。

随之休谟对如何从经验中达到因果关系作了心理学的解释。在感觉知觉中，特定种类的两个对象的频繁连接形成了一种心灵习惯，此习惯导致我们联想印象产生的两种观念。当这种习惯变得足够牢固，在感觉中一种对象的纯粹的现象将在心灵中唤起两种观念的联想。这种联想没有一个是确定可靠的或必然的，可以这么说，因果关系只是一种心理习惯。

然而，休谟的论述并不完全一致，因为先前我们看到联想本身被说成产生于因果关系，这里又依据联想来解释因果关系。作为一种心理习惯如何产生的说明，联想主义者的原则无论如何是一种有用的心理解释，这一解释继续发挥重大的

228

休谟时代的爱丁堡

影响。就休谟而言，其实并不允许他说到心理习惯或倾向，至少不允许说到心理习惯或倾向的形成。因为如前所述，在更为严格的时刻，心灵仅仅是一连串感知。因此，没有什么东西能够形成习惯，也不能说感知的连续事实上逐渐形成某些样式，因为直率的陈述导致神秘，除非我们能设法使之不仅仅作为幸运的意外出现。

千真万确，不可能从休谟的认识论中编织出理性主义所要求的原因和结果之间的必然联系。因为不管我们如何经常地面对持续的有规则的连接，但是没有一个阶段我们能够说除了必然性的印象之外，已有一串串印象伴随着发生。因之，有必然性的观念，这是不可能的。但是，既然有些人是理性主义者，他们倾向于相反思维，那么必定有某种心理机制诱导他们。恰巧在这里，心理习惯闯入了。从经验中我们如此习惯地看到结果随其几个原因而来，以至最终我们逐渐变得相信这必定如此。如果我们接受休谟的经验主义，那么这最后阶段是无法证实的。

休谟以制定某些"判断原因和结果的规则"来结束他的讨论。这里，他提前一百年提出了J. S.穆勒关于归纳准则的陈述。在制定规则之前，休谟回忆了因果关系的一些主要特征。他说，"某事也许产生某事"使我们想到并没有必然联系这样的事情。总共有八条规则。第一条，"原因和结果必须在空间和时间上邻近的"；第二条，"原因必须先于结果"；第三条，原因与结果之间必须有经久不变的连接。接下来有数条规则，这些规则预示了穆勒的准则。第四条，我们被告知同样的原因始终产生同样的结果，这是一条据称从经验中抽绎出来的原则。紧接着是第五条规则，数个原因也许具有相同的结果，其结果必然由具有共同性的事物所引起。同样，我们推出第六条，不同的结果说明不同的原因。余下的两条规则，我们这里不必考虑。

休谟认识论的结果是一种怀疑主义的立场。先前我们看到古代怀疑论者是那些反对形而上学体系构造者的人们。"怀疑论者"一词不必以它后来获得的流行意义来理解，它暗示某种根深蒂固的犹豫不决。希腊语的本来意义只是指那些谨慎从事研究的人们。在体系构造者自以为已经发现答案的地方，怀疑论者较少确信并继续探索。在历史上正是由于他们缺乏信

229

心，没有转入查清问题而影响了他们的名声，他们也因此为人所知。在此意义上，休谟哲学是怀疑论的。因为像怀疑论者一样，他得出结论，在日常生活中我们视为当然的一些事物并不能以任何方式被证实。当然，人们绝不能以为，怀疑论者对其在日常生活事务中面临的当前问题不能有所决断。在阐述了怀疑论立场之后，休谟清楚地表明，这不扰乱人们的日常事务。"要是有人问我，我是否真心同意我似乎这样努力灌输的这一论据，我是否真的是那些怀疑论者之一，认为一切都是不确定的，而且我们的判断在任何事情上都没有任何真伪的标准；那么我就会答复说，这个问题完全是多余的，而且不论我或任何人从来不曾忠实地并始终如一地持有那种看法。自然以一种绝对和不可控制的必然性，已决定我们要下判断，也要呼吸和感觉……谁努力反驳这种彻底怀疑论的无端指摘，他确实没有对手辩论……"

至于洛克提出的观念学说，休谟对它的发展以其不屈不挠的坚韧，展示这种理论最终把我们引向何处。人们不能沿着这些路线比这走得更远。如果有人认为，当我们平常谈到因果关系，我们的意思并非我们确实或应当意指休谟所说的意思，那么必定有新的出发点。十分明显，无论科学家还是普通人并不仅仅依据固定的连接来思考因果关系。休谟对这一问题的回答将是这样，如果他们另有所指，那么他们都错了。但是，在这里理性主义的学说也许遭到有点儿过于严厉的排斥。理性主义对科学家的实际工作做出了更好的描述（就如我们在斯宾诺莎那里看到的）。科学的目的是根据演绎的体系展示因果关系，在演绎的体系中，结果从原因中导出，就如有效论证的结论从前提中导出的一样。但是，休谟的批评对各种前提本身依然有效。对于这些前提，我们应该保持一种探究的或怀疑主义的态度。

如上所述，休谟的主要兴趣在于人的科学。这时，怀疑主义的立场在伦理和宗教领域里产生了急剧的变化。因为一旦证明我们无法知道必然联系，至少如果要求通过理性论证来证明伦理原则是正当的，那么道德要求的力量便同样暗中遭到破坏。于是伦理学的基础变得并不比休谟的因果律本身更牢固。但是，毫无疑问，根据休谟自己的阐述，这在实践中将听任我们自由采纳我们希望的任何观点，即使我们无法证明它的正当性。

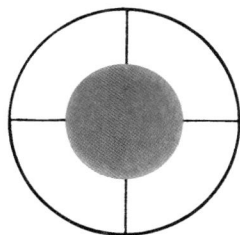

在理性主义者看来，事物是有内在联系的

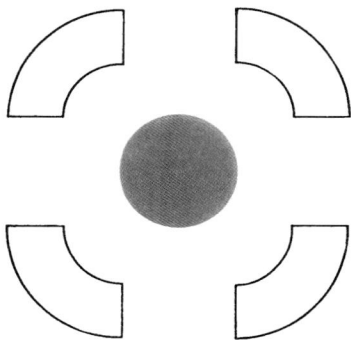

怀疑论者否认所有联系

启蒙运动与浪漫主义

　　英国经验主义运动的一个显著特征,在于它普遍的宽容态度:人们可以遵循各种不同的传统。因而洛克坚持认为,宽容必须不加区别地扩展,甚至"教皇至上主义者"。尽管休谟嘲弄一般宗教和特殊的天主教,他也反对那种成为镇压之先决条件的"狂热"。这种普遍的开明态度,逐渐成为那一时期知识界特有的风气。在18世纪,它先是在法国立足,继而又在德国站稳脚跟。启蒙运动,或者是后来德国人所说的"Aufklärung"(德语,意即启蒙运动、启蒙思想),并不是跟有哲学主张的特定学派有不解之缘。相反,它是16、17世纪残忍而纠缠不清的宗教斗争之结果。正如我们已经看到的那样,宗教宽容原则受到斯宾诺莎的欢迎,同样也受到洛克的称颂。同时,这种信仰上的新态度还产生了深远的政治影响。它必然会反对所有领域中不受抑制的权威。君权神授说不同意自由发表宗教观点。在英国,政治斗争在17世纪末达致高峰。由此产生的宪法固然不是民主的,却能免除一些最恶

1794年,卢梭羽化登仙,列队行进,唱赞美诗,把他的遗骸抬进先贤祠

劣的暴戾行为,这些行为是别处特权贵族统治所具有的特征。因而对英国,不必指望它会发生强烈的剧变。法国的情况就不同了,各种启蒙力量为准备1789年革命出了大力。在德国,"Aufklärung"仍保持着智慧复兴的势头。自三十年战争以来,德国只是在逐步地恢复元气,在文化上则受法国支配。直到腓特烈大帝统治下的普鲁士(Prussia)兴起,以及18世纪后半叶的文学再生,德国才开始摆脱它对法国的卑屈地位。

此外,启蒙运动与科学知识的普及也有密切关系。在以往,按亚里士多德和教会的权威,许多事情都被视为理所当然

231

232

拜伦（1788—1824）

的，而现在仿效科学家行事成为时尚。正如在宗教领域中，新教抛出了每个人都应行使自己的判断力的观点一样，在科学领域，人们也应独立观察自然，而不是盲目听信那些持陈词滥调者的宣传。科学的发现正在开始改变西欧的生活。

法国的旧制度最终是由革命摧毁的，而18世纪的德国基本上是由"仁慈的"专制君主统治的。言论自由虽说谈不上不受限制，但在某种程度上确实是有了。普鲁士王国尽管具有军事性质，但作为一个至少从知识界中开始发展起某种自由主义形态的国家，或许仍不失为一个最好的范例。腓特烈大帝自称是国家第一仆人，并许诺在国家中每个人都可以按自己的方式获得拯救。

本质上，启蒙运动是对独立自主的智力活动的一种价值重估，完全照字面意义来说，其目的是将光明传播到迄今仍由愚昧统治的地方。人们也许是带有某种献身精神且具有激情追求它的，它并不因此就是一种鼓励强烈激情的生活方式。在此期间，有一种反向的影响开始行使自己的权威，那就是更为猛烈的浪漫主义势头。

浪漫主义运动与启蒙运动具有这样一种关系：它使人联想到狄奥尼索斯因素与阿波罗因素的对比。浪漫主义的根源可追溯到古希腊有些理想化的构想，这种构想曾随文艺复兴显现出来。在18世纪的法国，浪漫主义运动对理性主义思想家那种略嫌冰冷和超然的客观性态度，形成一种反动，由此发展为对情感的崇拜。自霍布斯以来的理性主义政治思想，曾试图确立并维护社会与政治的稳定性，而浪漫主义者则赞成承担风险的生活。他们不求安定，向往猎险。舒适和安全被斥为丢脸，而历经艰险的生活方式至少在理论上被提升为高贵之举。由此产生了理想化了的穷苦农民的概念：他从自己的小块土地讨清贫的生活，但得到自由和免遭都市文明腐化的补偿。贴近大自然，沾有某种特殊的善之美名。此处所称道的那类清贫，本质上是乡间田园式的。工业主义受到早期浪漫主义的诅咒，而工业革命也果真在社会和肉体两个方面都带来了大量邪恶。此后的数十年间，在马克思主义的影响之下，形成了对工业无产者的浪漫主义态度。从那时起，工业劳工的冤苦得到了正当的申诉，政治学中对"工人"的浪漫主义态度历久犹存。

与浪漫主义运动相连接，我们发现有一种国家主义的复兴。科学与哲学上伟大的智慧追求，基本上未曾沾染国家的色彩。启蒙运动是一种不知有此类政治界线的力量，即使在像意大利和西班牙那样的国家中，它也不能靠天主教而繁荣茂盛。可浪漫主义却不同，它强化了国家差异，并支持神秘的国家概念。这是霍布斯的《利维坦》不期而然的自然结果之一。国家开始被视为一个巨大的人，赋有某种自己的意志。在各种引发1789年革命的势力中，这种新的国家主义逐渐取得主导地位。英国幸运地拥有天然的疆界，它已在安宁得多的环境中获得了一种国家感。它在事物结构中所处的特有位置，看来是不易遭受袭击的。年轻的法兰西共和国因受四周敌对统治者的骚扰，就不能对自己的身份获得如此自然的确信。德国人就更不必说了，他们的国土被拿破仑 (Napoleon) 的帝国军队兼并过。国家感情的强烈喷发，唤起了1813年的解放战争，普鲁士则成了德国国家主义重整旗鼓之地。指出如下一点是饶有意味的：有些德国大诗人事先就预察到这种局面将会导致麻烦。

莱奥帕尔迪（1798—1837）临终在床

浪漫主义者蔑视功利，信赖美学标准。在他们所考虑过的事情中，这一点既适用于他们对经济问题的看法，也适用于他们对行为和道德问题的看法。至于自然美，正是其粗犷强悍和雄伟壮观，赢得了他们的赞叹。在他们眼里，新兴的中产阶级生活显得沉闷乏味，囿于残缺不全的惯例。在这点上，他们确实不无道理。如果今天我们这里的看法更宽容些，在一定程度上就是公然蔑视那个时代所认可的习俗的浪漫主义反叛者的成果。

在哲学上，可以说浪漫主义施加过两种相反的影响。首先是过分强调理性，随之而来的是虔诚的希冀，即我们只要对所遇困难稍微动点脑筋，所有困难都会得到一劳永逸的解决。这种为17世纪思想家所缺乏的浪漫的理性主义，赫然显现于德国唯心主义著作以及后来的马克思的哲学中。功利主义者也略具这种特色，他们假设从理论上讲，人的可教育性是无限度的。这一假设显然是虚假的。通常的乌托邦观点，不论纯粹理智的还是涉及社会问题的，都是典型的浪漫理性主义的产物。但另一方面，低估理性的作用，同样也是一种浪漫主义的暴发。这种非理性主义态度，可能要数存在主义为其最恶

莱蒙托夫（1788—1824）

名远扬的一类，从某些方面看，它也是对工业社会日益侵犯个人的反抗。

浪漫主义首先获得了诗人的支持。最著名的浪漫主义者也许是拜伦 (Byron)。在他身上，我们可以找到构成十足的浪漫主义者的全部成分：叛逆、违抗、鄙视成规、毫无顾忌、举止高贵。为希腊人的自由事业死在密索隆奇 (Missolonghi) 沼泽地，是他一生中最壮烈的浪漫主义之举。以后德国和法国的浪漫派诗歌都受到他的影响。俄罗斯诗人莱蒙托夫 (Lermontov) 自觉地称自己是一名门徒。意大利也有一位伟大的浪漫派诗人莱奥帕尔迪 (Leopardi)，他的作品反映了19世纪初意大利令人绝望的压抑状况。

由法国一批作家与科学家编纂的大百科全书，矗立起18世纪启蒙时代的丰碑。这批人相当自觉地把宗教与形而上学置于脑后，在科学中看到了新知识的推动力。一部巨著把他们时代所有科学知识汇编起来，不仅仅是按字母表顺序的记录，而且也是对研究世界的科学方式的说明。这些作家希望提供一种有力的手段，与既定权威的蒙昧主义作斗争。18世纪大多数法国著名文人与科学人物，都为这一事业作出了贡献。其中有两位值得特别一提。达朗伯 (Jean Le Rond d'Alembert, 1717—1783) 或许以数学家闻名，理论力学中有一条极其重要的原理，便是以他的名字命名的。但他也是一位对哲学与文学抱有广泛兴趣的人。别的姑且不论，《百科全书》的导言应归功于他。狄德罗 (Diderot) 则承担了绝大部分编辑责任，他是一位摒弃了所有宗教的因袭惯例，从事多学科著述的作家。

然而，百科全书派并不是广义的无宗教信仰。狄德罗的观点与斯宾诺斯的泛神论相近。为伟大事业做出极大贡献的伏尔泰 (Voltaire，1694—1778) 也曾说过，即使没有上帝，我们也得造一个出来。诚然，他与业已成为组织机构与制度的基督教是针锋相对的，但他确实相信有某种超自然的力量，当人们过上了幸福生活时，也就达到了它的目的。这是不带一切传统附属设施的贝拉基主义 (Pelagianism)* 的一种形式。同

达朗伯（1717—1783），数学家，《百科全书》的编纂者

---

* 5世纪由神学家贝拉基等人首创的基督教异端教义，强调人的本性善良及人有自由意志。——译者注

时，他还嘲笑了莱布尼茨的观点——认为我们的世界乃是一切可能世界中最好的世界。他承认罪恶是现实存在的东西，必须与之作斗争。因此，他对传统宗教展开了猛烈而辛辣的批判。

法国唯物主义者在抗拒宗教方面更极端。他们的学说是对笛卡儿提出的实体理论的一种发展。我们看到，偶因论原理是如何实际上使既研究物质又研究心灵这种事情成为多余的。因为两个领域严格地按平行的方式发生作用，所以我们就能免去两者中的任何一者。唯物主义的最好说明，可见于拉美特利(Lamettrie) 的《人是机器》(L'homme Machine)。拉美特利反对笛卡儿的二元论，只允许有一种实体即物质的存在。可这种物质不是早期机械论所认定的无活动力的东西，相反，物质的特性之一就是它在运动。这里无须有一个原动者，上帝只是拉普拉斯 (Lapulas) 后来所说的"不必要的假设"。根据这种观点，精神是物质世界的一种功能。这个理论与莱布尼茨的单子概念有某种关联，即使它只承认一个实体，与无限的单子形成对照。不过，把"灵魂"看成单子的观点，近乎那种有时具有类似心灵功能的物质概念。附带提一句，马克思正是从这一来源得出心灵是肉体组织副产品的理论。

基于上述理论，唯物主义公开坚持无神论的立场。任何形态或任何种类的宗教都被视为有害的、蓄意的谎言，统治者和教士出于自身利益对此加以散布和怂恿，因为对无知者实施控制比较容易。马克思也受惠于唯物主义，说宗教是人民的鸦片。唯物主义者揭露了宗教与形而上学思辨的真相，希望给人类指明一条通往人间乐园的科学与理性之路。这个观点与百科全书派一脉相承，而且也使马克思的乌托邦式社会主义从这些思想中再次得到灵感。在这方面，他们全都有浪漫的幻想。尽管对待生活及其诸种困难抱有一种开明的态度，确实大大有助于我们找到对付困难的恰当手段，但所有问题全部得到最终和永恒的解决，显然不属于现世。

所有这些思想家都同样强调理性的卓越之处。法国大革命废除了占统治地位的宗教之后，又创造至高无上的神和一个专门为它设置的节日。实质上，就是理性的神化。然而，在其他某些方面，革命又显得不够尊重理性。近代化学的奠基

235

ENCYCLOPEDIE,
OÙ
DICTIONNAIRE RAISONNÉ
DES SCIENCES,
DES ARTS ET DES MÉTIERS,
PAR UNE SOCIETÉ DE GENS DE LETTRES.

Mis en ordre & publié par M(DIDEROT, de l'Académie Royale des Sciences & des Belles-Lettres de Prusse; & quant à la PARTIE MATHÉMATIQUE, par M. D'ALEMBERT, de l'Académie Royale des Sciences de Paris, de celle de Prusse, & de la Société Royale de Londres.

Tantùm series juncturaque pollet,
Tantùm de medio sumptis accedit honoris! HORAT.

TOME PREMIER.

《百科全书》编撰者聚会,其中有伏尔泰(1)、达朗伯(4)、孔多塞(5)和狄德罗(6)

人拉瓦锡 (Lavoisier),在恐怖时代被革命法庭传讯受审。他曾做过包税人,实际上提出过一些有价值的财政改革方案。然而,作为旧制度的一名官吏,他被裁定为对人民犯有罪行。当有人强调他是一位最伟大的科学家时,法庭回答道,共和国不需要科学家。于是,他被送上了断头台。

从某些方面说,《百科全书》是18世纪启蒙运动的象征。它重在冷静和理性的讨论,目的是为人类谋取新福祉开辟前景。与此同时,兴起了浪漫主义运动,它与理性反其道而行之。浪漫主义的主要代表之一是让-雅克·卢梭 (Jean-Jacques Rousseseau,1712—1778)。也许除了有关的政治理论与教育论著外,他就不成其为严格意义上的哲学家。也正是由于这点,加上从事大量的文学活动,卢梭才对以后的浪漫主

236

义运动产生了极大的影响。

关于卢梭的生平，在他撰写的《忏悔录》(Confessions)中有记载，尽管其叙述因"写诗特有的自由"而有些失真。他生于日内瓦，是加尔文派信徒的后代。早年父母双亡，由一位姑母抚养成人。在12岁辍学之后，曾尝试过几种不同的职业，但行行都无兴趣。16岁时离家出走，在都灵他改宗天主教，出于权宜之计，他把这一信仰保持了一段时间。后来他当了一位夫人的仆人，3个月后这位夫人就死了，他再度陷入困境。这时发生了一件出名的事件，它说明了一个只凭感情用事的人的伦理态度。有人发现卢梭私藏有一条饰带，这是他从主人那里偷来的。卢梭争辩说，是某个女仆送给他的，这个女仆因偷窃得到及时的处罚。卢梭在《忏悔录》中告诉我们，他对她的爱情促使他这样做，在需要做出解释之际，他第一个想到的就是她。对此他并无悔恨之意。当然，卢梭不会否认他作过伪证。他之所以获得宽宥，可能是因为他此举并无恶意。

接着，卢梭又得到也是改宗天主教的德·瓦朗夫人(Madame de Warens)的接济，这位年龄比年轻的流浪汉大得多的妇人，兼任母亲与情妇于一身。接下来的十年，卢梭在她家里度过大部分光阴。1743年，他当上了法国驻威尼斯大使的秘书，但由于未得薪金而辞职。1745年，他在巴黎遇上女佣黛雷丝·勒·瓦色(Thérèse le Vasseur)。此后，他一直把她作为妻子而生活在一起，又时常发生其他艳事。他和她所生的五个孩子，全被他送进育婴堂。为什么他要和这个女人守在一起，这不太清楚。她又穷又丑，无知且不忠诚；可是，这些缺陷却好像能够满足卢梭的优越感。

直到1750年，卢梭才以作家著称。那一年，第戎学院举行论文比赛，主题是艺术与科学是否给人类以惠泽。卢梭以一篇才华横溢的、持否定主张的文章获奖。他坚持认为，文化教人产生种种非自然欲望，使人受其奴役。他赞成斯巴达，反对雅典。他谴责科学，因为科学产生于卑鄙的动机。文明人败坏道德，高尚的野蛮人才真正拥有美德。这些观点在《论人类不平等的起源》("Discourse on Inequality", 1754)一文中得到进一步的发挥。次年，他把这本书送给伏尔泰。伏尔泰对他冷嘲热讽，这种蔑视最终导致他们失和。

让-雅克·卢梭(1712—1778)

一幅卢梭在书房的现代画

卢梭既成名，便于1754年应邀返回故乡日内瓦，为了取得该城市民的资格，他重新皈依加尔文教。1762年，《爱弥儿》(Emile) 面世，这是一部教育论著。同年面世的还有《社会契约论》(The Social Contract)，其中包含他的政治理论。两者都受到非难，前者是由于它对自然宗教的阐释，使各宗教团体均感不悦。后者是由于它的民主气氛。卢梭先逃亡到当时隶属普鲁士的纳沙泰尔 (Neuchâlel)，后又逃至英国。在那里，与休谟会面，甚至还获得乔治三世给他的一份年金。但到头来，他和每个人都不和，并患上了迫害妄想狂。他返回巴黎，在贫困交加中度过暮年。

卢梭对于同理性相对立的感情的辩护，是形成浪漫主义运动强有力的影响因素之一。除了别的不谈，它使新教神学走上一条新的道路，与沿袭古人哲学传统的托马斯主义的学说分道扬镳。新的新教观点取消了关于上帝存在的证明，允许有关上帝的信息从心中涌现，而不必借助于理性。在伦理学上，卢梭也同样主张我们的自然感情指引着正确的方向，而理性则使我们误入歧途。这种浪漫主义学说，自然与柏拉图、亚里士多德和经院哲学南辕北辙。它是一种极危险的理论，因为它相当武断，而且简直是在鼓励恣意放任，只要当事者恃之于感情就行了。对于自然宗教的整个说明，是《爱弥儿》中的一段插话，以"一个萨瓦牧师的信仰自由"的面目出现。源于卢梭而形成的新的感伤主义神学，在某种意义上是无可争辩的。因为它一开始就用奥卡姆的方式，砍断了自己与理性的联系。

《社会契约论》完全是用另一种风格写成的。卢梭在此处的理论发挥得淋漓尽致。人们一旦把他们的权利转让给作为整体的共同体，就丧失了他们作为个人的全部自由。卢梭确实考虑到某种保护措施，据云，一个人应保留有某些自然权利。但这点取决于一个有问题的假设，即主权者事实上总是尊重这些权利。主权者不受任何更高权威的支配，他的意志就是"共同意志"，一种综合判断，可以强加于那些个别意志可能有分歧的人们。

许多事情取决于共同意志这个概念，遗憾的是，没有把它弄得很明白。这个概念好像是指，除去相互抵触的个人利益之后，剩下所有人共享的某种自身利益。但卢梭从来没有跟随这种共享利益，直至其最终结果。一个按此路线运行的国家，必然会不顾一切地阻止所有类型的私人组织，尤其是那些具有政治和经济目标的私人组织。这就具备了极权主义制度的全部要素。尽管卢梭对此好像不是毫无觉察，但他没有说明怎样才能避免这种后果。至于他对民主政体的议论，必须明白他想到的是古代城邦国家，而不是代议制政府。当然，这部著作先是被那些反对其学说的人们所误解，后又被赞成这种学说的革命领袖们所误解。

正如我们看到的那样，笛卡儿之后的欧洲哲学沿着两条不同的路线发展，一方面有大陆哲学的各种理性主义体系，另一方面有英国经验主义的总路线。就它们所探讨的都是私人经验这一点而论，两者均为主观主义。洛克给自己提出的任务是，初步弄清人类心灵的范围，而由休谟最为明确地提出的重大问题，则是如何解释关系。休谟的答案是，我们形成了使我们能看到事物联系的某些习惯。正如我们指出过的那样，甚至可以说这是格言，并非在全部严格性上得到承认的休谟。另外，正是这一陈述含有一条摆脱困境的可能途径的暗示。正是休谟的解释，使康德从教条主义的睡梦中惊醒。康德把休谟所说的习惯提高到理性原则的地位上，由此干净利落地打发了休谟问题。当然，他也陷入了他自己某些新的困境之中。

伊曼努尔·康德 (Immanuel Kant，1724—1804) 生于东普鲁士的柯尼斯堡 (Königsberg)，终身未曾远离本地。由于早期的教养，他保持着虔诚派的性情，这影响到他的日常生活方式以及伦理学作品。康德就学于柯尼斯堡大学，起初研习神学，但最终投身于哲学，这是他自己真正的兴趣所在。在1755年取得柯尼斯堡大学哲学讲师之前，有几年他以担任地主贵族子弟的家庭教师谋生。1770年，他升任逻辑学和形而上学教授，直至去世。康德虽不属极端禁欲主义者，却过着很有戒律和勤奋的生活。他的习惯是如此有规律，以至当地居民习惯以他每天经过门口的时刻来对表。他并不是一个身强力壮的人，但由于生活有规律而免遭病魔折磨。同时，他又是谈锋甚健的人，他出席社交集会总是很受欢迎。在政治上，康德是

伊曼努尔·康德（1724—1804）

继承最优良的启蒙运动传统的自由主义者。对于宗教，他持有一种非正统的新教立场。他欢迎法国大革命，赞成共和政体的原则。尽管从未发过财，但凭其伟大的哲学著作立足于世。康德晚年精力不济，但柯尼斯堡仍以他为荣，他谢世时，人们为他举行了隆重的葬礼。能获得这种殊荣的哲学家少而又少。

康德著作的涉及面极为广泛，所有这些内容他都曾经讲授过。除了纯粹建立在牛顿物理学上，后为拉普拉斯独自采纳的宇宙生成论外，如今很少有人对它们有兴趣。我们这里特别感兴趣的是康德的批判哲学。批判问题最早是由洛克提出来的，他希望清理一下根基。然而，在洛克之后，种种思想方式不可避免地导向休谟的怀疑主义。康德在这个领域中，发动了一场他自称为哥白尼式的革命。与休谟不同，康德不是试图用经验来说明概念，而是着手用概念来说明经验。我们可以说，在某种意义上康德哲学是在维持一种平衡：一端是英国经验主义，一端是笛卡儿的天赋原则。康德的理论是艰涩难懂的，不少部分还有问题。可是，如果我们要理解它对以后的哲学所产生的巨大影响，那就必须设法把握它的要点。

同休谟与经验主义者一样，康德认为，一切知识事实上都是通过经验产生的，但是他与休谟和经验主义者又不同，他给这一观点附加上一条重要的说明。我们必须把实际产生知识的东西与这种知识所采取的形式区别开来。因而，知识固然通过经验产生，但不仅仅来源于经验。我们可以换种说法，即感官经验对于知识是必要的，但不是充分的。知识所采取的形式，也即那些把经验材料转化为知识的组织原则，在康德那里，这些东西本身并非来源于经验。尽管康德没有这么说，但显然这些原则在笛卡儿的意义上是天赋的。

康德利用亚里士多德的术语，把由心灵提供的、用于将经验构造成知识的一些普遍的理性概念称作范畴。由于知识具有命题的性质，所以这些范畴必须与命题的形式联系在一起。然而，在说明康德如何推导出诸范畴之前，我们必须略停片刻，先来考虑一个关于命题分类的重要问题。康德追随莱布尼茨，坚持传统的亚里士多德的主词—谓词逻辑。他确实认为逻辑是完备的，无需改进。因而，命题可以按照主词中已

239

Critik
der
reinen Vernunft

von

Immanuel Kant

Profeſſor in Königsberg.

Riga,
verlegts Johann Friedrich Hartknoch
1781.

《纯粹理性批判》扉页

经包含谓词的和不包含谓词的区分为两类。"所有物体都有广延",属于前一类型,因为这是怎样定义"物体"的问题。这样的命题叫做"分析的",它们只阐明词语。但"所有物体都有重量"则属于另一种类型。"是物体"这个概念自身不包含"有重量"这个概念。这个命题是综合的,它可以被否定而不致自相矛盾。

与这种区别命题的方法相伴随,康德又采用了另一种分类标准。他把原则上独立于经验的知识称为"先天的"。此外任何来自经验的东西都叫"后天的"。重要之处在于,上述两种分类是彼此交叉的。这正是康德避免像休谟那样的经验主义者困境的方式,这些经验主义者会把这两种分类看成一回事。分析命题与先天知识会有相同的广延,综合命题与后天知识会有相同的广延。康德承认前者,但也坚持认为可能有先天综合判断,《纯粹理性批判》(*Critique of Pure Reason*)一书的目的就是要证实先天综合判断是如何可能的。特别突出的是,纯数学的可能性在这里对康德具有决定性意义。因为根据康德的思想,数学命题就是先天综合的。他所讨论的实例是5和7相加的算术例子。这一例证显然是取自柏拉图的《泰阿泰德篇》,那里用的是同样的数字。5 + 7这一命题是先天的,因为它不是来自经验,却又是综合的,因为12的概念并非已经包含在5、7相加这几个概念中。根据这样一些理由,康德认为数学是先天综合的。

因果律是另一个重要事例。休谟的解释无意中发现必然联系的障碍,根据印象与观念的理论,必然联系是不可能的。对康德来说,因果性是一种先天综合原则。称其为先天,只是强调了休谟的论点,即它不能由经验产生,但康德不把它说成是一种受外部制约的习惯,而是把它当作一种认知原则。它之所以是综合的,是因为我们能否它而不致陷入词语的自我矛盾。尽管如此,它依然是一种先天综合原则;没有这种原则,知识就被认为是不可能的。这一点我们马上就会看到。

现在,我们可以回到康德的范畴理论上来了。这些范畴是与算术概念不同的先天的知性概念。正如我们已经表明的那样,必定要从命题形式中寻找它们。考虑到康德的逻辑观点,范畴表看来几乎自然地推出来。的确,康德认为他已经找

240

Immanuel Kant

康德剪影

到了推演出完整的范畴清单的方法。他首先找出命题的若干传统的形式特征，它们是量、质、关系、模态。关于数量，亚里士多德以来的逻辑学家已辨认出全称命题、特称命题和单称命题。与此相应的范畴分别为单一性、多数性、全体性。命题的性质可以有肯定、否定和限定。它们分别指向实在性、否定性、限制性这几个范畴。在关系这一栏目下，我们可以把命题分为定言的、假言的、选言的，此处我们看到的是实体与偶性、原因与结果、交互作用这些范畴。最后，命题可以具有下述三种模态之一的特性：它可以是或然性的、存有的或必然的。对应范畴是可能与不可能、存在与非存在，最后是必然与偶然。我们在这里不必纠缠于康德的推演细节。不难发现，康德的范畴表不像他想的那样完善，因为它依仗于略嫌狭隘的逻辑观点。但是，关于一般概念并非来自经验而又在经验领域中起作用的见解，仍然具有重大的哲学意义。它给休谟的问题提供了一个答案，尽管人们可能不同意康德对此所作的解释。

康德从对形式的思考中推演出范畴表之后，进而指出，没有范畴就根本不可能有任何可沟通的经验。因而，在闯入感官的印象变成知识之前，这些印象必须经由知性活动，以某种方式组织和统一起来。我们现在是在讨论认识论问题。要说明康德的观点，我们就必须弄清他对一些术语的用法。认识过程，据说一方面需要各种感官，它们只是接受外部经验的影响。此外，需要知性，它把上述那些感性要素连接在一起。知性应当同理性区别开来。后来黑格尔在一种意义上表述了这点，他讲理性是把人们统一起来的东西，知性是把人们相互区分开来的东西。我们可以说，就人全都有理性或赋有理性而言，人们都是平等的；但在知性方面则是不平等的，因为知性是灵活的悟力。就它而言，确实众所周知，人们是不平等的。

241

为了获得能用判断明确表示出来的经验，就必须有康德称为统觉的统一性的东西。显然，休谟那种各自孤立的印象，无论连续得多么迅速也是不充足的。康德提出某种连贯性，以取代经验主义者的感觉经验的不连贯性。根据康德的观点，除了通过范畴框架，就不可能获得任何外界事物的经验。因而，范畴的作用是这种经验的必要条件，当然它还不是充分条件，因为感官也同样必须发生作用才行。但范畴也是涉足其间的。因此，康德所否认的似乎是仅仅作为被动地接受印象的纯经验的可能性，除非我们确实涉及言语无法表达的意识流。

关于空间和时间，康德认为是两个先天的特殊概念，分属于外感官和内感官的纯直觉。康德对这些问题的讨论相当复杂，其论证总体上也并非很有说服力。整个理论的要义似乎在于，没有先天的空间和时间概念，经验就是不可能的。就这点而论，空间和时间有些类似于范畴。经验就是由先天概念如此塑造而成的，但导致经验的东西也受心灵之外的事物的制约。经验的这些来源，康德称为"物自体"或"本体"，它与表象或现象相对立。根据康德的理论，经验到物自体是不可能之事，因为所有经验都是同空间、时间和范畴俱来的。我们至多能推知，根据假设的外部印象的来源，存在这样一些事物。严格说来，就连这点也是不能允许的，因为我们缺乏发现这些事物存在的单独方法。而且即使有的话，我们也仍然不能说它们引起我们的感官印象。因为如果我们讲到了因果性，那我们就已在知性内部活动的先天概念之网中了。在这里，我们再次经历了洛克的困境。因为正如洛克不应根据他自己的理论讲外部世界引起感觉印象，康德也没有理由讲本体引起现象。

在空间和时间之外存在的物自体是一件形而上学装备，虽说是有点主观的认识论，但它保证我们应能够避免怀疑论，并承认一种至少是主观间的经验领域。康德被迫转到这个立场上来，因为他不允许空间和时间的独立存在。从先天概念的清单上删去这两者，物自体就成为多余的了。当然可以做到这点而不影响康德的范畴理论。但是，康德要求有本体，完全还有别的理由。我们马上就会在他的伦理学说中发现其端倪。同时，请允许我们指出，物自体完全是处在先天概念与原则范围之外的东西。对这些概念的思辨用法的危险之一，正是在于我们可能越出其可适用性的界限。先天概念的界限就是经验领域的界限。如果再往前进一步，我们就会卷入徒劳无益的形而上学与"辩证法"之中，而对康德来说，"辩证法"带有贬损的含义。

1. 量：单一性、多数性、全体性
2. 质：肯定、否定、限定
3. 关系：实体与偶性、原因与结果、交互作用
4. 模态：可能与不可能、存在与非存在、必然与偶然

康德的范畴表

康德在柯尼斯堡的住所

𝔃𝔲𝔪

𝔢𝔴𝔦𝔤𝔢𝔫 𝔉𝔯𝔦𝔢𝔡𝔢𝔫.

———

.𝔈𝔦𝔫 𝔭𝔥𝔦𝔩𝔬𝔰𝔬𝔭𝔥𝔦𝔰𝔠𝔥𝔢𝔯 𝔈𝔫𝔱𝔴𝔲𝔯𝔣

𝔳𝔬𝔫

𝔍𝔪𝔪𝔞𝔫𝔲𝔢𝔩 𝔎𝔞𝔫𝔱.

———

𝔎𝔬𝔫𝔦𝔤𝔰𝔟𝔢𝔯𝔤,

𝔟𝔢𝔶 𝔉𝔯𝔦𝔢𝔡𝔯𝔦𝔠𝔥 𝔑𝔦𝔠𝔬𝔩𝔬𝔳𝔦𝔲𝔰.

1795.

小册子《论永久和平》扉页，1795年

但是，《纯粹理性批判》只探讨了三个出现在我们面前的主要问题中的一个。它给认知设置了界限。剩下的问题是意志和康德所谓的判断力。前者属于伦理学领域，在《实践理性批判》（*Critique of Practical Reason*）中讨论。至于判断力，是在评价各种意图或目的的意义上说的。它是《判断力批判》（*Critique of Judgement*）一书的主题，关于这个问题，我们在此就不作审视了。然而，我们必须简要地考虑一下康德的伦理学说，它是在《实践理性批判》和《道德形而上学》（*Metaphysics of Morals*）中讨论的。

意志称为实践的，是在行动与理论认识过程相对立的意义上来讲的。"理论的"和"实践的"两个词，在这里必须按希腊文的原义来理解，它们分别与"看"和"做"有关。实践理性的基本问题是，我们应当如何行动？康德在这个问题上也引进了一些革命。因为如果说伦理学历来总是认为意志受外在影响支配，那么康德所假定的是意志为自己立法。在这种意义上，意志可以描述为自主的。如果我们想要获得一些一般的行为原则，如果我们去寻找外部目标或原因，那我们就无法找到它们。要想发现康德所谓的道德法则，我们就必须反求诸己。然而，显然这种道德法则不能由具体而明确的命令构成。它不能告诉我们，在特定的情况下，我们应如何行动。因为根据自主原则，这正是我们所要避免的东西。因而，留下的就只是一种没有经验内容的纯形式原则，康德称为绝对命令。在这里我们碰到了另一个混合概念，它对理性的实践运用相当于先天综合对理性的理论运用。在传统逻辑学中，绝对论式与命令论式是相互排斥的。但康德认为，某些包含"应当"的陈述可以是无条件的，这些陈述他称为绝对命令。因而，伦理学的最高原则就可以在下述绝对命令中找到，永远以这样一种方式行事：指导意志的诸原则能成为普遍法则的基础。这个显得有点严谨的声明，其实恰好是这种华而不实的说法："我们施之于别人，就应如我们想要别人施之于我们的那样。"正是这条原则否认了特殊请求的正当性。

我们强调，在康德伦理学基底的绝对命令是一种形式原则。就此而论，它不能属于理论理性的领域，因为这使自己涉及现象。康德由此得出，由这种绝对命令决定的善良意志一定是本体的。也正是在这里，我们终于明白了本体有什么用处。现象依顺于范畴，特别是因果范畴。而本体不然，它不隶属于这些限制物，通过这种办法，康德就能避免与决定论对立的自由意志的困境。就人属于现象世界这一点来说，他是被现象界的规律决定的。但作为道德的行动者，人是本体的，因而具有自由意志。尽管它自然同物自体一起堕落了，但这种解决问题的办法是够智巧的了。在康德的伦理学中，有一种加尔文主义的纯正得令人讨厌的味道。因为很明显，唯一值得考虑的事情是我们的行动应当由正确的原则唤起。根据这种观点，喜欢做你在伦理学上注定要做的事，是道德行为的真实的障碍。假定我喜欢我的邻人，因而在他遇到困难时，我觉得倾向于去帮助他。根据康德的原则，这种事情根本不那么值得称赞，不如把同样的慈善心用来对待某个十分令人厌恶的人。整个事情变成了相当令人不舒畅的、沉闷的一连串责任，不是根据欲望

柯尼斯堡的景色，康德的住所在前景的左边

而是根据原则来履行的责任。履行者就是善良意志，只有它才值得称为无条件的善。

我们不能总是凭一时兴致来行事，这当然是完全正确的。在许多场合下，我们确实按照原则办事，即使这有违我们当下的欲望。但是，若一个人的全部行为都要禁闭在原则中，这看来同样是不可思议的。康德持有这种观点，可能是由于他基本上过着偏重理论的生活的缘故；否则，他也会想到，在私人感情的领域里，可能有许多我们完全可以恰当地称为善的东西，不存在把任何事情都转变为普遍法则的问题。但是，康德的伦理学还易受到更严厉的反对。如果值得重视的是心境或意境，那么假如你感到这是你的责任，你就会兴高采烈地落入完全混乱的局面。你的行动可能会引来悲惨的结果，这丝毫无关紧要。苏格拉底很可以告诫这种伦理学的提倡者：无知是最大的罪过。

说到物自体的伦理功能，还有某些其他后果。在《纯粹理性批判》中，康德曾经表明在理论理性的领域内，用论证来确立上帝的存在是不可能的。纯粹理性的思辨活动确实含有上帝存在的思想，但只有实践理性才为这一信仰提供理由。的确，在实践领域中，我们必定要接受这个概念，因为没有它就不能有真正的道德活动。对康德来说，根据道德律的绝对命令行事的可能性，带有上帝存在的实践含义。

可以这么说，康德的理论划了一条令人想起奥卡姆的界限。因为"第一批判"立意要做的是给知识划定一条边界，以便为信仰留出位置。上帝存在不能称为理论真理，但是，总是在前面解释过的理论的和实践的意义上，它把自己作为信仰强加于实践领域。不过，康德的伦理学却不允许他追随任何宗教教义。因为正如我们看到的那样，真正重要的是道德法则，各种不同宗教的特定教义都被错误地宣称为神赐的。尽管康德认为，基督教是唯一真正符合道德法则的宗教，但他的宗教观点还是给他招来了普鲁士政府的官方非难。

对康德的时代来说，他于1795年出版的小册子《论永久和平》(*Perpetual Peace*)中提出的和平与国际合作的观点，是同样激进的观点。代议制政府和世界联邦是他提议的两个主要思想，在我们自己所处的时代里，我们最好记住这些思想。

如我们所见，康德哲学为休谟的难题提供了某种答案，但却是以引进本体来换取的。在德国唯心主义运动中，康德的后继者们果断地论证这种概念的苍白乏力，可他们自己对知识论的发展也有问题。

避免二元论的一种方法已由唯物主义者指出来了，在他们看来，精神是某种形式的物质组织的派生物。另一种可能的方式是反过来看，即从某种意义上把外部世界看成是精神的产物。康德由于设置了本体，就不愿意走这最后一步。而费希特却深思熟虑地走到这一步。

费希特 (Fichte，1762—1814) 出身贫寒，从小学到大学，一直由一位慷慨的保护人资助。以后他当了指导教师，生活仍然朝不保夕。他无意中读到康德的著作，就立即找到了这位伟大的哲学家。康德帮助他出版了一篇关于启示的批判论文。论文获得直接的好结果，费希特成为耶拿大学的教授。然而，他的宗教观点不合当局胃口，他前往柏林，进入政府供职。1808年，他发表了著名的《告德意志国民》(Addresses to the German Nation) 的谈话，呼吁全体德国人起来抵抗拿破仑。在这些演讲中，多少有一点强烈的国家主义色彩。根据费希特的观点："有品格和做德国人无疑是一回事。"不完全清楚的是，他认为这是一种经验事实，还是一种恰如其分的词语定义。前者是可讨论的问题，作为定义这似乎有点古怪。

费希特（1762—1814）

1810年柏林大学创办时，费希特成为教授，这个职位一直保留到他去世。当1813年爆发了几场解放战争时，他送学生去同法国人作战。像许多人一样，他曾是法国大革命的支持者，但也是拿破仑玷污大革命的反对者。

在政治思想方面，费希特预示了马克思的社会主义经济学思想，倾向于国家对生产和分配进行控制。但在哲学上，我们这里更感兴趣的是他的自我学说，这一学说的用意是反对康德的二元论。自我，在某些方面相当于康德的统觉的统一体，它是能动的东西，用康德的意思来说它是自主的。说到经验世界，它是一种自我的无意识投射，他称为非我。正因为投射不是有意识的，我们才被引得误以为我们受外在世界强制。至于物自体，这是永远提不出来的问题，因为我们所知的都是一些表象。谈论本体是自相矛盾的，它好像是在说，知道按定

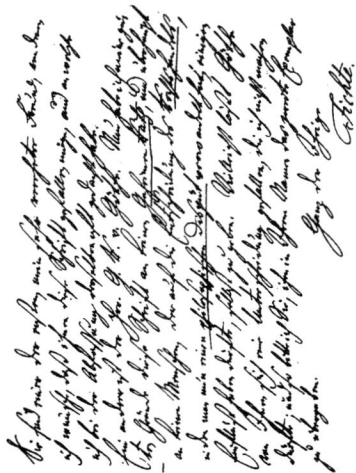

费希特致席勒的信手迹

义所不能知道的东西。但投射不仅是无意识的，而且也是无条件的。由于它不是被经验到的，所以它不被因果范畴决定。作为一种自由过程，它源于自我的实践本性和道德本性。在这里，"实践的"要在词源学意义上理解。因为照这个样子，赋予自我以活力的能动原则，在与自我自身的投射取得和解时，才有事情可做。

这种有点怪诞的理论，确实避免了二元论者的困境。正如我们将会看到的那样，它是黑格尔主义的先驱。看来，它必有可能从自我编织出世界。谢林初次进行了这一尝试，他的自然哲学后来启发了黑格尔。

谢林 (Schelling，1775—1854) 同黑格尔与诗人荷尔德林 (Holderlin) 一样，原籍斯华比亚 (Suabian)。他15岁在图宾根大学求学时，两人都成为他的朋友。康德与费希特是他所受到的哲学影响的主要来源。他才华早露，文采飞扬，这使他在23岁就获得了耶拿大学的教授职位。这样他开始认识浪漫主义诗人蒂克 (Tieck) 和诺瓦利斯 (Novalis)，以及施莱格尔 (Schlegel) 两兄弟：弗里德里希 (Friedrich) 和奥古斯特 (August)；后者与蒂克将莎士比亚的作品译成德文；而他离异的妻子与谢林结了婚，尽管谢林小12岁。谢林对科学有兴趣，并谙熟其最新动态。他不到25岁就出版了《自然哲学》(*Philosophy of Nature*)，在这部著作里，他开始对自然进行先验的解说。在这里，谢林并没有忽视经验科学的实际状况。不过，他确实认为，事后一定有可能根据一些非常普遍的非经验原则来推演出这些发现。在这种尝试中，有一点斯宾诺莎式理性主义的痕迹，同时也结合了费希特的能动性概念。因为谢林试图推导出来的先验世界，被设想为能动的；而经验科学的世界，在他看来是沉寂的。这个方法后来被黑格尔采纳。对现代读者来说，对科学问题的这种不着边际的玄想，几乎不可理解。在这些讨论中，有许多空洞的冗词和大量荒唐琐碎的细节。除开别的原因，后来正是这一点，使唯心主义哲学名誉扫地。

然而，令人惊奇的是，谢林本人在晚年也开始反对这种哲学思辨。谢林自己的兴趣在过了早期阶段之后，就转向了宗教神秘主义。他的第一个妻子已经去世，他也已经与黑格尔反目。1841年，他应邀为法国哲学家维克多·库辛 (Victor

245

谢林（1775—1854）

Cousin) 的德译本作序时, 借机对黑格尔的自然哲学发起了猛烈抨击。没有指名道姓, 讨伐对象好歹也不在人世, 但用意是路人皆知的。谢林在此强有力地否认了从先验原则中推演出经验事实的可能性。他是否意识到这样做不仅对黑格尔的自然哲学, 而且对他自己的自然哲学都是釜底抽薪之举, 那倒成了一个疑案。

在费希特和谢林那里, 我们都发现了黑格尔后来当作辩证的方法使用的若干形式。在费希特那里, 我们看到了自我如何面临克服非我的任务。在谢林的自然哲学中, 有一种两极对立面及其统一的基本观念, 它更清楚地预示了辩证法。然而, 辩证法的来源可归之于康德的范畴表, 康德对范畴表的解释是, 每一组范畴的第三项是第一项和第二项这两个对立面的结合。因而, 单一在某种意义上就是多数的对立面, 而全体则包含了多单元的复合, 这就把前两个概念统一起来了。

246

德国唯心主义哲学在黑格尔手中取得最终和成体系的形式。黑格尔受到费希特和早期谢林的启发, 建造起一座哲学宫殿, 尽管它还有不稳固之处, 却仍然是令人有兴趣和颇有教益的。此外, 黑格尔主义对一整代的思想家产生了广泛影响, 不仅在德国, 而且后来在英国也是这样。法国基本上没有屈从黑格尔哲学, 这也许是因为原文的晦涩难解, 妨碍了把它貌似合理地译成清晰的法文。黑格尔的哲学在马克思与恩格斯的辩证唯物主义中尤其能够幸存, 这正好提供了一个说明它阵脚不稳的适当事例。

黑格尔 (Hegel, 1770—1831) 生于斯图加特 (Stuttgart), 与谢林同时就读于图宾根大学。他做了几年的私人家庭教师, 然后在 1801 年与谢林相处于耶拿大学。正是在这里, 5 年之后, 于耶拿战役的前一天, 他完成了《精神现象学》(*Phenomenology of Mind*)。他在法军取胜前离去, 先是当了几年编辑, 后来当了几年纽伦堡 (Nuremberg) 中学的校长, 他在这里写成了《逻辑学》(*Science of Logic*) 一书。1816 年, 他出任海德堡大学的教授, 并写成了《哲学全书》(*Encyclopaedia of the Philosophic Sciences*)。最后, 他在 1818 年应召到柏林大学任哲学教授, 从此以后, 他一直留在那里。他对普鲁士极为敬仰, 他的哲学成为官方学说。

G.W.F. 黑格尔 (1770—1831)

在所有哲学文献中,黑格尔的作品是最难懂的,这不仅是因为所讨论的论题性质的关系,而且也是作者笨重繁琐的文体所致。偶尔闪出一些光彩夺目的隐喻,令人感到舒畅些,但这也不足以抵消通篇的艰涩。要想弄懂黑格尔究竟是什么意思,我们可以回顾一下康德对"理论的"与"实践的"所作的区别。然后把黑格尔哲学看成是坚持本来意义上的实践的首位性。由于这个原因,黑格尔十分重视历史和人类全部努力的历史性。至于初发于康德、费希特、谢林的辩证方法,对黑格尔来说,它的貌似有理,无疑源于对历史运动的波浪式发展的一种回顾。特别值得注意的是,前苏格拉底哲学的发展似乎就是遵循这种模式的。这一点在前面已经提及。黑格尔将这种方法提高到历史解释原则的地位。到目前为止,从两种对立要求进步到某种和解的辩证进程,还是足以适用的。然而,黑格尔接着证明历史如何基于这个原则,不得不经历其各种不同阶段。不用说,这只有歪曲事实才有可能。找出历史事件的模式是一回事,从这种原则中推演出历史则完全是另一回事。谢林对自然哲学的批评同样适用于此。

辩证法在某些方面使人想起苏格拉底对善之形式的追求。就这一点来说,后者符合黑格尔所谓的绝对理念。正如苏格拉底的辩证法通过击毁各种特殊假说,最终达到善的形式;黑格尔的辩证法也是通过这种方法上升到绝对观念。这个过程在他的《逻辑学》中得到说明,不论是福是祸。应该记住,在黑格尔那里,逻辑学实际上是形而上学的同义语,因而在这一标题之下,我们发现了对范畴的叙述。这些范畴按正、反、合的辩证进程,相互编织而成。这种学说显然受康德对范畴的讨论的启迪,它同样也是从单一范畴出发的。此后,黑格尔就我行我素地构建了一长串有点主观臆造的范畴,直至达到绝对理念。到这时,我们绕了整整一圈又回到了单一。在某种意义上,黑格尔认为这是对完备性和正确论证的一种保证。绝对理念实际上证明是单一的最高范例,所有差异都已消融于其中了。

说到通向绝对的辩证过程,它有助于我们获得对这个难懂的概念更充分的了解。用几句话来说明这点是黑格尔所不能胜任的,无疑也是任何人所不能胜任的。但是,黑格尔的著作中不乏不同凡响的举例,他在这里借助于其中一个例子来说明。用来作为对比的是这样一个例证：有的人的绝对概念未经辩证过程的证实，而另外有人却是已经经历了辩证历程，这就好像祈祷对于一个孩子和对于一个老人有不同意义那样。两人背诵同样的词句，但对孩子来说，它们差不多只是嘈杂之声；而对老人来说，它们却唤起了一生的种种经历。

因而辩证法原则宣布，过程结束之处的绝对是唯一的现实。在这一点上，黑格尔受到斯宾诺莎的影响。由此可以得出，整体中的一个片断不具有独立的现实与意义。它只有与整个世界联系在一起才有意义。看来，我们好像要贸然同意这独一无二的命题：绝对理念是现实的，只有整体才是真实的。任何部分都只能是部分真实。至于绝对理念的定义，在黑格尔那里是如此晦涩难懂，以至缺乏效用。但它的要旨又非常简单。对黑格尔来说，绝对理念就是对自身进行思维的理念。

这是一种形而上学展品，在某些方面与亚里士多德的神相似，是一种用自身的思维包裹起来的超然而不可知的实体。在其他方面，它令人想起斯宾诺莎的上帝，这种上帝等同于宇宙。如斯宾诺莎那样，黑格尔否认任何形式的二元论。遵循费希特，黑格尔又从精神出发，因而根据理念来谈问题。

黑格尔将这种一般的形而上学理论运用于历史。它要符合历史领域里的某些一般模式，这自然不足为怪，因为黑格尔正是从历史中推导出辩证原则的。然而，如前所述，具体事件的详细说明不应以这种先验方式来探究。而且，历史中通向绝对的进程，为相当粗鲁的国家主义宣传提供了可乘之机。历史似乎在黑格尔时代的普鲁士王国那里达到顶峰。黑格尔在《历史哲学》(*Philosophy of History*) 中得出的结论，就是如此。现在看来，这位辩证法大师在这里所作的推论，未免有点轻率。

同样的论证模式引导黑格尔赞同以极权主义方式组织起来的国家。根据黑格尔的观点，历史精神的培育是日耳曼人的首要任务。因为只有他们懂得自由的普适范围。现在自由不是一种消极概念，而必须同某种法典联结起来考虑；到此为止，我们可以同意黑格尔。但是，由此不能得出——只要有法律便有自由，黑格尔实际上就是这么认为的。假如真是这样，"自由"就会成为"服从法律"的同义语，这多少与世俗中人的

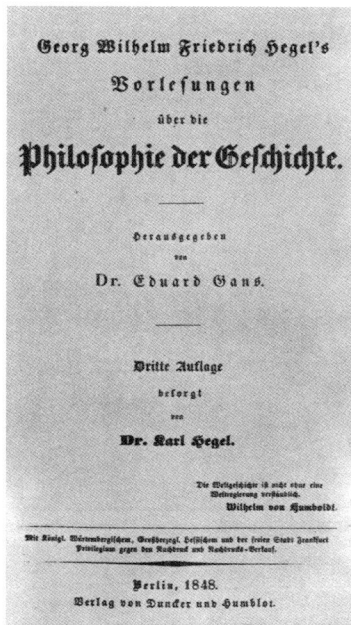

黑格尔的《历史哲学》扉页

看法有出入。不过,黑格尔的自由概念里,也有一个有价值的提示。有人由于不愿意承认砖头比脑壳硬,就经常用脑袋往砖墙上撞。可以说他是固执的,但不能说他是自由的。在这种意义上,自由就是如实地认识世界,而不是抱有幻想。或者说自由就是掌握必然性的运行,如我们所知道的那样,这种思想已由赫拉克利特预示。但是,当它运用到普鲁士的特定法律时,似乎没有理由说明,为何这些法律在逻辑上应当是必然的。正如黑格尔想要做的那样,主张其为必然,只不过是要无助的公民盲目服从自己国家的法令。他的自由,就是按照要他做的那样去做。

辩证方法还从另一个得自历史审视的特征中汲取力量。它强调的是对抗力量之间的斗争。如赫拉克利特一样,黑格尔非常重视斗争。他甚至提议,战争比和平具有更高的道德优越性。如果一些国家没有任何要与之作斗争的敌人,那么,这些国家在道德上就会变得孱弱衰败。显然,黑格尔在这里想到了赫拉克利特的名言:战争是万物之父。他摒弃了康德的世界联邦的思想,反对维也纳会议产生的神圣同盟。他对政治史的片面兴趣,扭曲了对政治学和历史的整个讨论。在这点上,他缺乏维柯那种广阔的视野,后者承认艺术与科学的重要性。只有根据狭义的政治观点,黑格尔才能得出外部敌人是一个国家道德健康必不可少的结论来。如果一个人的视野稍微开阔些,就会清楚地看到,在任何一个既定的社会内部,都有大量为其公民提供发泄有益于健康的好斗习性的方法。那种认为国家之间的争端只有靠战争来解决的观点,认为国家之间不可能有社会契约,在它们的相互交往中,必定保留着一种自然状态,唯强力至上。在这件事上,康德的见识要比黑格尔高出一筹。我们自己所处的时代已经表明,战争最终将会导致全世界的毁灭。这可真算得上辩证法的功德圆满,它一定会使最正统的黑格尔主义者心满意足。

黑格尔的政治与历史学说非常离奇,以致实际上不能与他的逻辑学相协调,因为作为辩证过程出发处的全体并不像巴门尼德的"太一"那样,是未显示出差别的;甚至也不像斯宾诺莎的神或自然那样,个体变得越来越与宇宙统一,最终与之合而为一。相反,黑格尔的思想所依据的是有机整体,这

黑格尔在书房

个概念后来影响了杜威 (Dewey) 的哲学。根据这种观点，正是通过与整体的联系，个体才犹如有机体的各部分那样，获得了充分的实在性。也许有人认为，这种概念会使黑格尔允许国家内部各种组织的存在，但他完全不是这样。国家是一种压倒一切的力量。作为一个好的新教徒，黑格尔自然宣布国家高于教会；因为这能保证教会组织的国家性质。对于罗马教会，暂且不计其他，黑格尔也会持反对态度，其理由其实是它的主要长处——它是一种国际团体。同样，在社会内部，也不为独自追求组织化利益留有余地，尽管根据他的有机观点，他应该欢迎这些活动才对。至于单纯的探究或沉溺于种种嗜好，也不在考虑之列。但是为什么，比如说，集邮者不应当单纯为追求自己共同的集邮兴趣而在俱乐部里聚集呢？值得注意的是，官方马克思主义学说在这方面保留着深厚的黑格尔主义。一切活动不知何故，一定要按直接有助于国家福利的方式来组织。如果这种体制下的集邮协会，不把它的工作视为有助于为社会主义添光增彩，那么，它的成员就会被粗鲁地剥夺收集邮票或其他什么东西的权利。

　　黑格尔的政治理论在另一个重要方面，也与他的形而上学相抵牾。若把他自己的辩证法贯彻到底，本来应让他看到，没有理由在国家间组织面前突然停止，或许多少按康德暗示的路线走下去。实际上，政治学中的绝对看来就是普鲁士王国了。当然，他的结论演绎是一个骗局。确实不能否认，有人真诚地相信这个命题。但尽管相信这些事情可能会提供些许安慰，可把它们宣布为理性的命令，就有点诡诈了。用这个办法，人们就能发现为普天之下所有偏见与暴行所作的虚假辩解。这实在是容易不过的事。

　　现在，让我们回到辩证法的问题上来，辩证法的确是黑格尔体系的中心概念。我们前面已经说明，辩证道路怎样包含了三个阶段。我们先得到一个陈述，然后有一个相反的陈述与之对立，最后，两个陈述结合为复合式陈述。可以举一个简单的例子来说明这点。比如，一个人提出黄金是有价值的论点。它可以有对立的反论点，即黄金是无价值的。然后，或许可以得出这样一个合题：黄金的价值取决于环境。如果你在牛津街上，你就会发现人们愿意用三明治来换取你的金子，在这种场

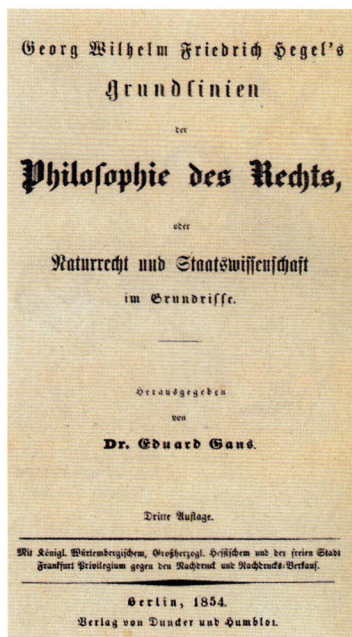

黑格尔的《法哲学》扉页

合黄金是有价值的。但是如果你带着一袋黄金迷失在撒哈拉大沙漠里，并需要水喝，那么，黄金就无价值了。因而，所处的环境看来是必须考虑在内的。黑格尔也许不赞同这个例子，但它对我们这里的目的是适用的。接下来的论点是，合题成为一个新命题，同样的辩证过程又重新开始，如此循环往复，直至把整个宇宙都包括进去为止。这等于说，任何事物只有把它放到其全部可能的联系环节中去观看，也就是说，把它放在整个世界的背景中去观看，才有充分意义。

250

下面我想作几点评论。首先是关于辩证法的历史内容。有些时候，不协调的要求可以通过某种折中办法而调和。这完全是正确的。例如，我可以说我不愿缴纳所得税。国内税务局当然站在相反的立场上，并要取走税款。最后达成一种折中，通过这种方法，双方都皆大欢喜。在这里没有任何神奇之处。应注意，调和不是出自两种矛盾的要求，而是出自相反的要求。这个逻辑论点需要作些说明。两个陈述如果一者为真，另一者必然为假，则它们是矛盾的；反之亦然。而两个相反的陈述虽然不能同真，却能同假。因而，在上述例子中，调和的方法证明两个相反的要求都是虚假的。使辩证法在真实的历史事件中产生成效的事实是，从相反的要求中经常可以达成某种协议。当然，如果双方缺乏制定一个可接受的方案的耐心，竞赛可能更趋激烈；最终是较强一方获胜，将失败者驱出战场。在这种情形下，相反的要求在事后可能会被看作是矛盾的。但也仅仅是在事后，因为偏巧出现这种事情并非是不可规避的。在持有相反的税收看法时，公民和当局都不至于被迫走到消灭对方这一步。

其次，可以注意到，智慧也遵循同样的模式发展。在这方面，辩证法可追溯到柏拉图对话录中提问与回答相互作用的过程。它恰好说明了心灵在碰到问题时是怎样工作的。提出一种论点，会招来各种异议，在讨论过程中，或者是通过对情境更精确的观察而得到调整；或者是抛弃原有的论点，如果经考虑似乎必须接受其中一种异议的话。在这里，不论相互反对的陈述是矛盾的还是相反的，调和总是可能的。因而，赫拉克利特所说的万物流变与巴门尼德所说的无物流变，是相反的陈述。但是，有的人可能只是反对赫拉克利特的观点，说有

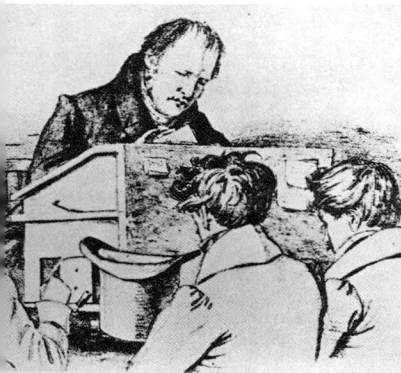

黑格尔在讲课

些事物是不动的，在这种情形下，两个陈述就是矛盾的。不管哪一种情况，我们都可以达到调和，即有的事物流变，有的事物不流变。

这说明了一个黑格尔不打算承认的重要差别。矛盾是发生于交谈中的东西。一个人能与另一个人发生矛盾，更恰当的说法也许是，一个陈述能与另一个陈述发生矛盾；但是，在日常的事实世界中是没有矛盾的。不管我们怎么观察语言与世界的关系，一个事实不能与另一个事实发生矛盾。因而，贫与富不是矛盾的，而仅仅是不同的。由于黑格尔认为世界是精神的，所以他喜欢肆意蹂躏这种极重要的差别。再者，按照这种看法也不难明白，为何辩证法不仅当作一种知识论的工具来运用，而且也直接作为对世界的描述来运用。用技术术语来说，黑格尔不仅赋予他的方法以认识论的地位，而且赋予它以本体论的地位。正是在此基础之上，黑格尔进一步对自然进行了辩证的说明。谢林对此提出的反对意见，我们已经提到过了。这种胡思乱想被一些马克思主义者全盘接受，当然，这一点除外，他们用拉美特利的唯物主义原则代替黑格尔在精神方面的偏见。

另一个出自辩证法的特殊偏见，是黑格尔格外喜欢"三"这个数字。所有事物看来都是成三地出现，只是因为辩证法由三个阶段构成：正题、反题、合题。因而，只要有东西需要划分，黑格尔都把它划分为三。例如，在他的历史解释中，他识别出东方世界、希腊世界与罗马世界，最后是日耳曼人的世界。其余的似乎根本不屑一顾。这在对称性上当然是很圆满的，但作为历史研究的方法，看来不能完全令人信服。同样，我们在《哲学全书》中也发现了三部曲，相应于精神发展的三阶段。首先是自在阶段，它所导致的是逻辑学。其次，据说精神经历了一个自我疏远化的阶段，在这里它处于异在状态。这第二个阶段在自然哲学中讨论。最后，精神完成了它辩证的环球旅行，回到自身。与此相应的是精神哲学。整个事情被设想为一种辩证的三联单。这种理论建构的方法是如此荒诞离奇，以至连崇敬黑格尔的人也不再勉力捍卫它了。

但是，在作了上述那些批判性评论之后，我们也不能忽视黑格尔哲学中的珍宝。首先，就辩证法来说，应当承认黑格尔

251

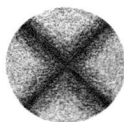

辩证法的过程：正题与反题的对立产生合题

黑格尔时代的柏林大学

Georg Wilhelm Friedrich Hegel's

Encyklopädie

der

philosophischen Wissenschaften

im Grundrisse.

Erster Theil.

Die Logik.

Herausgegeben und nach Anleitung der vom Verfasser gehaltenen
Vorlesungen mit Erläuterungen und Zusätzen versehen

von

Dr. Leopold von Henning.

Zweite Auflage.

Mit Königl. Würtembergischem, Großherzogl. Heßischem, und der freien Stadt
Frankfurt Privilegium gegen den Nachdruck und Nachdrucks-Verkauf.

Berlin, 1843.
Verlag von Dunker und Humblot.

黑格尔的《哲学全书》中《小逻辑》
扉页

在这里表现出对心灵活动极其深刻的洞察力。因为心灵总是按照辩证模式发展的。作为对智能发展心理学的贡献,辩证法在某种程度上是一项敏锐的观察成果。其次,黑格尔确实非常重视维柯在一个世纪前提出的历史的重要性。黑格尔表述其理由的方式,有时由于用词欠妥而逊色。这可能同语言本身的某种诗性概念有关。因而,当黑格尔说哲学是对自身历史的研究时,我们必须根据辩证原则来看待这点。黑格尔是在说,哲学必然是按辩证模式发展的,因此,研究作为压倒一切的哲学原则的辩证法,看来就与研究哲学史相吻合。因而,这就成了要正确理解哲学就要懂一点哲学史的一种拐弯抹角的说法。人们可以不同意这一点,但它不是胡言梦呓。黑格尔在阐述时,常常玩弄词语的不同意义。他确实认为,语言有一种固有的智能,它多少不为它的使用者所左右。说来也奇怪,如今的牛津日常语言学派的哲学家竟持有极为相似的观点。

至于历史的情势,黑格尔感到绝对即将来临。因此建立哲学体系是恰当的,根据他的看法,哲学体系总是尾随事件产生的。在《法哲学》(*Philosophy of Law*) 前言中,他最为醒目地表达了这一点:"米涅瓦(Minerva)的猫头鹰只在黄昏降临时才起飞。"

黑格尔哲学受哲学史上反复出现的一个普遍原则的启发,即除非把世界的部分放在宇宙整体中它的位置上来看待;否则,它就不能被理解。因此,只有整体才是唯一的实在。

这个观点在前苏格拉底思想家那里已经有了。当巴门尼德陈述宇宙是不动的星球时，他就在试图表达出这几分意思。毕达哥拉斯学派的数学哲学家在说万物是数的时候，同样流露出这种思想。更近一点，斯宾诺莎是这种观点的代表，只有整体最终是实在的。遵循毕达哥拉斯传统的数学物理学家，在寻求一个最高公式以解释整个宇宙时，也是受到同样的信念的激励。牛顿物理学引人注目的进展，如拉普拉斯在宇宙学中达致巅峰，就是这方面的一个例子。要证明唯心主义者的宇宙体系概念站不住脚，不是一件很难办的事。同时，不设法了解它目的何在，即使只以含糊其辞的方式就草率地把它打发了，那也有危险。

饶有意味之处在于，唯心主义者的体系从一个方面恰到好处地描绘了科学理论的抱负。科学的纲领，的确为不断拓宽对自然的系统了解的范围作了准备。迄今为止，所有未曾猜想到的相互联系被揭示出来，越来越多的自然事件被纳入理论体系范围内，而且这种发展在原则上是永无止境的。再者，科学理论不允许有例外，它的支配力必须是普遍的，它要么是一切，要么什么也不是。因而，我们可以说，唯心主义的体系是一种柏拉图式的科学整体的理念。一种像莱布尼茨所设想的研究神的科学。每一事物都以某种方式与其他任何一个事物相联系，这是十分正确的；但认为事物靠与其他事物的联系而发生变化，这就不真实了。在另一个方面，这种看待科学的方式也射不中目标。鉴于科学的一个特征就是永无止境的探究，把整个事物证明为是终结了的产物，同样也是错误的。黑格尔学派的态度与19世纪后期科学乐观主义有相当大的关系，当时每个人都认为，一切事物的答案就在眼前。可结果证明，它只是一种幻觉，这种情况是可以预知的。

同时，不论怎么说，用神的科学来补缀也是徒劳无益之举。无论对它能说些什么，这毕竟不是它所属的世界，我们之外的其他世界同我们没有关系。因而，唯心主义体系是一种虚假的概念。我们可以更为直接地用一个例子来说明这点。我怀有许多真实的信念，比如说，相信纳尔逊圆柱 (Nelson's Column) 高于白金汉宫 (Buckingham Palace)。黑格尔主义者

理性主义之于经验主义，就如各块不可拆开的拼图玩具之于单独的一块

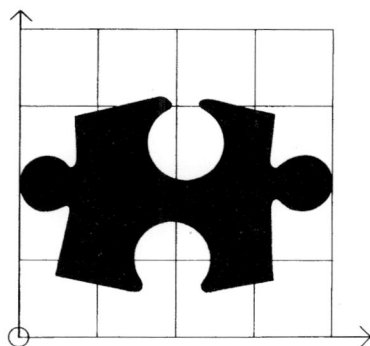

全无这种信念。他会提出反对说，"你不知道你在说些什么"，"要把握你所讲的事实，你就必须知道这两个建筑物用的是何种材料，是谁建造的，为什么建造，如此等等，遥无止境。最终，在你有资格说你知道纳尔逊圆柱高于白金汉宫是什么意思之前，你必须理解整个宇宙"。但是，不用说困难就在于若按这种说理方式，我在认识任何事物之前，都必须认识一切事物，这样就永远无处着手了。没有人会谦逊到声言自己的头脑是全然一片空白，况且事实上这完全不是真实的。我确实知道纳尔逊圆柱高于白金汉宫，但在其他方面，我没有资格自视像神那样无所不知。事实是，你能认识某种事物，而不必认识与之相关的所有事物；你能聪明地运用一个词，而不必知道全部词汇。这就好似黑格尔坚持认为，一块拼图玩具毫无意义；而经验主义却相反，承认每一块都有自身的意义。的确，要是它们没有意义，你也就无法下手把它们拼起来了。

对体系的逻辑学说的批判，在伦理学中产生了重要结果。因为如果逻辑理论是正确的，那么建立在它基础上的伦理学也一定正确。但事实上，问题再次暴露出来。

在这里，黑格尔主义与洛克的自由主义截然相反。对黑格尔来说，国家本身是善的，就这点而论，公民是无关紧要的，只要他们顾及整体的荣耀。自由主义从另一端出发，认为国家要顾及各种成员的个人利益。唯心主义观点易于造成偏执、严酷和专横，自由主义孕育了宽容、体谅与和解。

254 　黑格尔的唯心主义试图把世界看成一个体系。虽然黑格尔主义着重于精神，但于目的方面却绝非主观主义。我们可以把它叫做客观唯心主义。我们已经看到，辩证法的体系构造后来如何受到谢林的批判，在哲学方面，这就是丹麦哲学家索伦·克尔恺郭尔 (Kierkegaard, 1813—1855) 突发猛烈地反黑格尔主义的出发点。他的著述在当时几乎没有产生影响，但时过50年后，它们却成了存在主义运动的来源。

克尔恺郭尔生于哥本哈根 (Copenhagen)，17岁时就读哥本哈根大学。他的父亲年轻时来到首都，弃农经商，获得极大成功，因而儿子没有自谋生计的压力。克尔恺郭尔继承了父亲的机敏、聪颖和沉思忧虑的性情。到1841年，他已经取得了神学硕士学位。在此期间,他曾与一位姑娘订婚而未果。在他看来,她对他以神学为己任缺乏鉴赏力。不管怎样,他解除了婚约,并在学成之后来到谢林任教的柏林。此后,他便专心于神学与哲学沉思,而那位一度同他订婚的姑娘,非常切合实际地与别人结了婚。

现在让我们回到谢林针对黑格尔体系的批评。谢林区分出消极哲学与积极哲学两种类型。前者关心概念或一般,或本质,使用学院派术语。它探讨事物的"本质"问题。另一方面,积极哲学涉及实际存在,或者说涉及事物的"那个"。谢林认为,哲学必须从消极阶段出发,然后转向积极的层次。这种表述使人想到谢林的极性原理。想到他在自己的哲学发展中经历过的,正是这种道路的事实。按这种意义说,早期谢林是"消极的",后期著作则是"积极的"。因而,对黑格尔的主要批评也在于,黑格尔已经在消极领域中裹足不前了,却想推演出积极的事实世界来。存在主义正是起源于这类批评。

但是,这仅是对黑格尔的逻辑批评。在克尔恺郭尔那里,至少具有同样重要性的是感情上的反对。黑格尔主义是一种多少有点枯燥无味和耽于理论的东西,几乎没有给灵魂的激情留下什么余地;如果有的话,那也很少。这确实符合一般的德国唯心主义哲学的实际情况,即使是谢林的后期思考也未幸免于此。启蒙运动往往带着几分疑虑去看待激情,克尔恺郭尔则想要让激情重新在哲学上受人尊重。这与诗人的浪漫主义一脉相承,而与那种将善与知识、恶与无知联结在一起的伦理学针锋相对。存在主义以真正的奥卡姆主义方式,将意志与理性一刀两断。通过这种途径,存在主义力图把我们的注意力集中到人的行动与选择的需要上来,这种需要不是哲学反思的结果,而是发自意志的某种自然功能。这马上就能使人极为简单地为信仰留出位置,因为现在接受宗教信仰已是一种意志的自由行动。

存在主义的原则有时表述为存在先于本质;换一种说法就是我们首先知道一个事物存在,后来知道它是什么。此外,这也等于把特殊放在普遍前面,或把亚里士多德放在柏拉图前面。克尔恺郭尔将意志置于理性之前,并争辩说对于

索伦·克尔恺郭尔(1813—1855)

克尔恺郭尔在哥本哈根的出生地,右边第二栋

人的问题不应过于科学。探讨一般东西的科学,只能从外部接触事物。克尔恺郭尔与此大相径庭,他认识到思维"存在的"方式,这种方式是从内部把握境况。就人而言,他感到如果我们用科学的方式来探讨,就会忽略真正重要的东西。

在克尔恺郭尔眼里,各种伦理学理论过于理性主义,以致不让人们依靠自己来安排生活。这些理论都没有充分觉察到个人道德行动的具体特征。此外,人们总是不难发现一些违反规则的反例或例外。正是根据这样一些理由,克尔恺郭尔极力主张,我们应当把我们的生活建筑在宗教原则而不是伦理原则之上。这是沿袭了受尊重的奥古斯丁主义的新教传统。一个人只对上帝和他自己的命令负责。任何他人都不得居间干涉而改变这种关系。对克尔恺郭尔来说,宗教是一件关于存在的思维的事情,因为它来自灵魂深处。

克尔恺郭尔是一位热情的基督教徒,但他的观点必定极为合乎自然地与丹麦国家教会有点僵化的制度主义发生冲突。他反对以自负的经院哲学面貌出现的理性主义神学。上帝的存在必须在存在方面去理解。在本质领域里进行再多的论证,也不能把它确立起来。因此,就如我们前面指出的,克尔恺郭尔割断信仰与理性的关系。

对黑格尔的批评大体上是有效的,克尔恺郭尔的思想就是缘此而自然产生的。但由之产生的存在主义哲学远非正确。在对理性进行限制时,它使自己易遭受种种谬论的攻击。在信仰的层次,这确实不仅是受人期望的,而且也近乎受欢迎的。"正因为荒谬才相信"是受启示的信奉者一句古老而受尊重的格言,从某种意义上说,他们也许是对的;如果你打算行使你的信仰自由的权利,你也同样会抓住一些离奇古怪的事情不放。

同时,最好记住,低估理性与拔高理性同样危险。黑格尔过于赞扬理性,犯了理性能创造世界的错误。克尔恺郭尔走向另一端,实质上是强调理性不能有助于我们把握特定的东西,而只有特定的东西才是真正值得认识的事物。这种观点否定了科学的全部价值,与最理想的浪漫主义原则相一致。尽管克尔恺郭尔激烈地批评浪漫主义生活方式,认为它全然由变化莫测的外部影响决定,但他本人仍是一个彻底的浪漫

克尔恺郭尔的漫画

主义者。那个假定思维的存在方式的真正原则，就是一个糊涂的浪漫主义概念。

存在主义对黑格尔的否定，主要在于它不同意世界本身构成一个体系。尽管克尔恺郭尔没有明确讨论过这个问题，但其存在主义观点实际上预先假定一种实在主义的认识论，借此反对唯心主义观点。如果你回到稍微精致一点的康德的二元论，对黑格尔的非常不同的反对意见就产生了，这种变动发生在叔本华的哲学中。

阿图尔·叔本华 (Athur Schopenhauer, 1788—1860) 是但泽 (Danzig) 一位商人的儿子，其父景仰伏尔泰，同伏尔泰一样尊重英国。1793 年普鲁士兼并但泽这一自由城市，他举家迁往汉堡。1797 年，叔本华前往巴黎，在此过了两年，末了他几乎忘掉了本国语言。1803 年，他来到英国，进入一所寄宿学校，待了 6 个月左右。这足以使他厌恶英国学校和学英语。以后几年中，他经常订阅伦敦《泰晤士报》(Times)。返回汉堡后，叔本华敷衍了事地投入商业生涯，但其父一死，他就放弃了这一尝试。此时，他的母亲迁居魏玛(Weimar)，在那里，她很快就成了一个文学沙龙的女主人。当地许多有名的文人骚客，时常出入于此。事实上，她自己后来也成了小说家。同时，她的儿子开始对她不承担义务的生活方式表示不满，她没有儿子那种闷闷不乐的脾性。在 21 岁时，叔本华获得一小笔遗产，此后母子俩就逐渐疏远了。

这笔财产使叔本华能够进入大学深造，他先进入哥廷根 (Göttingen) 大学，在那里他初次接触了康德哲学。1811 年，他转入柏林大学，主要学习科学。他听了几次费希特的课，但瞧不起费希特的哲学。他于 1813 年完成了学业，其时爆发了解放战争，但这些事件并没有唤起他持久的热情。在以后几年中，他在魏玛结识了歌德，并在那里开始研究印度神秘主义。1819 年，他作为柏林大学的无俸讲师开始讲课。他对自己的才智深信不疑，他感到把这个事实隐藏起来，不让迄今也许尚未意识到这点的人知道，那就谈不上诚实。因而，他把自己的讲课时间同黑格尔的讲课时间放在同一个钟点。既然未能有效地吸引黑格尔的听众，叔本华就决定放弃讲课而定居法兰克福，并真的在那里度过余生。从做人上讲，他是自负

《作为意志和表象的世界》扉页

年轻时的阿图尔·叔本华（1788—1860）

晚年的叔本华

的、乖戾的和爱虚荣的。他思慕的声名直到他生命结束之际，才意外来临。

叔本华早年就形成了自己的哲学观点。他的主要著作《作为意志和表象的世界》发表于1818年，其时作者才30岁。这部著作开始时鲜为人知。它提出了一种修正过的康德理论，有意保留了物自体。然而，与康德不同，叔本华把物自体与意志等同起来。因而，同康德一样，经验世界按康德的意思被看成是由现象构成的。但引起这些现象的东西却不是一批不可知的本体，而是本体的意志。这与正统的康德学派的观点甚为接近。我们知道，康德认为意志属于本体一方。如果我运用我的意志，那就有与之相应的在经验世界中我的躯体运动。附带指出，康德在这里实际上未曾越出过偶因论。因为如我们所见，本体与现象之间不能有因果关系。不管怎样，叔本华认为躯体是一种现象，它的实在性存在于意志之中，如同康德的看法那样，本体世界处于空间、时间和范畴之外。意志作为本体，也不隶属于这些东西。因而，它是无时间的和非空间的，这意味着它的一体性。就我是实在的而言，即就我的意志而言，我并非是特立独行和分离孤单的，这只是一种现象的错觉。相反，我的意志实际上是唯一的宇宙意志。

叔本华把这种意志看成是彻头彻尾的邪恶，它造成不可避免地伴随生命的苦难。而且对他来说，知识不像黑格尔所认为的那样是自由的源泉，而是苦难的来源。因此，取代理性主义体系的乐观主义，叔本华展示出一种阴暗前景，没有给幸福留下任何地盘。至于性活动，这也是一桩邪恶的买卖，因为生殖只会为苦难提供新的牺牲品。叔本华对女人的厌恶与这种看法有关，他认为，女人在这中间所起的作用要比男人更存心蓄意。

没有什么逻辑缘由能够说明为何康德的认识论应同悲观主义观点联系起来。叔本华本人由于性情的关系而高兴不起来，因而宣称幸福是子虚乌有之事。到他郁闷的沉思生活即将结束之际，他的成果得到了承认，经济状况有所好转，这两件事突然使他不顾自己的理论而高兴起来。即使如此，也不能说理性主义过于相信现世之善就是正确的。一位像斯宾诺莎那样的思想家,至少从理论上讲不想看到恶;叔本华走向另一极端,看不到有什么善的东西。

根据叔本华的观点,解除这种苦难处境的道路必须到佛教神话中去寻求。使我们蒙受痛苦的正是我们的意欲所致。意志麻木了,我们才能最终达到涅槃或虚无,从而获得解脱。神秘的入定使我们看穿了代表幻觉的"玛耶女神"(Maya)的面纱,因而我们可以把世界视为一体,有了这种知识后,我们也就可以战胜意志。但是,这种合而为一的知识并不像西方神秘主义者,如爱克哈特主教所认为的那样,导致与上帝的沟通;或者说与斯宾诺莎的泛神论的世界沟通。相反,对整体的洞察,对其苦难的同情给我们提供了一种遁入空无之境的途径。

叔本华的哲学与黑格尔学派相对抗,强调意志的重要性。这种观点后来被其他方面很不同的许多哲学家采纳。我们在尼采和实用主义者中都发现这一点。存在主义也对与理性相对立的意志深感兴趣。至于叔本华学说中的神秘主义,这倒不在哲学主流之列。

如果说叔本华的哲学最终力图提供逃避世界及其冲突的途径,那么尼采 (Nietzsche,1844—1900) 正好采取了相反的道路,要概括尼采的思想内容是不太容易的。他不是通常意义上的哲学家,他的观点没有留下系统说明。人们可能把他完全看成是贵族的人文主义者。他竭力提倡的首先是至高无上的最优秀者,这种人的禀性最为健康和强壮。这使他在苦难面前对坚强的一定强调,它与公认的伦理准则有点不合,尽管未必与现实实践不合。许多人断章取义地抓住这些特征,因而在尼采身上可能发现我们自己所处时代的政治专制的预言者。暴君很可能从尼采那里得到了一些启发,但要他对充其量浮光掠影了解他的那些人的不端行为负责,那也是不适当的。因为要是尼采活到亲眼目睹他自己的国家的政治发展,他肯定会奋起反抗的。

尼采的父亲是一位新教牧师,这促成了虔诚和正直的家庭背景,即使在尼采最有叛逆性的著作的高级道德腔调中,也保留着它的些微气息。尼采早年就显露出才华出众的学者相,24 岁时就成了巴塞尔大学的古典哲学教授。一年后爆发

《善恶的彼岸》扉页

了普法战争，由于尼采已成了瑞士公民，他不得不满足于当一名卫生员。在染上痢疾，卧床不起而退役之后，他回到巴塞尔大学。他的身体一直不好，从战争服役后从未恢复元气。到了1879年，他迫不得已而退职，尽管一笔丰厚的退休金能使他过上应有的舒适生活。以后的十年中，他居住于瑞士和意大利，继续从事写作，大部分时间都在孤独和不受重视中度过。1889年，由于学生时代患上的性病感染复发，他的精神失常了，至去世一直处于这种状态。

尼采的著作最初受前苏格拉底的希腊，尤其受斯巴达的理想影响。在第一部重要著作《悲剧的诞生》(The Birth of Tragedy, 1872) 中，他提出希腊精神可分为阿波罗因素与狄奥尼索斯因素，这是颇为著名的。悲伤而动情的狄奥尼索斯气质，与对人生存中的悲剧性现实的认识密切相关。另一方面，奥林匹亚的万神殿则是一种宁静的景色，它是明显不快活的人间生活的平衡力。这是阿波罗式的精神闪现。我们可以把希腊悲剧说成是狄奥尼索斯渴望的一种阿波罗式升华。如我们所见，在这些事情上，亚里士多德持相近的看法。

从这种对悲剧起源的说明中，尼采最终获得的是悲剧英雄的概念。与亚里士多德不同，他在悲剧中看到的不是由感情共鸣而来的净化，而是按生活的本来面目去接受生活。叔本华曾得出悲剧主义结论，而尼采却采取了乐观主义立场，他认为这是能从恰当阐释希腊悲剧中领悟到的。然而，必须注意到他的态度并非是流行意义上的乐观主义，毋宁说是对严酷的生活现实一种敢作敢为的迎接态度。像叔本华那样，他承认意志至高无上，但他更进了一步，把强力意志看成是善人的突出特征；而叔本华视意志为万恶之源。

尼采区分出两种类型的人及其各自的德性，即主人道德与奴隶道德。基于这种区分上的伦理学理论，在《善恶的彼岸》(Beyond Good and Evil, 1886) 一书中有详述。一方面，我们有主人道德，其中善意味着独立自主、慷慨大度、自力更生，等等；其实，所有这些美德都属于亚里士多德的灵魂崇高之人。相反的缺陷有阿谀谄媚、卑贱低下、胆怯懦弱，如此等等，它们

著名的《查拉图斯特拉如是说》手稿

都是恶。在这里，善与恶之对比大体相当于高尚与卑劣之间的对比。奴隶道德完全按另一种不同的原则发生作用。对奴隶来说，善存在于一种普遍的沉寂之中，存在于所有那些消除苦难与抗争的事物之中；谴责根据主人道德是善的东西，把它们叫做恶而非善。主人道德的善易于变得令人害怕，对奴隶来说，所有引起恐怖的行动都是恶。英雄或超人的道德在善恶的彼岸。

在《查拉图斯特拉如是说》(*Thus Spake Zarathustra*) 一书中，这些学说按道德宣言的形式阐述出来，在文体上模仿《圣经》写作。尼采是一位伟大的文学艺术家，他的作品更像是诗体散文，而不太像哲学。

尼采所憎恶的当首推新出现的群众人性类型，它是伴随新技术而滋长起来的。对他来说，伟大人物实现贵族的理想，社会的适当功能是为少数伟人充当温床。这可能会造成小人物的痛苦，但在尼采看来是无关紧要的。他所想象的那种国家，与柏拉图的《理想国》中的理想国家有许多共同之处。他认为，传统宗教是奴隶道德的支柱。根据尼采的观点，自由人必须认识到上帝死了；我们必须奋力追求的不是上帝，而是更高级的人。尼采在基督教里找到了奴隶道德的现有例子。因为它悲观地憧憬在另一个世界里的幸福生活，并把诸如温顺谦和与同情怜悯之类的奴隶道德看成是有价值的。正是由于瓦格纳 (Wagner) 后来倾向于基督教，尼采开始对这位作曲家发起攻击，他早期曾把他当作钦慕的朋友。至于他的英雄崇拜，伴有强烈的反女权主义色彩，拥护把妇女看成动产的东方习俗。我们发现，这反映了尼采自己缺乏与女性交往的能力。

在这种伦理学说中，关于不同类型的人及他们处理生活事务的方式，有大量的有用观察。施加某种无情的态度，假如是用来对待自己，那还有不少道理可言。较难令人信服的是这样一种看法，即为了极少数人的利益，对大多数人所蒙受的痛苦满不在乎。

尼采 (1844—1900)

功利主义以来

现在，我们必须把时针拨回一个世纪，着手叙述另一条线索。物质环境正在发生翻天覆地的变化，唯物主义哲学和它的批评者就在这样一个世界中发展起来了。这些变革是由发端于18世纪的英国工业革命带来的。首先，机器的采用是一个渐进的过程。织机制造有了改善，纺织品产量上升。蒸汽机的完善跨出了关键一步，它为许多新建工场的机器发动提供了一种不可估量的动力源。产生蒸汽最有效的方法是使用煤火锅炉，煤矿业由此获得了长足的发展。这种发展往往是在严酷险恶的环境下实现的。的确，站在人道的立场上看，工业主义的早期是一个令人毛骨悚然的时期。

18世纪期间，英国的圈地运动也达致顶峰。就过去几个世纪来说，贵族把公地圈起来供自己使用的情况是存在的。这在相当程度上给靠公地获益的农业人口带来了某种困苦。然而，这种对农业人口受惠权的侵犯，直到18世纪才造成大批农民背井离乡，被迫进入城镇，以寻求新的生活。正是这些人，后来被新工厂搜罗进去。他们工资菲薄，所受剥削深重，落户于城市最贫困地区和郊外，这给19世纪大片的工业贫民区打下了基础。那些感到自己的手工技艺正在变成多余的人，起初是带着极大的狐疑目光来看待机器发明的。同样，随着机器操作的每一次改进，产业工人中也出现了抵制的趋势，唯恐这会断绝他们的生计。就是在今天，这种恐惧也并非鲜为人知。电子控制机器的引进，正如19世纪的动力织机一样，受到工会不信任的审视。然而，悲观主义者总是错的，在上述方面尤其如此。世界各工业国家的生活水准非但没有下降，反而在各方面逐步提高了富有与舒适程度。必须承认，早期英国工业无产阶级的处境是极为悲惨的。某些令人发指的恶行，部分是由于无知的缘故，因为这些新问题过去从未有人碰到过，建立在手工业业主和自耕农业主之上的那种旧自由主义，对付工业社会大量的新问题未免捉襟见肘。改革虽是缓慢地进行着，但最终确实纠正了这些早期的过错。在工业主义发展较为迟缓的地方，如大陆国家那样，一些给工业社会带来困惑的问题已不太严重

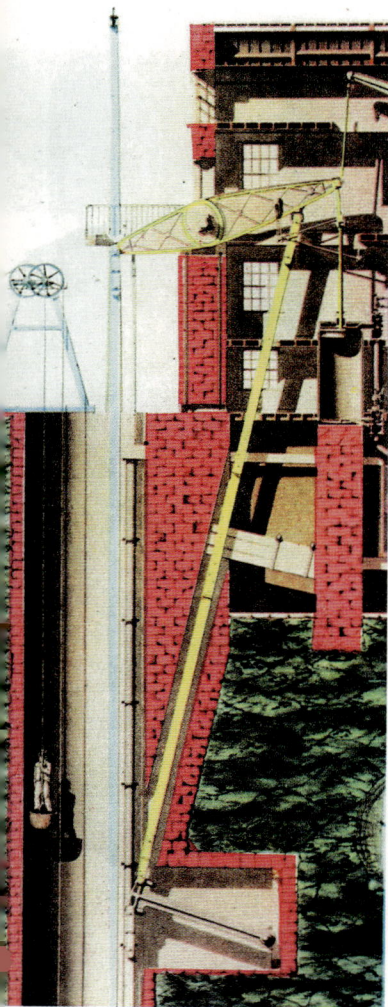

了，因为此时对问题的了解更清楚了。

19世纪初期，开始出现了科学与技术相互促进的发展趋势。当然，这种趋势在一定程度上一直存在。但从工业化以来，科学原理在技术设备的设计制造中的系统运用，导致物质扩张的加速发展。蒸汽机是新的动力源。这个世纪的前50年，经历了对所涉及的原理全面科学的研究。新的热动力学反过来指导工程师们去制造效率更高的发动机。

与此同时，蒸汽机开始在运输领域中取代所有其他动力工具。到了19世纪中叶，欧洲和北美逐渐形成庞大的铁路网络，同时，帆船也开始被轮船取代。所有这些新事物，都给受其影响的人们带来了生活与视野的巨大变化。从总体上看，人似乎是保守的动物。因而，人的技术才能的发展往往快于他的政治智慧，由此造成我们还未恢复的失衡。

早期工业生产的发展，引起人们对经济问题的重新重视。作为一门独立的学科，现代政治经济学可追溯到亚当·斯密（Adam Smith，1723—1790）的著作。斯密是大卫·休谟的同乡，是哲学教授。他的伦理学著作因袭休谟传统，但总的来说，其重要性不如他的经济学著作。他的声誉得益于《国民财富的性质和原因的研究》（*The Wealth of Nations*, 1776，简称《国富论》）。这部著作第一次尝试对国家经济生活中发生作用的各种力量的研究。一个被提到显著位置的尤为重要的问题是劳动分工。斯密详细地表明了这一点，即当一物品的生产分成若干阶段，每一阶段都由专职工人来完成时，工业产品的产量是如何增加的。他所选择的一个特定例子取自饰品制造，他的结论无疑是基于对生产数据的实际观察。不管怎样，从那时起，劳动分工的原理就开始在工业中广泛运用，并已证明是完全正确的。当然，也有一些必须考虑的人的问题。因为专门化操作若是弄成支离破碎的样子，就会摧毁人的工作兴趣，最终使工人痛苦不堪。这种在斯密时代还了解得不十分清楚的困难，已成为现代工业及其对那些机器操作者产生非人效果的重大问题之一。

在相当长的一段时期内，政治经济学研究一直保留着英国特色。18世纪法国的重农主义者，对经济问题确实有过兴趣。但他们的著作所产生的影响，不能与斯密相提并论。斯密的著作成了古典经济学的"圣经"。继而在此领域中作出重要贡献的是李嘉图（Ricardo）的劳动价值论，由马克思（Marx）继承。

在哲学领域中，工业主义的兴起引起了对功利的某种强调，而功利是浪漫主义作家激烈反对的。然而，比之从诗人和唯心主义者那里激起的全部浪漫主义义愤，这种多少有点枯燥的哲学最终更能推进社会事务亟须的改良。它所追求的是逐一进行、有条不紊的变革。革命与它的目标相去甚远。多

亚当·斯密（1723—1790），现代政治经济学创始人

早期的纺织作坊

少更富于感情色彩的马克思学说却不是这样,它以自己的特殊方式,保留着许多黑格尔渊源的坚定的唯心主义的成分。在这里,目标便是通过暴力手段,彻底改造现有秩序。

技术社会中重大的人的问题,没有立即向那些未经受到侮辱的人们暴露出来,它是强加于工业无产阶级的。这种不愉快的事实也许是不幸的,但最初却被认为是在所难免的。这种多少有点自鸣得意和麻木不仁的态度,在18世纪后期遭到痛击,那时有关问题开始引起了一些作家的注意。1848年的革命确实起到某种作用,使这些事实引起社会普遍的关注。这些动乱从政治策略上讲多少有些不妥,然而,它们确实给人们留下了几分对社会状况的忧虑。在英国的狄更斯 (Dickens)以及后来法国的左拉 (Zola) 的作品里,这些问题得到了烘托,有助于促成对事态更为清醒的认识。

医治所有社会弊病的灵丹妙药,被认为是提供充分的教育。在这点上,改良者们也许不完全正确。仅仅教会每个人看书、写字和计算,本身并不能消除社会问题。这些无疑令人羡慕的本领,也并非真是工业社会正常运行所必需的。许多专门化的例行工作,主要由文盲来承担未尝不可。但是,教育也可以间接地解决某些问题。因为它有时可以使那些不得不忍受苦难的人们,谋求改善命运的途径。同时,非常明显的是,单纯教育过程不必导致这种结果。正相反,它可以使人们

亚当·斯密的《国富论》纪念币

263

· 309 ·

相信，事物的现存秩序就是像它必定存在的那样。这种灌输有时相当见效。然而，改良者们正当地认为，除非对关系重大的情况有相当广泛的了解，否则就不能恰当地解决某些问题，而这的确需要有一定程度的教育。

亚当·斯密联系商品制造所讨论的劳动分工，已赶上了智识追求，二者几乎齐头并进。在19世纪的历史进程中，可以说探索也变成工业化了。

功利主义运动得名于一种伦理学说，更具体地说，此说可追溯到哈奇森 (Hutcheson)，他在1725年已经详细阐述过它。简单地说，这个理论认为善即快乐，恶即痛苦。因而，我们所要达到的最佳状态是快乐超过痛苦所剩的最大余额状态。这种观点被边沁采纳，后来便通称为功利主义。

杰里米·边沁 (Jeremy Bentham，1748—1832) 对法哲学尤感兴趣。在这方面，他主要是受爱尔维修 (Helvetius) 和贝卡利亚 (Beccaria) 的启发。对边沁来说，关于促进最可能事态的合法手段的研究，伦理学主要是一种基础。边沁是通称为"哲学激进派"那些人的领袖，他们非常关心社会变革与教育，一般都反对教会权威和社会统治阶层的限制性特权。边沁是个性情孤僻的人，他的观点开始时并不特别激进，但在后期生活中，尽管他十分腼腆，却成了富于攻击的无神论者。

边沁非常关心教育，与他那些激进派成员的同伴一样，异乎寻常地相信教育具有普济于世的万能力量。值得回味的是，在他那个时代，英国仅有两所大学，入学者限于立誓信奉英国国教的教徒。这种不合常理的状况，直到19世纪后半叶才有改观。边沁致力于帮助那些无法取得现有制度所要求的狭隘资格的人们，给他们提供受大学教育的机会。伦敦大学学院建立于1825年，他是协助创办的一个团体的成员之一。该学院不对学生进行宗教考试，也从未设有教堂。到了这时，边沁本人已彻底抛弃了宗教。在他弥留之际，他与人约好，把他的骨骼用蜡制面具妥善地加以覆盖，保留在学院里。左边展示的图片就是这一陈列品，它安放在展出柜中，作为对一个创办者的永久怀念。

边沁的哲学以两个思想为基础，它们可追溯到18世纪初期。第一是哈特里 (Hartley) 曾经强调过的联想原理。它在根

杰里米·边沁（1748—1832）

264

本上来自休谟的因果理论，休谟根据观念的联想，用它来解释因果相依的概念。在哈特里以及后来的边沁那里，联想原理成为心理学的主要机制。边沁表述了自己的一条原理，它着力于由经验提供的素材，取代了一套从属于心灵及其活动的传统概念装置。这使他能对心理学作出决定论的解释，它完全不必使用精神的概念。事实上，这些概念已被奥卡姆的剃刀砍掉了。后来，巴甫洛夫 (Pavlov) 创立的条件反射理论，就建立在与联想主义心理学相同的看法上。

第二条原理是功利主义的最大幸福原理，这在前面已经提及。它与心理学的联系在于，在边沁看来，人们力图要做到的就是达到他们自己最大可能的幸福。在这里，幸福被理解为快乐的同义语；法律的作用就在于，保证人们在追求自己的最大幸福时，没有人会损害他人的同样追求。最大多数人的最大幸福就是按这种方式达到的。它是各种功利主义的共同目标，尽管它们之间也有区别。如此不加掩饰地说出来，这个目标听起来有点缺乏创见和自鸣得意。但在它背后的意图却远非如此。作为一种热衷于改革的运动，功利主义取得的成就肯定比所有唯心主义哲学加在一起还要大，而且它达到这一步，一点也不显得手忙脚乱。同时，最大多数人的最大幸福原理还有另一种解释。在自由主义经济学家手里，它成为"自由放任"和自由贸易的正当理由。因为它假定在既定的法律下，每个人都自由地和不受限制地追求自己的最大幸福，将会产生出社会的最大幸福。然而，在这点上自由主义者有点太乐观了。也许有人会用苏格拉底的腔调承认，如果人们不嫌麻烦地了解并估计自己行动的后果，那么，他们通常就会发现，损害社会最终将会有害于自己。但人们并不总是谨小慎微地考虑这些，经常是凭冲动、不假思索地行事的。因此，在我们自己所处的时代，"自由放任"学说受到某些限制性保护措施的制约。

于是，法律就被认为是一种保障每个人都能追求他的目的而不有损于他人的机制。这样，惩罚的作用就不在于报复，而在于预防犯罪。事关重大的问题是，侵犯行为应该课以处罚，而不是像当时英国事实上常有的情况那样，得到的惩罚往往是酷刑。边沁反对不分轻重地滥用死刑，而当时对稍有不轨的行为施以死刑，具有相当大的随意性。

265

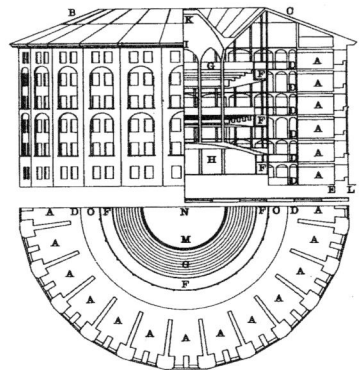

EXPLANATION

A   *Cells*
B to C *Great Annular Sky Light*
D   *Cell Galleries*
E   *Entrance*
F   *Inspection Galleries*
G   *Chapel Galleries*
H   *Inspectors Lodge*
I   *Dome of the Chapel*
K   *Sky Light to D°*
L   *Store Rooms &c with their Galleries immediately*
     within the outer wall all round place for an
     annular Cistern Q
M   *Floor of the Chapel*
N   *Circular Opening in d° (open except at*
     Church times) to light the Inspectors Lodge
O   *Annular Wall from top to bottom, for light*
     air and separation

（看守室在中央的）全景监狱详图，边沁设计的监狱图纸根据功利主义伦理学，势必可以得出两个重要结论。第一，在某些方面，所有人都具有同样强烈的幸福欲望，这是不言而喻的。因而，所有人都享有同等的权利与机会。这个观点在当时显得有点新颖，并构成激进派改革纲领的中心宗旨之一。另一条可以想到的推论是，最大幸福只能在形势保持稳定的条件下才能实现。因而，平等与安全是首要问题。至于自由，边沁认为是次要的。在他看来，自由像人权一样，多少带有几分形而上学和浪漫主义色彩。在政治上，与其说他倾向于民主制，不如说倾向于仁慈的专制主义。顺便说一句，这里暴露出他的功利主义的困境之一。因为很明显，没有什么机制能确保立法者实际采取仁慈方针。按照他自己的心理学理论，这要求立法者有充分的知识，一贯深谋远虑地行事。但是，如前所述，这个假设也不见得完全可靠。作为一种实践政治学，这种困难不可能彻底根除。可以设法做到的至多不过是保证，决不允许立法者有那么多的行动自由。

　　在社会批判方面，边沁与18世纪唯物主义保持一致，并预示了后来马克思坚持的许多东西。他认为，现有的献身道德是统治阶级强制推行的蓄意欺骗，目的是维护它的既得利益，它希望别人做出牺牲，而自己丝毫无损。为了反对这一切的一切，边沁提出了他的功利原则。

　　尽管边沁在世期间保持着激进派的知识分子领袖地位，但这个运动背后的推动者却是詹姆斯·穆勒 (James Mill，1773—1836)。他与边沁同样持有功利主义伦理学观点，藐视浪漫主义。对政治问题，他认为人们能够通过说理而被说服，他们惯于在采取行动前做出理性评估。与此相联的是，他对教育效能过分信任。詹姆斯·穆勒的儿子约翰·斯图尔特·穆勒是这些先入之见的笑柄。小穆勒经受了他父亲的教育学说对他的冷酷无情的伤害。他在生命后期抱怨说："我从来不是一个孩子，从未玩过蟋蟀。"相反，他从3岁起就开始学希腊语，其他可能灌输的一切也在同样未成熟的年龄里源源而来。这种可怕的经历，使他在21岁前就患有神经衰弱症，这事并不令人感到奇怪。后来，穆勒对 (19世纪) 30年代的议会改革运动产生了积极的兴趣，但没有费心担任

约翰·斯图尔特·穆勒（1806—1873）

他父亲和他之前的边沁都担任过的领袖职位。从1865年到1868年，他占有下议院威斯敏斯特议员席位，继续为普选摇旗呐喊，并步边沁后尘，追求广泛的自由主义、反帝国主义的路线。

J. S.穆勒的哲学几乎完全是由别处衍生而来的。他的《逻辑学》(*Logic*, 1843) 一书也许比任何其他东西都更坚固地确立起他的声誉。他对归纳法的讨论，在当时是一件新鲜的事。它由一套规则支配，这些规则奇怪地使人想到休谟讨论因果关系的一些规则。长期以来，归纳逻辑一直未得到解决的难题是，要找到一种证明归纳推理为正确的理由。穆勒采取的观点是，可观察到的自然的恒常性为这种方式的活动提供了基础，自然恒常性本身就是一种最高的归纳。这自然使整个论证成了循环论证，但穆勒没有为此担心。可是，这里却涉及一个更为普遍的问题，直到今天它仍继续困扰着逻辑学家。粗略地说，这个困难就在于，人们不知何故地感到归纳法毕竟不像它应有的那样受尊重，因而它必须得到证明。可这看起来又导致一种并不总能被人意识到的、暗中作祟的困境。因为证明为正确是一件演绎逻辑的事。如果归纳法是必须被证明为正确的东西，那么，这本身就不能是归纳的。至于演绎法本身，没有人感到要被迫去证明它的正确性，自古以来，它一直受人尊重。也许唯一能摆脱困境的方法是，允许归纳法成为别具特色的东西，不必试图将它与演绎法的辩护拉扯在一起。

穆勒对功利主义伦理学的解说体现在《功利主义》(*Utilitarianism*, 1863) 的论著中。在这本著作中，很少有超出边沁的地方。像可视为第一个功利主义者的伊壁鸠鲁那样，穆勒最终乐意把某些快乐看成是比另一些快乐更高级的东西。但他实际上并没有成功地讲清楚问题：与仅具有量的差异的快乐相比，在质上更好的快乐是什么意思。这不足为怪，因为最大幸福原理以及连同在一起的快乐的计算，都是默认量而排斥质的。

在努力论证有利于功利主义原则，即快乐其实是人们追求的东西的过程中，穆勒铸成一个大错："唯一能够证明一个东西是可见的，就是人们实际看见了它。唯一能够证明一个

267

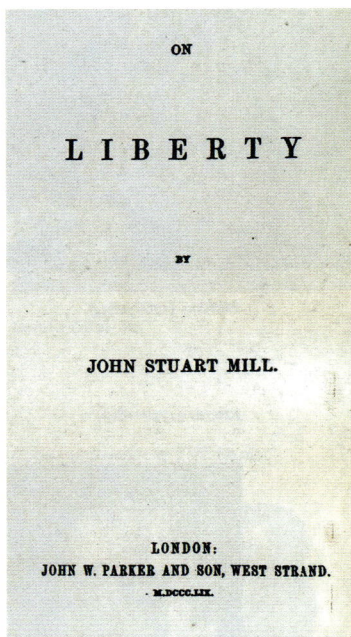

ON

LIBERTY

BY

JOHN STUART MILL.

LONDON:
JOHN W. PARKER AND SON, WEST STRAND.
M.DCCC.LIX.

穆勒的小册子《论自由》扉页

声音是可听见的，就是人们听见了它。我们的经验的其他来源也是如此。同样，我领悟到，唯一能提出证据来证明某样东西是想望的，就是人们实际想要它。"但这不过是一种遁词，依靠词语上的相似性而抹煞逻辑上的不同。我们说，如果某物能被看见，那么它是可见的。但说到想要的，那就意义含混了。如果我提到某事物，它是想望的，我的意思只不过是说，我事实上确实想要它。这样对别人讲时，我当然假定别人的好恶大致和我相同。在这种意义上说，想要的、想望的东西是不重要的。但是，当我们说某种东西是想望的，还有另一种意义；当我们说诚实是想望的就是如此。这实际上意指我们应当诚实，它是在表述一种伦理学陈述。因而，穆勒的论点肯定有毛病，因为"可见的"与"想望的"之间的类推是肤浅的。休谟早已指出，从"是"中推不出"应当"。

不过，不管怎样，很容易直接举出反例来证明这个原则无效。排除不重要的意涵，即不考虑把快乐定义为想要的东西那层意思，我想要的东西是快乐也非普遍正确，尽管欲望的满足确实会使我快乐。此外，有些时候我可能想要某个东西，除了我有这一欲望这个事实外，它与我的生活没有直接关系。例如，一个人会渴望某匹马在赛马中获胜，而没有实际下注。因此，功利主义原则容易得到许多认真的反对意见。但功利主义伦理学仍是有效的社会行动的源泉。因为这种伦理学说宣称，善就是最大多数人的最大幸福。人们可以保留这条原则，完全撇开人们实际上是否以促进这种普遍幸福的方式行事的问题。因而，法律的功能就是要确保最大幸福的实现。同样，在此基础上的改革目标与其说是达到理想的制度，不如说是达到一个真正能给公民带来某种程度的幸福的可行制度。这就是一种民主主义理论。

与边沁相反，穆勒是自由的热情拥趸。他对这个问题的最好阐述，见于名篇《论自由》(Essay on Liberty, 1859)。他曾与哈丽特·泰勒 (Harriet Taylor) 一起，共同从事这部论著的写作，后者在前夫亡故后嫁给了他。在这一名篇里，穆勒强有力地捍卫了思想自由与言论自由，并提议对国家干预公民生活的权力进行限制。他尤其反对基督教自命为一切善之源泉的说法。

18世纪末开始为人察觉到的问题之一，是人口的迅速增长，一俟接种牛痘开始降低死亡率，这个问题就出现了。马尔萨斯（Malthus，1766—1834）对这个问题进行了研究。他是一位经济学家，激进派的朋友；此外，他也是圣公会教的教士。在名著《人口论》（*On Population*，1797）一书中，他提出了人口增长比食物供给增加快得多的理论。人口按几何级数增长，而食物供给仅按算术级数增长。由此必然得出必须限制人口的论点，否则将会造成普遍的饥荒。在如何达到限制人口这一问题上，马尔萨斯采纳了传统的基督教观点，即人们必须接受教育，以便学会"节制"，从而使人口下降。马尔萨斯本人是已婚男人，他在自己身上成功地贯彻了他的理论：在四年内他有了三个子女。

尽管有这种成功，但现在看来，这种理论不如所期望的那样有效。关于这些问题，孔多塞（Condorcet）持有的看法好像更有道理。马尔萨斯鼓吹"节制"，而孔多塞早已提出了现代意义上的节育。为此马尔萨斯从未原谅过他，因为根据他自己严苛的道德观，这种方法属于"恶"。他认为，人工节育与卖淫差不了多少。

正是在这个普遍的问题上，激进派一开始就发生了分歧。边沁曾经支持过马尔萨斯，而穆勒父子倾向于赞同孔多塞的观点。年轻的 J. S. 穆勒在18岁时，因在工人阶级贫民区散发宣传节育的小册子而被逮捕，并因这种冒犯行为而住进监狱。无怪乎自由这一总主题，是他毕生异常关心的问题了。

虽然如此，《人口论》对政治经济学仍不失为一个重大贡献，并提供了某些后来在其他领域中获得发展的基本概念，尤其是达尔文（Darwin，1809—1882）从中得出了自然选择原理和生存斗争的概念。达尔文在《物种起源》（*The Origin of Species*，1859）中，讨论生物增长的几何速度以及随之而来的竞争时说道："这是马尔萨斯的学说，以数倍的力量在整个的动物界和植物界中应用；因为在这种情形下，既不能人为地来增加食物，也没有谨慎的方法以限制婚姻。"在这种不顾一切为有限的生存手段而进行的自由竞争中，胜利总是属于那种最能适应环境的有机体。这便是达尔文的"适者生存"的学说。从某种意义上说，这只是边沁的自由竞争的扩大。然而，

马尔萨斯（1766—1834）

李嘉图（1772—1823）

达尔文（1809—1882）

达尔文与赫胥黎的漫画

在社会领域中，这种竞争必须遵守某些规则，而达尔文的自然中的竞争没有任何限制。适者生存的学说转变成政治术语后，激发起20世纪某种政治独裁思想。达尔文本人不太可能对自己的理论的这种延伸表示赞同，因为他自己也是一位自由主义者，支持激进派及其改革纲领。

达尔文著作的另一部分，也是创造性较小的部分，是进化论。正如我们看到的那样，这种理论可追溯到阿那克西曼德。达尔文所做的工作是，根据他自己对自然的细致而坚持不懈的观察，提供大量的事实细节。他对进化所作的各种论证价值不一，但肯定比那位伟大的米利都人更有根据。另外，达尔文的理论第一次把进化论假设引入更为广泛的公众讨论的领域中。由于它是根据共同的祖先有机体的自然选择来解释物种起源的，所以与现行宗教所持有的创世说相对立。这就导致了达尔文主义者与所有正统基督教派的教徒之间的激烈斗争。

达尔文主义阵营里的主要角色之一是托马斯·亨利·赫胥黎（T. H. Huxley），他是伟大的生物学家。上述争论从这时起有所减退。但是在论战正酣时，关于人与高等类人猿是否具有一个共同祖先的问题，能唤起巨大的感情震动。我倒猜疑，这种说法必定是对猿的无礼；但不管怎样，今天很少有人再为此犯愁了。

从激进派开始的另一条发展道路，直接通往社会主义与马克思。李嘉图（Ricardo，1772—1823）是边沁和老穆勒的朋友，他在1817年出版了《政治经济学与赋税原理》（*Principles of Political Economy and Taxation*）一书。在书中，李嘉图提出了一种被人忽视的却是完好的地租理论，也提出了劳动价值论。按照劳动价值论，商品的交换价值完全取决于生产商品所用的劳动量。这就使托马斯·霍吉斯金（Thomas Hodgskin）在1825年提出，劳动有权利收回它所创造价值的收益。如果地租付给资本家或地主，那就只能是掠夺。

与此同时，工人们找到了为他们辩护的战士罗伯特·欧文（Robert Owen），他在自己的新拉纳克（New Lanark）纺织厂里，对劳工使用了一些很新颖的原则。他是一位有高尚的伦理观点的人，宣称当时对工人盛行的非人剥削是错误的。他的实践表明，在给人们体面的工资而又不必超负荷工作的情况下，工商企业的活动仍能有利润地进行运转。欧文是第一部《工厂法》(Factory Acts) 的幕后推动者，尽管其中的条例远未达到他所希望达到的程度。我们发现，最早把欧文的追随者们称为社会主义者，是在1827年。

欧文的学说绝没有让激进派感到高兴，因为它似乎摧毁了公认的财产概念。由于这个缘故，自由主义者更倾心于自由竞争以及它所能带来的奖赏。由欧文率先掀起的运动产生了合作制度，并有助于促进早期的工会制度。但是，由于缺乏一种社会哲学，这些早期的创造并未立即成功。欧文首先是一位实践家，对他那一套指导观念抱有炽热的信心。为社会主义提供哲学基础，则是留待于马克思的工作。在这方面，马克思以李嘉图的劳动价值论为其经济学基础，以黑格尔的辩证法为其哲学探讨的工具。这样，功利主义就成了那些最终证明是更有影响力的理论的进身之阶了。

位于摩泽尔河畔的特里尔城 (Treves)，在其历史演变过程中一直是圣人的多产之地。它不仅是安布洛斯，而且也是卡尔·马克思 (Karl Marx, 1818—1883) 的出生地。就圣徒而言，马克思无疑是两者中更为成功的人，确实是那样。因为他是那个将他神圣化的运动的创始人，而他那位同城人和像圣徒一般的同行，不过是他自己信条的一位后期信徒。

马克思出生于一个改信新教的犹太人家庭。在大学时代，他深受当时盛行的黑格尔主义影响。他的记者生涯，在普鲁士当局1843年查禁《莱茵报》(Rheinische Zeitung) 时猝然告终。随后，他来到法国，结识了一些重要的法国社会主义者。在巴黎，他遇到了恩格斯 (Engels)，后者的父亲在德国和曼彻斯特拥有几家工厂。恩格斯经营曼彻斯特的工厂，因而能向马克思介绍英国的劳工和工业问题。在1848年革命前夕，马克思出版了《共产党宣言》(Communist Manifesto)。他积极投身于法国和德国的革命。1849年，他被普鲁士政府放逐，到伦敦避难。除几次短期回乡外，他在那里一直居住到生命结束。基本上是恩格斯的援助，马克思和他的家庭才得以维持生活。但是，马克思不顾贫困，满腔热情地进行研究和写作，为他相信的那即将来临的社会革命作好准备。

马克思思想的形成受三种重要思想的影响，首先是他与

卡尔·马克思 (1818—1883)，黑格尔的学生，社会理论家，革命者

哲学激进派的联系。与激进分子一样，马克思反对浪漫主义，追求一种自认为科学的社会理论。从李嘉图那里，他采纳了劳动价值论，虽然他对此作了变动。李嘉图和马尔萨斯曾根据一个心照不宣的假设，论证了现存社会秩序是不可改变的；因而自由竞争使劳工的工资保持在维持生活的水平上，从而控制人数。在另一方面，马克思站在劳动被资本家即雇用者使用的工人立场上看问题。一个人创造出超过他的报酬的价值，这个剩余价值被追逐自身利益的资本家搜刮去，这样，劳工受到了剥削。但这实际上不是个人问题。因为这需要大量的人和大量的机器协同一致，以便按工业标准生产商品。因而剥削应当从生产制度上去理解，从作为整体的工人阶级与资本家阶级同这一制度的关系方面去理解。

弗里德里希·恩格斯（1820—1895）

271

由此我们注意到马克思思想的第二个起源，即黑格尔主义。因为在马克思那里，正如在黑格尔那里一样，受重视的不是个体，而是整个体系。必须解决的问题是经济制度，而不是个别的抱怨。在这点上，马克思尤其不同于激进派的自由主义及其改革方案。马克思主义学说与大抵上以黑格尔为主的哲学理论的关系非常紧密。这也许是马克思主义从未真正在英国流行的恰当原因，因为英国人基本上不大被哲学感动。

马克思的社会发展史观也是从黑格尔处滋生起来的。这种发展演变的观点同辩证法结合在一起，而辩证法是马克思从黑格尔那里原封不动地搬过来的。历史过程按辩证的方式前进。在这里，马克思的解释在方法上完全是黑格尔的，尽管两者对推动力的看法不同。在黑格尔那里，历史过程是一种精神的逐渐自我实现，这种精神奋力向绝对接近。马克思则用生产方式代替精神，用无阶级社会取代绝对。随着时间的推移，一个特定的生产制度会造成与之相联结的各社会阶级之间固有的紧张关系。用马克思的说法，这些矛盾转化为更高的合题。辩证斗争所采取的形式是阶级斗争。斗争持续到社会主义条件下无阶级社会的来到。一旦达到这一步，就没有斗争了，辩证过程也就长眠不醒了。对黑格尔而言，地上的王国是普鲁士国家；对马克思而言，则是无阶级社会。

在马克思看来，正如在黑格尔看来一样，历史的发展是不可阻挡的,两人都是从形而上学理论中推演出这点。针对黑格尔的批评,可以照搬于马克思。就马克思对某些确实发生的历史事件显示出有眼光的估价来说,它们不需要一种据说是推演出来的逻辑。

尽管马克思的阐述方法是黑格尔主义的,但他不承认黑格尔所强调的世界的精神本性。马克思说,必须把黑格尔倒置过来,他开始用18世纪的唯物主义学说来改造它。唯物主义就是马克思主义哲学中的第三个主要因素。但在这里,马克思也对旧唯物主义理论作了新的说明,即使不谈对社会的经济解释中的唯物主义因素,我们也能发现马克思的唯物主义哲学不是机械唯物主义。马克思所主张的是一种相当强烈的能动性学说,它可追溯到维柯。在《关于费尔巴哈的提纲》(*Eleven Theses on Feuerbach*, 1845) 中,他以著名的格言表达出这点:"哲学家们只是用不同的方式解释世界,而问题在于改变世界。"在此提纲中,他提出了一种真理概念,它很容易令人想到维柯的公式,并预示着实用主义的某些痕迹。对马克思来说,真理不是一个沉思默想的问题,而是必须在实践中得到证实的东西。沉思默想的态度与资产阶级个人主义相联结,对这种个人主义,马克思自然不屑一顾。他自己的实践唯物主义属于社会主义的无阶级世界。

马克思力图做到的是为唯物主义夺取能动性学说的地盘,此前它一直由一般唯心主义学派,特别是黑格尔所发展。各种机械论学说由于无视这点而失之交臂,结果竟让唯心主义发掘了这个理论方面。但是,当然在使用之前,必须把它倒置过来才行。说到维柯的影响,也许不完全是有意识的,虽然马克思肯定知道《新科学》(*The Scienza Nuova*)。他把自己的新理论称为辩证唯物主义,由此突出了其中的进化和黑格尔主义的因素。

从这一切当中可以发现,马克思主义学说是一种极为复杂的东西。辩证唯物主义理论是一种其信奉者称为普遍适用的哲学体系。正如所预料的那样,它同黑格尔主义如出一辙,在一些事务上导致了大量的玄思推测,而这些事务实际上最好留给经验科学去探索。这方面最早的例子见于恩格斯的《反杜林论》(*Anni-Dühring*) 一书,他在此书中批判了德国哲学

1848年《共产党宣言》

272

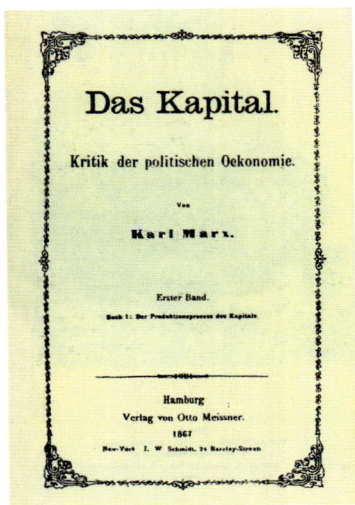

《资本论》扉页，马克思在大英博物馆撰写这本书

家杜林（Dühring）的种种理论。但根据量变演化为质变、矛盾、否定和否定之否定，对水为何沸腾作详细的辩证解释，丝毫不比黑格尔的自然哲学更令人满意。把传统科学指责为追求资产阶级理想，这实际上是于事无补的。

马克思的观点在这点上很可能是对的，即一个社会的一般科学兴趣在某种程度上反映了其统治集团的社会兴趣。因而人们可以认为，文艺复兴时期天文学的复兴促进了贸易的扩展，增强了新兴中产阶级的力量；尽管有人可能会说，用一者来解释另一者不是很容易的。但是，这个学说在两个关键方面是不充分的。首先，很明显的是，一个科学领域内需要解决的特殊问题，与任何种类的社会压力毫无关系。当然，这不是否认存在着解决问题以应燃眉之需的情况。但是，一般来讲，科学问题不是以这种方式来解决的。这就把我们引向辩证唯物主义解释的第二个缺点，即没有认识到科学运动是一种独立的力量。再说，没有一个人会否认科学探索与社会中进行的其他事情之间有重要关系。然而，随着时间的推移，科学研究已经聚集起它自身的力量，它确保了某种程度的自主性。这点适用于所有不为利害得失所动的研究。因此，尽管辩证唯物主义在指出经济影响对形成社会生活的重要性方面是有价值的，但过于简单地运用这种唯一重要的见解就不对了。

在社会领域内，这引起了某些相当古怪的后果。因为如果你不同意马克思主义学说，你就被认为不是站在进步的这一边。"反动分子"是为那些未曾受过新启示洗脑的人保留的称号。按字面意义，这是指你正在与进步反其道而行之。然而，辩证过程保证你会在一定阶段上自行消亡，因为进步最终必定胜利。因而，这就成了用暴力来去除不顺从要素的全部理由。在这里，马克思主义政治哲学有一种浓郁的弥赛亚的色彩。像一种早期教义的创始人所说过的那样，不和我们站在一起的人，就是反对我们的人。这显然不是民主学说的原则。

所有这一切都表明了一个事实，即马克思不仅是一位政治理论家，而且也是一位鼓动家和撰写革命手册的作家。他的写作基调往往富于义愤和正义感。如果辩证法无论如何都将走完其不可阻挡的道路，那么，这点就似乎不太合乎逻辑了。如果像列宁以后说的，国家将要消亡，那么事先对它大发牢骚就是无意义的。但是，这个遥远的历史目标，尽管可以想得十分美妙，对那些此时此刻受苦受难的人来说，却不足以抚慰心灵。因此，任何能救人济事的追求毕竟都是可尊敬的，即便它与辩证的历史演进理论不完全一致。这种理论所宣扬的是用暴力手段来推翻现存秩序。当然，理论的这一方面似乎主要是反映了19世纪工人阶级的绝望处境。它是马克思自己对历史的经济学阐释的一个佳例，它根据主要的经济秩序来说明任何时期人们所持有的观点与理论。这个学说至少在一个方面有接近实用主义的危险。因为看来好像我们正在偏离真理，赞同在经济方面受制约的成见。如果我们现在用同样的问题来问这种理论本身，我们就不得不说，它也只不过是反映了特定时期的某些社会条件而已。但在这里，马克思却为有利于自己而默默地破了例。因为在他看来，根据辩证唯物主义模式建立起来的对历史的经济学阐释，是唯一正确的观点。

马克思基于历史的辩证演进所作的种种预测，并非在所有方面俱告成功。马克思确实相当准确地预见到，自由竞争制度最终将会导致垄断集团的形成。这分明可以从传统经济学理论中看出来。但是马克思的不足之处在于，他认为富则更富，贫则更贫，直到这一"矛盾"的辩证张力增强到唤起革命为止。实际情况根本不是如此，相反，世界各工业国想出了种种调节手段，通过限制经济领域内的行为自由和实施社会福利政策，缓解了经济竞争的顽症。当革命真的发生时，它也不像马克思曾预言的那样，发生在西欧工业化国家中，而是发生在农业国俄国。

马克思主义哲学是19世纪产生的最后一个宏大体系。它产生出伟大的号召力和广泛影响，主要是由于它那乌托邦式预言的宗教特性，同时也是由于它的行动纲领中的革命因素。至于它的哲学背景，正如我们力图表明的那样，既不像人们经常认为的那样简单，也不那样新颖。对历史的经济学阐释是若干一般历史理论中的一个，这些历史理论归根到底都来源于黑格尔。还有一个例子属于后一代，这就是克罗齐的历史理论，它把历史看成是自由的虚构。马克思主义的矛盾学说

马克思的墓，在海格特(Highgate)公墓

奥古斯特·孔德(1798—1857)

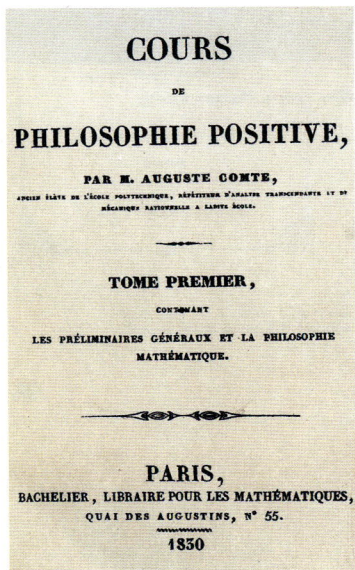
《实证哲学教程》扉页

尤为明显地直接借自黑格尔，并常常碰到同样的困难。在政治上，这对我们自己所处的时代提出了一些有某种重要意义的问题。如今，几乎有半个世界都受绝对信任马克思理论的国家控制。共存的可能性必须包括理论承诺的确实放宽。

在法国，百科全书派的哲学运动在奥古斯特·孔德（Auguste Comte，1798—1857）身上找到了它的继承人。他与哲学激进主义者同样尊重科学，反对既定宗教，他着手对所有科学进行全面的分类，从数学开始到社会学为止。他像同时代的英国人一样，反对形而上学，尽管也像他们那样，对德国唯心主义了解不多。由于他坚持认为，我们必须从经验中直接给定的东西出发，并抑制探索现象背后东西的冲动，所以他把他的学说叫做实证哲学。实证主义正是由此得名。

孔德出生在蒙彼利埃（Montpellier）这一古老的大学城里，他是一个极为受人尊重的传统的政府职员家庭中的孩子，其父是一个专制主义者和严苛的天主教徒，但孔德的见识很快就摆脱了家庭教养的狭隘视野。在巴黎综合工艺学校时期，他曾参加学生反抗一名教授的活动而被开除。这使他后来不能获得大学聘用。26岁时，他出版了第一部实证主义概要之作，从1830年起，陆续出版了六卷本《实证哲学教程》（Cours of Positive Philosophy）。在他生活的最后十年里，他花了大量时间来精心构制实证宗教，欲以此取代既定的教义。这种新的"福音书"承认人性，而不是上帝，是至高无上的。孔德一生健康欠佳，并为流行的精神忧郁所困扰，这把他逼到了自杀的边缘。他以当私人教师为生，用朋友与崇拜者的馈赠弥补不足，在这些人中，我们发现有 J. S. 穆勒。但孔德好像有点不喜欢那些不忠实地承认他是天才的人们，这最终引起穆勒与他的友谊淡漠下来。

孔德的哲学显示出与他所研究过的维柯有某种亲近关系。从维柯那里，他推论出历史在人类事务中占据首要地位的观念。同样，这一源泉也提供了人类社会历史发展各阶段的概念。维柯本人曾从希腊神话研究中得到这种观察结果。孔德采取的是这样一种主张：社会从最初的神学阶段，经过形而上学阶段，最终达到他所谓的实证阶段，它把历史过程带至其真正幸福的目标。就这方面来说，维柯是一位更现实的思想家，认识到社会能够并且确实是从高雅和文明的成就回复到野蛮时代。随罗马世界崩溃而来的黑暗年代，就是一个例子。或许我们自己的时代也是如此。再看孔德，实证阶段由理性科学统治。以上便是孔德著名的发展三阶段理论。曾有人提出这里有几分黑格尔的回声，但这种相似性是表面的。因为从一个阶段到下一个阶段的发展，并不是按照辩证法术语来构想的，而且存在着三个阶段的事实，完全是事出偶然。孔德同黑格尔确有共同之处的地方是，历史过程达到最后完满状态的乐观主义思想。如我们已看到的那样，马克思也持有同样的看法。这是19世纪乐观主义的一个普遍特征。

实证主义理论强调，所有科学领域都曾经历过这种三阶段的演变。到目前为止，唯一已经清除了所有障碍的学科是数学。在物理学中，形而上学概念依然大量存在，尽管相信它距实证阶段不远了。我们在后面将会看到，孔德之后的50年里，力学的实证观点是如何开始被马赫（Mach）接受的。孔德努力想做到的，首先是对整个科学研究领域做出全面的和有逻辑秩序的安排。他的这种努力显示出他是百科全书派的真正继承人。这种秩序的观念自然十分古老，可回溯至亚里士多德。在呈等级制的秩序中，每门科学都有助于说明后继项目，但不能说明在前项目。这样，我们便有了孔德的清单，数学领头，后为天文学、物理学、化学、生物学和社会学。

	逻辑秩序	认识秩序
数学	1	6
天文学	2	5
物理学	3	4
化学	4	3
生物学	5	2
社会学	6	1

逻辑秩序与认识秩序恰好相反

最后一项事关重要。孔德亲自为休谟叫做人的科学的学科创造了"社会学"（sociology）一词。在孔德看来，这门科学今天必须建立起来了，他自视为创始人。在逻辑上，社会学是等级表中最后的，也是最复杂的研究学科；但事实上，我们所有人对我们所生活的社会环境都比对纯数学公理更加熟悉。这就说出历史首位的另一个方面，在维柯那里我们已遇见它。因为人的社会存在就是历史过程。

社会存在的实证阶段激起了孔德的想象力，它具备所有乌托邦思想体系共同的缺憾。孔德此处的思想中有明显的唯心主义影响的痕迹，虽说弄不清楚他是如何受到它的影响的。在发展三阶段的每一阶段内部，都有贯穿于三阶段的渐趋统一的趋势。于是，在神学阶段上，我们以泛灵论开始，泛神论把神圣地位归于原始人所了解的所有事物。从这一阶段我们移向多神教和一神教。趋势总是向着更大的统一。在科学方面，这意味着我们努力把种种现象归入某个单一标题下；在社会方面，这意味着目标是从个体向整个人类发展。这的确有点黑格尔的圆圈遗迹。实证的人类将由科学精英的道德权威来统治，而行使权将托付给技术专家。这种设想与柏拉图《国家篇》中的理想国家不无相同之处。

在伦理学方面，体系要求个人克制自己的欲望，有利于献身人类的进步。这种排斥私人利益而强调"事业"的倾向，也是马克思主义政治理论的特征。如所能预料的那样，实证主义不承认一种内省类型的心理学的可能性。它被明确否定，是因为据说认识过程不可能认识自身。就这个说法是指在认识的情境中，认识者知道他自己的认识，一般来说这是不正确的，那么我们可以认为这个说法是有道理的。然而，把一般假设当作形而上学的东西排除在外，实证主义就误解了解释的本质。

一种迥然不同于实证主义的观点是 C.S. 皮尔士 (Charles S. Peirce, 1839—1914) 的哲学。孔德把假设当作形而上学抛弃，皮尔士恰恰相反，他满足于表明，构造假设是有自身道理的积极活动。皮尔士的著作甚丰，但分散而不完整。此外，他经常爱与难题作斗争，并时常有新想法产生。因而不容易清楚地获知他的立场。然而，他无疑是19世纪后期最有创造性思想的人物之一，并肯定是美国所产生过的最伟大的思想家。

皮尔士生于马萨诸塞州的坎布里奇 (Cambridge)。他的父亲是哈佛大学的数学教授，皮尔士也是该校的学生。除了有两次讲过没几年的课外，他从未谋取到长期的大学聘任书。他在大地测量局任行政职务，除了科学工作之外，他还源源不断创作出论文著作，涉及范围广泛的哲学课题。他未能获取教授职位，和他漠视他生活在其中的那个社会要求顺从的规范不无关系。再者，除了一些朋友学者外，很少有人赏识他的天才，而且没有一个人真正完了了解他。正是他自己一定程度的决心，才使他没有因为这种缺乏承认而变得失望。在最后的20年间，他贫病交迫，但仍然坚持不懈地工作，直至去世。

一般认为皮尔士是实用主义的创立者，但这种看法需要十分严格的限定。当代实用主义并非起源于皮尔士，而是来

276

皮尔士的论文《休谟论自然的奇迹和法则》手稿

自威廉·詹姆斯所认为的,是皮尔士说出来的那种思想。出现这种混淆,有几方面的原因。首先,皮尔士自己的观点在后期著作中变得更清楚了,而詹姆斯树立自己的榜样来自较易受误解的早期论述。皮尔士试图否认詹姆斯归于他的实用主义。因此,他开始把他自己的哲学叫做实效主义*,希望这个不太精致的新词能使人们注意到它们的区别。

皮尔士的一些早期著作以某种形式把实用主义学说陈述出来,从表面判断,这种形式确实允许詹姆斯从中做出推论。皮尔士把真理的定义,同全面讨论探究以及激发追求探究的动机联系起来。探究产生于某种不满足或不安状态,它的目的据说是要达到一种平静状态,在此状态中扰乱的各种影响已消除了。一个人在这些中间平衡阶段上所接受的观点,就那人所知即是真理。但一个人从来不能知道,新的证据也许不要求他改变其立场。我们从来不能一直确定我们没有犯过错误。这种关于探究的一般理论,皮尔士叫做易错论。与此相联系,他说真理是共同体最终定下心来适应的那种意见。按表面意义理解,这当然是荒诞的。因为如果我们所有人都相信二二得五,偏偏又是地球在瞬间毁灭了,那么我们原来的古怪算术就一直错下去了。的确可能有这种情况,如果我所有的邻人都真的相信这种事情,那我至少假装同意他们的观点,也许是明智之举,但这完全是另一回事。皮尔士的陈述必须在易错论的语境中领会。

至于任何特定的真理的意义,皮尔士坚持认为,任何称为真实的陈述都必须具有实践意义。这就是说,它必须允许有某种未来活动的可能性,以及在所有特定的情况下形成相应行动的倾向。一个陈述的意义,据说在于这些实践的后果。詹姆斯正是以这种形式采用了实用主义。但是,必须清楚的是,皮尔士的观点与维柯"真理即行动"极为一致。真理就是你能用你的陈述所做的事。举例来说,如果我做出一个关于化学物质的陈述,那么能经受实验和检验的该物质的全部属性就增强该陈述的含义。粗略地说,这就是皮尔士的意思所

²⁷⁷

---

* pragmaticism(实效主义)比pragmatism(实用主义)多了两个字母。——译者注

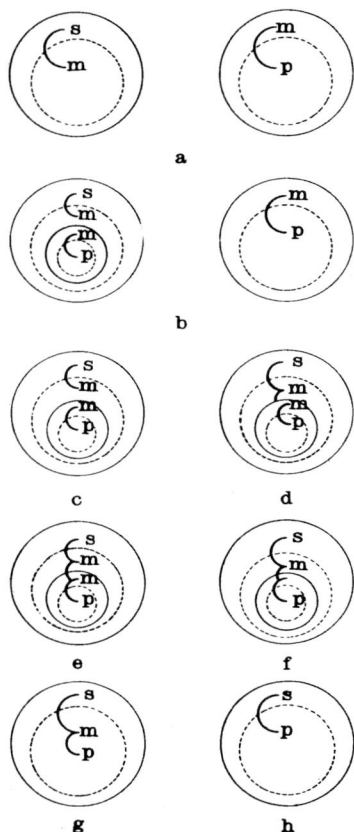

按照皮尔士观点的一系列图解，对三段论的解释

在。詹姆斯从这一切中拣选出来的实用主义，使人想起普罗泰哥拉的公式"人是万物的尺度"。对照皮尔士的意图，维柯的理论更好地表达了它。

在讨论假说的逻辑中，皮尔士作出了一个十分重要的贡献。哲学家曾有过种种猜测：假说或者是演绎的结果，诚如理性主义可能持有的观点那样；或者是归纳的结果，诚如经验主义所认为的那样。皮尔士发现，这些观点一个也不恰当。假说是第三种根本不同的逻辑的结果，皮尔士以他惯有的生动文采称其为"不明推论式"(abduction)。它相当于尝试性地采取一个假说，因为它拯救某些特殊现象。现象被拯救，这当然是演绎的事，但不是接受假说。

同他的父亲一样，皮尔士是一位有造诣的数学家，在符号逻辑领域中，他取得了不少重要发现。别的不说，他发明了真值表法，用来确立一个复合式的真值。这种方法为后来的逻辑学家所使用。新的关系逻辑也应归功于他。

皮尔士极为重视他的图解论证体系，但程序的规则却是复杂难懂的，这种思想看来未曾广泛流行。皮尔士的实效主义使他强调了数学论证的一个令人感兴趣的方面，但它常常没有受到应有的重视。他坚持在逐步建立数学的证明中作图的重要性。这些观点在戈布洛和梅耶松那里，可以再次发现。

皮尔士不仅充分了解数学和他那时代的科学发展，而且也十分精通科学史与哲学史。从这种广阔的视野出发，他预设某种唯实论的形而上学基础。因而他精心制作了他自己的形而上学，明显地倚靠于邓斯·司各特的经院唯实论。他确实持有实效主义与经院唯实论携手并进的看法。不管是否如此，都表明他的实效主义与詹姆斯的实用主义几乎毫无关系。

在他的时代，皮尔士的影响甚微；使实用主义成为一种有影响的哲学的是威廉·詹姆斯(William James，1842—1910)对它的阐释。正如我们已经提及的那样，这绝没有令皮尔士感到高兴。因为皮尔士的学说比詹姆斯的实用主义精妙得多，它只是刚开始得到人们恰当的赏识。

詹姆斯是新英格兰人，一位坚定的新教徒。这一背景在他的思想中犹有留存，尽管他是一位自由的思想家，对一切形式的正统神学抱怀疑态度。与皮尔士不同，他在哈佛大学度过了漫长而又有名望的学院生涯，他是该校的心理学教授。他的《心理学原理》(*Principles of Psychology*) 出版于1890年，至今仍不失为该学科最好的综合性说明之一。对他来说，哲学实际上是一种副业，但后来他被恰当地认为是美国哲学界的重要人物。他为人善良慷慨，强烈向往民主，与他从事文学的弟弟亨利 (Henry) 不同。和皮尔士的哲学比较起来，他的思想不那么深刻；但由于他的人格和地位，他对哲学思想产生的影响要大得多，在美国尤其如此。

詹姆斯的哲学具有两方面的重要意义。他在传播实用主义方面所起的重要作用，我们刚才已经提到过了。他的思想的另一主要线索与他称为激进的经验主义相联系。1904年，在一篇题为《"意识"存在吗?》("Does 'Consciousness' exist?") 的论文中，詹姆斯首次开始表明，传统的主客体二元论对完好的认识论观点是一个障碍。根据詹姆斯的观点，我们必须抛弃把自我意识作为实体而放在物质世界的客体之上，并与之相对立的概念。在他看来，对认识的主客体说明是一种复杂化的理性主义曲解，无论如何不是真正经验的。因为超出詹姆斯所说的"纯粹经验"，我们实际上就没有可依据的东西。它被设想为生活的具体充实性，与随后对它的抽象反映不同。因而认识过程成了一种纯粹经验的不同部分之间的关系。詹姆斯并没有进一步说明这个理论的全部含义，但他的追随者们后来用"中立一元论"来取代老的二元论，它宣称世界上只有一种基本原料。对詹姆斯来说，纯粹经验是构成一切事物的原料。在这里，詹姆斯的激进经验主义被他的实用主义弄糟了，后者不承认与人的生活没有实践关系的任何东西。只有构成经验 (他指的是人的经验) 组成部分的东西，才是有相关性的东西。与詹姆斯同时代的英国人 F.C.S. 席勒 (Schiller) 持有与此十分相似的观点，他把自己的理论叫做"人道主义"。这种学说的麻烦在于，对总认为是其主要任务之一的科学而言，它的范围太窄；就此而言，常识亦然。探索者必须把自己视为世界的一部分，后者总是超出他的视野范围。否则，追求就无任何意义。如果我必然与世界可能意指的任何东西有共同的边界，那我或许也在一旁闲着了，随波逐流了。尽管詹姆斯正确地批判了旧的心物二元论，但他自己

威廉·詹姆斯 (1842—1910)

纯经验的理论却不能被人接受。

在理性主义对经验主义的一般问题上，我们必须提到詹姆斯划出的一个著名区别。根据这个看法，各种理性主义学说往往强调精神，由此而忽视物质。它们具有乐观主义气质，力求统一，偏爱沉思而忽视实验。那些倾向于接受这样一些理论的人，詹姆斯称之为理想主义的。另一方面，有一些经验主义理论更专心于物质世界，它们是悲观主义的，认识到世界的分离性，喜欢实验胜于设计。这些观点得到讲究实际的人的支持。当然，这种区分不能过分执著。实用主义学说肯定属于这种两分法的讲究实际的一方。在题为《实用主义》(*Pragmatism*, 1907) 的论文中，詹姆斯对其理论作了解释，并指出它有两个方面。一方面，实用主义是一种方法，詹姆斯把它与经验主义态度等同起来。他审慎地坚持，作为一种方法，它不指定任何特定的结果，而仅仅是一种对待世界的方式。这种方法大意是说，不具有任何实际差异的那些区别是无意义的。随之而来的是不承认任何议题有最终定论。这个观点大部分直接来自皮尔士，并确实受到经验主义探索者的称赞。如果不涉及更多的事情，詹姆斯便会相当适宜地说，实用主义只是某些旧思维方法的新名词。

然而，詹姆斯从这些极好的原理出发，不知不觉地滑入某种非常成问题的想法中。实用主义方法使他得出这样的看法，认为科学理论是未来行动的工具，而不是对自然界问题的最终可接受的答案。不应该把理论看成是若干词语的魔法咒语，这使巫师能够保持对自然的控制。实用主义者坚持严格检查每一个词语，并问詹姆斯所谓的"兑现价值"是什么。由此只要再走一步，就达到了实用主义真理观，即真理具有成效的后果。杜威的工具主义真理概念也谈到完全相同的事。

在这里，实用主义本身成了一种最暧昧的形而上学学说，皮尔士煞费苦心地摆脱与它的干系，这就可以理解了。且不谈目前确定什么是一个特定观点的后果的困难，也不谈这些后果是否最终证明是富有成效的；无论如何，仍然留下这一事实，某些后果要么会有成效，要么并不会那么有成效。总之，这必须以普通的、非实用主义的方式来确定。说后果总有某种不确定的成效，从而回避上述问题，这是行不通的；那样的

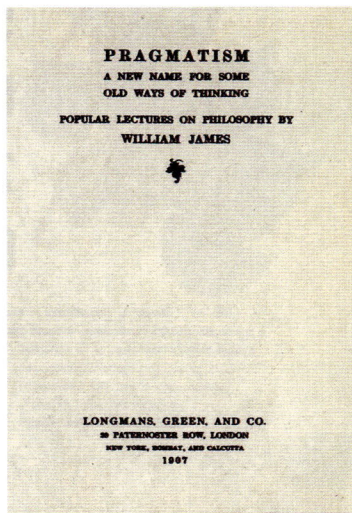
《实用主义》扉页

话，会使我们只不过完全接受一切。在某种程度上，詹姆斯好像感觉到了这个困难，因为他承认一个人有采纳某些信仰的自由，只要这能增进幸福。宗教信仰提供了一个很好的事例。但是，一个信教的人持有他的信仰，完全不是这种情况。他并不是因为估计到这些信仰将会产生满足而怀有信仰；恰恰相反，正是因为他信仰，他才幸福。

从希腊哲学产生伊始，数学就一直是哲学家们特别感兴趣的一个学科。近两百年来的进展，突出地证实了这点。莱布尼茨和牛顿建立的微积分，在18世纪导致了数学发展的大突破。然而，数学的逻辑基础并没有被恰当地理解，大量使用的是一些站不住脚的概念。

在那些日子里，数学分析极为重视"无穷小"的概念。人们认为，它对新创建的微积分的功能起到了根本性的作用。无穷小是数量，既非没有大小，也非有限的，而是"难以觉察"地小。据假设，在构成微分系数和积分中起作用的正是这样一些量。说到底，无穷小在数学家庭秘事中，当然是最陈旧的东西之一。因为它可追溯到毕达哥拉斯的单元，它是这种存在物的同样表述。我们已经看到，芝诺是怎样揭露毕达哥拉斯学说的。在现代，对无穷小理论的批判意见也来自哲学家。贝克莱可能是第一个指出其中包含着困难的人，在黑格尔对这些事情的讨论中也有一些有力的论点。但数学家们起初对这些警告置之不理，他们继续我行我素地发展他们的科学，他们这么做也是有理由的。过早地施加太多的严格要求，常常会扼杀想象力和弄巧成拙，这正是新学科的起源与发展的特殊事实。有摆脱横加指责的一定自由，往往能促进一门处于早期阶段的学科的发展，即使这意味着有犯一些错误的风险。

然而，任何领域发展到一定时期，就必须加强严格标准。数学的严密时代是在19世纪初来临的，法国数学家柯西 (Cauchy) 首先发难，他确立了一种系统的极限理论。它和德国魏尔斯特拉斯 (Weierstrass) 的后期工作结合起来，使得不用无穷小成为可能。关于连续性和无穷大数的一般问题，则处在这些发展的幕后，它们首次由乔治·康托尔 (Geoerg Cantor) 研究。

从芝诺及其悖论的时代以来，数的无限性一直造成麻烦。

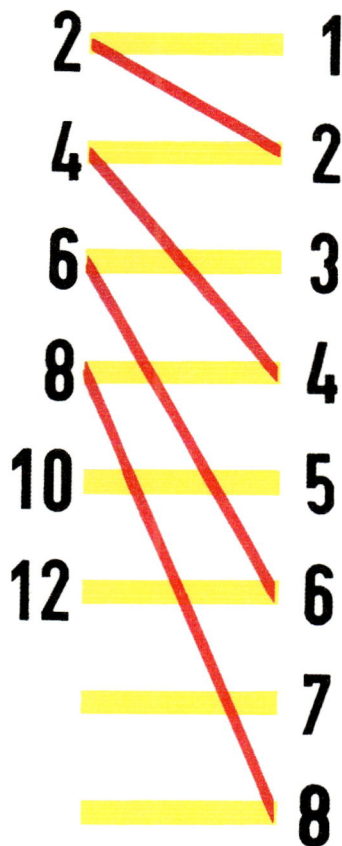

康托尔的悖论之一：有多少个偶数就有多少个奇数

如果我们回想一下阿基里斯与乌龟的赛跑，我们可以将这场竞赛的一些令人困惑的方面说明如下：阿基里斯每到一个地点，总有一个地点为乌龟所占据。因而两个选手无论在什么时候，都呈现出有同样数量的立脚地点。但阿基里斯显然走了更多的路，这看上去违背了整体大于部分的常识。但当我们讨论无穷集合时，却并非如此。举一个简单的例子来说，正整数数列，这是一个无穷集合，它包括奇数与偶数。除去所有奇数，你也许会认为，留下的数是原来数的一半。但剩下的偶数却和原来总的数目一样多。这个多少有点令人惊讶的结论，可以相当容易地证明。先写下自然数数列，然后在它旁边依次写下每个数加倍后所得的数列。第一数列的每个数，在第二数列中都有对应项。就如数学家们指出的那样，它们之间存在着一一对应的关系。因而，两个数列就有同等数目的项。所以，就无穷集合来说，部分包含着与整体同样数目的项。康托尔就是用这种属性来定义无穷集合的。

在此基础上，康托尔提出一整套关于无穷数的理论。特别值得一提的是，他证明存在着大小不同的无穷数，尽管人们当然不能完全用谈论常数的方式来考虑这些数。比自然数列的无穷大更高的无穷大的一个例子是实数数列，即连续统，就如人们有时叫它的那样。假定所有十进小数都按大小顺序排列，我们现在取第一项的第一个数，第二项的第二个数，如此类推，并把每一数自乘一次，这样就构成一个新的小数。这个得来的小数与列表中的所有小数都不同。这证明一个可数的列表原先不能构成。十进小数的数是无穷的，次数高于自然数的数。这个所谓的对角线法，后来在符号逻辑中也曾有过某种重要作用。

近19世纪末时，另一个对逻辑学家具有根本重要意义的问题开始引起注意了。从最早的时候起，数学家就怀有雄心，一直想要证明，他们的全部科学是从一个单一的出发点，或至少是尽可能少的出发点演绎得来的体系。这是苏格拉底善的形式的一个方面。欧几里得的《几何原本》提供了所需的一例，即使欧几里得本身的论述也有缺陷。

就算术而言，意大利数学家皮亚诺 (Peano) 提出了一小组公设，从它能够推演出其余一切。基本陈述有五条。它们共

皮亚诺的公理：一个数的后继者是数，一个数都有一个且只有一个后继者；零是一个数，但不是一个后继者。最后，数学归纳的原理

同确定了级数的种类，自然数列是其中的一例。简要地说，这些公设表明，每一个数的后继者也是一个数，且每一个数都有并且只有一个后继者。数列从零开始，零是一个数，但它本身不是一个数的后继者。最后，有这样的数学归纳的原理，根据它确立数列的所有成员所具有的一般属性。于是，该原理就变成：如果任何数"n"的特定属性也属于它的后继者，并且属于零，那么它也就属于数列的每一个数。

从皮亚诺的时代起，人们对有关数学基础的问题产生了新的兴趣。在这个领域中，有两种对立的思想学派。一方是形式主义者，他们主要关心的是一致性；另一方是直觉主义者，他们采取了有点实用主义的路线，要求你应能指明你恰好在谈论的东西。

这些数学发展的共同特征在于它们对逻辑学家的影响。的确，在这里逻辑学和数学正开始在边缘地位合流。自从康德——他认为逻辑是完备的时代以来，逻辑理论研究发生了很大变化。尤其是用数学公式系统来处理逻辑论证的新形式已经产生了。这种处理逻辑问题的新方法的第一个系统说明，应归功于弗雷格 (Frege，1848—1925)，但他的工作直到我在1903年注意到它为止，有20年是完全被人忽视的。在他自己的国度里，他在很长时间里，一直是一个无名的数学教授。只是近些年来，他作为哲学家的重要地位才逐渐得到承认。

弗雷格的数理逻辑可追溯到1879年。他在1884年出版了《算术基础》(*Foundation of Arithmetic*) 一书，这个方法运用于对皮亚诺的问题进行更为根本的探讨中。皮亚诺的公理尽管非常精炼，但从逻辑的角度看，它还不能令人满意。因为断言数学的基础就应该是这些陈述，而不是其他一些陈述，这看来多少有些武断。皮亚诺本人甚至从未想过这些事情。用最一般的形式来解决这个问题，就是弗雷格向自己提出的任务。

弗雷格着手做的事是按他的符号系统的逻辑结果，把皮亚诺的公理表示出来。这立刻就会除去武断的瑕疵，并说明纯数学只是逻辑学的一种延伸。尤其是这必然会得出某种关于数自身的逻辑定义。把数学归结为逻辑的思想，显然是从皮亚诺的公理中联想到的。因为这些公理把数学的本质词汇

弗雷格（1848—1925）

限定在"数"和"后继者"这两个术语上。两者中的后者是一般的逻辑术语；要把我们的词汇全部转换为逻辑术语，我们只需对前一个术语给出逻辑说明就行了。弗雷格的确这样做了，他用纯逻辑概念来定义数。他的定义结果和怀特海与我本人在《数学原理》(*Principia Mathematica*) 中提出的定义几乎相同。该书说明，一个数是与特定集相似的所有集的集。因而，由三样物体组成的每一个集都是数字3的一个实例，而数字3自身是所有这类集的集。至于一般的数，这是所有特殊数的集，因而证明是一个第三阶的集。

从这个定义中产生的一个也许出人意料的特点是，数不能一起相加。尽管你能把三个苹果加到两个梨上而得出五个水果，但你不能把所有3的集加到所有2的集上去。不过，正如我们看到的那样，这实际上根本算不上新发现。柏拉图早已说过，数是不能相加的。

对数学的探讨，弗雷格详细地表述了一个句子的意义与所指之间的区别。这需要说明这一事实，等式不只是空洞的重复。等式两边具有共同的所指，但意义不同。

作为一种符号逻辑系统，弗雷格的阐述没有产生很大影响，究其原因，部分的无疑是它那错综复杂的记号。《数学原理》中运用的符号体系，有些应归功于皮亚诺的符号体系，人们发现更适合些。从那时起，相当多的记号开始在数理逻辑中使用起来。其中最优雅的一种是著名的波兰逻辑学派创立的，它由上次大战扩散开来。同样，在精简记号和基本公理两方面也有很大的改善。美国逻辑学家希弗尔 (Sheffer) 采用了一种单一的逻辑常项，命题演算的那些常项可以根据它而依次确定下来，借助这种新的逻辑常项，就有可能把符号逻辑系统建立在单一公理之上。但所有这些都是具有高度技术性的事务，在此无法详述。

数理逻辑就其纯形式那一方面来看，不再是哲学家自身关心的事情。它由数学家来处理，当然它是一种非常特殊的数学。哲学家感兴趣的是那些由符号表示的一般假说产生的问题，这些假说是在一个体系能够运行之前做出来的。同样，哲学家也有兴趣于一些自相矛盾的结论，在构建符号体系时有时会得到这样的结论。

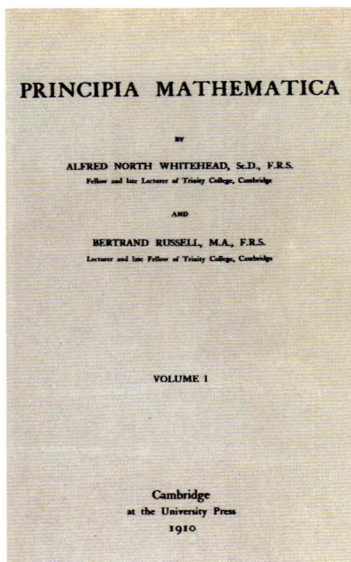

283

PRINCIPIA MATHEMATICA

BY

ALFRED NORTH WHITEHEAD, Sc.D., F.R.S.
Fellow and late Lecturer of Trinity College, Cambridge

AND

BERTRAND RUSSELL, M.A., F.R.S.
Lecturer and late Fellow of Trinity College, Cambridge

VOLUME I

Cambridge
at the University Press
1910

1910年版《数学原理》

《数学原理》的作者（怀特海）　　　　　（罗素）

　　一个这样的悖论出现在《数学原理》有关数的定义中。"所有集的集"的概念是它的原因。因为显然所有集的集本身就是一个集，因而也属于所有集的集；这样，它就把自身作为它的分子之一包含在内了。当然，有许多别的集不具有这种属性。所有选民的集自身不享有普选的益处。当我们考虑到那种不是自己的成员的所有集的集时，就立即产生了悖论。

　　问题在于，这个集是不是它自己的一个成员。如果我们假定它是自己的一个成员，那么它就不是一种确实包括自己的集的一个例证。但为了成为它自己的一个成员，它必须属于那种原本正在考虑的类型，也就是说，不是它自身的一个成员。如果反过来，我们假定在讨论中的集并不是它自己的一个成员，那么它就不是一种不包括自己的集的例证。但为了不成为它自己的成员，在被提最初问题的那个集里，它一定是集的一个，所以它是它自己的一个成员。无论哪一种情况，我们都得到了一个矛盾的结论。

　　如果我们注意到如下一点，那么困难就是可以消除的：不能在完全同样的立足处把各集看成是各集的各集，正如人们一般不在与国家同一层次上来讲人们一样。因而事情变得很明显，我们不应该像我们在建立悖论时所做的那样，善辩地谈论不是自己成员的那些集。有关悖论的一些困难，已有各种各样的解决方式，然而，在如何消除悖论的问题上，还没有达到普遍同意的看法。但是同时，这个问题使哲学家再次意识到，亟须对造句和用语进行审查。

当代

当生活的复杂性增长，控制它的手段也增长了："电脑"的一部分

在探讨过去七八十年的哲学时，我们面对着一些特殊的困难。因为我们还是这样地接近这些发展，以致难以保持适当的距离和不偏不倚的态度来看待它们。过去的、相隔更远的思想家已经经受了后来各世代的批判性评价的考验。随着时间的流逝，一个缓慢的过滤过程正在进行，它能帮助人们较轻松地完成选择的任务。一位次要的思想家在一个长时期内获得他的著作所不配享有的那种声誉，终究是少见的；尽管另一种情形也发生了，即重要的人物被不公正地遗忘了。

就最近的思想家而言，选择的问题变得更困难了，而达到一种平衡的观点的机会也更不确定了。对过去的思想家来说，从总体上看清楚他们思想发展的不同阶段是可能的，但现在的思想家太接近我们了，以至不允许我们以同样的自信去理清他们不同的发展线索。的确，实际情形不可能不是这样。事后才入手去理解哲学传统的发展，是较易达到明智的见解的；然而，想象当代变化的意义能够从所有这些变化的特殊细节中被演绎出来，不过是一个黑格尔式的幻想。至多一个人所能够希望的是，看清楚某些一般的、能够被早期的事件连接起来的倾向而已。

19世纪晚期的标志，是一些曾影响我们这个时代知识界风气的新发展。首先是植根于前工业化时代的旧生活方式瓦解了，技术力量的蓬勃增长使生活一反常态而极度错综复杂起来。善乎，恶乎，不是这里要谈的。我们只注意到，对我们这个时代的需求更加多种多样了，同时，我们日常生活的要求更是空前复杂化了。

所有这一切也反映在知识界。那里，有一个时期单个人掌握几门学科是可能的；而现在对任何人来说，甚至要获得对单一领域的透彻把握也变得愈来愈困难了。理智的追求分解成非常狭窄范围的分隔空间，已经在我们自己的时代中导致了真正的语言混乱。这种不健康的状况，乃是随着当代技术社会的发展影响人们的某些变迁的结果。在并不太遥远的过去，不仅在一个确定的国家中，而且在整个西欧的范围内，那

些已经达到一定教育程度的人都有一个占优势的共同背景。当然，这并不是一种普遍的或完全平等的美好状态。在过去，教育通常是一种特权，这种特权作为一种排他性，已经在很大程度上被消除了；现在唯一可以接受的标准是能力，它是一种不同种类的特权。这个理解上的共同的基础已经消失了。在青年人有时间发展更广泛的兴趣和理解之前，这些专业化的要求和压力已经把他们引导到狭窄的轨道上去了。所有这一切的结果是，对那些致力于探讨不同的学科分支的人来说，相互交流常常是极端困难的。

285

但是，19世纪已经出现了另一种，甚至更字面化的语言混乱。从无法追忆的时代以来，作为所有国家有学问的人表达的共同媒介，已经衰微而终于死亡。从西塞罗到文艺复兴时期，拉丁语已经成了学者、思想家和科学家的语言。19世纪初，高斯 (Gauss) 用拉丁文写下了关于曲面问题的名著，但是，这在某种程度上已经显得有点古怪了。今天，任何一个领域的探索者，如果希望找到一条通向自己专业的工作道路，除了他自己的母语外，他还必须能运用两到三种语言。这已经成了一个头等重要的问题。到目前为止，这一困难的解决办法还没有被发现，不过，某种现代语言似乎最终将不得不执行过去拉丁语充当过的那种职能。

19世纪理智生活的另一个新特征，是艺术追求和科学探讨之间的分裂。这是一种倒退的倾向，这种倾向与文艺复兴时期的人文主义者确立的思想态度是正相反对的。那时候，那些早期的思想家都按照和谐和比例的一般原则来探讨科学和艺术；在浪漫主义的影响下，19世纪产生了一种猛烈的反动，对抗似乎是科学进步对人们的侵犯。科学的生活方式连同其实验室和实验，似乎抑制了艺术家所需要的自由的和冒险的精神。无疑地，歌德已经以一种浪漫主义的情调表述了一个十分古怪的见解，即实验的方法并不能揭示自然界的秘密。无论如何，实验室和艺术家的工作室之间的对照，很好地说明了我们已提到过的这种分裂。

与此同时，科学与哲学之间的某种分离也出现了。在17世纪和18世纪初期，那些在哲学上做出重要贡献的人，常常不单单是科学问题的业余爱好者。在19世纪期间，不论是在英国还是在德国，大致由于德国唯心主义哲学，这种哲学观的眼界已经消失了。正如我们已经指出过的那样，在那个时候，法国人对德国唯心主义有某种程度的免疫力，只是因为他们的语言不适合于这种思辨。结果，科学与哲学的分离对法国的影响也就不同于德英两国。从那个时候起，这种分离在总体上延续下来了。当然，科学家们和哲学家们并没有完全相互漠视，但是，说每一方常常不能理解另一方在做什么，这样的评论似乎是公正的。当代科学家在哲学中的漫游与唯心主义哲学家在相反方向的远足，常常都是不愉快的。

科学的严酷：居里夫人（Madam Curie）在实验室

在政治领域里，19世纪的欧洲也处在尖锐的民族冲突中。以前的世纪还从来没有以这样狂热的态度对待这样的问题。那时，当法国和英国处在交战状态时，英国贵族像他们习惯的那样，在地中海沿岸度过冬季是可能的。战争尽管凶险，大体上却多少有些松松垮垮，不像最近一百年来的国家大战。像当代的其他许多事务一样，战争现在已经变得大大地有效了。迄今为止，试图把世界从完全的毁灭中拯救出来，只有指望其统治者日复一日的无能。但是，使公众事务的领导权落入到某个当今的阿基米德手里，他的战争机器是原子的而不是枪炮，我们将很快发现，我们自己会成为碎片。

可是，19世纪后期还完全没有预见到这些变化，相反，在那个时候占统治地位的是一种科学的乐观主义。它使人相信，天国行将在地球上出现。科学和技术所取得的巨大进步，似乎使所有问题即将解决成为可能。牛顿的物理学正是完成这一任务的工具。但是在这里，下一代的种种发现，给那些只需把著名的物理学原理应用于特殊情况的人以一次沉重的打击。在我们的时代，那些有关原子结构的发现已经粉碎了那种从18世纪末到19世纪初发展起来的自我满足。

然而，这种科学的乐观主义的某些方面在当代仍然存在。的确，从科学和技术方面改变世界的范围似乎是无止境的，同时，甚至在专家们中间也有越来越多的怀疑，即一个勇敢的新世界也许不完全是那么纯净的上帝赐福，如其过分热切的鼓吹者想象的那样。人们之间的差异在很大程度上能被消除，是一桩不幸的寻常事，在我们自己生活的时代，我们已有足够机会观察到。这可能使人类社会变成一架更有效的和更稳定的机器。但是，在科学中，正像在任何其他领域中一样，这种现象肯定将招致一切理智努力的终结。实际上，这种梦想乃是黑格尔式的幻念。它假定存在着能被达到的终极的东西，假定探索是达到终极的东西的一个过程。然而，这是一个荒谬的观点；相反，探索是无限的，这一点似乎大家都很清楚。归根到底，这种情形或许会使我们不受乌托邦幻想设计者们不断设计出来的那种目标的损害。

科学控制的巨大范围提出了具有伦理特征的新社会问题。科学家的发现和发明，就其本身而言，在伦理上是中性

在艺术方面，浪漫主义生气勃勃：萨拉·伯恩哈特（Sarah Bernhardt）在她的沙龙

的。正是它们赋予我们的那种力量,可能被善意地或恶意地加以利用。作为一个问题,它确实并不是真正新的。使得科学的成果在今天变得更危险的,是目前可利用的破坏工具的可怕功效。另一个差异看来在于,权力和控制的现代科学的来源在用于破坏时不加区别的特征。确实,我们距希腊人的时代已经很远。一个希腊人在战争时代可能犯下的最严重的罪恶之一,是砍倒橄榄树。

但是,在倾听了所有这些警告之后,或许我们应该记住,正确地观察自己的时代乃是一件非常困难的事。何况,在我们文明的整个历史上已经出现过这样的情形,即当所有的东西似乎都已丧失的时候,有眼光和事业心的人们,最终总会出来进行纠正。此外,我们还可以说,我们正面对的处境完全不同于以往已发生过的任何事情。最近一百年来,西方已经经历了在历史上无法预见的物质上的变迁。

科学对哲学的反动,归根到底是孔德的实证主义的一个结果。关于这一点,我们发现孔德满足于把假说排除在外。自然过程应该被描述而不是被解释,这种纲领在某种意义上关联到当时科学乐观主义的一般状况。只有当人们感觉到科学的事业已经达到某种完善的程度,它的目标已清晰可见时,这样一种对待理论的态度才会出现。在这方面,值得注意的是,在牛顿著作中有一段话,它常常被人断章取义,被人曲解。在讲到光线传播的方式时,牛顿以谨慎的态度说,他没有构想假说。在这里,解释的方法没有被尝试,但并不等于暗示说,这一方法是不可能被尝试的。不过,我们可以确认,像牛顿理论这样一种强有力的理论,一旦提了出来,将在一段时间内得到充分的应用,而不需要这种假说。在科学家们的思想中,牛顿物理学将会解答所有的重大问题,因而他们牺牲解释而坚持描述就是很自然的了。唯心主义的哲学家倾向于以黑格尔的方式,把所有的探索的分支,都集中到一个宽泛的、包罗万象的体系中;与此相反,科学家们感觉到,他们的研究不应该被淹没在一元论的哲学中。至于实证主义者要求停留在经验和对经验描述的范围内,这是有意识地诉诸康德和他的追随者。为探寻现象的原因并试图提供各种解释,等于越界侵入解释的范畴不适用的本体界。因此,这必定是一种耽于空想的举动。

德希里克(De.Chirico)的《伟大的形而上学者》,寻求意义的象征(纽约现代艺术博物馆)

这种对科学理论的探索方法，是对探求者活动的哲学含义感兴趣的一群科学家的特征。当那些思想家们在那里求助于康德的名字时，应该记住，使他们感兴趣的那种见解并不是正统意义上的康德的见解。因为正如我们所了解的，康德的知识理论使解释的范畴结构成为经验的先决条件。在目前的情况下，解释被宣布为非科学的，因为它被假定是超越经验的，人们不能说这些科学的实证主义者已经很好地理解了康德。

这个团体最著名的代表是恩斯特·马赫 (E. Mach, 1838—1916)。他的《力学》(*Science of Meehanics*) 提供了对机械运动实证的说明。在这样做的时候，他非常小心地避免使用在一定程度上会导向牛顿物理学的经院式的术语。像力这样的术语就很适合这种情况。力并不是某种人们可以见到的东西，所有我们能够说的东西只是以确定的方式运动的物体而已。因此，马赫取消了力的概念，按照加速度的纯粹动力学的概念来定义它。当然，马赫并不打算创制一种作为更有影响力的科学的力学。实际上，实证主义的作用是把奥卡姆的剃刀应用到那些似乎是无效的科学概念明显过量的增长。在这里，我们不可能仔细审视这种删减概念的操作，究竟到什么程度才算合理。但是，对坚持一般的科学方法论来说，它有某种重要的意义。判定假说不值得一驳，会误解解释在科学中的作用。一个假设做出解释，意思是说它拯救现象，又能预测未来。如果它本身不是探索的对象，它可以继续解释，只要它不歪曲事实。但是，它作解释，只因为它本身还没有得到解释。当它反过来需要被拯救时，它就不再作解释，但是一定要用其他现在仍未得到解释的假说对它加以说明。这一点也不神秘。你不可能同时解释每一样东西，但是，实证主义者的错误在于坚持你完全不能解释任何东西。因为假定你实际上决定抛弃所有的假说。我们究竟怎样来从事科学研究呢？被保留下来的所有的东西似乎只是培根的分类法；但是，正如我们已看到的那样，这种分类法并不能引导我们走得更远。因此，正是科学还在继续发展这一事实表明，马赫一类人的实证主义是虚假的。对实证主义学说最坦率的批评，可以在梅耶松的著作中发现，在梅耶松的著作中，我们发现了一个原则上是真正康德式的、尽管并不详尽的认识论。

289

$$\nabla^2 \psi + \frac{8\pi^2 m}{h^2}(E-V)\psi = 0$$

理论科学的方程式，通常被解释为操弄符号而已

在试图用科学取代他们称为贬义的"形而上学"的时候，科学哲学家们经常落到他们自己的形而上学的困境之中。这在某种意义上并不令人感到吃惊，因为尽管他们带着某种不偏不倚的态度，拒绝哲学家们的形而上学思辨；但是，他们可能忘记了，科学探索本身总是在某种预先择定的假定的基础上来进行的。至少在这个范围内，康德似乎是正确的。所以，举例来说，对科学工作来说，因果性的一般概念就是事先必需的，它不是研究的结果，而是一个预先假定。即使它只是一种默契，但没有它，研究工作是无法展开的。从这样的观点看问题，近来在科学家的著作中出现的哲学的新颖东西，并不像初看起来那么令人鼓舞。

就科学陈述和程序的意义而言，为照顾一种数学的形式，它们已倾向于被搁在一边。在某种意义上，科学的发现已经颠覆了牛顿严格的、封闭的世界观。但是科学家们并不试图扩大这种观点，他们基本上已满足于借助数学理论来处理问题；在得到适当阐释时，数学理论会产生充分效果。对计算和变换的一些中间阶段则不予理会，它们只作为一套规则起作用。这种虽然不是普遍的但广泛流行的态度，令人好奇地联想到毕达哥拉斯及晚期文艺复兴的追随者们对数的神秘主义。

在哲学本身中，这些一般的倾向已经产生了一个脱离科学的运动。不论大陆上唯心主义潮流的复苏，还是大不列颠占主导地位的语言哲学，确实有这种倾向。对后者而言，在某种意义上这是确实的，哲学的事务不再是从事发现，而是评价谈论各方面所公认的东西的不同方式。无论如何，这是哲学通常已经在做的工作之一，不过，不同的哲学会在不同的程度上促进或阻碍科学探索的进步。

现在我们必须转向真正的哲学，在19世纪的后期，来自大陆的唯心主义支配着英国的舞台。在不列颠，雨水来自爱尔兰，唯心主义则来自德国。然而，在这个领域里，占支配地位的人物不得体地在黑格尔主义的传统之中。在牛津进行研究和著述的 P. H. 布拉德雷 (Bradley，1846—1924)，以批判的方式拒斥了唯物主义，其目的是达到绝对，使人联想到斯宾诺莎的神或自然，而不是黑格尔的绝对理念。就他在讨论中采纳的

辩证法而言，并不像在黑格尔的著作中那样，是一个有机发展的原则，而是在柏拉图和爱利亚学派前辈传统中一种推论的武器。确实，布拉德雷努力反对黑格尔很理智的一元论，在黑格尔的著作中，有一种把认知和存在等同起来的倾向；也有一种最终返回到苏格拉底和毕达哥拉斯那里去的见解。布拉德雷试图走到理性思想及其范畴的下面，达到纯粹感觉和经验的层面。在这个阶段我们能谈论实在。至于思想，这总是实际上存在的东西的一种歪曲。它产生的只是现象，因为它把性质不同的分类和联系框架强加于真实的东西，因而歪曲了它。因此，布拉德雷认为，在思考的过程中，我们必定不可避免地使自己陷入矛盾之中。布拉德雷的这一学说是在一本题为《现象和实在》(*Appearance and Reality*) 的著作中提出来的。

布拉德雷对思想进行攻击的要旨是，思想是必然地有关联的；正如他试图证明的，这些联系又使我们陷入矛盾之中。为了确立这种古怪的结论，布拉德雷像柏拉图笔下的巴门尼德反对苏格拉底的分有理论一样，使用了第三个人论证的方式。一方面，性质和关系是有区别的；另一方面，它们又是不可分离的，在任何给定的性质中，我们应该能够把严格地定性的部分同把获得物所赋予的相关联系的部分区分开来。可是，我们无法在性质不同的各部分之间作区分，即使可能，我们也会面对把两个部分再度关联起来的问题。这牵涉到一种新的关系，在这里第三个人的论证已经在发生作用了。

所以，思想的领域和与思想有关的科学领域都陷入了矛盾之中，它们属于现象而不属于实在。在这里，布拉德雷虽然和休谟的思想基础不同，但在绕了一个古怪的圆圈之后，他得出了和休谟一样的结论。然而，像休谟一样，他拒斥了自我这一概念，因为它牵涉到各种关系。出于同样的理由，已确立的宗教的上帝也必然会作为现象而被消除。

在如此处理了现象之后，布拉德雷在绝对中发现了实在，看来那种绝对是某种爱利亚学派的太一，是在比理性思想更直接且更直观的层面上，从内部被体验到的。在这一绝对中，所有的差异都被统一起来了，所有的冲突都被解决了，但这决不意味着现象被废除了。在日常生活中，我们思考着、从事着使我们关联到现象的科学研究；同样地，人们所犯的罪恶作为

P.H. 布拉德雷 (1846—1924)

APPEARANCE AND REALITY

A Metaphysical Essay

BY

F. H. BRADLEY, LL.D. GLASGOW

Fellow of Merton College, Oxford

SECOND EDITION (REVISED), WITH AN APPENDIX

London
SWAN SONNENSCHEIN & CO., Lim.
NEW YORK: THE MACMILLAN COMPANY
1897

布拉德雷的著作《现象和实在》，1893年第一版

贝内德托·克罗齐（1866—1952）

这篇论文（1913）是为得克萨斯州休斯敦大学莱斯学院所作的就职演讲稿

现象也牢牢地植根于世俗世界。但是，在绝对的层面上，这些缺陷似乎都消失了。

在贝内德托·克罗齐 (Benedetto Croce, 1866—1952) 的哲学中，我们发现另一种形式的唯心主义，在某种意义上源自黑格尔主义。尽管在这里，维柯的直接影响甚至更重要。克罗齐不是学院式的哲学家，他漫长的一生都享有经济上的独立性，由于他的国际性声誉，在法西斯时期他幸存下来了，并没有受到太多的骚扰，战后在意大利政府中担任了好几个职务。

他写下了大量论历史和文学的著作。1905年，他创建了文学杂志《批评》(La Critica)，并担任了该杂志的编辑工作。他的哲学探索的特点是注重美学，认为凝视一件艺术作品的时候，心灵沉浸于具体经验。

黑格尔的一元论并没有为不列颠经验主义的认识论困难，或者甚至康德理论的认识论困难留下余地，克罗齐与黑格尔共享的观点是，实在是精神性的。但是，尽管黑格尔在对辩证法的强调中，坚持精神的过程关涉对各种障碍的积极克服，在这里克罗齐似乎直接回到了维柯的"真理即行动"的等式中。无论如何，他意识到了黑格尔主义的某些主要弱点，其中一个弱点是把辩证法应用到自然中；另一个则是散布了以三分法为特征的数的神秘主义；但最重要的是，黑格尔在唯心主义体系的观念中失去了前进的方向。我们对此已经作了一些批判性的评论，在这里，我们能够补充说，辩证的发展和最终目的的达到在某种程度上是相互矛盾的。克罗齐尽管没有接受黑格尔对发展概念的说明，但他保留了这一概念。他采纳并修改了形式上的维柯阶段理论，用以取代辩证的进步。维柯认为这些发展是循环的，以致归根到底，每样东西都将回到同样的出发点上。正如我们已经看到的，这一观点回到了恩培多克勒那里。然而，克罗齐把这些变化看做是进步的，因为心灵在返回最初的阶段时，已经在这一过程中获得了某些新的洞见。

尽管克罗齐在某些方面不赞成黑格尔的观点，但必须承认，克罗齐的著作在相当程度上保留了辩证法。所以，正如图示的这本书的标题页表明的，克罗齐几乎是以令人联想到黑格尔逻辑学的措辞来说话的："错误和真理之间之所以会产生密切的联系，因为一个单纯的和彻头彻尾的错误是无法想象的；也因为它是不可想象的，它根本就不存在。错误用两个声音说话：一个肯定虚假的东西，另一个则否认它；这正是被称作矛盾的是和非的冲突。"对克罗齐来说，这段话足以强调这样的观点，心灵是能满足实在的。从原则上看，世界上不存在我们不能发现的东西。不论什么东西，只要是不可想象的就不能存在，因而存在的东西也是可以想象的。值得指出的是，布拉德雷坚持与此相反的观点。对他来说，可以被想象的东西必定是存在的，他以"可能存在和必须存在的东西存在"的公式表达了这一思想。最后，正是黑格尔主义的影响，使克罗齐把维柯这个17世纪的柏拉图主义者描绘成19世纪的理性主义者。

在法国，19世纪末和20世纪初最有影响的哲学家，以不同的方式转向对科学的反动。亨利·柏格森 (Henri Bergson，1859—1941) 代表了这一回到卢梭和浪漫主义运动的非理性主义传统。像实用主义者一样，柏格森最强调的是行动，在这样做的时候，对于哲学和科学的探索中理性的、小心翼翼的、不动感情的运作，他表现出不耐烦。理性思维的一个主要特征是追求精确性，笛卡儿在《方法谈》中的论述对此作了很好的说明。首先，当我们试图在语言的框架里把握住飞快地运动着的经验时，我们似乎逮住了实在的流变，用苍白和静态的语词描述取代它。在这里，我们又遇到了赫拉克利特和巴门尼德的老问题。与理性和它的世界图像特有的僵化形式的荒谬模仿相比，柏格森想要做的正是认可经验中流变的实在。

因此，柏格森的问题在某种程度上令人联想到布拉德雷。但是其解答是完全不同的。布拉德雷的形而上学最终密切关系到他的逻辑理论，尤其关系到真理的一致性理论。对柏格森来说，逻辑本身是必须被克服的影响。在这个意义上，布拉德雷可能被说成是理性主义者，柏格森则被说成是非理性主义者。

与19世纪的唯心主义和唯物主义的一元论比较起来，柏格森的哲学回到一种二元的世界观。然而，这种论域的两分并不完全与早先的二元论相同。它们中一个是物质，就像在

亨利·柏格森（1859—1941）

笛卡儿那里一样；另一个是某种生命力的原则，它不同于理性主义之世界的精神部分。这两种巨大的力量——一方面是生命力，另一方面是物质——关系到一个永恒的斗争，在这一斗争中，生命的活跃的冲动力图克服被惰性的物质设置在途中的障碍。在这一过程中，生命力在某种程度上是由物质条件构成的，在物质条件中，它运作着，但无论如何仍然保留着行动自由这一基本特征。由于传统的进化理论的理性主义倾向，柏格森拒斥了它，因为这种倾向不允许任何根本上新的东西的出现。在某种程度上，这种理性主义的倾向已包含在传统的进化理论中；或是预先被它决定，它似乎从根基上损害柏格森归因于生命力的那种行动的自由。对他说来，进化在字面意义上是创造性的，它产生真正的新颖的东西。这一学说在他最著名的著作《创造进化论》(*Creative Evolution*) 中得到充分的表述。柏格森假设的这种进化过程，直接取自艺术创造的类比。正如艺术家受某种创造性冲动的驱使，在自然界运作的生命力也同样如此。进化的变易通过不断的创造性冲动而发生，这种冲动的目标是某些迄今为止尚不存在的新特征。

对人来说，进化的过程使我们成为这样一种动物，其中除了本能之外，理智意外地发生了。柏格森在某种程度上把人的这种进步视为不幸，正如卢梭在他之前曾经做过的那样。人的理智倾向于窒息自己的各种本能，因而剥夺了自己的自由，因为理智总是把自己的观念的力量强加于世界，因而给出了一个关于世界的扭曲了的图像。我们确实已经与把理智看成自由的力量的理性主义学说相去甚远。

本能的最高形式是直觉 (intuition)，它是某种直接与世界保持一致的精神活动，理智扭曲本能的地方，直觉则会按原样把握经验。按照柏格森的看法，理智的困难在于仅仅对不连续的物质世界来说，它才是充分的。这一见解明显地关系到把语言作为不连续的概念框架的观念。生命就其本质而言是连续的，所以理智无法理解它，看来我们必须依靠直觉。对柏格森来说，理智和直觉的区别关系到空间和时间的类似区别。分解或分析这一世界的理智，以无时间的、梦幻般的方式进行。如果运用我们先前对"理论的"和"实践的"

293

两个词在词源上的对比,理智乃是一种理论的东西。它以几何学的方式看待世界,对它来说,存在的是空间而不是时间;但是,生命是实践的事务,它是在时间中流动的,这正是直觉介入的地方。当然,理智对空间的剖析的影响有某种意义,但它们又是准确理解生命的障碍。物理理论上的时间并不是一种真正的时间,而是一种空间隐喻。柏格森把真正直觉的时间叫做绵延 (duration)。然而,这究竟是什么,并不容易说明。柏格森似乎把这种时间看做是纯粹的体验,当我们忍住理性思维,而且只使自己随时间的浪花漂流时,它就支配我们。可以提示的是,这种看法大概近似于克尔恺郭尔提出的存在主义的认识模式,而且以改变了的形式被后来的存在主义者吸收。

柏格森的时间理论与其关于记忆的论述有关。在记忆中,有意识的心灵让过去和现在具有某种联系。当现在活跃的时候,过去就不再活动了。当然,这种谈论方式恰好呈现他在别处赞成绵延而努力拒斥的那种数学时间。有关活动的陈述要有意义,过去和现在一定是分离的。此外,由于记忆这个词的双重意义,产生了一种简单的混淆。我们有时候把记忆理解为目前在回忆的精神活动,有时候理解为过去的事件。由于把精神活动与它的对象相混淆,柏格森谈到的过去和现在是混合在一起的。

与柏格森思想反理性主义倾向一致的是,他大体上不倾向于为他要求我们接受的那些观念提供或好或坏的理由。与此相反,他依靠某种富有诗意性质的语言进行论述。这当然非常富有趣味,且令人愉悦,却不一定使读者信服。的确,任何试图贬抑理性作用的学说,都将遇到这一困难。因为一谈论接受的理由,就已经转到理性的领域中了。

柏格森的理论或许可以看作是对经验的心理特征,而不是逻辑特征的最好说明。在这个意义上,它与心理学理论中的某些倾向是一致的。类似的考虑也适用于存在主义。在心理学领域中,最伟大的新发展是精神分析理论。但在开始对精神分析理论作简要探讨之前,我们必须提到在许多方面反对这种精神分析的心理学中的另一种倾向,即通常称作行为主义 (behaviourism) 的研究倾向。

柏格森最著名的著作《创造进化论》扉页

I.P.巴甫洛夫(1849—1936),俄国生理学家,从事条件反射理论研究

巴甫洛夫在实验室

心理学的行为主义学派是实证主义的一个旁系。它否认旧的内省类型的心理学貌似奥秘的实有,而且宣称支持公开的行为。只有观察到人们正在做的事情才算数。在描绘行为的概念结构中,我们至多可以利用在已知的环境中,以某种方式行动的倾向。这些倾向是可以公开观察的事情,大多能以物理学家进行实验的那种方式加以检验。这种研究方式的简单扩展,是为心理学事件寻找纯粹物理—化学的和生理学的解释。因此,这种理论往往是在前述意义上的唯物主义和实证主义的倾向。在这一发展路线中,最广为流传的是俄国生理学家巴甫洛夫在条件反射方面的研究。每个人都听到过巴甫洛夫和他的那些过量分泌唾液的狗。他的实验大致上是这样的,即在向狗提供食物时,也对它显示某种信号,举例说,在板上显现一个模型。过了一会儿,仅这一模型就足以产生在向狗提供食物时,你会期待出现的生理学的效应。只显示信号,唾液就开始分泌,这种反应被称作条件反射。

这些研究期望证明,具体的、可观察的情境揭示某些联系着的事件,在某种程度上能通过强加的习惯而改变的结合。在这一点上,这种解释以相当传统的、人文的方式运用了联想心理学。但是,另外的含义似乎是,没有必要设定诸如思想那样的奥秘实有;可观察的、有关联的事件涵盖所有能被说出来的东西。

这很可能是对案例最大限度的公式化说明,当然,某些限制条件是必需的。然而,对我们现在的目的来说,指出这种倾向已经足够了。在哲学中,某种类似的发展出现在某些形式的语言学中,摆脱传统意义上的意义,代之以语言的实际用法,即在适当的场合以某些方式使用语言的倾向。像巴甫洛夫的狗一样,我们应该分泌唾液而不是进行思考。

与此完全对立的研究方式是与西格蒙德·弗洛伊德(Sigmund Freud, 1856—1939)的名字联系在一起的心理学说。从纯粹生物学的观点出发,弗洛伊德最终转向利用隐蔽的无定量实有的心理学。对他的理论来说,最重要的是潜意识精神的观念,就其本质而言,它不是直接可观察的。如果我们暂时撇开这一理论是否合理的问题,那么必定被反复提及的是，它无论如何是一个相当合适的科学假说。那些从实证主义出发不假思索否定它的人，无法理解假说在科学方法中的作用。但是，回到弗洛伊德，潜意识精神的理论及各种操作方式，为心理学理论的若干重要发展提供了方法。其中第一个是弗洛伊德关于梦的一般理论，1900年以《释梦》（*The Interpretation of Dreams*）为标题出版；第二个是遗忘的理论，它的通俗性叙述呈现在1904年的《日常生活的精神病理学》（*Psychopathology of Everyday Life*）一书中。

把做梦同觉醒和意识区别开来的是，前者允许某种自由与幻想，在我们清醒的生活中，不会勇敢面对我们遭遇的铁的事实。但是梦者的这种自由毕竟是虚幻的，而不是真实的。这肯定是任何一般梦的理论的结论。在弗洛伊德的著作中，一般的假说是，在梦中我们达到希望和欲望的实现；而在日常生活中，由于各种理由它们被压抑。我们在这里不可能讨论压抑的机制和个体的精神器官，只要指出下面这一点就足够了，即梦者具有一定的自由，把基于直接经验的种种因素以及不仅白天的，甚至可以追溯到幼年时期一些受压抑的愿望，给予打乱和改建。解释的任务是揭示梦的真实的意义。这涉及认知某些符号，后者介入压抑过程，以掩蔽一些令人不快的真相；或在这种真相可能不受鼓励时避免是啥说啥。在解释的过程中，弗洛伊德构想出一整套的符号，平心而论，比起他的追随者，弗洛伊德本人在使用这些符号时更为谨慎。从治疗学的方面来看，必须记住弗洛伊德是一个医生，人们普遍认为精神过程的揭露和精神分析，对于调整由压抑引起的精神病是必要的。诚然，精神分析对疾病的治愈来说是不够的，但是没有它，甚至连尝试都不可能。当然，这种知识治疗的观念并不是新的。正如我们已看到的，它早已被苏格拉底所采用。当代的语言分析学家对哲学的难题，也抱着同样的见解，他们把这些难题比喻为语言的精神病，需要通过分析加以治疗。

至于遗忘，弗洛伊德也把它与类似的压抑机制联系起来。我们之所以遗忘，是因为在某种意义上，我们害怕进行回忆。为了治疗我们的遗忘，我们必须开始了解那些使我们害怕回忆的东西。

西格蒙德·弗洛伊德（1856—1939），精神分析的奠基人

弗洛伊德的《日常生活的精神病理学》（1904）第三版，1910年问世

无论如何，弗洛伊德理论的功绩是，试图对梦做出一般的、科学的说明。无疑地，在某些细节上，这一理论并不完全令人信服。举例来说，弗洛伊德的符号词典似乎并不是完全可接受的。当然，与它可能有的关注相比，精神分析引来的更大关注是，对性行为及其压抑的坦率承认。同时，这种境遇也使得它成了愚昧无知的辱骂的目标。

自世纪之交以来，在美国哲学中占主导地位的力量是一种变形的实用主义。这一思潮的主要代表是约翰·杜威(John Dewey，1859—1952)。杜威有新英格兰血统，他沉浸在该地区古老的自由主义传统之中。他的兴趣一直是很宽泛的，超越了学院哲学。或许他的主要影响是在教育领域，从1894年他成为芝加哥大学的哲学教授以来，教育是他谈论最多的一个主题。如果说，在我们的时代，传统意义上的教育与技术社会日益增长的需求职业训练之间的差别，在某种程度上已变得模糊，那么，这部分地要归因于杜威著作的影响。

在杜威的哲学中，存在与某些早期发展有关的三个主要观念。实用主义的因素我们已经提到过了，杜威像皮尔士一样，认为探究是最为重要的。其次则是对行动的重视，这是柏格森的而不是实用主义的。当然，正如我们所看到的，实用主义者也确信行动的重要性。在这里，我们必须记住，詹姆斯误解了皮尔士，皮尔士的活动倒更是维柯在确立"真理即行动"的公式时想到的那种东西。第三，在杜威的理论中，有一种强烈的、黑格尔式的思维方式。特别明显的表现是，他坚持有机的或统一的整体是探究的最终目的。因此，在这一过程中出现的逻辑步骤，被认为是通向整体的工具。如果我们把逻辑作为引导到整个体系的一个工具，那么这一观点在很大程度上与黑格尔的辩证法一致。追随实用主义学派，杜威并不愿意陷于传统的真理与谬误的观念，因为它们已从毕达哥拉斯和柏拉图的数学哲学流传下来直到我们。相反，杜威总是提及正当的可断言性，一个来自皮尔士的观念；尽管我们应该补充说，晚年皮尔士已承认任何问题都有一个答案，不管到达它的路有多远。

就废除在绝对意义上的真理这个一般的问题而言，我们能够运用已联系到毕达哥拉斯提出过的批评。假如某个人断

296

约翰·杜威(1859—1952)

言，我是一个讨厌的人。如果我以实用主义者的语气问他，他的这一断言是否有正当理由，这家伙将答复什么呢？实际上，对他来说，坚持关于我的这种观点可能是有用的，在这种情形下，他可能会觉得受诱惑，以肯定的方式回答我的问题。但是不管他说是或否，他立刻就超越了自己的实用主义的原则。因为这不再是关于正当理由的问题。压根儿他没有想起第二级的合宜或正当理由。的确，这会直接导向一个无限的回溯。相反，在回答是和否的过程中，他已经含蓄地承认了真理的绝对意义。他对事实的误会，最终并没有改变这一点。他可能真诚地给出一个结果证明是错误的答案。不过，为了给出任何答案，他必须含蓄地接受一个绝对的标准。这种批评不仅适合实用主义的真理理论，也适合任何试图按照其他标准来定义真理的理论。

不难看到，这种把逻辑归于行动的尝试是从那里产生的。事实上，它来自柏格森的抱怨，即按照传统逻辑的客观观点，没有任何真正的新东西会在世界中产生。正是对新奇东西和社交扩展的需求，鼓舞了这种类型的理论化。在这方面归根到底有一种混淆，即人的活动的多样性与在其中用语言和逻辑给它以表现的不变框架之间的混淆。无法承认这些规范，易使人们逾越界限，忘记了他们的权力的限度。

在这里，我们必须提到的其他主要人物是我以前的同事怀特海。我们已经提到过他是数理逻辑学家。在写作《数学原理》后，他的兴趣逐渐转向从当代科学中产生的哲学问题，最终转向形而上学。1924年，他终于开始了新的生涯——担任哈佛大学的哲学教授，他晚年的那些作品常常是非常晦涩难读的。当然，说一本书难读本身并不是批评；但是，我必须承认，怀特海的形而上学的思辨对我来说是陌生的。然而，我愿意试着对它们作简单扼要的说明。

怀特海认为，为了把握这个世界，我们不必追随伽利略和笛卡儿的传统，把实在划分为第一性质和第二性质。在这条路上，我们只能达到一幅被理性主义的范畴歪曲了的图像。世界毋宁说是由真正的事件的无限的集合构成的；这些事件中的每一个，似乎在某种程度上都能令我们联想到莱布尼茨的单子。然而，与单子不同的是，事件是瞬息万变的，它们的

297

A.N. 怀特海（1861—1947）

衰亡导致了新事件的出现。以某种方式看来，这些事件恰似对象。一系列的事件能够被看做是赫拉克利特式的流动，对象能够被看作是巴门尼德式的球体。当它们分离时，它们是抽象的；在实际过程中，两者是不可分离地联系在一起的。

就与实在真正的接触而言，似乎需要一种来自内在的认知，即认知者和他的对象合并而进入一个单一的实有（entity）。在这里我们想起斯宾诺莎，确实，怀特海坚持的是每一个命题最终应该被看做它与整个体系的关系。这显然是体系化的唯心主义的一种形式，尽管它完全没有杜威哲学中唯心主义世系的特征。杜威关于整体的观念可以追溯到黑格尔，而怀特海的唯心主义与晚年谢林的有机观念有着更多的共同点。

尽管非常简单，但看来这是怀特海的形而上学的主题。至于它将在哲学史上获得怎样的地位，我并不想伪称知道。不管怎样，令人直接感兴趣的是，对某些一般科学问题的兴趣，在这里直接导致形而上学学说的方式。确实，在17世纪的理性主义者和19世纪的唯心主义者那里，我们已经发现了某种共同的东西。在科学理论的范围内，存在着包容整个世界、追求类似于形而上学目的的种种尝试。所不同的是，科学对严峻的、顽强的事实负有更大的责任。

如果说19世纪是比以往任何时候更彻底地改变了世界，那么，这同样适合于最近50年。在这50年里，要说有区别，甚至转变更为剧烈。第一次世界大战标志着一个时代的结束。

几个时代以来，一直鼓舞着人们的主导观念是"进步"的。世界似乎是朝着一种更好的、更文明的状态运动着，西欧似乎是施主，世界的其他部分则在政治上、技术上依赖它。在某种意义上说，这样的世界观不无道理。无疑地，在政治方面和在对工业提供的物质力量的把握上，西方是占支配地位的。所有这些后盾是狂妄的自信和这种心情：上帝站在进步一边。工业社会的发展带来人口的大幅度增长，在一个世纪里，英国的人口增长了5倍，甚至连马尔萨斯含糊的预见也已变得不真实了。相反，当工业社会开始克服其最初的难题时，社会的通常的生活方式渐渐地变得更舒适了。

由于这些变迁，一种对未来的乐观情绪和信心流行开来，大体说来，自那时以来，这有点动摇了。这种总的乐观基调为20世纪主要的思潮所共有。功利主义、实用主义和唯物主义都受到它的鼓励。最令人注目的例子，很可能是马克思主义的学说，它甚至直到现在也成功地维护了进步是不可避免的信念。尽管从那时起种种骚乱已经倾覆了这个世界，然而它仍然是维护了这一天真的信念的唯一政治理论。从其僵化的教条和乌托邦的世界观来看，马克思主义是19世纪的遗迹。

在这样一种进步的氛围中，对人们来说，这个世界似乎确立在牢固的基础上。这一倾向不仅仅使那些物质条件允许他们采纳乐观主义见解的人们的思想富有这种色彩，而且连下层社会的人也感到，他们的命运总是能够改善，归根到底，希望肯定不会消失。同时，教育的普及也显示出那种人们能使自己变得更好的途径。因为在这个新的社会中，那些原来没有地位优势的人，也能通过知识和技术来提高他们的地位。

在维多利亚时代，生活看来是殷实、老套和稳当的。世界组织有序，而且是稳定的

在社会领域里，这种竞争的因素是某种新的东西。当然，贸易者之间的竞争与贸易本身一样古老。但是，一个人能通过自己的努力而使自己变得更好的观念，却是最近出现的观念。在中世纪，人们公认，每个人都被上帝放置在一个确定的位置上，改变这种通过神圣的方式确定的秩序是有罪的。这些陈旧的观念已被文艺复兴时期的思想家质疑，19世纪则完全破除了这些观点。

当然，我们描绘的这些状况仅仅属于那些工业主义已立足的地区，包括英国和西欧的一部分。记住，这些地区只是有居民的地球的一小部分。由于这些国家的巨大发展，它们对世界历史产生的影响与它们的人数是不成比例的。但是，在人类的事务中，这也并不是新的现象。就单纯的规模而言，古老的波斯帝国远比希腊庞大，但最终它的影响是微不足道的。

对生活在这个时期的、受到进步思想鼓舞的人来说，很自信地、超前地进行规划似乎是可能的。足够稳固的条件，使得人们能合理地估量全部未来生涯。同时，这些计划也完全只是私人的事情。正是通过一个人自己的持续努力，他获得了

299

地位和安全。至于没有权势的贫困的人们,其态度是情操高尚、有责任心的公民的慈善救济和自愿资助。特别古怪的是,实施社会福利的第一个步骤正是俾斯麦(Bismarck)采取的,他为工人引入了一种健康保险,以先发制人的手段使其社会主义的对手处于劣势。

这一时期的另一个主要特征是,在政治上普遍具有自由主义倾向的世界观。不言而喻,政府乃是一种介于两者之间的活动,它的职能是在相互冲突的利益之间进行裁定。对工业或商业运作的干预,甚至没人想到。今天的政府本身对各种企业的管理,乃是马克思主义影响我们对社会问题一般研究方式的结果。就活动的自由而言,欧洲的大部分都是不受制约的。在当时正如现在一样,俄国在某种程度上是一个例外。你能够没有任何证件在西欧的任何地方旅行,沙俄帝国除外,在那里护照是必需的。同时,人们并不像现在这样频繁旅游。这部分是由于花费更高,限制了那些相对富有的人的行动。自那时以后已引入的种种控制,显示国际信任已衰退到何种程度。

在政治领域,西欧从1870年起享受了将近50年的和平。这种幸运的状态确实不是世界性的。在非洲,有殖民地冲突;在远东,俄国人败在日本人手里。日本人在努力汲取西方技术文明方面,大踏步快速前进。对生活在我们这些区域的人来说,世界看来是合理的充满和平的地方。这仅仅是50年以前的状况。当一个人回顾它的时候,他容易产生这样的感觉,在那个时代,人们仿佛生活在一个梦中世界。

价值观和先前观念的整个结构,都被1914—1918年的世界大战破坏了。尽管在19世纪国家意识已发展起来,但其中的差异一直被压抑着。在世界上爆发的这次大屠杀,是以前任何时代都没有经历过的,与这一灾难相伴随的是进步的信念的陨落和怀疑气氛的增长,世界从来没有从这种气氛中再恢复过来。

从纯粹技术的方面来看,第一次世界大战表明,武器的改进多大程度在速度上超出军人的战术观念。结果是可怕的、连续不断的屠杀,极大地削弱了西欧。自1918年以来,法国的那种软弱、不稳定的状况,很大程度上是这场杀戮的遗产。与此同

在勒内·克莱尔的电影《幕间休息》(1924)中,送葬行列:旧价值观受嘲弄,稳定消失了

300

时，美国则开始在世界事务中扮演一个日益重要的角色。另一方面，俄国通过布尔什维克的革命，建成了一个比沙皇帝国远为强大的新的工业化社会。自维也纳会议以来，在表面背后流露的难以抑制的民族主义感情，现在在新的民族国家的形式中表现出来。每一个这样的民族国家都怀疑它的邻居。流动的自由开始受到限制，只是现在这些限制才再次开始消失。

不过，人们明白的是，欧洲国家之间进一步自相残杀的战争，从今以后将会威胁到西方文明的生存。这是在1919年建立国际联盟背后的主要驱动力。为各国间和平协作奠定基础而努力，一个主要倡导者是美国总统威尔逊 (Wilson)。他的建议最终未能得到自己国家的支持，这一事实从一开始就极大地削弱了联盟的地位。同时，中欧列强的战败，通过反作用唤起了比以前更激烈的、更不可妥协的民族主义的复兴。在国际联盟建立的20年内，德国的国家社会主义专政导致了第二次世界大战。从范围和破坏程度上来看，它超过了历史上先前的任何战争。军备更大的技术力量和更强的意识形态动机，在危急关头把军队之间的战争事务转变为总体战，它直接影响了市民和战士。原子战争在日本做了最初的惊人示范，这种破坏力量的最高成就，现在已把自我毁灭的可能性放在人力所及范围内。我们是否足以聪明地抵制这种诱惑，还留待以后观察。寄予希望的是，在第二次世界大战后，联合国 (the United Nations) 取代了老的联盟，它将成功地遏制人们放弃生存而相互轰炸。

从整个历史看，给技术发展以特殊刺激的两种主要力量是贸易和战争。最近的事件已经引人注目地做到了这一点。电子和通讯工程的发展，已被某些人称为第二次工业革命，这正在改变我们面前的世界，其方式比基于蒸汽机的第一次工业革命更为激烈。

同样，运输工具也经历了在19世纪做梦都想不到的变化。从罗马时代到铁路的出现，旅行方式所发生的变化相对还是比较小的。自那以后，人们已经把伊卡洛斯 (Icarus) 的传奇变为现实。仅仅在大约80年前，一个人在80天内环绕地球一周还是幻想，现在用一样多的小时就可以做到。

这些范围广泛的发展比起人们能够调整自己以适应环境

FEBRUARY, 1920.   *League of Nations—Official Journal.*

The Covenant of the League of Nations.

THE HIGH CONTRACTING PARTIES,
In order to promote international co-operation and to achieve international peace and security

by the acceptance of obligations not to resort to war,
by the prescription of open, just and honourable relations between nations,
by the firm establishment of the understandings of international law as the actual rule of conduct among Governments, and
by the maintenance of justice and a scrupulous respect for all treaty obligations in the dealings of organised peoples with one another,

Agree to this Covenant of the League of Nations.

ARTICLE 1.

The original Members of the League of Nations shall be those of the Signatories which

国际联盟的条款，第一次世界大战的结果

301

来说，在一些方面是更快地走在前面的。刚开始，巨大的国际冲突破坏了在以前世纪盛行的安全感，完全以同样的方式接受关于事物的一系列观念，已不再可能了。同时，国家的活动已严重地侵害了曾经属于个体的行动自由。这种情况是由很多原因引起的。首先，工业国家经济生活日益增长的复杂性，使它们对各种干扰变得非常敏感。与中世纪的时代相比，我们自己的社会更缺乏稳定性。因此，对能够颠覆国家的暴力实施某种程度的控制是必要的。其次，为了抵制确实出现的不可避免的波动，提供某种平衡支配力的问题也产生了。这包括国家在经济事务中的行动。第三，独立获得安全的丧失，在某种程度上由国家提供的服务补偿。这些变化很少关系到一个国家的政治制度，它们主要取决于我们文明的技术。在政治上彼此不同的国家里，这些问题看起来多少相似，这确实是值得注意的。

在现代生活中，组织上使人受不了的力量，在哲学中引起非理性主义思想的新旋律。在某种意义上，这些力量的爆发是对已鼓舞了当代专制统治的权力哲学的一种反动。它也是一种造反，反对已意识到的、科学对人的自由的威胁。

非理性主义的主要哲学思想要在复兴的存在主义的学说中找，最近在法国和德国的哲学中它已充当主要角色。关于这一问题，我们现在明确地做出简要的评论；需要指出的重要事情是，这种倾向涵盖范围广泛的不同学说，它们的意见常常不合。

与存在主义学说一起，在欧洲大陆已经有向传统形而上学的回归。在英国，哲学最近主要转向语言学的轨道。欧洲大陆哲学和英国哲学之间的裂痕，从来没有像今天那么大。确实，任何一方都不承认，他方是在真正地从事哲学研究。

这就是用简要的语言勾勒出来的当代哲学舞台的背景。贸然地描绘其梗概，要冒的风险不只是歪曲，还有缺乏视角。对此没有补救的办法。不过，我们可以强调一个一般的结论。迄今为止，使西方文明能统治世界的东西是其技术，连同产生它的科学和哲学传统。此刻看来，这些力量仍处支配地位，尽管按常理没有任何理由说，它们必定依然如此。当在西方发展起来的工艺技术传播到世界其他地方时，我们的

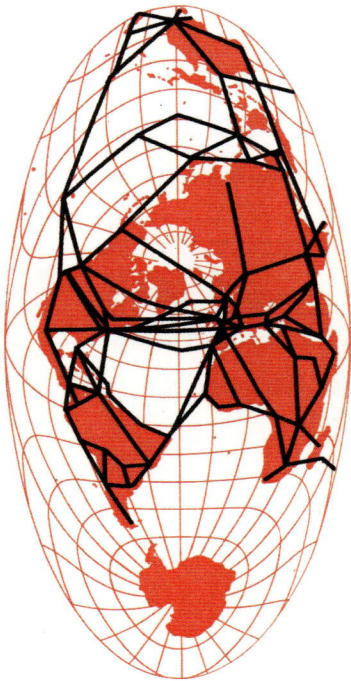

随着航空联系的增长，距离缩短了

优势就减少了。

欧洲大陆的存在主义哲学在某些方面是相当晦涩难懂的。确实，要从中看到任何在传统意义上的哲学能认可的东西，常常是困难的。然而，整个思潮共同的、一般的出发点似乎是理性主义作为一种哲学，不能对人类生存的意义提供一个可靠的说明。理性主义者运用概念系统做出的一般说明，无法抓住个别的人的经验的特性。为了克服这种明显的无能，存在主义者主张回到克尔恺郭尔已经称为思考的生存模式上。只从外部关联到这个世界的理性主义，不能公正对待活生生经验的直接性。这必须以存在的方式从内部加以把握。

对这一明显的难题来说，一个人可能给出不同类型的解答。一个人可能一开始就试图表明，在被需要的意义上来看，人类的生活对这些思辨来说是没有意义的或不重要的。生活的目的就是采取一种尽可能有趣的生活方式，今后的目的则是富有空想性的。此外，在思考的存在主义模式的观念中，存在着一个严重的弱点。如果你对任何东西的存在进行反思，你必定想到已给定的某种东西。存在本质上已是一个谬误的抽象，甚至连黑格尔也没有意识到这一点。

但是，这些都是强有力的论点，尽管它们无疑是有根据的，可是却不能使我们看清这些思想家正在暗示的东西。因此，我们必须采纳在某种程度上比较充分的存在主义的见解，尝试以简明方式指明它们打算证明什么。

卡尔·雅斯贝尔斯的存在主义哲学虽然拒斥唯心主义的形而上学，由于它承认三种存在，保留了黑格尔意义上的辩证法的某种因素。雅斯贝尔斯 (Jaspers，1883—1969)* 涉及哲学，是由于他早年的兴趣在心理学和比较专门的心理—病理问题。所以，人居于他的哲学研究的中心。在这个意义上，我们能够把他的存在主义说成是人道主义，这一术语已被萨特 (Sartre) 用来作为他自己哲学的术语。但是，与文艺复兴时期客观的人道主义比较，存在主义至多提供了一个主观的人道主义。因此，对存在主义哲学家来说，利用萨特的名言有点

卡尔·雅斯贝尔斯

* 罗素写这本书时，雅斯贝尔斯还健在。他于 1969 年去世。——译者注

· 355 ·

误导。

在雅斯贝尔斯的存在理论中，我们面对三种不同的观念。在最低的层面上，我们有客观世界，只是在那里。因此，它的存在是此在 (a being there)，只能客观地从外部把握。它包括科学领域的各个方面。但是，自我对它自己的实存的真正认识是不充分的。确实，在科学的领域里坚持客观的实存，对这更高种类的存在的感受来说是一个障碍。雅斯贝尔斯把这种更高种类的存在称为存在—我 (being–I)，即纯朴的生存 (simply existence)。这种存在方式不再对支配客观存在领域的理性范畴负责。存在—我，即个人的生存 (personal existence)，据说总是显示超越自身。如果套用亚里士多德的术语，个人的生存在自己内部包含未限定的潜能的储存，那么这一说法并没有以不公正的态度对待雅斯贝尔斯。在超越自身的努力中，我使自己适应第三种存在，叫做超越 (transcendent) 的、自在的存在 (being in itself)，它包含前两者的变种。尽管雅斯贝尔斯并没有追求那种鼓励唯心主义者的目标，不过十分明显的是，他的三种形式的存在构成辩证进步的完美实例。到这种程度，它们一定以某种方式在理性的范围之内。正如我们以前就已经看到的，这是任何试图在原则上削减理性的理论固有的困难。这当然是完全合适的，指出简单的令人不愉快的事实如此，即人们总是由激情推动，同样甚至多于由理性推动；这在原则上不是对理性的限制。但是，涉及关于理性的理论，试图使理性本身无效，这时一个令人不安的矛盾便产生了。因为必须利用理性才能对任何东西做出解释，因此，否定理性的能力就无法给出理论依据；它仍然是不可言喻的，这迫使我们沉默。达到某种程度，这一点确实是存在主义者以模糊的方式承认，因此他们不时地主张沉默，即使他们自己并不实践它。至于雅斯贝尔斯，他意识到了这一困难，并试图通过承认理性毕竟是重要的以作补偿。

在对存在进行划分的基础上，雅斯贝尔斯坚持，科学由于在特征上有阐释的必要性，必定不能获得对实在的真正把握。因为只要承认阐释和它的对象有差异，我们就含蓄地承认，我们已经失败了。这一假定似乎是，所有的陈述都是对事实的歪曲，只因为一个陈述与其对象的情境不一致。因此，由于陈述差不多是某种别的东西，它们被认为是不充分的。值得强调的是，在这里一个陈述就其真正本质而论，被认为是不充分的，而且不是如唯心主义那样，因为它脱离了一系列赋予它以充分意义的其他陈述。

马丁·海德格尔

在雅斯贝尔斯看来，哲学涉及超越类的存在，即自在的存在。更确切地说，哲学是个体努力地进行超越的尝试。就个体的道德生活而言，这是在个人生存的层面上发生作用的。正是在这个层面上，人们相互理解，体验着自由的感觉。既然自由处在理性的领域之外，那么我们就不能给出关于它的理性的说明。我们必须使自己满足于在某种心境中来认识它的显现。据说，我们是自由的这一感觉是与担忧，或雅斯贝尔斯叫做"畏惧"的一种心境相伴随的。畏惧 (dread) 这个词，借自克尔恺郭尔。通常我们可以说，此在的层面由理性支配，而存在—我的领域则由心境支配。

雅斯贝尔斯的存在主义在超越的层面上像克尔恺郭尔一样，为宗教留下地盘，而一种完全不同的音调则充斥在更富有形而上学色彩的海德格尔 (Heidegger, 1889—1976) [*] 的著作中。海德格尔的哲学是晦涩的，其术语是古怪的。人们不免怀疑其语言是混乱的。他的思辨中一个有趣的观点是，坚持"无"是有几分确实存在的。就如存在主义中的其他许多见解一样，这是用心理学的观察来充当逻辑。

在法国，存在主义运动与文学有更密切的关系。它的最著名的倡导者让·保罗·萨特 (Jean Paul Sartre, 1905—1980) [**] 不仅撰写了数量可观的哲学论文，而且也写了大量的小说。在这些作品中，他的大部分存在主义思想通过各种人物呈现出来，这些人物面对那种行动的要求，是存在主义非常重要的一个方面。小说这一文学体裁，为反思人类困境提供了完美的传播媒介。

在萨特的学说中，人类自由的存在主义观点被推至极限。人持续不断地选择着自己的命运，这些选择既不关系到传统，也不关系到个体生活中以前发生的事件。仿佛每一个新的决

304

---

[*] 罗素写这本书时，海德格尔还健在。他于1976年去世。——译者注
[**] 罗素写这本书时，萨特还健在。他于1980年去世。——译者注

定都有赖于某种总体上的承诺。那些被这一讨厌的真理所惊吓的人们，试图寻求保护免于使世界理性化。在这种情况下，从事科学活动的人与宗教信仰者是一致的。两者都企图逃避现实。但是对萨特说来，他们不幸都是错误的。世界并不像科学所认为的那样，而且至于上帝，自尼采的时代以来，他似乎已经死了。实际上，准备好面对实际世界的人，使你想起尼采的英雄。正是从这一来源，萨特形成自己的无神论。

归根到底，萨特反对的是理性主义的必然性的观念，例如，在莱布尼茨和斯宾诺莎的著作中发现的，而且由唯心主义哲学家继承的必然性观念。应该记得，对这些思想家来说，假如我们取得足够充分的视域，任何存在的东西原则上都能被看作是必然的。于是，这是不可避免的，自由的学说具有我们在斯宾诺莎和黑格尔那里发现的形式。自由在于存在者与必然性的运作合拍，一旦这样一种自由观点实际上被萨特拒斥，其他的见解差不多自行跟着来了。正如我们以前指出的，理性主义的必然性的观念支配着理论科学的领域，因此，只要我们一采纳存在主义的自由学说，那种必然性的观念就会被否定。同样地，理性主义的神学也必然会被抛弃，尽管看来萨特走得太远了，试图把这一学说与无神论联系起来。因为如果我们在萨特认为我们存在的意义上是自由的，那么，我们就能选择我们决定的任何东西。正如我们已经看到的，在这个问题上，不同的存在主义思想家，事实上已经作出了不同的选择。

在对理性主义的必然性观念的批判中，存在主义把注意力引向一个重要之点。无论如何，与其说它是在作哲学批判，毋宁说是在心理学的基础上表示激情上的抗议。正是出于一种感情受压抑的气氛，存在主义呈现其对理性主义的造反。这导致了对事实世界有点陌生的、私人的态度，而事实世界构成对自由的一种障碍。理性主义者在自然如何运作的知识中看到了自由，存在主义者则在其心境的放纵中发现了自由。

所有这一切背后的基本的逻辑的观点，都可以追溯到谢林对黑格尔的批判。存在不能从一般的逻辑原则中演绎出来，任何传统的经验主义者都会欣欣鼓舞地赞同这一批判。但这样的见解已经说得很多了，没有更多的东西需要补充了。

让·保罗·萨特

如果我们在此基础上演绎出一套存在主义心理学，的确似乎就要推翻这个极好的批判。因为这种心理学恰好是萨特理论涉及的。在种种心理学状态的描述中，不乏有趣味和有价值的看法。但是人们以这种方式行为和感觉，不是事实的逻辑结论，即生存不是逻辑上必要的。走另一条道，就会在完全一样的范围承认又拒绝谢林的观点。因此，尽管一个人完全可能把心理的观察认作是准确的，但把这种材料变为一种本体论也是不行的。这恰好是萨特的题为《存在与虚无》(*Being and Nothingness*) 的著作的目的。就诗意的朦胧和语言的夸张来说，它在德语的传统中也是最好的著作。对于传统的哲学家，不管他属于理性主义还是经验主义阵营，这部著作把特殊的人生观转变为本体论的努力看来有点古怪。就好像一个人把陀思妥耶夫斯基 (Dostoevsky) 的小说变成了哲学课本。

可以这样说，存在主义者总会否定我们的批判，把它看作不切题的东西。因为他们会说，我们正在使用理性主义的标准。不是着手解决现存的问题，相反，我们正在理性主义的逻辑领域里活动。这可能确实如此，但是这个反对意见也能反过来针对自己。这只是以另一种方式说，任何标准总是在理性的领域内，因此也在语言内。所以，利用它提倡存在主义学说是危险的。如其不然，你当然可以满足于一种诗意的抒发，每个人都能尽最大努力从中获益。

与萨特不同，加布里埃尔·马塞尔 (Gabriel Marcel, 1889—1979) [*] 的存在主义哲学更倾向于宗教，他的学说有点像雅斯贝尔斯的理论。像所有的存在主义思想家一样，马塞尔特别感兴趣的是个体和他对特殊的人类状况的具体体验。至于一般哲学，马塞尔强调的是必须超越那种解剖和分析的日常反思。为了在最充分的意义上认识实在，我们必须把理性主义解剖的片断再度综合起来。这一综合的操作是通过马塞尔所谓的对第二种力量的反思而达到的，这意味着传达一种更强烈的和更高形式的反思。对第一种力量的反思被引向外部，这一较高的对第二种力量的反思，看来向内心作用于自己。

马塞尔关注的一个问题是身—心关系。这一问题的产生

加布里埃尔·马塞尔

---

[*] 罗素写这本书时，马塞尔还健在。他于1979年去世。——译者注

是由于他的兴趣在人类的困境，因它在某种给定的现实背景中侵袭个体。马塞尔针对笛卡儿主义的二元论所作的批判，令人想起贝克莱的批判，后者针对那些把视觉和几何光学混淆起来的人。我们可以说，心与身的分离预先假定了这样一种隐喻，即把心看作是不知怎的盘旋于个人之上，而且把自己和身体看作是两种不同的东西。粗看起来，这似乎是马塞尔的观点，这一观点也是充分合理的。可是，他把这一问题的解决关联到综合反思的实施；我们则倾向于认为，一点点语言学分析将显示他已弄错了什么。

大约在世纪之交发展起来的实证主义，是以马赫这样的人物为代表的。我们已经提到过马赫关于力学所做的工作。在接下来的20年中，大家对符号逻辑有点宽泛的兴趣，渐渐地发展起来了。这两种倾向的合流导致了以石里克 (Schlick) 为中心的新运动的形成。像马赫一样，石里克也是维也纳大学的教授。他领导的这个团体被称作维也纳学派，他们的哲学以逻辑实证主义闻名于世。

如这个名字暗示的，这种学说首先是实证主义的学说。它坚持我们的全部知识都是由科学提供的，旧的风格上的形而上学在严格的意义上只是空话。在经验之外，我们什么也不能认识。如果我们略去本体问题就会发现，这种学说与康德的观念有密切的联系。与他们对经验观察的坚持相一致的是意义标准的出现，它在某种意义上关系到实验科学的日常的实用主义。这就是著名的可证实性原则。按照这一原则，命题的意义就是它的证实方式。它源于马赫，他在用力学的术语下定义时用过这样的程序。

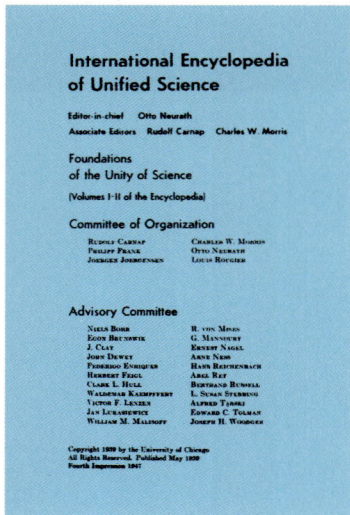

International Encyclopedia
of Unified Science

Editor-in-chief Otto Neurath
Associate Editors Rudolf Carnap Charles W. Morris

Foundations
of the Unity of Science

[Volumes I-II of the Encyclopedia]

Committee of Organization

Rudolf Carnap   Charles W. Morris
Philipp Frank   Otto Neurath
Joergen Joergensen Louis Rougier

Advisory Committee

Niels Bohr   R. von Mises
Egon Brunswik   G. Mannoury
J. Clay   Ernest Nagel
John Dewey   Arne Næss
Federigo Enriques   Hans Reichenbach
Herbert Feigl   Abel Rey
Clark L. Hull   Bertrand Russell
Waldemar Kaempffert L. Susan Stebbing
Victor F. Lenzen   Alfred Tarski
Jan Lukasiewicz   Edward C. Tolman
William M. Malisoff Joseph H. Woodger

Copyright 1938 by the University of Chicago
All Rights Reserved. Published May 1938
Fourth Impression 1947

《统一科学国际百科全书》咨询委员会名单

始于维也纳的逻辑实证主义运动，并没有在它的诞生地生存下来。石里克于1936年被他的一个学生谋杀，其他的成员则发现，由于即将降临的纳粹政府的苛责，迁居别处是必要的。所有的人最后都在美国或英国找到了去处，卡尔纳普 (Carnap) 在芝加哥，韦斯曼 (Waissmann) 在牛津。这一运动与科学语言一般的联合倾向相一致，就在战前，它开始出版第一批、可能成为《统一科学国际百科全书》的一些小册子。这些丛书由芝加哥大学出版社出版，它的主编奥·纽拉特 (O. Neurath) 1945年死于英国。因此，逻辑实证主义开始从本土转到讲英语的国家，在这些国家中，它再度与它在某种程度上所归属的英国经验主义的老传统发生了联系。在英国，逻辑实证主义的学说最初通过艾耶尔（A. J. Ayer）的《语言、真理与逻辑》（*Language, Truth and Logic*, 1936）得到了广泛的传播。

在实证主义运动内部，占上风的是大家共有对形而上学的蔑视和对科学的推崇。至于其他方面，比如在逻辑和科学方法的问题上，存在着明显的差异。尤其是可证实性原则导致了一些不同的解释。实际上，这一运动发展的历史取决于围绕各种问题展开的讨论，问题涉及上述原则的地位和意义。

对意义的可证实性理论的初步批判是，它遇到与实用主义的真理论一样的那种困难。因为假定我们已经找到证实一个命题的某种方法，假如我们对这一程序给出一个描述性的说明，我们现在就可以问，这一说明的意义是什么。这马上会导致要被证实的意义的无限回溯，否则，在某一阶段上，我们就会承认一个命题的意义就在我们面前。但是，如果那个说法被认可，这个最初的原则就被破坏了，于是我们同样也承认，我们能在此刻直接认识各种意义。

实证主义立场进一步的困难，是把所有哲学思辨当作胡扯加以拒斥。因为可证实性理论本身是一种哲学的学说。石里克通过证明证实性原则其实深深积淀在我们的行为中，用许多话语来陈述它，仅使我们想起我们事实上如何真的开始的，试图避开这个死胡同。但如果这种做法是成功的，那么，这个原则毕竟是合理的，所以它表述了一种哲学立场。因为从各方面看来，它都不是一个经验科学的陈述。

石里克试图做的事情是避免连续证实的无限回溯。他认为，最终的意义源自自明的经验，这些经验依次将意义赋予句子。一个类似的目标也为卡尔纳普所追求，他试图创立一个形式逻辑的体系，把认识论问题归结为由认识的相似性，一种基本关系联系起来的原始观念。

这种攻击的方法基于对某种真理符合说的默契假定。作为说明知识问题的这种理论的弱点是，它要求我们站在经验和句子被比较的竞技场之外。纽拉特看到了这一困难，并坚持一个句子只能同另一个句子进行比较。按照他的看法，给予一个句子支持的是一个"基本句子"，纽拉特把它看作是在

307

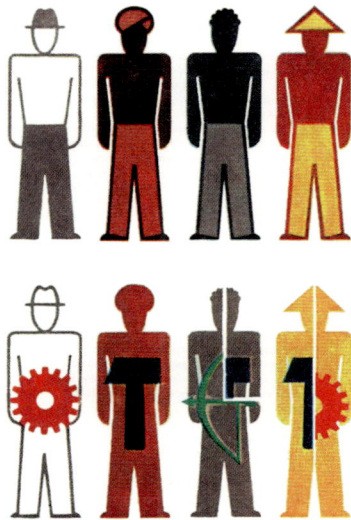

O. 纽拉特利用图画符号，以克服沟通难题的一个实例

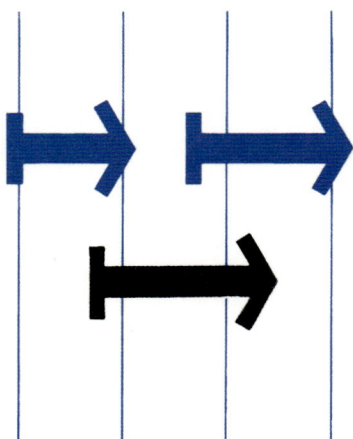

就时间中开始的每件事,我们可以问在它之前发生过什么

LOGISCH-PHILOSOPHISCHE ABHANDLUNG

würdige Tatsache, dass jeder Satz eine dieser Eigenschaften besitzt. Das scheint nun nichts weniger als selbstverständlich zu sein, ebensowenig selbstverständlich, wie etwa der Satz, „alle Rosen sind entweder gelb oder rot" klänge, auch wenn er wahr wäre. Ja, jener Satz bekommt nun ganz den Charakter eines naturwissenschaftlichen Satzes und dies ist das sichere Anzeichen dafür, dass er falsch aufgefasst wurde.

6.112 Die richtige Erklärung der logischen Sätze muss ihnen eine einzigartige Stellung unter allen Sätzen geben.

6.113 Es ist das besondere Merkmal der logischen Sätze, dass man am Symbol allein erkennen kann, dass sie wahr sind, und diese Tatsache schliesst die ganze Philosophie der Logik in sich. Und so ist es auch eine der wichtigsten Tatsachen, dass sich die Wahrheit oder Falschheit der nicht-logischen Sätze n i c h t am Satz allein erkennen lässt.

6.12 Dass die Sätze der Logik Tautologien sind, das z e i g t die formalen — logischen — Eigenschaften der Sprache, der Welt.

Dass ihre Bestandteile s o verknüpft eine Tautologie ergeben, das charakterisiert die Logik ihrer Bestandteile.

Damit Sätze, auf bestimmte Art und Weise verknüpft, eine Tautologie ergeben, dazu müssen sie bestimmte Eigenschaften der Struktur haben. Dass sie s o verbunden eine Tautologie ergeben, zeigt also, dass sie diese Eigenschaften der Struktur besitzen.

6.1201 Dass z. B. die Sätze „p" und „~ p" in der Verbindung „~ (p . ~ p)" eine Tautologie ergeben, zeigt, dass sie einander widersprechen. Dass die Sätze „p⊃q", „p" und „q" in der Form „(p⊃q) . (p) : ⊃ : (q)" miteinander verbunden eine Tautologie ergeben, zeigt, dass q aus p und p⊃q

156

维特根斯坦的《逻辑哲学论》中的一页

同样层面上的,也是日常经验的陈述;那就是说,它们不是必然的。卡尔纳普 (Carnap) 采纳了类似的观点,但认为基本句子的陈述是不容置疑的出发点,这有一点笛卡儿主义的味道。不管在哪种情况下,处理这一问题的方法都使我们陷于传统理性主义样式的真理的连贯论。

卡尔纳普最后把注意力放到研究逻辑实证主义哲学核心问题的完全不同的方法。如果一个人能够发明形式化的语言,它如此构成以至不可证实的陈述,无法在其中系统地表达出来,那么采纳这种语言研究就会满足所有实证主义的需要。可以说,可证实性原则发展成为体系的句法。可是,研究这一问题的方式也是不充分的。举例来说,意义的问题不能简化为句法构造,后者涉及把词语组合在一起的方式。此外,构造这样一种体系,不言而喻地假设一切发现现在已做到了。这在某些方面相当于黑格尔的体系化工作,后者所根据的是类似的观点,就是世界已经进入它的最后阶段。

虽然不是维也纳学派的成员,但对逻辑实证主义具有某种重要性的一位人物是维特根斯坦 (Wittgenstein, 1889—1951)。他早期的逻辑理论已经对他们的思想产生相当重要的影响,然而,正是维特根斯坦晚期的语言学的发展,致使逻辑实证主义的一次新转折,并使它在英国立足。

实证主义思潮已产生了几个不同分支,其中最重要的一个是在最近几十年中已支配英国哲学的语言分析学派。它与正统的逻辑实证主义同样信奉这一原则,即所有的哲学困惑都是滥用语言的结果。它们通常认为,每一个以准确的方式提出的问题,都有一个清楚而精确的答案。分析的任务正是证明"哲学的"问题源于语言的草率误用。一旦这种问题的歧义暴露在光天化日之下,就证明该问题是无意义的,简单地消失了。当哲学被准确地加以运用的时候,它将被看作是某种语言疗法。

一个简单的例子能说明这种方法,尽管我并不接受关于这一点的具体论证。一个人经常会向自己提出所有的东西是如何开始的问题。世界来自何处?它的历程是从哪里开始的?对于我们来说,首先要做的不是提供一个答案,而是要仔细检查这一问题的措辞。在其中出现的中心词是"开始"。这个词在日常话语中是如何被使用的呢?为了解决这一辅助性的疑问,我们必须察看我们通常使用这个词的情境。我们很可能会想起一个交响乐音乐会，讲到它在8点钟开始。在它开始之前，我们或许会走出去在城里吃饭；在音乐会结束后，我们将回家。值得注意的重要问题是，在开始之前询问什么发生和在结束之后询问什么随之而发生，是有意义的。开始是一个时间中的点，标志发生在时间中的某物的时期。如果我们现在回到那个"哲学的"问题上，我们立即会明白，在那里我们正在以完全不同的意义使用"开始"这个词。因为我们的意图并不是询问，在每一样东西开始之前发生了什么。确实，用此方式把它说出来，我们能看出那个问题错在哪儿。寻找在其前面没有东西的开始，就像是寻找一个圆的方。一旦我们明白这一点，我们将不再提出这样的问题，因为我们发现它是无意义的。

在英国，分析哲学已受到维特根斯坦的巨大影响，他一度与维也纳学派有联系。正如维也纳学派的成员一样，在希特勒德国的风暴降临前，他离开了德国，生活在剑桥，1939年穆尔（Moore）退休时，他在那里被任命为教授。他在世时唯一发表的著作是《逻辑哲学论》（*Tractatus Logico-Philosophicus*），1921年出版。在这部著作中，他提出了所有的逻辑真理都是同义反复的见解。他意谓的同义反复乃是一个命题，其中矛盾乃是自我矛盾。在这个意义上，"同义反复"这个词，大略相当于"分析的"这一更常用的术语。在以后的岁月，他的兴趣引导他离开逻辑学转向语言分析。就现存的他的观点记录而言，它们可以在他的讲课笔记和他身后出版的论文集中找到，其中有两卷目前将出版。由于其独特的和有点深奥的风格，要以概括的方式来描述他的学说并不容易。也许对他晚期哲学理论的基本宗旨的公正说法是：语词的意义在于它的使用。

在提出自己理由的过程中，维特根斯坦引入了"语言游戏"（language games）的明喻。按照这一看法，语言的某些部分的实际使用就像游戏，请允许我们说，就像下棋。它有一些规则，那些玩游戏者必须遵守，对准许的棋的可走方法也有一些限制。维特根斯坦完全否定了他早期的逻辑著作《逻辑哲学论》。那时，在他看来，有可能把所有陈述分解为不能进一步分解的、简单的、基本的成分。这一理论因此有时叫做逻辑原子论，它与以前理性主义关于简单终点的学说有许多共同点。它处在所

路德维希·维特根斯坦（1889—1951）

有努力的基点，在于发现能最精确陈述任何东西的完美语言。晚年维特根斯坦否认这种语言能被构造出来，我们绝不可能完全根除混淆。

因此，通过学会玩几种语言游戏，通过和借助它们的使用，我们获得了词的意义。有时表达这种情况的另一种方式是我们学习词的"文法"或"逻辑"，这是当今语言分析中流行的一种术语。提出形而上学问题，因而是由于没完全把握语词的"语法"。因为一旦这些规则被正确地理解，提形而上学问题的诱惑就会消失。语言疗法已使我们祛除这种欲望。

维特根斯坦对语言哲学的影响是相当大的。不过，语言分析在一定程度上独自走几路条。尤其在语言特征上已经逐渐形成一种新的兴趣，不管它可能起什么样有益的治疗作用。一种新的经院哲学已经产生，正如它的中世纪先行者，有点钻进了牛角尖。大部分语言分析潮流所共有的信念是，日常语言是充分的，问题是从哲学的语法错误中产生的。这一见解忽视了这个事实，即日常语言充满过去的哲学理论渐暗的色彩。

前面给出的例子已经表明，这种普遍使用的疗法如何才能被理解。在清除许多谬误和杂乱的形而上学蛛网时，这种分析确实是有用的武器。可是，作为一种哲学学说，它也有某些弱点。确实，我本该认为，哲学家们一直悄悄地在做这样的事情。今天，人们之所以不乐意承认这样的事实，无非由于一种相应的理智上的狭隘眼界，它在某种意义上已成了最近的时尚。一个更严重的问题是，在所有争议中把日常语言推崇为仲裁者。在我看来，这并不完全明白，即日常语言本身不可能严重混淆。无论如何，不询问语言是什么，它怎么产生，它如何起作用和发展这样的问题，而只把它视为一种完美的形式，想必是一件危险的事。这里不明言的假定是，日常使用的语言拥有某种超级的创造力和潜藏的智慧。与此间接相连的进一步假设是，允许你可以忽视所有的非语言的知识，它的信徒慷慨赐予的特许。

结语

我们已经到了叙述的尾声。跟随我们至此的读者也许会自问,他从中有何收益。我们必须对他发出一句警告。我们讨论的每一个主要题目,都有著作问世。在本书的写作过程中,考虑了众多材料中的一小部分。阅读一本书籍,无论它篇幅多大,也绝不能使读者成为专家。的确,即使再多的单纯阅读,也不自行改善你对任何事物的理解。除了获取信息,所需要的是对收集的若干问题作一定程度的认真反思。这也是各种哲学史的一个理由,因为关于每个提出来讨论的议题,专家们都提供了那么多详尽的著作。因此,对于外行,甚至学者来说,远距离地概观是颇有意义的。为此,他需要一个既不庞大亦非详细的考察。并且首要的是,这个考察必须经过一个单一的头脑的整理。我们的叙述不是文字意义上的百科全书,无论人物还是思想,必定有所选择。充其量人们只能希望提供一个总趋势的轮廓。同样,历史的背景材料也是相当纲要式的和浓缩的。本书无意向读者教授历史,而是不时地使他想到历史,以至于令他忘却哲学观点发展的背景。与此同时,本书突出从早期古希腊到我们时代的西方文化传统的连续性。

也许有人会问,在西方哲学史里,为何我们不给通常称为东方智慧的东西一席之地。对于这一问题,也许有数种回答。首先,东西方世界彼此孤立地发展,因之,西方思想独立自足的叙述是可行的。其次,这已是足以使人望而生畏的任务,我们已决定把自己的范围限于这一学科。但是,我们这样做,还有一个令人信服的理由。因为在某些至关重要的方面,西方的哲学传统不同于东方心灵的沉思。只有在希腊文明中,哲学运动与科学传统携手并进。正是这点给希腊事业以特定的范围,正是这个双重传统塑造了西方的文明。

当前重要的是澄清这一特定关系。某一领域的科学探究工作不同于哲学。但是,哲学反思的一个来源是科学。一般来说,当我们思考什么是科学的时候,我们正在讨论一个哲学问题。对科学方法准则的研究是哲学探究。使哲学家倾心的一个常在问题是,世界在总体特征上是什么样的,他们试图对

此做出一个说明。这里让我们仔细加以区别。以科学的方法来描述事实，这不是哲学研究的合适目的。没有重视这一限制，导致自成体系的唯心论者有时误入歧途。哲学所能提供的是检查经验研究成果的方式，可以说，哲学提供一种框架，以便把科学的发现纳入某种秩序。唯心主义的所作所为只要不逾越这个方式，就完全在它的适当限度之内。同时，我们应该指出，当我们开始科学研究时，我们已经卷入某种哲学世界观。因为我们称作普通常识的态度，其实是一套关于事物本质的一般不言而喻的假定。注意到这一情形也许是批判哲学的主要优点。提醒我们自己记住，科学理论旨在陈述适合于世界的某种东西，不管它们会使我们采取什么有益的行为，这无论如何不是无谓之举。这一点有时为那些把理论仅仅视作抽象形式体系的人所忘记，正如他们忘记数字是用来计数的那样。

作为研究对象的世界不是我们的创造物。我们确实制造我们自己的错误和幻觉，并经常难以发觉我们处于错误之中。但是，绝不是某一信念提供给我们的欢乐和舒适使其成为真。一个人也许设想他具有无穷无尽的财源，因为这一看法给他带来某些满足。确实有些人接受这一看法，但是银行经理和法庭一般不会赞成他们的观点。研究的结果有时是错误的，但这并不使它们成为主观的。错误至少要有一个犯错者，这一说法也许不无道理。自然本身不会犯错误，因为她不作陈述。当人提出主张时，他也许陷于错误。也许实用主义理论的一个动机，即源于这一事实。因为如果错误是主观的，这一主观的意义在于，错误总是与犯错误者相联系，进一步不能担保不犯错误，那么或许会感到我们始终囿于我们自己的主观意见。然而，这全然是错误的。说错误可能悄悄进入是一回事，但断定我们从未正确过，完全是另一回事。如果我说某事如此这般，而事实上也确实如此，那么，这一判断就丝毫没有主观性。错误的情形亦复如斯，如果我是错误的，那么我的错误是关于世界的一个事实。强调不偏不倚研究的客观品性以及这种研究所追求的真理的独立性，尤为重要。那些坚持真理是有几分可塑的、主观的人不能觉察到，根据这种观点，探究是不可能的。另外，他们错误地认为，一个探究者完全不顾

哲学家，当代人的眼光

他发现中的收益或有用性，就不能听从自己的好奇心。没有人否认许多研究不属于这种类型，但有一些则属于这种类型。用实用主义的观念无法解释科学史。对客观真理的尊重可抑制源于主观主义偏见的无限权力的幻觉。

这把我们带到哲学思辨的另一个主要动机。目前为止，我们只提到科学及其操作的一般原则，这是哲学研究的一个客体。但是作为社会动物的人不仅关心认识世界：人的任务之一是在世界中行动。科学的一方与手段有关，我们一方则涉及目的。正是主要由于人的社会本性才使他面临伦理问题。科学能够告诉他如何可能以最佳方式达到某些目的，但它不能告诉他应该追求这一目的，而非其他目的。

至于伦理问题，我们已经看到了许多不同的处理方式。在柏拉图那里，伦理与科学最终融合为一。善等同于知识。若果真是这样，那太令人欣慰了。然而不幸的是，柏拉图的观点总的说来过于乐观了。那些最富有知识的人，有时也许将知识用于邪恶的利益。不管怎样，不论一个人所知多少，这本身不能解决将要做什么的问题。

这是理性和意志的普遍问题。如果一个人反对两者在相当范围内得到一致的观点，他必须像奥卡姆那样，承认理性与意志是彼此独立的。当然，这并不意味着它们毫无联系。理性能够而且确实起到控制和指导意志与感情的作用；但是严格说来，正是意志选择目的。

这一事实的结果是，我们无法为我们应该追求的目标或采纳的伦理原则提供科学的正当理由。只有从一开始就承认某一伦理前提，我们才能进行争论。因之，人们应理所当然地认为，你应该这样行动，以保护人们生活于其中的社会；或许人们可能认为，你的行动应该促进社会体制转变。无论什么伦理前提，在这样的基础上，有可能产生论据，证明为何要沿着这一或那一行动路线走。要强调的关键要点是，没有一个包含"应当"的前提，我们便无法得出结论，告诉我们应该做什么。

十分清楚，伦理要求因人而异，而且人们常常就这种问题意见不合，这是寻常的事。随之而来的问题是，是否有可能找到一条在一定程度上普遍有效的伦理原则。无论如何，就其

ὁ δὲ ἀνεξέταστος βίος οὐ βιωτὸς ἀνθρώπῳ

312

"对人类而言，未经审视的生活是不值得过的。"(《申辩篇》,38a)

· 367 ·

可接受性而言，伦理要求不能依赖提出这一要求的个人。由此我们得出结论，如果有普适范围的伦理原则，它们必须适用于整个人类社会。这并不等于说，所有的人在所有方面都是平等的。无疑，以为人人平等，那真是太愚蠢了，因为事实上并非如此。人在机会、能力以及许多其他方面都千差万别。但就制定伦理判断来说，不必使它们局限于某一群体。比如，如果有人主张一个人应该行为诚实，那么就要求人们无论遇到什么人，也无论其地位、外形或肤色，都要以诚相待。在这个意义上，伦理问题产生了四海之内皆兄弟的观念。这一观点，首先在斯多葛哲学的伦理准则中得到清楚的阐明，后来进入基督教。

大多数为文明生活制定的原则都具有这种伦理品性。为什么说肆意残暴地虐待同伴是恶的，无法给出科学的理由。对我来说，这似乎是恶的，我设想这一观点相当广泛地被接受。至于为何残暴是坏事，我不敢肯定我能提供令人满意的理由。这些是困难的问题，需要时间来解决，也许通过适当的途径可以找到答案。但是，同时最好建议那些持相反观点的人自问，他们关于这些事情的意见是否不顾他们持有这些意见的事实。于是这或许显示，貌似普遍的伦理原则只不过是一项特殊的恳求。

刚才我说过，尽管真正的伦理原则是一视同仁的，但这并不意味着人人平等。有不少众所周知的差别，其中特别显著的是知识上的差别。知识不仅仅指信息，而且是连为一体的知识。在苏格拉底的观点中，我们已经看到，知识往往等同于善，我们批评过这一理论过于理性主义了。然而，这里有一个重要之点不能忽视。苏格拉底非常坦率地承认，一个人的知识总量是微小的。最终显得更为重要的是，人应该追求知识。不偏不倚的探究就是善。这是肇自毕达哥拉斯的伦理原则。追求不赖于追求者公认的真理，从泰勒斯的时代开始，一直是科学运动背后的驱动力。毋庸讳言，这尚未提及可能利用和滥用发明产生出来的伦理问题。但是，当人们必须面对这一问题时，如果我们混淆这些性质迥然有别、各自独立的议题，它并不有助于我们理解这些有争议的问题。

探究者因之面临双重任务。一方面，他责无旁贷、尽其所

本书作者

313

能地寻求独立研究目标。他必须这样做,不管他的发现将给人类带来安慰还是不安。正如伦理原则一视同仁一样,探究的结果并不尊重我们的情感。另一方面,还有一个问题,即在伦理的意义上,把发现转变为正当的利益。

还有一个疑点,我们如何接受这一伦理原则——追求真理是善事。因为显而易见,并非每个人都具有从事科学研究的能力,也不可能在所有场合都不下判断。人必须行动,也必须思想。但有一件人人都可以做的事情,那就是允许别人对某些他本人不愿意存疑的事情不下判断的自由。这同时显示,从事不偏不倚的探究如何与自由相联系,自由被认作另一个善。宽忍是学术繁荣的社会的必备条件。言论和思想自由是自由社会的强大推动力,在自由社会里有可能使探究者跟着真理前进。到这一地步,每个人便能献身于现在受到威胁的善。这并不意味着对每一件事我们将拥有相同的见解,但这确保没有一条道路被人为的限制阻塞。对人类而言,未经审视的生活是不值得过的。

索引

注：人名、主题词后面的页码表示本书的英文版页码。在本书中，英文版页码列在页边空白处。

译后记

　　伯特兰·罗素是英国哲学家、数理逻辑学家、分析哲学的主要创始人、世界和平运动的倡导者和组织者。罗素学识渊博，通晓学科之多，恐在20世纪学者中屈指可数。无论哲学、数学、教育学、社会学、政治学等领域，均有建树。罗素著作等身，国内学人知之甚详。《西方的智慧》是继《西方哲学史》后研究、探讨西方哲学史的又一部力作，绝不能将前者视作《西方哲学史》的简本。在这里，罗素极尽提要钩玄之能事，以大家之手笔，简洁明快地勾勒出西方哲学史之流变。而且，罗素始终将哲学史放在社会、政治的大背景下加以审视，故其叙述具有凝重的历史感。

　　《西方哲学史》为大部头学术著作，非专业工作者不能完读。《西方的智慧》则为非专业工作者（自然包括专业工作者）提供了学习、了解西方哲学史极好的文本。有鉴于此，我们通力合作翻译本书。具体分工如下，瞿铁鹏：苏格拉底以前、雅典、希腊化时代；殷晓蓉：早期基督教、经院哲学、近代哲学的兴起；王鉴平：前言、序、不列颠经验主义、启蒙运动与浪漫主义、功利主义以来、结语；俞吾金：当代。

　　由于种种原因，原书中许多精美插图未能用上，读者所见仅是其中一部分，此乃一大憾事。至于译文错误之处，深望方家赐正。

译者
1992年3月

On the Ball

"PROFESSOR AYER, the Head of
philosophical discussion. "
(Sunday Times.)
Pancho Gonzales
Said, flexing his muscle.
"If Ayer is Head,
Then I'm Bertrand Russell."

修订后记

　　本次修订的分工如下，瞿铁鹏：前言、序、苏格拉底以前、雅典、希腊化时代、不列颠经验主义、启蒙运动与浪漫主义、功利主义以来、当代、结语；殷晓蓉：早期基督教、经院哲学、近代哲学的兴起。

修订者
2015 年 12 月

图书在版编目（CIP）数据

西方的智慧：从苏格拉底到维特根斯坦：全译本 /
（英）罗素（Russell, B.）著；瞿铁鹏等译.—2版.—
上海：上海人民出版社,2016
书名原文：Wisdom of the West
ISBN 978 - 7 - 208 - 13664 - 9

Ⅰ.①西… Ⅱ.①罗… ②瞿… Ⅲ.①西方哲学-哲
学史 Ⅳ.①B5

中国版本图书馆 CIP 数据核字（2016）第 042514 号

责任编辑 任俊萍
封面设计 陈　楠

西方的智慧
——从苏格拉底到维特根斯坦
（全译本）

［英］伯特兰·罗素 著

瞿铁鹏　殷晓蓉
王鉴平　俞吾金　译

瞿铁鹏　殷晓蓉 修订

出　　版　上海人民出版社
　　　　　（201101　上海市闵行区号景路159弄C座）
发　　行　上海人民出版社发行中心
印　　刷　浙江新华数码印务有限公司
开　　本　720×1000　1/16
印　　张　24
插　　页　2
字　　数　334,000
版　　次　2017年1月第2版
印　　次　2023年11月第7次印刷
ISBN 978-7-208-13664-9/B ·1166

定　　价　138.00元

Bertrand Russell

Wisdom Of The West

根据 1959 年 Macdonald & Co. (Publisher) Ltd. 翻译